Wolfgang Pax

Führung in der Kirche

Eine Führungskonzeption für die Katholische Kirche

Don Bosco

Bibliografische Information Der Deutschen Nationalbibliothek

Die Deutsche Nationalbibliothek verzeichnet diese Publikation in der Deutschen Nationalbibliografie; detaillierte bibliografische Daten sind im Internet über http://dnb.d-nb.de abrufbar.

verlags gruppe engagement

ISBN: 978-3-7698-1636-5
1. Auflage 2007

Umschlag und Satz: Don Bosco Druck & Design, Ensdorf
Gedruckt in Tschechien

Gedruckt auf umweltfreundlichem Papier

DON BOSCO

Benediktbeurer Studien

Herausgegeben von den Professoren
der Philosophisch-Theologischen Hochschule
der Salesianer Don Boscos Benediktbeuern
Theologische Fakultät

Band 15

Inhalt

Vorwort

Die Katholische Kirche in Deutschland befindet sich in verschiedenen Hinsichten in einer sich deutlich verändernden Lage. Dies zeigen nicht nur die zahlreichen empirischen Befunde, sondern auch diejenigen, die sich haupt- und ehrenamtlich in der Kirche engagieren, sammeln entsprechende Erfahrungen.

Führung als eine Ressource zu begreifen, in diesen Veränderungsprozessen zu agieren, ist der Ansatzpunkt des vorliegenden Bandes. Der Mut zu dieser Behauptung stammt zum einen aus der Befassung mit der wissenschaftlichen Führungsforschung. Dort sind Erkenntnisse und Reflexionen zu entdecken, die unweigerlich das Themenfeld ‚Führung' auch in der Kirche angesichts der bestehenden Herausforderungen zu einem expliziten Thema werden lassen. Zum anderen habe ich die Chancen bewusst ausgeübter Führung in meiner eigenen, langjährigen kirchlichen Führungsarbeit erfahren können. Bewusst und reflektiert wahrgenommenes und eingesetztes Führungsverhalten bietet die Möglichkeit, in unüberschaubaren, teilweise kaum abzuschätzenden Situationen handlungsfähig zu bleiben.

Die Grundlage dieser Publikation wurde im Jahr 2006 als Dissertation an der Ludwig-Maximilians-Universität in München angenommen. Mein erstes Wort des Dankes gilt daher Herrn Prof. Dr. Karl Berkel, der die Arbeit nicht nur im formalen Sinne betreut hat, sondern mir als fachkundiger und inspirierender Gesprächspartner in allen Phasen der Erarbeitung zur Verfügung stand. Seine Sicht auf Führung, auch in kirchlichen Kontexten, haben meine Überlegungen mitgeformt und seine Impulse konnten eigenes Weiterarbeiten voranbringen.

Herrn Prof. Dr. Dr. h.c. Lutz von Rosenstiel danke ich für die Erstellung des Zweitgutachtens und für die von ihm eingebrachten wertvollen weiterführenden Anregungen. Herrn Prof. Dr. Ehrenfried Schulz gilt mein Dank für die Betreuung bei der Vorbereitung dieser Veröffentlichung. Dem Don Bosco Verlag und der Philosophisch-Theolgischen Hochschule der Salesianer Don Boscos Benediktbeuern danke ich für die Aufnahme in die Reihe *Benediktbeurer Studien*. Dem Bistum Limburg gilt mein Dank für die Beteiligung an den Druckkosten dieses Bandes. Herrn Christian Lahr M.A. danke ich für die zuverlässige Unterstützung beim Layout und der Umsetzung der Grafiken.

Darüber hinaus gilt mein Dank den zahlreichen Gesprächspartnern aus meinem beruflichen und privaten Umfeld, die in den Jahren der Abfas-

sung der Arbeit die Thematik mit mir diskutiert und auch manche Ermutigung zur stetigen Weiterarbeit gegeben haben. Dank sage ich auch den Mitarbeiterinnen und Mitarbeitern des von 1996 bis 2005 von mir als Dezernenten und Diözesanjugendpfarrer geführten Dezernates Jugend im Bischöflichen Ordinariat Limburg. Gemeinsam konnten wir nicht nur die Jugendpastoral unseres Bistums gestalten, sondern haben auch die Chancen, Anstrengungen und Grenzen von Führung gemeinsam erfahren. Die Relevanz der Führungsthematik und die lohnenswerte Aufgabe der wissenschaftlichen Beschäftigung mit ihr ist mir so in der ganzen Phase dieser Tätigkeit bewusst geblieben.
Aus meinem Grenzgang zwischen Theologie und Führungsforschung, Theorie und Praxis schlage ich eine Führungskonzeption vor, die das Führungsverhalten von Führungskräften in der Kirche herleitet, begründet und strukturiert.
Dabei ist zu warnen: einfach wird Führung dadurch nicht. Denn die spannungsgeladenen, divergierenden Kontexte, Erwartungen und Anforderungen von Führung bleiben bestehen. Wohl aber werden diese Kontexte sichtbarer, erklärbarer und damit handhabbarer und lassen, so hoffe ich es zumindest, qualifizierte ‚Führung in der Kirche' zu.

Limburg, im März 2007
Wolfgang Pax

Einleitung

Relevanz des Themas

Die katholische Kirche in Deutschland befindet sich in einer Situation des Wandels und des Umbruchs. Drei markante und miteinander verbundene Mangelsituationen kennzeichnen diesen Veränderungsprozess: Priestermangel, Gläubigenmangel, und – spezifisch für Deutschland – Geldmangel durch zurückgehende finanzielle Einnahmen. Die Sozialgestalt der Kirche, die nach dem Zweiten Weltkrieg in Westdeutschland entstanden ist, löst sich auf. Die großräumigen, den gesellschaftlichen Veränderungsprozessen folgenden Entwicklungen im Bereich des Religiösen bilden den Rahmen für diese Veränderungen in der Kirche. Offen ist, wohin die Entwicklungsprozesse die Kirche führen werden.

Allerdings: Die Kirche ist nicht allein Objekt der Prozesse, sondern auch handelndes Subjekt. Sie hat den Anspruch, ihre eigenen Entwicklungen zu gestalten und zu steuern. Gleichzeitig entspricht es ihrem Selbstverständnis, auf die Prozesse Einfluss zu nehmen, die sich in ihrem Umfeld abspielen. Dazu verbleiben ihr, trotz der unbestreitbaren Mangelerscheinungen, nach wie vor erhebliche Ressourcen. Die erste und zentrale Ressource ist und bleibt ein Evangelium, das seine Kraft und Ausstrahlung seit etwa 2000 Jahren unter den unterschiedlichen und sich wandelnden Bedingungen immer erwiesen hat. Aus diesem Fundament pastorale Orientierungen für die Anforderungen der Gegenwart zu entwickeln, ist Aufgabe und Verpflichtung für die Gläubigen, die kirchlichen Amts- und Verantwortungsträger sowie für die Theologen.

Darüber hinaus verfügt die Kirche zur Zeit und auch in absehbarer Zukunft über Finanzmittel und Strukturen, die die Beschäftigung von hauptamtlichen Mitarbeiterinnen und Mitarbeitern erlauben. Ihre Kräfte und Energien in den inhaltlich-pastoralen Feldern der Kirche ermöglichen es der Kirche, sich gegenüber den Wirkungen der Modernisierungsprozesse zu verhalten und unter den Bedingungen der Gegenwart dem durch das Evangelium gegebenen Auftrag gerecht zu werden.

Diese Rahmenbedingungen der Kirche in Deutschland schaffen einen besonderen Führungsbedarf: Führung ist insbesondere erforderlich, um die Aktivitäten der Mitarbeitenden angesichts der Veränderungsprozesse effektiv auszurichten. Welche Führung aber ist angesichts des Wandels angemessen? Wie gewährleistet Führung Aktivitäten, die sich in Übereinstimmung mit dem kirchlichen Selbstverständnis befinden? Wie bietet

Führung Sicherheit und Orientierung angesichts der Unsicherheit auch vieler kirchlicher Mitarbeiterinnen und Mitarbeiter? Welches Führungsverhalten kann sich vor den eigenen kirchlichen Ansprüchen verantworten?

Aus diesen Fragestellungen resultiert die vorliegende Abhandlung: Ihre Absicht ist es, Aussagen für das Führungsverhalten von Führungskräften in der Kirche zu treffen. Die hier zu entwickelnde Vorstellung von Führung hat demnach den Anspruch

1. ein unter den Bedingungen der Veränderungsprozesse erfolgsrelevantes Führungsverhalten in der Kirche zu beschreiben,
2. sicherzustellen, dass das Führungsverhalten eine Ausrichtung des Geführtenverhaltens am kirchlichen Selbstverständnis erreicht,
3. dass ausgeübte Führungsverhalten der kirchlichen Identität entspricht.

Daraus wird eine handlungsleitende Führungskonzeption entwickelt, die als funktional, differenziert und effizient zu charakterisieren ist. Der Anspruch an eine funktionale Führungskonzeption wird eingelöst, indem Führungsverhalten in eine Beziehung zu einem Führungserfolg gestellt wird. Dieser Anspruch grenzt sich ab von einem Führungsverhalten, das um seiner selbst willen oder auschließlich aufgrund der persönlichen Disposition einer Führungskraft ausgeübt würde. Differenziert zeigt sich die Konzeption, da sie ermöglicht, in der kognitiven Wahrnehmung von Führungskräften eine umfassende Reflexion der Anforderungen vorzuehmen. Damit negiert eine solche Konzeption Vereinfachungen, die im Handlungsfeld Führung dysfunktional wären. In einem dritten Aspekt ist eine effiziente Konzeption vorzustellen, die es ermöglicht, auf der Handlungsebene Auswahlentscheidungen für ein spezifisches Führungsverhalten zu treffen.

Abgrenzungen

Der hier unternommene Zugang zur Führung in der Kirche unterscheidet sich damit einerseits von der Theologie des kirchlichen Amtes und anderseits von verschiedenen bisher vorliegenden Ansätzen zur Organisations- und Personalentwicklung in der Kirche.

Zur katholischen Amtstheologie existiert mit Autoren wie Schillebeeckx (vgl. Schillebeeckx 1981) oder Greshake (vgl. Greshake 1991) eine umfassende, wenn auch divergierende Bearbeitung der Amtsfrage. Zahlreiche kirchenamtliche Dokumente haben zur Bedeutung des besonderen kirchlichen Amtes klärende Aussagen getroffen.

Der Kern der Theologie des besonderen kirchlichen, an die sakramentale Weihe gebundenen Amtes besagt, dass die Sendung Jesu Christi verbind-

lich durch den Amtsträger repräsentiert wird. Das kirchliche Amt ist ein Ausdruck der Kirche, durch das die Beziehung der Kirche zu Jesus Christus rückgebunden ist. Die Theologie des kirchlichen Amtes erklärt, in welcher Weise sich die Verbundenheit der Kirche mit Christus, vermittelt durch das kirchliche Amt, gestaltet. In den Konkretionen erklärt und begründet die Amtstheologie auch, wer ein Amt ausüben darf und welche Aufgaben, Funktionen und Vollmachten damit verbunden sind.
Die Theologie des Amtes erklärt jedoch nicht, wie Führung von Geführten auszuüben ist, welche Wirkungen Führungskontexte haben oder welche Verhaltensweisen bezogen auf die Motive von Mitarbeitenden für Führungskräfte von Relevanz sind.
Gerade diese Komponenten von Führung stellt diese Arbeit in den Mittelpunkt. Ihr geht es um die Frage, welches Führungsverhalten kirchliche Führungskräfte ausüben können, um angesichts der gegebenen kirchlichen Lage erfolgsrelevant zu führen.
Berührungspunkte zur Amtstheologie bestehen dann, wenn für die Ausübung einer spezifischen Führungsaufgabe die Ordination vorausgesetzt ist oder bestimmte Kompetenzen an eine Weihe gebunden sind. Damit beabsichtigt diese Arbeit, Aussagen zum Führungsverhalten aller kirchlichen Führungskräfte zu treffen, unabhängig, ob sie ordiniert sind oder nicht. Intentional ist die Abhandlung daher nicht der Theologie, sondern der wissenschaftlichen Führungsforschung verpflichtet. Damit wird die Amtstheologie nicht ausgeblendet, jedoch kommt ihr in dieser Untersuchung nur dann Bedeutung zu, wenn die zu bearbeitenden Fragestellungen durch spezifische amtstheologische Aussagen tangiert werden.

Eine andere Abgrenzung wird zu verschiedenen Ansätzen vorgenommen, die sich in den letzten Jahren auf Fragen von Organisationsentwicklung in der Kirche beziehen (vgl. Hilberath & Nitsche 2002) oder theologische Perspektiven der Organisations- und Personalentwicklung bearbeitet haben (vgl. Plank 2005, Schneider 2005). Diese Veröffentlichungen haben die Organisationsentwicklung in der Kirche in Verbindung mit der Personalentwicklung im Blick und weisen die Relevanz dieser in zahlreichen Organisationen umgesetzten Strategien auch für die Kirche auf. Sie entwickeln jedoch keine Konzeption für das Führungsverhalten von Führungskräften in der Kirche. Im evangelischen Bereich sind Themenstellungen einer Verhältnisbestimmung von Kirche als Unternehmen und damit verbundene Perspektiven einer theologisch begründeten Verantwortung aufgegriffen worden (vgl. Fetzer 2004, Fetzer 1999). Im Handwörterbuch der Führung (vgl. Kieser u. a. 1995a) findet sich ein Artikel ‚Theologische Aspekte der Führung' (vgl. Ziegler 1995), der grundlegende theologische

Aspekte wie die Gottebenbildlichkeit des Menschen, die ethische Verantwortung von Führung und praktische Hinweise enthält. Ein Beitrag von Bischof Stecher formuliert die Option für eine ‚integrativ-motivierende' Ausrichtung von Führung in der Kirche (vgl. Stecher 1993). Diese Publikationen erheben jedoch nicht den Anspruch, eine Konzeption kirchlicher Führung vorzulegen. Ebenso stellen sie nicht die systematische Rezeption relevanter Erkenntnisse der wissenschaftlichen Führungsforschung dar.

Aufgabenstellung und Vorgehen

Diese Arbeit zielt darauf ab, spezifische Erkenntnisse der wissenschaftlichen Führungsforschung für die katholische Kirche in Deutschland gewinnbringend zu rezipieren. Auf der Grundlage der Führungsforschung entwickelt sie eine Führungskonzeption speziell für kirchliche Führungskräfte.

Dazu werden grundlegende und prägende Erkenntnisse der wissenschaftlichen Führungsforschung herangezogen. Es ist aufzuweisen, dass auf der Grundlage dieser Erkenntnisse der Führungsforschung eine Führungskonzeption zu entwerfen ist, die gemäß dem Selbstverständnis der Kirche kirchlichen Führungskräften eine strukturierte Ausübung von Führung erlaubt. Um diesen Weg zu gehen, werden aus einschlägigen Standardwerken wesentliche und für die hier zu bearbeitende Fragestellung relevante Zugänge und Ansätze, Modelle und Konzeptionen der in sich uneinheitlichen und schwer zu überschauenden Führungsforschung dargelegt.

In der wissenschaftlichen Führungsforschung, die auf verschiedenen Forschungsdisziplinen aufbaut, geht es darum, dem ‚Phänomen' Führung nachvollziehbare Aussagen zuzuordnen, die das Führungsgeschehen vor allem aus psychologischer, soziologischer oder betriebswirtschaftlicher Sicht erklären und eine Orientierung der am Führungsprozess Beteiligten anbieten. So finden sich auf der Grundlage sozialwissenschaftlich gewonnener Erkenntnisse praxisorientierte Modelle, die die Komplexität des Führungsprozesses auf zentrale Aspekte reduzieren bzw. relativ komplizierte Vorstellungen zur Führung systematisieren.

In dieser Arbeit findet eine Begrenzung der Fragestellung statt, in dem eine Konzentration auf das Führungsverhalten von Führungskräften erfolgt. Dieser Zugang setzt bei einem der drei nachfolgend skizzierten grundsätzlich möglichen Wege an (vgl. etwa Gebert 2002), sich dem Führungsgeschehen zu nähern, bezieht jedoch die anderen Wege unter der angegebenen Perspektive mit ein.

Demnach kann ‚Führung' aus der Perspektive des Führenden beschrieben und bearbeitet werden. Daraus ergibt sich eine Betrachtung des Führungsprozesses dahingehend, dass eine Führungsperson unter den Be-

dingungen einer spezifischen Situation sich in bestimmter Weise verhält und daraus ein Erfolg der Führungsperson resultiert. Relevant ist in dieser Perspektive die Führungsperson, der bestimmte Merkmale zuerkannt werden bzw. die über bestimmte Merkmale verfügen sollte, um sich unter gegebenen Bedingungen so zu verhalten, dass ein Führungserfolg möglich wird. Anders: Es geht um das Führungsverhalten der Führungsperson.
Die Betrachtung von Führungsperson, Führungssituation und Führungserfolg reicht allein jedoch nicht aus. Einzubeziehen ist der zweite grundlegende Zugang zum Führungsgeschehen: das Verhalten der Geführten. In dieser Perspektive wird die Person des Geführten gesehen, ihr Verhalten wiederum unter Situationsbedingungen betrachtet und der Erfolg festgestellt. Grundsätzlich ist es möglich, den Führungsprozess aus dieser Perspektive zu bearbeiten. Für die hier gewählte Fragestellung wird diese Sicht einbezogen, um die durch das Führungsverhalten der Führungsperson bewirkten Reaktionen der Geführten und deren Verhalten erkennen zu können. Gleichwohl bleibt der Blickwinkel, das Führungsverhalten der Führungsperson zu betrachten, bestehen.
Damit ist auf den dritten grundlegenden Zugang verwiesen: Führung als Interaktion zwischen Führungsperson und Geführten zu bearbeiten. Dann werden die wechselseitigen Prozesse erfasst, die, auch hier unter Situationsbedingungen, zwischen dem Verhalten der Führungsperson und dem der Geführten ablaufen. So sind bspw. Attributionen von Bedeutung, durch die Geführte ein Verhalten als Führungsverhalten attribuieren. Erfolg in diesem Verständnis von Führung ist der Erfolg der Dyade von Führungsperson und Geführten. Auch dieser Zugang ist für den hier gewählten Weg von Bedeutung, da das Führungsverhalten von Führungspersonen Wirkungen bei den Geführten auslöst, dabei Kognitionen eine Rolle spielen und Führende mit den Rückkoppelungen der Geführten ihrerseits umgehen, wiederum durch Kognitionen, wenn sie bspw. das Verhalten der Geführten interpretieren und sich auf dieser Grundlage erneut verhalten. Die Wirkungen dieser Prozesse werden bei gegebener Frageperspektive, Führungsverhalten von Führungspersonen zu bearbeiten, einbezogen.

Programm

Diesem Vorgehen und den Absichten folgend beginnt die Abhandlung im Kontext der Kirche: Aussagen zu ihrem Selbstverständnis, zur Situation in der Bundesrepublik Deutschland und zum Führungsbedarf, der insbesondere aus den aktuellen Bedingungen der Kirche in Deutschland entsteht, bilden den Einstieg in die Abhandlung (Kap. 1).
Daran schließt sich die Vorstellung wesentlicher Zugänge der Führungsforschung an (Kap. 2). Ein erster Schritt klärt Begriffe und erfasst Kon-

texte der Führungsforschung. Auch Fragestellungen, die in der Führungsforschung einen wichtigen Stellenwert haben, jedoch im Rahmen dieser Abhandlung nicht bearbeitet werden, finden im hinführenden Kapitel zur Führungsforschung ihren Platz (Kap. 2.1).

Auf dieser Grundlage wird der Fokus auf die Führungsperson gelenkt. Die Eigenschaftstheorie der Führung liefert Erkenntnisse darüber, welche Merkmale Führungspersonen aufzuweisen haben, wollen sie Führung erfolgsrelevant wahrnehmen (Kap. 2.2).

Auf die Art und Weise der Wahrnehmung von Führung lenkt der nächste Schritt die Aufmerksamkeit. Das Führungsverhalten von Führungskräften entsprechend der Unterscheidung zwischen Person und Aufgabe bildet den grundlegenden Zugang. Wesentliche Weiterentwicklungen in eine dilemmatische Sicht von Führung und den daraus resultierenden Anforderungen an das Führungsverhalten führen diesen Teil der Abhandlung weiter. Aus diesem Arbeitsschritt resultiert ein zentrales Element für das Führungsverhalten in der später entwickelten Führungskonzeption (Kap. 2.3).

Führungspersonen üben Führungsverhalten unter Situationsbedingungen aus. Die Frage, in welcher Weise welche Situationsbedingungen wirken, schließt sich somit an, wenn die Kontingenztheorien der Führung bearbeitet werden (Kap. 2.4).

Sind bis zu diesem Punkt der Abhandlung die Führungsperson und ihr Verhalten sowie die Führungssituation bearbeitet und bereits drei Elemente von Führung herausgestellt, kommen zwei weitere wichtige Themenfelder in den Blick: Führungsverhalten, das die Motivation der Mitarbeitenden einbezieht und sich darauf ausrichtet (Kap. 2.5). Dem angeschlossen und in enger Verbindung stehend werden die Vorstellungen charismatischen Führungsverhaltens bearbeitet. Aus diesen beiden Kapiteln wird die zweite Ausrichtung eines zweigliedrig konzipierten Führungsverhaltens entnommen (Kap. 2.6).

Auf dieser Grundlage der aus der Führungsforschung gewonnenen Erkenntnisse zum Führungsverhalten von Führungskräften wird eine funktionale Führungskonzeption entworfen. Sie wird in kirchlich-theologische Kontexte gestellt und es wird gezeigt, dass zahlreiche Konvergenzen zum kirchlichen Selbstverständnis bestehen (Kap. 3).

Die Relevanz der entwickelten Führungskonzeption wird an einem Projekt der Reduzierung eines Diözesanhaushaltes aufgezeigt, auf die die Führungskonzeption bezogen wird (Kap. 4).

Abschließend finden sich im Ausblick einige skizzenhafte Hinweise zur Weiterarbeit mit der Führungskonzeption. Eine kompakte Zusammenfassung der hier entwickelten Führungskonzeption bietet ein Abstract.

Bislang fehlt eine systematische Befassung mit den Erkenntnissen der wissenschaftlichen Führungsforschung und eine Adaption für katholisch-kirchliche Fragestellungen. Somit betritt diese Abhandlung sowohl aus der Sicht der Führungsforschung als auch aus der Perspektive der katholischen Kirche Neuland. Daraus erklärt sich das Vorgehen, grundlegende und prägende Richtungen der Führungsforschung aufzugreifen und im Blick auf ihre Implementierbarkeit in das Führungsverhalten von Führungskräften im kirchlichen Kontext zu untersuchen. Aus diesem Gang resultiert eine Führungskonzeption, die aus den bearbeiteten Zugängen der Führungsforschung abgeleitet ist und in Korrespondenz mit dem kirchlichen Selbstverständnis in den gegenwärtigen Veränderungs- bzw. Umbruchsprozessen der katholischen Kirche in Deutschland einen Weg aufzeigt, die Ausübung von Führung zu systematisieren und zu strukturieren.

1 Rahmenbedingungen kirchlichen Führungshandelns

Die einleitend skizzierte Fragestellung macht deutlich, dass es das Ziel dieser Abhandlung ist, einen Vorschlag für adäquates und somit erfolgsrelevantes Führungsverhalten in der Kirche zu entwickeln. Dazu steht die Auswertung wesentlicher Zugänge der Führungsforschung zum Führungsprozess im Vordergrund. Um jedoch den Fragegegenstand näher zu präzisieren, erfolgt zunächst eine Befassung mit den zentralen Rahmenbedingungen kirchlichen Führungshandelns. Da es hier nicht möglich ist, alle Facetten kirchlichen Selbstverständnisses darzulegen und eine umfassende Ekklesiologie[1] zu entwerfen, erfolgt eine Beschränkung auf die Gesichtspunkte, die im Kontext dieser Arbeit von Bedeutung sind.
Daher werden in einer kurzen Übersicht wesentliche Aspekte kirchlichen Selbstverständnisses benannt sowie die für die Bearbeitung der Fragestellung relevanten Strukturen der Kirche wiedergegeben. Daran anschließend werden zentrale Problemlagen der derzeitigen kirchlichen Situation in Deutschland dargestellt. Abschließend werden die Anforderungen an Führung in der Kirche auf der Grundlage der genannten Faktoren benannt.

1.1 Theologische Essentials zum Selbstverständnis der Kirche

Die nachfolgenden Ausführungen geben einen kurzen und damit lediglich einführenden Einblick in wesentliche Elemente kirchlichen Selbstverständnisses. Im Rahmen der Entwicklung der hier vorgeschlagenen Führungskonzeption (vgl. Kap. 3) wird auf diejenigen Aspekte ausführlicher eingegangen, die in besonderer Weise die Konvergenzen zwischen dem hier entwickelten Führungskonzept und dem kirchlichen Selbstverständnis zeigen.

---

1 ‚Ekklesiologie' ist die methodische und reflektierte Lehre von der Kirche. Die Aussagen der Ekklesiologie sind gebunden an das Bekenntnis zum christlichen Glauben, innerhalb dessen der sowohl theoretische als auch praktische Ort der Kirche bestimmt wird (vgl. Kehl 1995).

1.1.1 Grundlegende Zugänge

Der Zugang zum aktuellen Selbstverständnis der Kirche wird hier über die Sicht der Kirche gewählt, die im II. Vatikanischen Konzil[2] grundgelegt ist.
In einem ersten Verständnis führt sich die Kirche auf die österliche Auferstehungserfahrung mit den dadurch entstandenen Dynamiken und deren Verbindungen zum historischen Jesus zurück. Die Kirche ist nur denkbar aus der Erfahrung der Auferstehung des gekreuzigten Jesus und der Sendung des Heiligen Geistes. Daher ist die Kirche in vollem Sinn erst durch Auferstehung (Ostern) und Geistsendung (Pfingsten) konstituiert. Diese ‚österliche' Erfahrung der Kirche ist für ihre Existenz konstitutiv.
Die Verbindung zum historischen Jesus besteht darin, dass Kontinuitäten in historischer und soziologischer sowie sachlicher und theologischer Perspektive bestehen, insofern der historische Jesus ein bestimmtes Gottesbild verkündet, eine Gemeinschaft gebildet oder bestimmte (ethische) Lehren vermittelt hat. Die Menschwerdung Jesu, sein Leben unter den Menschen und der Inhalt seines Lebens, die Hinnahme des Kreuzestodes und die Auferweckung werden als Offenbarung Gottes verstanden. Gott hat in der Sendung seines Sohnes Jesus Christus, wie es der Prolog des Johannesevangeliums beschreibt (vgl. Joh 1,1-18), sein ‚Wort' (logos) gesprochen, also sich offenbart und sich selbst in geschichtlichen Ereignissen und durch den vom Geist Gottes gewirkten menschlichen Zeugnissen ‚mitgeteilt' oder ‚selbstinterpretiert' oder ‚offenbart'.
Dieses Verständnis markiert eine wichtige Abgrenzung zu einem seit der Gegenreformation im 16. Jahrhundert vorherrschenden Kirchenver-

2 Das II. Vatikanische Konzil (1962 bis 1965) legt u. a. in den Dokumenten ‚Lumen gentium' und ‚Gaudium et spes' in Verbindung mit dem Dokument ‚Apostolicam actuositatem' ein Verständnis der Kirche vor, das sich von zuvor formulierten Vorstellungen deutlich abhebt. Vor allem die maßgeblich auf Bellarmin (1542-1621) zurückgehenden und bis in das 20. Jahrhundert wirkenden apologetischen Konstruktionen des Kirchenverständnisses werden korrigiert. Es erfolgt eine stärkere Anbindung an die biblischen Aussagen über die Kirche und deren frühen patristischen Auslegungstraditionen.
Die Problematik der Auslegung der Texte des II. Vatikanischen Konzils besteht darin, dass erstens kein systematisch entworfenes Kirchenbild vorliegt und zweitens verschiedene Aussagen teilweise unverbunden und gegensätzlich neben einander stehen (vgl. Kasper 1996, Kasper & Drumm 1996, Kehl 1992: 48-50, Dietrich 1994).
Die Konzilstexte werden mit den üblichen Abkürzungen
AA – Apostolicam actuositatem – Dekret über das Apostolat der Laien
CD – Christus Dominus – Dekret über die Hirtenaufgabe der Bischöfe
GS – Gaudium et spes – Pastoralkonstitution über die Kirche in der Welt von heute
LG – Lumen gentium – Dogmatische Konstitution über die Kirche
aus Rahner & Vorgrimler 1978 zitiert.

ständnis, nach dem Jesus die Kirche in einem besonderen Stiftungsakt als hierarchische Institution verfasst hat und diese Kirche sich als ‚societas perfecta' von allen anderen Religionsgemeinschaften unterscheidet. Insbesondere die Erkenntnisse der Exegese haben gezeigt, dass ein solches Verständnis aus den Schriften des Neuen Testamentes nicht ableitbar ist. Systematisch-theologische Reflexionen machen überdies deutlich, dass ein solcher Zugang das Selbstverständnis der Kirche nicht erfassen kann (vgl. Kasper 1996: 1465, Kehl 1992: 265-277, Werbick 1998).

In einem erweiterten Verständnis versteht sich die Kirche im Rückgriff auf den Ursprung der Menschheit: der Schöpfergott beruft alle Menschen, nicht als isolierte Individuen, sondern als auf Gemeinschaft ausgerichtete Wesen zum Volk Gottes. Dieser ‚universale Heilswille' Gottes hat sich zuerst in der Berufung Israels als dem ersten Volk Gottes manifestiert. In dieses erste Volk Gottes ist die Kirche „eingepflanzt" (Kasper 1996: 1495). Insofern begreift die Kirche alle Menschen, die sich seit Beginn der Menschheit der Berufung Gottes gestellt und diese angenommen haben, als „Vorform" (Kehl 1992: 90) ihrer selbst (vgl. Kehl 1992: 90f, Kasper 1996: 1465).

Neben dem schöpfungstheologischen Bezug ist die eschatologische[3] Perspektive zum Verständnis der Kirche von Bedeutung. Das Ziel der Schöpfung ist die Erfüllung des universalen Heilswillens Gottes. Dies ist dann erreicht, „wenn die Einsammlung der ganzen dazu bereiten Menschheit zur Einheit mit Gott und untereinander geglückt ist" (Kehl 1992: 91) und die Kirche identisch ist mit der gesamten und versöhnten Menschheit. Die Kirche wird dann die ‚allumfassende Kirche' (vgl. LG 2). Bis zu diesem Ziel ist die Kirche das Werkzeug für diesen Prozess. Die Verbindung dieses Heilswillens Gottes zu Christus besteht darin, das mit Jesus Christus das Reich Gottes bereits von einer entfernten Zukunft weg zur Gegenwart geworden ist und der Vollendung entgegengeht (vgl. Kehl 1992: 91-93, Kasper 1996: 1472f).

Das II. Vatikanische Konzil hat die Kirche als Sakrament, d. h. als das sichtbare Zeichen und Werkzeug der Offenbarung Gottes für das Heil der

3 ‚Eschatologie' stammt aus der altgriechischen Sprache und meint klassisch die Lehre von den ‚letzten Dingen'. Allerdings geht es damit nicht allein um Aussagen über das ‚Weltenende', sondern auch um die geschichtstheologischen Bedeutungen für die jeweilige Gegenwart. So entsteht eine Dialektik, die aus der Erwartung der Vollendung durch Gott die Antizipation der zugesagten und erhofften Zukunft bereits in Anfängen in der Gegenwart ermöglichen bzw. der zugesagten Zukunft widerstrebende Gegebenheiten wie bspw. Ungerechtigkeit aufheben will. Die Spannung besteht darin, Eschatologie nicht als ‚Vertröstung' zu betreiben und gleichzeitig den ‚eschatologischen Vorbehalt' aufrechtzuerhalten und nicht allein auf ‚innerweltliche Erlösung' zu setzen (vgl. Greshake 1995).

Menschen beschrieben. Sie ist nicht ein Zusammenschluss von Menschen, die sich wie in einer Organisation (vgl. Kap. 2.1.3) zu Erreichung eines Zweckes zusammenfinden, sondern sie ist „Sakrament der Communio Gottes“ (Kehl 1992: 51). Damit drückt sich aus, dass die Gemeinschaft, die Gott durch die Sendung seines Sohnes mit den Menschen begründet hat, der Existenzgrund der Kirche ist und diese Gemeinschaft weiterexistiert. Dieses Weiterleben der ‚Communio' Gottes mit den Menschen geschieht durch die dritte trinitarische Person, den Heiligen Geist. Als Sakrament der Communio Gottes, also als Zeichen und Werkzeug der Gemeinschaft Gottes bildet die Kirche die von Gott berufene Gemeinschaft der Glaubenden (vgl. LG 1, Kehl 1992: 51-125, Kasper 1996: 1465-1473, Bucher 2005b: 30-41).

Der Begriff ‚katholisch' (allumfassend oder allumspannend) meint nicht zuerst die römisch-katholische Kirche. Vielmehr wird mit ‚katholisch' zunächst ausgesagt, dass die Kirche zu allen Völkern, Kulturen, Rassen und Klassen gesandt ist, sich universal bezogen auf Raum und Zeit versteht und die Gesamtheit der Heilsgaben und Berufungen beinhaltet. Der universale Heilswille Gottes formuliert sich in dieser ‚katholischen' Perspektive (vgl. Kehl 1992: 129f und Kasper 1996: 1466). Sodann aber nimmt die römisch-katholische Kirche für sich in Anspruch, dass die wahre, universale Kirche in ihr ‚subsistiert', also ‚konkret verwirklicht' ist. Die entsprechende Passage im Konzilstext (vgl. LG 8) weist dabei darauf hin, dass das ‚Subsistieren', also ‚Verwirklichen' an die Leitungsform der Kirche gebunden ist, die vom Papst und den Bischöfen in Gemeinschaft mit dem Papst geführt wird. Damit wird an grundlegende Kriterien der Kirche angeknüpft. Sie ist ‚apostolisch', basiert also auf dem stets maßgeblichen Glauben der Apostel (als deren Nachfolger sich die Bischöfe verstehen) und sie bildet eine universale Einheit, die in der Weitergabe des Amtes seit den Aposteln (apostolische Sukzession) und der besonderen Bedeutung des Papst-Amtes (Petrus-Amtes) zum Ausdruck kommt.

Die anderen Kirchen, so die Aussage des Konzils, halten vielfältige Elemente vor (z. B. die Taufe), die auf die ‚katholische', also universale Einheit hingeordnet sind[4].

4 In dieser Arbeit wird, soweit nicht ausdrücklich anders ausgesagt, unter ‚Kirche' im Singular die römisch-katholische Kirche verstanden.

1.1.2 Die Kirche als Volk Gottes und als Institution

Die Verfasstheit der Kirche ist in einer bedeutenden Formulierung des Konzilsfolgendermaßen beschrieben: „Die mit hierarchischen Organen ausgestattete Gesellschaft und der geheimnisvolle Leib Christi, die sichtbare Versammlung und die mit himmlischen Gaben beschenkte Kirche sind nicht als zwei verschiedene Größen zu betrachten, sondern bilden eine komplexe Wirklichkeit, die aus göttlichen und menschlichen Elementen zusammenwächst" (LG 8). Die Kirche spricht also in ihrem eigenen Selbstverständnis immer über die Gemeinschaft derer, die an Jesus Christus glauben und die diesen Glauben in kirchlich grundgelegten Vollzügen leben. Damit spricht die Kirche auch über sich selbst als die auf Jesus Christus zurückgehende, geistgewirkte Gemeinschaft, die aus dem Gottesglauben Auftrag und Sendung erhält. Gleichzeitig spricht sie aber auch über ihre konkrete institutionelle Verfasstheit. Kurz: Die Dimension der Kirche als Volk Gottes und die Dimension als Institution sind zusammengehörend zu betrachten, wenngleich zu unterscheiden: „Unter ‚Kirche' verstehen wir hier [...] die Gemeinschaft der an Jesus Christus Glaubenden, auf seine Verheißung Hoffenden und in seiner Nachfolge Liebenden [...]. Diese Gemeinschaft übersteigt zwar die institutionellen Grenzen der katholischen Kirche [...]; dennoch bleibt sie unauflösbar an die konkrete gesellschaftlich verfaßte Kirche [...] gebunden" (Kehl 1992: 44).

Dieser Aspekt des Selbstverständnisses der Kirche ist für das hier beabsichtigte Vorhaben folgenreich. In dieser Perspektive erhalten die Erkenntnisse anderer Wissenschaften, etwa der Soziologie für die Beschreibung der Gesellschaft und der Führungsforschung für die Beschreibung von möglichem Führungsverhalten Relevanz für die Kirche, ohne den nach ihrem eigenen Selbstverständnis bestehenden göttlichen Charakter der Kirche in Frage zu stellen: „Eine (theoretische und praktische) Minderbewertung der menschlich-empirischen Seite der Kirche verstärkt nicht den theologischen-göttlichen Charakter, sondern mindert ihn ebenfalls, weil dieser [...] nur ‚im Fleisch' der Geschichte, der gesellschaftlichen und kulturellen Wirklichkeit gelebt und erkannt werden kann" (Kehl 1992: 137). Und weiter: „Wer aus theologischen Gründen sozialwissenschaftliche Analysen verdrängt und abwertet, der hat die chalcedonensische Vermittlungsformel noch nicht für die Ekklesiologie akzeptiert" (Kehl 1992: 137). Die ‚chalcedonensische Vermittlungsformel'[5] umfasst die unvermischte

5 Das Konzil von Chalcedon formulierte 461 die Einheit der göttlichen und menschlichen Natur in Jesus Christus mit den Begriffen ‚unvermischt' und ‚ungetrennt' (vgl. Breuning 1994).

und ungetrennte Einheit des menschlichen und göttlichen Elementes der Kirche, was letztlich im konziliaren Begriff des Sakramentes erfasst ist, da ‚Sakrament' sichtbares Zeichen der an sich unsichtbaren göttlichen Sphäre ist (vgl. Kehl 1992: 133f).

Damit ist zunächst aufgewiesen, dass es dem Selbstverständnis der Kirche nicht nur nicht widerspricht, sondern ihm vielmehr entspricht, sich zur Strukturierung ihrer institutionellen Seite der in Frage kommenden Wissenschaften zu bedienen und deren Erkenntnisse für ihre Strukturierung zu verwenden (vgl. Berkel 1990: 303f). Allerdings ist daran die Anforderung zu stellen, dass sie ihren theologischen, gottgewirkten Charakter dabei nicht aufgibt, sondern beide, gemäß der Formel von Chalcedon, unvermischt doch ungetrennt in Beziehung setzt.

Somit darf die Strukturierung und Ausgestaltung der institutionellen Seite der Kirche, damit auch ihres Führungshandelns, keinesfalls verhindern, sondern muss ermöglichen, dass die Kirche ihrem Auftrag gerecht werden kann. Ihre innere Struktur muss ihrem Auftrag entsprechen. Es geht gerade darum, „dass Kirche ihrem Zeichen und Werkzeugcharakter gerecht wird, dass sie als äußeres Zeichen transparent ist auf die innere Gnade hin, die ihr als Stiftung Jesu Christi bzw. des dreieinigen Gottes innewohnt" (Hilberath 2002: 95).

Mit diesem Aufweis sind zwei Richtungen dieser Arbeit markiert: auf der einen Seite entspricht es dem Selbstverständnis der Kirche, sich anderer Erkenntnisse für ihre eigene Strukturierung zu bedienen. Dies wird in der Entwicklung einer Führungskonzeption in Auseinandersetzung mit den Erkenntnissen der wissenschaftlichen Führungsforschung relevant. Denn mit den dortigen Sichtweisen wird für kirchliche Führungskräfte ein Vorschlag zur Wahrnehmung von Führung entwickelt. Auf der anderen Seite aber müssen die in der Führungsforschung vorgeschlagenen Vorgehensweisen darauf hin befragt werden, ob und wie weit sie mit dem Selbstverständnis der Kirche in Einklang stehen.

1.1.3 Auftrag der Kirche

Der Auftrag oder die ‚Sendung' der Kirche lässt sich in verschiedener Weise beschreiben. Grundlegend ist, dass die Kirche dazu beauftragt oder dazu gesandt ist, Gott zu ‚verherrlichen' und dem ‚Heil' zu dienen, das Gott in seinem universalen Heilswillen für die Menschen vorgesehen hat. Damit kommen die beiden Dimensionen ‚Gottesliebe' und ‚Nächstenliebe' oder ‚Heilsdienst' und ‚Weltdienst' zum Ausdruck. Beide Dimensionen

sind stets verbunden und aufeinander bezogen. Gottes- und Nächstenliebe können nicht getrennt werden.
Neben dieser dichotomischen Unterscheidung lässt sich die Aufgabe der Kirche in einer klassischen Trias beschreiben. Demnach hat die Kirche drei Grunddienste zu erfüllen, die aus der Verkündigung (Martyria), der Liturgie (Leiturgia) und dem Dienst am Nächsten (Diakonia) bestehen. Durch diese drei Grunddienste nimmt die Kirche am dreifachen Amt Jesus Christi als Prophet, Priester und König bzw. Hirte teil. Manche Konzepte nehmen darüber hinaus als vierte Grundfunktion die Gemeinschaftlichkeit bzw. Geschwisterlichkeit (Koinonia) als vierten Grundvollzug an. Jene Zugänge, die die klassische Trias annehmen, sehen die Gemeinschaft als Folge oder Ergebnis der drei Grundvollzüge (vgl. Kehl 1992: 113, Kasper 1996: 1469f, Zulehner 2004b: 44).
Dieser Zugang bedeutet für den Auftrag der Kirche, dass sie ihre grundlegende Ausrichtung auf die Verherrlichung Gottes und den Dienst am Heil der Menschen durch die Verkündigung, die Feier der Gottesdienste und Sakramente sowie durch den Dienst am Nächsten, insbesondere den Notleidenden wahrnimmt. Unter Verkündigung sind alle Dienste erfasst, die den Glauben verkündigen und bezeugen, somit die Predigt, die Katechese als religiöse Unterweisung bspw. von Kindern und Jugendlichen und das mutige, auch im Widerstand gegen bestehende Verhältnisse Einfordern eines glaubensgemäßen Lebens. Der Begriff ‚Martyria' erfasst den Zeugnischarakter (wie insbesondere die Märtyrer der Kirche mit ihrem Leben für den Glauben einstanden und einstehen). Unter ‚Liturgie' sind alle den Glauben feiernden Vollzüge erfasst, somit der gesamte kultische Bereich. ‚Diakonie' meint alles Handeln in Bezug auf die Nächstenliebe (Caritas) und umfasst die konkrete Hilfe gegenüber dem Bedürftigen ebenso wie das Engagement für strukturell gerechte Verhältnisse.

1.1.4 Strukturen der Kirche

Die Strukturen der Kirche werden hier in ihren grundlegenden und für diese Arbeit relevanten Aspekten dargestellt.
Entscheidender Zugang zur Strukturierung der Kirche ist das Bischofsamt und die Kollegialität der Bischöfe unter der Führung des Papstes.

1.1.4.1 Der Papst und die Kollegialität der Bischöfe, Universalkirche und Ortskirche, Bischofskonferenzen

Im Bischofsamt findet sich die „Fülle des Weihesakramentes" (LG 21). Es wird direkt abgeleitet aus der Berufung der Apostel durch Jesus. Die

Struktur der Kirche allerdings wird nur verstanden, wenn stets mitgesehen wird, dass der Bischof immer Teil des Bischofskollegiums ist, er also nicht als einzelner Amtsträger sein Amt ausübt, sondern konstitutiv dies in der Kollegialität aller Bischöfe versieht. Diese Konzeption wird hergeleitet aus der in den biblischen Zeugnissen widergegebenen Praxis Jesu, die Apostel als Gemeinschaft, als Kollegium zu berufen.

Unter den Bischöfen kommt dem Bischof von Rom, dem Papst, eine besondere Funktion zu. So wie Jesus unter den Aposteln den Apostel Petrus herausgehoben hat, so verfügt der „Bischof der Kirche von Rom [...] über höchste, volle, unmittelbare und universale ordentliche Gewalt" (c. 331 CIC)[6]. Der Primat des Papstes allerdings ist in Verbundenheit mit dem Bischofskollegium auszuüben. Im Bischofskollegium, das die Einheit in der Vielfalt der Kirche darstellt, ist der Bischof von Rom nochmals Garant für die Einheit.

Auch unter organisationssoziologischen Fragestellungen ist hier interessant, dass die Primatsstellung des Papstes gleichursprünglich mit der Kollegialität ist und beides, Primat und Kollegialität nur gemeinsam ausgeübt werden können (vgl. LG 21, Kehl 1992: 372-383, c. 330- 339 CIC).

Wird die Stellung der Bischöfe erkannt, kann der nächste wesentliche Zugang zur kirchlichen Struktur nachvollzogen werden. Die Universalkirche gliedert sich in die Ortskirchen[7], worunter vor allem die Diözesen oder Bistümer (die Begriffe sind synonym zu verwenden), verstanden werden. Das Verhältnis zwischen Universalkirche und Ortskirche ist dadurch bestimmt, dass beide sich wechselseitig bedingen und aufeinander bezogen sind. Die Universalkirche ist nicht der Zusammenschluss der Diözesen und sie ist auch nicht die ‚Zentraldiözese', die sich in Bistümer als Substrukturen untergliedert. Sondern das Verhältnis von Unversalkirche und Ortskirche ist gleichursprünglich, insofern die Kirche immer die eine und umgreifende Kirche als Volk Gottes ist und gleichzeitig in der Vielfalt der verschiedenen Ortskirchen besteht. Eines ist nicht ohne das andere denk-

6 ‚CIC' ist die Abkürzung für ‚Codex Iuris Canonici' – Codex des kanonischen Rechts. Dieser Codex ist in ‚canones' unterteilt, in der Literatur üblicherweise abgekürzt mit ‚c.'. Zugrunde gelegt ist dieser Abhandlung der CIC von 1983 (vgl. Codex Iuris Canonici/Codex des kanonischen Rechtes 2001).

7 Neben dem Begriff ‚Ortskirche' wird der der ‚Teilkirche' verwandt. Die Konzilstexte und das Kirchenrecht verwenden den Terminus ‚Teilkirche', in der deutschsprachigen theologischen Literatur wird jedoch der Begriff ‚Ortskirche' vorgezogen. So soll ein mögliches Missverständnis vermieden werden, der mit dem Begriff ‚Teilkirche' entstehen könnte, insofern hier nur ein ‚Teil' der Kirche gemeint ist: „Den Begriff ‚Teilkirchen' meiden wir bewußt, weil er das Mißverständnis nahelegt, die einzelnen Kirchen seien nur ‚Teile' der ganzen Kirche und diese wiederum seien nur die ‚Summe ihrer Teile'" (Kehl 1992: 45). Dieser Auffassung wird hier gefolgt.

bar. Entscheidend ist dabei, dass eine Ortskirche, diesem Zugang folgend, in „vollem Sinn als Kirche" (Kehl 1992: 369) gilt. Allerdings ist sie nur in diesem vollen Sinn Kirche, wenn sie sich als Teil der Universalkirche versteht und ihr Selbstverständnis aus dieser Gemeinschaft ableitet (vgl. Kehl 1992: 368-372).
Für das Anliegen dieser Arbeit ist von Bedeutung, dass die Bistümer gemäß kirchlichem Selbstverständnis die zentralen Einheiten der Kirche sind. „Teilkirchen [...] sind vor allem Diözesen" (c. 368 CIC). Und weiter: „Eine Diözese ist Teil des Gottesvolkes, der dem Bischof in Zusammenarbeit mit dem Presbyterium zu weiden anvertraut wird; indem sie ihrem Hirten anhängt [...], bildet sie eine Teilkirche, in der die eine, heilige, katholische und apostolische Kirche Christi wahrhaft gegenwärtig ist und wirkt" (c. 369 CIC).
In diesen Schlaglichtern finden sich alle bislang angesprochenen Elemente wieder. Die Bedeutung des Bischofsamtes, die Bedeutung der Diözese und die stets gleichursprünglich gegebene Beziehung zur universalen kirchlichen Gemeinschaft. Aus diesem Grund haben die Diözese und der Bischof in der Kirche eine hohe und nicht zu überschätzende Bedeutung[8].
Von Bedeutung sind in der Kirche die nationalen Bischofskonferenzen, die als ständige Einrichtungen „der Zusammenschluß der Bischöfe einer Nation oder eines bestimmten Gebietes" (c. 447 CIC) sind und die die Aufgabe haben, bestimmte kirchliche Belange und Fragenstellungen für ein Land einheitlich zu regeln. Allerdings wird durch die Existenz einer nationalen Bischofskonferenz die theologisch begründete Zuständigkeit und Verantwortung eines Bischof in seiner Diözese nicht geschmälert oder gar aufgehoben, da nur solche Beschlüsse oder Vorgänge für das einzelne Bistum gelten, denen der einzelne Diözesanbischof zugestimmt hat (vgl. c. 455 § 4 CIC).
Die Deutsche Bischofskonferenz unterhält entsprechende Einrichtungen, durch die sie ihr gemeinsames und öffentlichen Agieren koordiniert und gestaltet.

1.1.4.2 Diözese, Personal und Finanzen

Der Bischof führt die Diözese auf der Grundlage der Bischofsweihe als ‚volles Weihesakrament'. Der Bischof trägt die Verantwortung und hat das Recht, innerhalb der bestehenden kirchlichen Vorgaben und Normen (da

8 Die Strukturierung in Erzbistümer und deren ‚Suffragandiözesen', die als ‚Kirchenprovinzen' bezeichnet werden und unter Leitung eines ‚Metropoliten' stehen (vgl. c. 432, 435, 436 CIC) kann hier vernachlässigt werden, da sie für die Fragestellung des Führungsverhaltens nicht von unmittelbarer Bedeutung ist. Daher wird auch im Fortgang nicht zwischen Bistum und Erzbistum bzw. Bischof und Erzbischof unterschieden.

stets verbunden mit dem Bischofskollegium und dem Papst), das Bistum zu führen (vgl. Witsch 2002). Dazu bedient er sich entsprechender Personen, Einrichtungen und Strukturen, die im Kirchenrecht mit ‚Diözesankurie' beschrieben sind, im deutschen Sprachgebrauch als ‚Bischöfliche Ordinariate' oder ‚Generalvikariate' betitelt werden (vgl. c. 469-476 CIC). Leiter dieser Behörde ist der vom Bischof ernannte Generalvikar, was bereits auf ein Führungsdual (vgl. Kap. 2.3.6) hinweist[9].
Die Diözese gliedert sich in Pfarreien (s.u.). Zwischenuntergliederungen zwischen der Ebene der Diözese und den Pfarreien können eingerichtet werden, die als Dekanate, Bezirke oder Regionen bezeichnet werden.
Die zahlreichen Aufgaben der Diözesen und ihre weitere Strukturierung müssen an dieser Stelle nicht umfassend bearbeitet werden. Wesentlich für die hier zu bearbeitende Fragestellung ist, dass in Deutschland die Diözese Anstellungsträger[10] des hauptamtlichen Personals in der Pastoral ist, worunter hier sowohl die Priester und Diakone als auch die nicht-ordinierten weiteren pastoralen Berufsgruppen der Gemeinde- und Pastoralreferenten erfasst sind[11]. Die Ausbildung dieser Berufsgruppen steht

9 Die Tatsache, dass die Kirche Weihbischöfe und Bischofsvikare kennt, ist hier nicht von Bedeutung, da die entscheidende Kategorie die Diözese unter Leitung des Bischofs ist.

10 Der Begriff ‚Anstellungsträger' wird hier in einem umfassenden Verständnis verwendet. Er umfasst auch die ordinierten Personen, wenngleich diese nicht als ‚Angestellte' des Bistums verstanden werden, sondern in der Regel beamtenähnlich besoldet und aufgrund des Weihesakramentes in einem besonderen Verhältnis zum Bischof und damit zur Diözese stehen, das nicht durch ansonsten übliche arbeitsvertragliche Regelungen erfasst wird.

11 Eine intensive Befassung mit der katholischen Amtstheologie kann und muss in dieser Arbeit nicht erfolgen, da dies für die hier zu bearbeitende Fragestellung des Führungsverhaltens von Führungskräften in kirchlichen Kontexten nicht wesentlich ist. Auch wird nicht umfassend auf die theologische Verhältnisbestimmung des ordinierten Amtsträgers zu den nicht-ordinierten pastoralen Berufen eingegangen. Für den hier zu bearbeitenden Zusammenhang ist es hinreichend, die Verantwortung aller hauptamtlich Mitarbeitenden in der Pastoral für die kirchlichen Aktivitäten zu benennen und die Funktionen, insbesondere die Führungsfunktionen der Akteure in einem Führungsprozess zu beschreiben.
Mit diesem Hinweis seien in Kürze einige Kernpunkte des kirchlichen Amtverständnisses angesprochen. Basis jeden Amtes in der Kirche ist das gemeinsame Priestertum aller Gläubigen, wie es die Ekklesiologie des II. Vatikanischen Konzils formuliert. Aus diesem gemeinsamen Priestertum erfolgt die Berufung von Männern in das besondere Weiheamt. Die Kirche unterscheidet mit Diakonen-, Priester- und Bischofsweihe ein dreigliedriges Weiheamt, zusammenfassend Ordo genannt. Dem Bischof kommt dabei, wie bereits aufgezeigt, das volle Weiheamt zu. Konstitutiv für ein Amt ist die Ordination als sakramentale Weihe. Damit wird ausgedrückt, das Ordinierte weder das Amt noch die mit der Ordination verliehenen Vollmachten, (insbesondere jene zur Spendung der Sakramente) durch eigenes Verdienst erhalten, sondern das Amt eine unverfügbare Gabe Gottes ist. Die Theologie des kirchlichen Amtes bindet alles Han-

in der Zuständigkeit der Diözese, die dabei Verbünde mit anderen Bistümern eingehen kann und an die entsprechenden römischen und nationalen Rahmenregelungen gebunden ist.
Ein weiterer wichtiger Aspekt ist die Tatsache, dass im deutschen System der Kirchensteuererhebung[12] die Bistümer die Kirchensteuer verwalten. Auf der Ebene der Diözese wird entschieden, wie die eingenommenen Mittel verteilt werden. Die Ausstattung der Pfarreien mit Mitteln aus den Kirchensteuereinnahmen bspw. für Gebäude erfolgt durch die Bistumsleitung.
Beide Aspekte, die Anstellung des hauptamtlichen Personals in der Pastoral und die Verwaltung und damit Steuerung der Kirchensteuerverteilung sind erhebliche Einfluss- und Machtfaktoren, durch die der Bischof sein Leitungsamt wahrnimmt. Die Verteilung von Geld und Personal auf die Pfarreien und anderen kirchlichen Ebenen und Einrichtungen ist eine entscheidende Steuerungskategorie und verleiht dem Bischofsamt über die theologische Begründung hinaus in den deutschen Diözesen hohen Gestaltungsspielraum. In Bezug auf die ökonomische Seite ist ein Bischof allerdings an Vorgaben und Entscheidungen der entsprechenden Finanzgremien gebunden, die insbesondere die Aufgabe haben, für eine geordnete Verwaltung der Finanzen Sorge zu tragen.

---

deln des kirchlichen Amtes an Jesus Christus, in dessen Auftrag und Namen sowie in Bindung an seine Person die Amtsträger handeln.
Katholisches Amtsverständnis und die Struktur der Kirche sind eng miteinander verbunden. Dies wird an der gleichzeitig hierarchischen und synodalen Verfasstheit der Kirche deutlich. Im kirchlichen und theologischen Sprachgebrauch sind unter dem Begriff ‚Hierarchie' die ordinierten Amtsträger der Kirche verstanden. Diese Hierarchie ist in sich wieder ‚hierarchisiert' in Diakon, Priester und Bischof (dem Papst als Bischof von Rom kommt dabei die gezeigte besondere Rolle unter allen Bischöfen zu). Gleichzeitig mit der hierarchischen Verfassung der Kirche ist diese ‚synodal' verfasst. ‚Synodal' meint ‚gemeinsamer Weg' der Hierarchie und der durch die Taufe mit Jesus Christus verbundenen Christen (das griechische Wort ‚odos' bedeutet Weg, mit der Verbindung ‚syn' ergibt sich die Bedeutung ‚gemeinsamer Weg').
Inwieweit die synodale Verfasstheit sich im praktischen Leben der Kirche zeigt und die Partizipation der nicht-ordinierten Christen an Führungsentscheidungen strukturell und verbindlich verankert ist, ist ein Diskussions- und Streitpunkt (vgl. Greshake 1991, Kehl 1992: 103-125; Kehl 2000; Freitag 1996, Feulner 2001: 1013).

12 In Deutschland zieht aufgrund entsprechender staatsrechtlicher Regelungen der Staat die Kirchensteuer von kirchensteuerpflichtigen Kirchenmitgliedern ein und behält einen entsprechenden Anteil der Lohn- bzw. Einkommensteuer ein. Diese Gelder werden an die Kirchensteuerberechtigten, hier die Bistümer, weitergegeben. Für diese Dienstleistung erhält der Staat eine finanzielle Erstattung (vgl. Listl 1997: 63f).

1.1.4.3 Pfarreien

Eine Diözese wiederum gliedert sich in Pfarreien[13]: „Die Pfarrei ist eine bestimmte Gemeinschaft von Gläubigen, die in einer Teilkirche auf Dauer errichtet ist und deren Hirtensorge unter der Autorität des Diözesanbischofs einem Pfarrer als ihrem eigenen Hirten anvertraut wird" (c. 515 § 1 CIC). Auch wenn das personale Moment (Gemeinschaft von Gläubigen und ein Pfarrer) sehr deutlich den zentralen Kern der Pfarrei bildet, so sind in der Regel Pfarreien territorial abgegrenzt. Daneben können auch Personalpfarreien etabliert werden, bspw. für Katholiken einer Muttersprache. Die Ordnung eines Bistums in eine bestimmte Anzahl von Pfarreien, somit deren Einrichtung und Auflösung, ist in die alleinige Kompetenz des Bischofs gestellt (vgl. Paarhammer 2004).

In Deutschland sind Pfarreien aufgrund staatskirchrechtlicher Regelungen auch Kirchengemeinden[14]. Damit ist ihr staatskirchenrechtlicher Status als Körperschaften des öffentlichen Rechts erfasst. Als solche sind Kirchengemeinden berechtigt, Personal einzustellen (bspw. Pfarrsekretärinnen und Küster), Verträge abzuschließen und Vermögen aufzubauen. Allerdings unterstehen wesentliche Vorgänge dem Genehmigungsvorbehalt durch das Bistum. Das in vermögensrechtlicher Hinsicht entscheidende Gremium ist der ‚Kirchenvorstand' oder ‚Verwaltungsrat', in dem gewählte Kirchengemeindemitglieder die entsprechenden Beschlüsse fassen (vgl. Pree 2004).

---

13 Die Etymologie des Begriffs bereitet Schwierigkeiten. Das griechische Wort ‚paroecia' weist in Bedeutungen wie ‚leben in der Fremde' oder ‚Pilgerschaft' und enthält Vorstellungen eines Lebens an einem Ort ohne Bürgerrechte. Insofern findet sich hier eine eschatologische Spur der frühen Kirche, die mit der Vollendung der Welt in der Wiederkunft Christi in einer kurzen Zeitspanne rechnete.
Die Entstehung von Pfarreien geht auf die frühe Kirche zurück und entwickelte sich über die Ausprägung des Christentums in der Stadt mit dem Bischof als Leiter über verschiedene Schritte zu dem vor allem im Konzil von Trient (1545-1563) geprägten Verständnis, das dem heutigen Pfarreibegriff nahe kommt (vgl. Krämer 2004).

14 Die Bezeichnung ‚Kirchengemeinde' ist aus dem evangelischen Kirchenverständnis abgeleitet und fand im 19. Jahrhundert durch den preußischen Staat auch in den katholischen Bereich Eingang, da Preußen für die evangelische und katholische Kirche die Kirchengemeinde einheitlich als Institution festlegte. Die Kirchengemeinde umfasste die Katholiken eines bestimmten Territoriums. Ihre Aufgabe war es, als Trägerin des Kirchenvermögens und des kirchlichen Steuerrechts zu fungieren. Organ der Kirchengemeinde wurde der Kirchenvorstand.
Der Begriff ‚Kirchengemeinde' fand im Laufe der Entwicklung Eingang in Konkordate und Staatskirchenverträge, die die katholische Kirche mit den staatlichen Ebenen schloss. Somit erfasst der Begriff ‚Kirchengemeinde' die spezifische kirchliche Gemeinschaft, die häufig identisch ist mit der im Kirchenrecht beschriebenen ‚Pfarrei', unter der Rücksicht des Vermögensrechts und der staatlichen Rechtsstellung (vgl. Pree 2004).

Ein weiterer Begriff in diesem Zusammenhang ist der der ‚Pfarrgemeinde'. Damit wird jenseits der kirchenrechtlichen und staatskirchenrechtlichen Bedeutungen die theologische Kategorie der ‚Gemeinschaft' erfasst mit dem Anliegen, auch diese Dimension der Pfarrei zu betonen (vgl. Baumgartner 2004).

1.2 Situation der Kirche in Deutschland

Einen etwas breiteren Raum soll die Befassung mit der aktuellen Situation der Kirche in Deutschland einnehmen. Zunächst wird auf die Kontexte der Entwicklungen der religiösen Situation in Deutschland eingegangen, da dadurch wesentliche Rahmenbedingungen kirchlichen Handelns beeinflusst werden. Darauf aufbauend werden signifikante Daten vorgestellt. Insgesamt wird deutlich werden, dass sich die Kirche in einer Situation des Wandels und des Umbruchs befindet.

1.2.1 Modernisierung als gesellschaftliche Rahmenbedingung

Die Veränderungen im Bereich des Religiösen, des Christentums und der Kirche finden innerhalb der gesellschaftlichen Entwicklungen statt. Unter dem Stichwort der Modernisierungstheorie(n) werden diese gesellschaftlichen Prozesse in der soziologischen Debatte beschrieben. Der Terminus ‚Modernisierung' wird dabei als Sammelbegriff für die Veränderungsprozesse verwendet. Er umfasst zusammenfassend die Transformationen, die zur Ausbildung des spezifischen Typs moderner, westlicher Gesellschaften geführt haben und sodann auch weiterhin durch Transformationsprozesse diese aktuell weiter verändern (vgl. Gabriel 1998).
Im Zentrum der Beschreibungen aktueller Modernisierungsprozesse steht die Ablösung klassischer industriegesellschaftlicher Lebensformen durch andere, in dieser Form bislang unbekannte Gebilde. Die zur Kennzeichnung der Zusammenhänge herangezogenen Formulierungen sind vielfältig und schlagen sich in Begrifflichkeiten wie ‚Postmoderne', oder ‚entfaltete Moderne', nieder. Diese Begriffe kennzeichnen die momentanen Transformationen als erneute Veränderungen der Moderne[15], durch die

15 Nicht eingegangen werden kann hier auf die Fragestellung, wann die Moderne begonnen hat. In der Befassung mit der Thematik wird auf der Grundlage der Religionssoziologie Max Webers auf die dort formulierte okzidentale Sonderentwicklung hingewiesen. Eine zentrale Rolle spielt der Investiturstreit im 12. Jahrhundert. Folge dieser

eine Verschärfung und Radikalisierung jener mit der Ablösung des Mittelalters eingetretenen Modernisierungsprozesse beschrieben wird. Diese Prozesse haben eine nachhaltige Wirkung auf die Gesellschaften und die Lebenssituationen der Menschen (vgl. Beck 1986, Beck 1993, Gabriel 1992, Schulze 1993). Individualisierung, Enttraditionalisierung, Pluralisierung und Standardisierung sind die tragenden Begriffe für die Beschreibung dieser Prozesse.

1.2.1.1 Individualisierung

Der Individualisierungsbegriff eignet sich wie kaum ein anderer, die mit der ‚Postmoderne' verbundenen Prozesse zusammenzufassen. Unter Individualisierung ist wesentlich verstanden, dass eine Orientierung an vorgegebenen, normierten Verhaltensmustern nicht mehr möglich ist und dass das Individuum Entscheidungen über seine Lebensentwürfe selbst treffen muss und für die erforderlichen Entscheidungen die Verantwortung trägt (vgl. Beck 1986: 115-248, Beck 1993: 150f, Gabriel 1996). Mit Individualisierung ist nicht „Atomisierung, Vereinzelung, Vereinsamung, das Ende jeder Art von Gesellschaft, Beziehungslosigkeit" (Beck 1993: 149f) gemeint. Auch beruht Individualisierung „nicht auf der freien Entscheidung der Individuen" (Beck 1993: 151f), sondern entspricht einem Zwang zur „Herstellung, Selbstgestaltung, Selbstinszenierung nicht nur der eigenen Biographie, auch ihrer Einbindungen und Netzwerke, und dies im Wechsel der Präferenzen und Lebensphasen" (Beck 1993: 152).
Die Individualisierungsthese erfasst zwei Stoßrichtungen: die Auflösung bislang vorgebebener sozialer Lebensformen und damit verbunden die Erfahrung, dass auf den einzelnen neue institutionelle Anforderungen und Zwangslagen zukommen (vgl. Beck & Beck-Gernsheim 1994: 11f).
Die folgenden Stichworte stehen in enger Beziehung zu dem, was unter dem Stichwort Individualisierung beschrieben ist.

1.2.1.2 Enttraditionalisierung

Mit der Auflösung der Milieus und der tradierten Lebenszusammenhänge sowie den weiteren genannten Grundlagen der Individualisierung gehen gewohnte, die Lebensprozesse vorgebende Normierungen verloren. Diese Seite der Individualisierung wird unter ‚Enttraditionalisierung' erfasst (vgl. Keupp 1994). Enttraditionalisierung schafft gleichermaßen Freiheit

---

Auseinandersetzung war die Differenzierung von unabhängigen und gleichberechtigten Gewalten (‚geistlich' und ‚weltlich') und damit verbunden den verschiedenen Funktionen von Kaiser und Papst. Die Folgen dieser Strukturentwicklung, zusammen mit den weiteren Veränderungen im Hochmittelalter, werden in dieser Perspektive als Ursprung der Moderne begriffen (vgl. Gabriel 1992: 69f, Kaufmann 2000: 48-77).

aus den vormals gege-benen Traditionen wie den Zwang zur eigenen Lebensgestaltung: „Die radikale Enttraditionalisierung der Lebensformen eröffnet einerseits historisch bei-spiellose Möglichkeiten der Selbst-Organisation; anderseits verstärkt und verschärft sich der Wunsch nach Klarheit, Überschaubarxkeit, Einfachheit" (Keupp 1994: 336). Enttraditionalisierung schafft die Notwendigkeit und den Zwang, Entscheidungen zu treffen. Dies führt auch dazu, dass ‚Bastelbiographien' entstehen, da zur Herstellung der eigenen Biographie auf verschiedene Sinndeutungsmuster zurückgegriffen wird (vgl. Beck & Beck-Gernsheim 1994: 17-20). Wie zu zeigen sein wird, hat das Phänomen der Enttraditionalisierung Konsequenzen für die kirchliche und religiöse Situation.

1.2.1.3 Pluralisierung

Mit der Auflösung der Milieus und der tradierten Lebenszusammenhänge steigen die gegebenen Möglichkeiten der Lebensgestaltung. Wenn Biographien sich individualisieren und Traditionen wegfallen, entsteht eine Fülle an Möglichkeiten (vgl. Gabriel 1992: 133-135). Die Pluralisierung bedeutet allerdings wiederum Individualisierung, da neben der Chance der Wahl auch der Zwang dazu besteht. Dieser Zwang lastet auf dem Individuum, das seine Entscheidungen zu treffen und die Folgen zu verantworten hat. Gleichzeitig sind die Wahlmöglichkeiten in der Realität enger begrenzt als es den Anschein hat, da die Standardisierung von Lebenslagen Individuen stark einengt.

1.2.1.4 Standardisierung

Standardisierung ist eine weitere Kehrseite der Individualisierung. Die Freiheit aus vorgegebenen Milieus und Lebensläufen und die Freiheit, sein Leben selber zu gestalten, führt keineswegs zur völligen Freiheit, sondern auch zu standardisierten Biographien (vgl. Mayer & Müller 1994). Dies ist gegenläufig zu individueller Freiheit. So sehr der Einzelne die Verantwortung für seine Biographie tragen muss, so sehr wird diese von ökonomischen und bürokratischen Vorgaben, von demographischen Gegebenheiten oder sozialpolitischen Erfordernissen bestimmt. Damit ist bei allem Entscheidungsdruck die individuelle Entwicklung und gesellschaftliche Position von vielen Vorgegebenheiten abhängig.

1.2.2 Christentum und Kirche in der Modernisierung

Diese Prozesse haben Folgen für die Entwicklung des Religiösen in den westlichen Gesellschaften und in Deutschland. Die Individualisierung erfasst die Religiosität, da auch in Glaubensfragen die Individuen sich ihre Denk- und Sinnmuster zusammenstellen und eine Pluralisierung des Religiösen stattfindet. Die Individuen lösen sich aus traditionellen religiösen Bindungen, die Plausibilitäten der christlich-religiösen Deutungen von Leben und Welt schwinden bzw. lösen sich auf und aus einer Vielzahl an religiösen Entwürfen und Vorstellungen wählt das einzelne Individuum aus, stellt eigene Vorstellungen zusammen und entscheidet sich somit für bestimmte religiöse Deutungsformen. Individualisierung der religiösen Lebensdeutung, damit verbunden die Pluralisierung der Auffassungen und Vorstellungen unter gleichzeitigem Wegfall der stabilisierenden Traditionen kennzeichnen die Situation. Die unter dem Stichwort ‚Postmoderne' erfassten Prozesse spiegeln sich im Bereich der Religion in vollem Umfang wieder. Mit der Freiheit zur Entscheidung ist auch hier wiederum der Zwang zur Entscheidung verbunden. Die Kirchen und ihre Angebote und Deutungsmuster sind nur eine Möglichkeit unter verschiedenen Optionen. Unsicherheit und Orientierungsverlust treten in genau jenem Feld ein, das in der Vergangenheit gerade Orientierung in der Existenzbewältigung ermöglichte (vgl. Gabriel 1992:142-146, Kehl 1992: 169-176, Ebertz 1997: 66-76, Kaufmann 2000: 98-103, Ebertz 2003: 53-68, Bucher 2005a: 11-29).

Damit verbunden ist notwendiger Weise die Entkirchlichung von Religion. Waren Christentum und Kirche eng verbunden und kann in einer bestimmten Perspektive von „Verkirchlichung des Christentums" (Kaufmann 2000: 95) gesprochen werden, findet momentan eine Ablösung der Bindung von Religion und auch vom Christentum von den Kirchen statt. Dies bezieht sich sowohl auf die Deutung, Interpretation und Definition dessen, was christliche Lehre und christliche Inhalte sind als auch auf die Beteiligung an kirchlichen Vollzügen. Die beiden deutschen Großkirchen haben ihre Monopolstellung in verschiedenen Hinsichten verloren: „Schenkt man Statistiken und Umfrageergebnissen Vertrauen, dann ist es immer weniger möglich, die Gläubigkeit der einzelnen Gläubigen und den Glauben, so wie er in Gestalt der christlichen Kirchen institutionell verfasst ist, gleichzusetzen" (Ebertz 2003: 23). Äußeres Zeichen sind der anhaltende Mitgliederschwund und die Abnahme der Beteiligung an religiösen Vollzügen (s.u.).

Verbunden mit diesen Entwicklungen sind der zurücktretende Einfluss des Christentums auf die verschiedenen gesellschaftlichen Bereiche wie bspw. der Politik oder Wirtschaft und ebenso ein Rückgang der Autorität

der Kirchen in diesen Bereichen. Diese Prozesse werden unter dem Begriff ‚Säkularisierung' erfasst (vgl. Kaufmann 2000: 91)[16].
Die Auflösung der seit der Reformation bestimmenden Konfessionsgrenzen bedeutet eine Verblassung und Unschärfe der konfessionellen Konturen, da das Christentum vor allem in Deutschland sehr stark und deutlich konfessionell geprägt ist (vgl. Ebertz 1997: 9-18). Dieser Aspekt konzentriert die bislang dargestellten Entwicklungen, da Kirche und Christentum (insbesondere in Deutschland) nicht ‚an sich', sondern seit der Reformation in ihrer konfessionellen Gestalt und Interpretation existieren. Somit sind Bindungsverluste, der Verlust an Plausibilität religiöser Deutungen oder die abnehmende Akzeptanz bestimmter Inhalte christlicher Lehren stets Verluste in der spezifischen konfessionellen Interpretation (vgl. Ebertz 2003: 17-20).
Die Modernisierungsprozesse haben den Bereich der Religion und der Kirchen voll erfasst. Die vormalige Selbstverständlichkeit des Christentums in Deutschland und das Monopol der Kirchen zur (konfessionellen) Definition und Ausgestaltung des Christentums lösen sich tendenziell auf. Zum einen kommen Deutungen und Praktiken anderer Religionen hinzu oder werden an Stelle des Christentums gewählt. Zum anderen nehmen sich die Individuen die Freiheit, die Inhalte christlichen Glaubens selbst auszuwählen und ihre Glaubenspraxis und Glaubensvollzüge unabhängig von kirchlichen Vorgaben und Geboten zu gestalten. So gilt in der katholischen Kirche noch immer die Verpflichtung, am Sonntagsgottesdienst teilzunehmen. Wie unten gezeigt wird, akzeptiert jedoch nur eine Minderheit der Katholiken dieses Gebot und verhält sich entsprechend.
In der Beschreibung aller Modernisierungsprozesse, somit auch der Auswirkungen auf Religion und Kirche gilt, dass neben diesen ‚Megatrends' (vgl. Ebertz 2003: 16)[17] sich immer auch Erfahrungen und Eindrücke finden, die sich völlig gegenteilig oder erheblich differenzierter zeigen. Gleichwohl können die ‚Megatrends' dadurch nicht negiert werden, son-

16 Der Begriff ‚Säkularisierung' hat verschiedene Bedeutungen. So umfasst er einen Prozess des Relevanzverlustes von Religion, die Überführung von kirchlichem Besitz in andere Eigentumsverhältnisse, die Verdrängung der kirchlichen Autorität aus dem Kontext staatlicher Herrschaft oder die Entkirchlichung und Entchristlichung in der Bevölkerung (vgl. Kaufmann 2000: 83-85).
Unter ‚Säkularisierung' hier wird umfassend der zurückgehende Einfluss der christlichen Religion auf die Individuen und auf die verschiedenen (Teil-) Bereiche der Gesellschaft verstanden. Diese Entwicklung ist eng mit dem Rückgang kirchlicher Autorität in der Gesellschaft verbunden.

17 Ebertz versteht unter ‚Megatrends' „langfristige und nachhaltige Prozesse, deren Umkehrung in der überschaubaren Zukunft höchst unwahrscheinlich sind" (Ebertz 2003: 16).

dern bilden einen Zugang zur Wirklichkeit, neben dem anderes partiell gleichzeitig existiert.
Für Christentum und Kirchen gilt auf diesem Hintergrund, dass erstens die Modernisierungsprozesse beide ergreifen und die Kirchen Wege finden müssen, unter den gegebenen Voraussetzungen ihrer Funktion als ‚Sachwalter' christlichen Glaubens gerecht zu werden. Zweitens jedoch verfügen die Kirchen noch immer über erheblichen Einfluss in der Gestaltung des Christentums. Dieser Einfluss gilt sowohl gegenüber einer nicht unerheblichen Anzahl an Christen als auch in der Gesellschaft. Die Finanzmittel, die Gebäude, die hauptamtlichen Mitarbeiterinnen und Mitarbeiter, die ehrenamtlich Engagierten stellen nach wie vor eine erhebliche Ressource dar, auf die die Kirchen für die Gestaltung ihrer Arbeit zurückgreifen können.

1.2.3 Wandel und Umbruch als Kennzeichen der kirchlichen Situation in Deutschland

Auf dem Hintergrund der benannten Prozesse steht die Kirche in Deutschland in einer Situation des Wandels und des Umbruchs. Dies wird deutlich an der Mitgliederentwicklung, der Teilnahme an kirchlichen Vollzügen, dem Priestermangel und der Finanzentwicklung. Dabei steht die Interpretation der Zahlen in der Ambivalenz, zum einen deutliche Rückgänge zu attestieren, zum anderen jedoch auch noch vorhandene Potentiale aufzuzeigen.

1.2.3.1 Mitgliederentwicklung

Im Jahr 2003 wurden in Deutschland ca. 26,1 Mio. Katholiken verzeichnet. Dies waren ca. 300.000 oder 1,1 % weniger als im Jahr 2002. Seit 1990 hat sich die Zahl der Katholiken um ca. 2,1 Millionen oder 7,4 % reduziert.
Dieser Rückgang setzt sich aus der Differenz zwischen Bestattungen und Taufen, der Differenz von Kirchenaustritten zu Kircheneintritten bzw. Wiederaufnahmen in die Kirche sowie dem Saldo in den Zu- und Abwanderungen zusammen. In Bezug auf die Abnahme der Katholiken im Zeitraum 1990 bis 2003 um ca. 2,1 Millionen ist in dieser Perspektive festzustellen, dass ca. 1,7 Millionen Katholiken durch ihre Mitgliedschaftsentscheidung (Kirchenaustritt) verloren wurden, das Minus von ca. 350.000 Katholiken auf die Tatsache zurückgeht, dass erstens weniger Kinder geboren wurden und zweitens weniger Kinder getauft worden sind (s. u.) sowie drittens ca. 40.000 Mitglieder durch Wanderungsbewegungen verloren wurden (vgl.

Arbeitshilfen 193 – 2005: 6f). Damit zeigt sich, dass der mit Abstand größte Faktor der abnehmenden Mitgliedschaft die Kirchenaustritte sind.

1.2.3.2 Kirchliche Vollzüge

Die Zählung der Gottesdienstbesucher[18] ergab im Jahr 2003, dass ca. 4 Millionen Menschen an den Gottesdiensten teilgenommen haben. Dies ist ein Rückgang von etwa 50.000 oder 1,2% im Vergleich zum Vorjahr. Im Zeitraum von 1990 bis 2003 hat der Gottesdienstbesuch gemäß dieser Zählstruktur um ca. 2,2 Millionen oder 35,7% abgenommen. Besuchten 1990 noch etwa 22% der Katholiken den Sonntagsgottesdienst, waren es 2003 ca. 15% (vgl. Arbeitshilfen 193 – 2005: 17f).

Die Taufen, die in der Regel Kindtaufen (88,2%) sind, sind in der Quote, also dem Prozentsatz, in dem Eltern, von denen wenigstens ein Elternteil katholisch ist, ihr Kind taufen lassen, zwischen 1990 und 2003 nur geringfügig zurückgegangen und liegen bei etwa 75% der Geborenen. Da aber erstens deutlich weniger Kinder geboren werden und es zweitens weniger Elternpaare gibt, von denen mindestens ein Teil katholisch ist (u. a. aufgrund eines Kirchenaustrittes), hat die Zahl der Taufen 2003 im Vergleich zu 1990 um ca. 100.000 oder um 31,3% abgenommen (vgl. Arbeitshilfen 193 – 2005: 8f).

Diese Entwicklung setzt sich auch bei der Teilnahme an der Erstkommunion fort. Von den getauften Kindern gehen nahezu alle zur Erstkommunion. Da jedoch weniger Kinder geboren und getauft wurden, nimmt die absolute Zahl in der Betrachtung zwischen 1977 und 2003 um über 100.000 ab (vgl. Arbeitshilfe 193 – 2005: 10f).

Im Bereich der kirchlichen Eheschließungen zeichnet sich ein stark rückläufiger Trend ab. 30,1% der Paare, die eine zivile Ehe eingingen und von denen mindestens ein Teil katholisch war, heirateten im Jahr 2003 kirchlich. Im Jahr 1990 betrug diese Quote 48,3% (vgl. Arbeithilfe 193 – 2005: 12f).

Die Zahl der Bestattungen dagegen bleibt stabil. Im Jahr 2003 wurden 92,2% der verstorbenen Katholiken kirchlich bestattet (vgl. Arbeitshilfe 193 – 2005: 13f).

Die zuvor dargestellten gesellschaftlichen Trends haben also starke Auswirkungen auf das konkrete kirchliche Leben. Eindeutiger Trend der Gesamtentwicklung ist eine Abnahme bei den Mitgliedern und bei der Beteiligung an den Vollzügen. Gleichzeitig gehören noch immer ca. 26

---

18 Die Gottesdienstbesucher werden an zwei Sonntagen im Jahr gezählt. Da es sich stets um die gleichen Sonntage handelt (zweiter Sonntag in der Fastenzeit und zweiter Sonntag im November) ergibt sich in der langfristigen Betrachtung eine Grundlage für die Beschreibung der Veränderungen.

Millionen Menschen in Deutschland der katholischen Kirche an, von denen ca. 4 Millionen mehr oder weniger regelmäßig den Sonntagsgottesdienst besuchen oder von denen, so sie Eltern von Kindern und katholisch sind, noch immer etwa etwa 75 Prozent ihre Kinder taufen lassen.

1.2.3.3 Priestermangel

Die Priester, vor allem wenn sie als Pfarrer in Pfarreien eingesetzt sind, stellen klassisch die zentrale Säule der kirchlichen Arbeit dar. Die kirchliche Struktur ist sehr stark, wie in den grundlegenden Ausführungen deutlich geworden ist, auf das kirchliche Amt bezogen. So stark die Position des Bischofs mit der umfassenden Weihevollmacht aus theologischen Gründen ist, so hoch ist die Bedeutung der Pfarrer in der Praxis der auf die Pfarreistruktur bezogenen kirchlichen Arbeit anzusetzen. Doch diese Gruppe nimmt immer mehr und drastisch ab, was erhebliche Konsequenzen für die Gestaltung der Pastoral hat.

Im Jahr 2003 wurden in Deutschland ca. 13.900 Priester gezählt, von denen ca. 8.500 im aktiven Dienst standen. Von den ca. 5.400 Priestern, die nicht im aktiven Dienst stehen, befindet sich der größte Teil im Ruhestand. Von den aktiven Priestern sind 84,3 % in der Pfarrseelsorge tätig.

Im Vergleich zu 1990 hat die Zahl der aktiven Priester um ca. 3.400 oder 22,7 % abgenommen. Die Zahl der in der Pastoral der Pfarreien tätigen Priester hat um ca. 2.200 oder 19,6 % abgenommen (vgl. Arbeitshilfe 193 – 2005: 21-24).

Für die pastorale Arbeit in den Pfarreien hat diese Entwicklung zahlreiche Folgen. Der Zuständigkeitsbereich der einzelnen Pfarrer vergrößert sich. Die Bistümer reagieren zwar unterschiedlich, in dem sie Pfarreien reduzieren und ‚Großpfarreien' schaffen, Pfarreiverbünde etablieren oder den vorhandenen Pfarrern eine größere Anzahl an Pfarreien übertragen (s.u.). Die Folge ist jedoch, dass die abnehmende Zahl der Pfarrer das gleiche Territorium zu betreuen hat. Damit verbunden ist, die Anzahl der Eucharistiefeiern an die Kapazitäten der vorhandenen aktiven Priester anzupassen, somit zu reduzieren. Damit verändern sich auch die Aufgaben der Pfarrer, die vor allem weniger Ressourcen für eine persönliche, seelsorgliche Begleitung der Gläubigen einbringen können, sondern sich zunehmend um die Aufrechterhaltung der durch die Vergrößerungen komplexer werdenden Strukturen zu sorgen haben (vgl. Zulehner 2004b: 10-43). Insgesamt wird davon auszugehen sein, dass die beruflichen Anforderungen an Pfarrer zunehmen.

Die abnehmende Zahl der Priester, innerkirchlich als Priestermangel bezeichnet, hat erhebliche Auswirkungen, da diese Entwicklung das Selbstverständnis der Kirche berührt. Wie gesehen, kommt dem kirchlichen

Amt aus theologischen Gründen, da von Jesus Christus ausgehend und auf ihn verweisend, für die Identität und Struktur der Kirche eine zentrale Funktion zu. Da sich immer weniger (junge) Männer bereit finden, dieses Amt zu übernehmen, werden faktisch und praktisch die Identität der Kirche und die mit dieser Identität verbundenen Vollzüge tangiert. Daher ist der Priestermangel nicht zuerst eine Frage der Arbeitsbewältigung, sondern zuerst eine Frage der theologischen Identität der Kirche. Der Einsatz und die Etablierung weiterer hauptamtlicher pastoraler Berufsgruppen[19] (s.u.) gleicht zwar die zurückgehende Zahl der Priester in etwa aus, kann jedoch die grundlegenden Fragen theologischen Selbstverständnisses der Kirche nicht lösen. Daher steht die Kirche durch den Priestermangel nach wie vor in einer Situation weitreichender Veränderung.

1.2.3.4 Nicht-ordinierte Hauptamtliche in pastoralen Berufen

Seit den 70er Jahren des letzten Jahrhunderts haben sich in erheblichem Umfang Berufsgruppen in der Pastoral etabliert, die vorher in dieser Form kaum vorhanden waren. Diese Personen sind (bei allen theologischen Differenzierungen) zu einem signifkanten Teil an die Stelle der weniger werdenden Priester getreten. Da sie nicht ordiniert sind, können sie nicht die Sakramente spenden (der Eucharistiefeier vorstehen, das Taufsakrament spenden, der Eheschließung assistieren, ...). Zwei zentrale Ausbildungswege führen in einen der pastoralen Berufe: das Fachhochschulstudium in Religionspädagogik für den Beruf der Gemeindereferentin bzw. des Gemeindereferenten und das Hochschulstudium in katholischer Theologie für den Beruf des Pastoralreferenten bzw. der Pastoralreferentin[20].

Im Jahr 2003 waren ca. 7.300 nicht-ordinierte Hauptamtliche beschäftigt. Die überwiegende Mehrheit dieser Personen ist in der pfarrlichen Pastoral eingesetzt. Im Zeitraum von 1990 bis 2003 ist dies eine Zunahme von ca. 2.100 Personen (vgl. Arbeitshilfe 193 – 2005: 27f). Nicht erfasst ist hier, dass ein Teil dieser Personengruppe in einem Teilzeitarbeitsverhältnis angestellt ist. Bei den Gemeindereferenten beträgt der Frauenanteil 78%, in der Berufsgruppe der Pastoralreferenten sind ca. 36% Frauen.

In Verbindung mit den Priesterzahlen zeigt sich, dass der Rückgang dort durch Anstellungen aus den anderen Berufsgruppen zu einem erheblichen

---

19 Die Befassung mit den ‚Ständigen Diakonen', die zum kirchlichen Amt gehören, wird hier ausgespart. 2003 wurden insgesamt ca. 2.500 ständige Diakone verzeichnet, davon ca. 1000 in einem kirchlichen Hauptberuf, von denen wiederum ca. 75% in der pfarrlichen Pastoral tätig sind (vgl. Arbeitshilfe 193 – 2005: 26).

20 Die Bezeichnungen sind in den Bistümern unterschiedlich. Für den Beruf des Gemeindereferenten sind teilweise auch Ausbildungen an entsprechenden Fachschulen qualifizierend.

Teil aufgefangen wurde. Nahm die Zahl der aktiven Priester um ca. 3.400 ab und reduzierte sich die Zahl der in der Pastoral der Pfarreien tätigen Priester um ca. 2.200, steht dieser Entwicklung ein ‚Ausgleich' durch ca. 2.100 nicht-ordinierte pastorale Mitarbeiter gegenüber. Bezieht man die ca. 750 Ständigen Diakone im Hauptberuf ein, die in der Pfarrseelsorge eingesetzt sind, kann eine allein von den Zahlen ausgehende Betrachtung festhalten, dass der Rückgang der Priester in der Pfarrseelsorge in etwa durch den Einsatz anderer Berufsgruppen aufgewogen wurde, wenngleich durch die Teilzeitbeschäftigungen möglicherweise eine Verschiebung eintritt, da die Personenzahlen nicht in vollem Umfang identisch mit vollen Beschäftigungsumfängen sind.
Allerdings verändert sich diese Entwicklung in der letzten Zeit, da aufgrund der Finanzlagen in einigen Diözesen auch im pastoralen Bereich Personalstellen reduziert und somit weniger Personen mit Pastoralausbildungen eingestellt werden.

1.2.3.5 Finanzentwicklung

Die Finanzentwicklung ist in den einzelnen Bistümern unterschiedlich. Diese Vorbemerkung ist für die nachfolgenden Aussagen mitzubedenken. Daher sind die bundesdeutschen Trends nur begrenzt aussagekräftig. Denn in Bezug auf die Finanzentwicklung kommt die bestimmende Rolle der Diözesen zum Tragen, die eine je eigene Haushaltspolitik verantworten (vgl. Feldhoff 2004: 16f). Ein entscheidender Faktor ist dabei, in welchen Umfang neben den Einnahmen aus der Kirchensteuer andere Einnahmequellen in den Diözesen bestehen, bspw. Einnahmen aus Vermietung oder Verpachtung. Der Umfang und die Auswirkungen solcher Einnahmen für die Bistumsetats sind zwischen den Diözesen unterschiedlich.
Im Jahr 2004 verzeichnete die katholische Kirche in Deutschland ein Kirchensteueraufkommen von ca. 4,16 Milliarden Euro. Im Vergleich zum Jahr 2003, in dem ca. 4,5 Milliarden Euro verbucht wurden, ist dies ein Rückgang von ca. 340 Millionen Euro oder etwa 7,5% (vgl. Statistisches Bundesamt 2005: 64). In einer Projektion, die von der Beratungsgesellschaft McKinsey & Company erstellt wurde, wird in etwa 20 bis 25 Jahren ein strukturelles Defizit in Höhe von „etwa 25 bis 35 Prozent des Haushaltsvolumens der deutschen Bistümer" (v. Mitschke-Collande 2004: 345) für möglich gehalten. Die Ursachen für diese Entwicklung werden im Mitgliederschwund und der Überalterung der Kirchenmitglieder gesehen, in den weiterhin eher ansteigenden Personalkosten sowie den finanziellen Aufwendungen für die zahlreichen Immobilien (vgl. v. Mitschke-Collande 2004: 343-346).

Da jedoch die auf die gesamte Kirche bezogene Finanzentwicklung wenig Aussagegehalt über die spezifische Situation der einzelnen Diözesen hat, muss zur Bewertung der jeweiligen Lage eine Einzelbetrachtung durchgeführt werden. Dies soll hier nicht für die 27 deutschen (Erz-) Bistümer geschehen. Hingewiesen sei aber auf Entwicklungen wie in den (Erz-) Bistümern Aachen, Berlin, Bamberg, Essen, Köln, Limburg, Münster oder Rottenburg-Stuttgart, die vor allem aufgrund erheblicher finanzieller Probleme teilweise tiefgreifende Umstrukturierungsprozesse durchführen, teilweise begleitet von namhaften Unternehmensberatungen wie McKinsey (vgl. Feldhoff 2004: 19f, Hünermann 2004: 281f, Orth 2005: 487-489). Zusammenfassend lässt sich sagen: „Es gibt kaum eine Diözese, in der in diesen Wochen nicht Kommissionen mit Rotstiften sitzen, um die Einsparquoten in den Haushaltsentwürfen für das nächste Jahr zu erreichen" (Hünermann 2004: 281).
Diese Hinweise zeigen, dass die Bistümer zwar unterschiedlich in der Intensität, jedoch in der Tendenz alle betreffend Rückgänge in den regelmäßigen Einnahmen hinzunehmen haben. Für manche Diözesen führt dies zu erheblichen Einschnitten in den zukünftigen Ausgabemöglichkeiten und damit zu drastischen Veränderungen.
Auch die Finanzausstattung der Kirche, so belegen diese Hinweise, entwickelt sich negativ und wirkt sich auf die Gestalt der Kirche in Deutschland aus (vgl. Grohall 2005: 795-806). Die zurückgehenden Finanzmittel machen eine weitreichende Veränderung in den kirchlichen Abläufen und Strukturen erforderlich, die auf die Institution Kirche nachhaltig wirken werden.

1.2.3.6 Veränderung der Sozialform der Kirche

Anhand der Schlaglichter Mitgliederentwicklung, Teilnahme an kirchlichen Vollzügen, Priestermangel und Geldmangel wird deutlich, dass sich die Kirche hierzulande in einem Prozess des Wandels und des Umbruchs befindet, der vor allem durch Mangelerscheinungen charakterisiert ist: „Das Fazit solcher einleitender Überlegungen ist einfach und bedrückend zugleich: Es gibt einen dreifachen Mangel, der das bestehende Kirchensystem in eine mächtige Krise geführt hat: einen Priestermangel, einen Geldmangel und dahinter einen Christenmangel – also einen Mangel an radikal gelebtem Evangelium" (Zulehner 2004b: 16). Diese Mangelerscheinungen sind die sichtbaren Auswirkungen tiefgreifender Prozesse, die auf der Folie der Modernisierungsprozesse zu verstehen und zu analysieren sind, die insbesondere durch Individualisierung, Enttraditionalisierung und damit einhergehend mit Pluralisierung und Standardisierung verbunden sind: „Der Abbruch christlicher Glaubensvermittlung ist somit im wesentlichen auf das Brüchigwerden sozialer Vermittlungen christlicher Sinngehalte im Amalgam lebensweltlicher Traditionen zurückzuführen [...]. Die Lebensführung der individualisierten jüngeren Generation folgt vielfältigen Maximen, die sich kaum mehr zu dauerhaften Verbindungen stiftenden, längerfristig wirkenden Traditionen verfestigen" (Kaufmann 2000: 141f).

Ausdruck und gleichzeitig Wirkung dieser Prozesse ist eine Veränderung der Sozialgestalt der Kirche. Besonders markant ist, dass die Kirchenmitglieder zunehmend weniger die Glaubensüberzeugungen und Normen der Kirche teilen, somit der Kirche weder die Definitionsmacht in geistlichen Fragen und Vollzügen noch in der Definition der religiösen Überzeugungen zubilligen. Den „permanenten Zustimmungsvorbehalt ihrer eigenen Kirchenmitglieder" (Bucher 2005a: 19) haben die Kirchen als Realität zu verzeichnen. Auch die Kirchenmitglieder verbinden christliche Überzeugungen und die konfessionsbezogene Auslegung des christlichen Glaubens mit anderen religiösen Vorstellungen oder teilen bestimmte Lehraussagen nicht (vgl. Ebertz 1997: 34-97, Ebertz 2003: 17-68). Die Kirche als ‚Gnadenanstalt', in der Gläubige durch Mitgliedschaft und Teilnahme ‚Erlösung' erfahren, löst sich ebenso auf wie die Kirche als ‚Überzeugungsgemeinschaft', in der alle Mitglieder die gleichen Überzeugungen teilen (vgl. Ebertz 2003: 32f, Bucher 2005a, 17-19). Stattdessen entwickelt sich ein plurales Sozialgefüge, in dem die Kirche als Reservoir für Riten, als soziale Institution, als Heimat für verschiedenste religiöse Gruppen oder als Veranstalter von Events gesehen und geschätzt wird (vgl. Ebertz 2003: 32-40). Damit tritt an die Stelle einer gewohnheitsmäßigen und normorientierten Integration der Kirchenmitglieder eine situative Beteilung an kirchlichen Vollzügen (vgl. Ebertz 2006a)[21].

1.2.3.7 Reaktionen der Kirche

Wie stets in Veränderungsprozessen steht auch die Kirche in Deutschland vor der Anforderung, sich in vielfacher Hinsicht auf diese Entwicklungen einzustellen. Berührt sind sowohl theologische und spirituelle Ebenen wie die damit verbundenen institutionellen Fragen. Das Selbstverständnis der Kirche, Fragen nach ihrer Identität unter den Bedingungen postmoderner westlicher Gesellschaften sind ebenso berührt wie Fragen nach dem Ver-

21 Auf die gesamte Fragestellung der sozialen Milieus und den Problemen, die die Kirche hat, bestimmte Milieus zu erreichen, wird hier nicht eingegangen. Allerdings ist es für die pastorale Arbeit in der Kirche von enormer Bedeutung, die verschiedenen Milieus mit ihren jeweiligen Wert- und Normorientierungen, Interessen und Präferenzen zu kennen und dies für die Ausrichtung der Arbeit zu reflektieren (vgl. Ebertz 2006a, Ebertz 2006b, Spielberg 2006, Wippermann 2006).

ständnis der Pfarrgemeinden, dem Priesterbild und den Möglichkeiten der Kirche, ihre Überzeugungen gesellschaftlich wirksam werden zu lassen. Gleichzeitig hat die Kirche ihre Abläufe und Strukturen den veränderten, vor allem vom Geld-, Gläubigen- und Priestermangel gekennzeichneten Bedingungen anzupassen.

Auf den Priestermangel wurde zuerst und wird bereits seit längerem reagiert. Die Reaktionen in den Diözesen darauf sind in zeitlicher Perspektive unterschiedlich, da die Einbrüche in den Priesterzahlen und deren Auswirkungen für die entsprechenden Abläufe in den Diözesen nicht bundesweit zeitgleich relevant wurden. Dennoch sind drei zentrale Reaktionen zu beobachten. In einer ersten Phase konnte nicht mehr allen Pfarreien ein Pfarrer zugeordnet werden, so dass Pfarrern die Verantwortung für mehrere Pfarreien übertragen wurde. Gleichzeitig oder zeitverzögert wurden in einer zweiten Phase zunehmend nicht-ordinierte hauptamtliche Mitarbeiterinnen und Mitarbeiter in der Pastoral eingesetzt, um die wegfallenden Arbeitskapazitäten auszugleichen. In einer dritten, aktuellen Phase werden auf der Grundlage dieser Entwicklungen in zahlreichen Bistümern die Pastoralstrukturen in der Fläche der Diözesen neu geordnet, um größere Seelsorgeräume zu etablieren[22] (vgl. Zulehner 2004b: 23-28).

Auf den Geldmangel reagierten die besonders betroffenen Bistümern durch die Reduzierung von Ausgaben durch Personalstellenabbau mit der Folge der Schließung von Einrichtungen, Wegfall von Arbeitsbereichen oder der Straffung und Konzentration von Aufgabengebieten. Redesigning oder Downsizing sind Strategien, die auch in Diözesen geplant und umgesetzt werden (vgl. Zulehner 2004a: 119-121, Zulehner 2004b: 34-39, 108-112).

Auf den Gläubigenmangel wird durch eine neuerlich aktualisierte Diskussion über die missionarische Ausrichtung des christlichen Glaubens reagiert (vgl. Sellmann 2004: 9-24). In theologischer Hinsicht ist dieser grundlegende Auftrag an das Christentum nie aufgeben worden. In der Praxis allerdings hatte die missionarische Ausrichtung der europäischen und deutschen Kirche in einer längeren Phase eine lediglich nachgeordnete Bedeutung, was auf die Ausprägung eines weitgehend christlich geprägten Westeuropas und einer volkskirchlichen Situation insbesondere in Westdeutschland zurückzuführen ist. Aufgrund der Erfahrungen des Mitgliederschwundes und deren Wirkungen in den nachfolgenden Generationen einerseits sowie dem Hinzukommen von deutlich atheistisch ge-

---

22 Die Details können hier vernachlässigt werden. Als grundlegende Alternativen stellen sich die Möglichkeiten, Pfarreien kirchenrechtlich aufzulösen und eine deutlich verringerte Anzahl an Pfarreien einzurichten oder Pfarreien bestehen zu lassen und in einen Verbund zu ordnen, für den in der Regel ein Pfarrer verantwortlich ist.

prägten, aus dem früheren Ostblock hervorgegangenen Gesellschaften in den europäischen Kontext andererseits stellt sich die Anforderung einer missionarischen Ausrichtung der kirchlichen Arbeit. Dies gilt insbesondere auch für Deutschland, da die deutsche Einigung die religiöse Landschaft erheblich verändert hat, insofern das geeinte Deutschland nunmehr auch aus dem atheistisch, jedenfalls nicht christlich geprägten Osten besteht (vgl. Zulehner 2004b: 63-68).
Nicht erkennbar ist eine einheitliche, konsensfähige inhaltliche Ausrichtung der Kirche in Deutschland. So vergleichbar die Reaktionen auf den Priester- und Geldmangel zwischen den Diözesen sind, so differenziert und spannungsgeladen sind die Konkretionen der missionarischen Option. Ein Weg darin ist, die bestehende Pastoral um diesen missionarischen Zugang zu erweitern und innerhalb der bestehenden Arbeitsweisen, durchaus verbunden mit neuen Veranstaltungsformen, Menschen anzusprechen, die den christlichen Glauben bislang nicht kennen gelernt haben. Dieser Zugang geht davon aus, dass die bestehenden Strukturen und Arbeitsformen geeignet sind, eine missionarische Ausrichtung in der Pastoral umzusetzen. Andere dagegen setzen auf eine „eschatologisch-missionarische Avantgarde“ (Zulehner 2004b: 54), realisiert durch sogenannte ‚neue geistliche Bewegungen‘, die mit der Vorstellung operieren, dass eine kleine Gruppe überzeugter Christen in der nichtchristlichen Umwelt ein vorbildliches Christentum lebt. Verbunden ist dieser Weg häufig mit einer strengen, teilweise traditionalistischen und fundamentalistischen Interpretation des Christentums (vgl. Zulehner 2004b: 53-56). Zwischen diesen spannungsgeladenen Ansätzen finden sich Modelle und Projekte, die einen spezifisch neuen Zugang suchen, dabei aber die bestehenden Strukturen nutzen oder weiterentwickeln (bspw. die Einrichtungen von Jugendkirchen oder besondere Stellen für die Pastoral in den Innenstädten von Großstädten).

1.2.4 Fazit

Sichtbar wird, dass die Kirche sich in einem Veränderungsprozess befindet, der sowohl ihre Strukturen und Arbeitsweisen als auch grundlegende Ausrichtungen berührt. Konkret fassbar sind die Mangelerscheinungen, die sowohl Ausdruck als auch Ursache der Veränderungen sind. So ist die Tatsache der deutlich zurückgehenden Priesterzahlen in den Kontext der Modernisierungsprozesse einzuordnen, in denen sich der fraglose Zugang zum kirchlichen Christentum auflöst und folglich den Priesterberuf weniger selbstverständlich werden lässt. Gleichzeitig verändert die Umstellung

der Pastoral in Folge des Priestermangels die Anforderungen und Arbeitsweisen der Pfarrer mit der Tendenz zu einer weniger auf den einzelnen Gläubigen bezogenen Arbeit hin zur Verantwortung für die Prozesse. Der Geldmangel, nicht nur, aber auch Folge von weniger werdenden zahlenden Kirchenmitgliedern hat seine Teilursache in den großräumigen Veränderungsprozessen und ruft gleichzeitig hervor, Dienste und Einrichtungen einstellen oder reduzieren zu müssen, so dass Kontakt- und Begegnungsmöglichkeiten weiter reduziert werden und so weitere Menschen die Kirche verlassen oder keinen Zugang zu ihr finden.
Diese Entwicklungen werden vermutlich absehbar anhalten. Sie fordern die Kirche heraus. Gleichzeitig geben sie die Rahmenbedingungen vor, unter denen in der Kirche Führung wahrgenommen wird. Nicht gleichförmige Abläufe und stabile Ausgangslagen kennzeichnen diese Rahmenbedingungen, sondern komplexe Prozesse der Umorientierung.

Postulat: Führungsbedarf in der Kirche

Die Ausgangslage der aktuellen kirchlichen Situation schafft einen spezifischen Führungsbedarf.
Die durch die gegenwärtigen Modernisierungsprozesse stattfindenden Veränderungen im Bereich des Religiösen und damit der Kirche führen zu einer Veränderung der Sozialgestalt der Kirche in Deutschland. Insbesondere Mangelerscheinungen sind Ausdruck dieser Entwicklung. Die Kirche steht in der Situation, von den in der deutschen Nachkriegszeit gewonnenen Möglichkeiten Abschied zu nehmen und sich neu aufstellen zu müssen.
Diese Prozesse bewirken Verunsicherung bei vielen Kirchenmitgliedern und den hauptamtlich Tätigen, insbesondere bei den hauptamtlich Mitarbeitenden, die in den verschiedenen pastoralen Feldern eingesetzt sind. In der Pfarrseelsorge, der kirchlichen Jugendarbeit oder der Erwachsenenarbeit sind die Entwicklungen direkt wahrnehmbar, wenn weniger Menschen die verschiedenen Angebote wahrnehmen, junge Menschen erst durch einen hohen Motivationsaufwand zur Teilnahme an Veranstaltungen gewonnen werden können oder Mitarbeitende in der Pastoral mit synkretistischen Glaubensvorstellungen konfrontiert werden. Gleichzeitig werden durch die finanziell angespannte Lage hauptamtliche Mitarbeiterinnen und Mitarbeiter tief verunsichert, da der Abbau von Personalstellen ihre berufliche Existenz in Frage stellt und auch in der Kirche betriebsbedingte Kündigungen nicht mehr ausgeschlossen sind.

Auf diese Situation ist zu reagieren. Die Reaktionsebenen sind vielfältig: Die Diözesen haben die Verantwortung, solide und ausgeglichene Haushalte aufzustellen. Sie müssen sich mit ihrem Gebäudebestand und den dadurch bedingten hohen Aufwendungen für Erhalt und Sanierung auseinander setzen und angemessene Maßnahmen durchführen (vgl. Mitschke-Collande 2004: 345, Feldhoff 2004: 17). Ebenso ist spirituell auf die Lage zu reagieren: Was ist die Aussage des Geistes Gottes, der der Kirche und den in ihr handelnden Menschen diese Lage zumutet? Eine Auseinandersetzung mit dieser Fragestellung ermöglicht, einen geistlichen Weg des Umgangs mit den Anforderungen zu gehen. Damit verbunden ist eine „spirituelle Stärkung des inneren kirchlichen Lebens" (Zulehner 2006: 9), um auf die auch religionsproduktiven Entwicklungen der aktuellen Entwicklungen zu reagieren. Gleichzeitig sind theologisch begründete und verantwortete Konzepte für die Fortentwicklung der Pastoral zu entwerfen, damit bspw. die Maßnahmen zur Haushaltskonsolidierung so vorgenommen werden, dass deren Folgen dem Selbstverständnis des christlichen Glaubens entsprechen.

Eine wichtige Reaktionsebene ist allerdings auch die der Führung. Wie können Mitarbeitende zu effektivem Verhalten in den Veränderungsprozessen geführt werden? Wie ist in einer Phase allgemeiner Verunsicherung Orientierung für die in der Pastoral Tätigen zu geben? Wie ist zu erreichen, dass die Mitarbeiterinnen und Mitarbeiter angemessen auf die Prozesse reagieren? Wie ist ihr Engagement zu stärken und ihre Effektivität zu steigern? Wie sind Qualitätskriterien anzugeben und deren Einhaltung durch Führungsverhalten zu gewährleisten? (vgl. Orth 2004: 163-165).

Denn, so ist beim Aufweis der Rückgänge gleichzeitig festzuhalten, verbleiben trotz der negativen Entwicklungen auch absehbar erhebliche Potentiale für die Kirche bestehen. Die Finanzressorucen sind nach wie vor erheblich. Darüber hinaus zeigen die eingeleiteten Maßnahmen bei allen tiefgreifenden Folgen auch ihre beabsichtigten konsolidierenden Wirkungen (vgl. Mitschke-Collande 2006a: 11). Der Einsatz dieser Potentiale schafft Führungsbedarf.

Zuerst kann die Kirche aus ihrer eigenen Identität heraus die Attraktivität des Christentums auch im Wettbewerb mit anderen Auffassungen behaupten. Dies gilt sowohl für den Dialog und die Auseinandersetzung mit anderen Religionen als auch in Abgrenzung zu diffusen, postmodern konnotierten religiösen Vorstellungen.

Doch auch über dieses grundlegende, dem eigenen Selbstverständnis entsprechende theologische Potential hinaus bleiben auch in den ‚Mangelfeldern', trotz der Rückgänge, enorme Möglichkeiten bestehen. Noch immer verfügt die Kirche über eine ansehnliche Mitgliederzahl. Ereignisse wie der Tod von Papst Johannes Paul II, die Wahl des aus Deutschland stammenden Kardinals Joseph Ratzinger zum ihm nachfolgenden Papst und der Weltjugendtag im Jahr 2005 „haben das Image der katholischen Kirche in der Öffentlichkeit sehr positiv geprägt“ (Mitschke-Collande 2006b: 5). Auch weiterhin werden die Kirchenmitglieder an den Riten und religiösen Vollzügen teilnehmen. Menschen interessieren sich für Religion. Die zahlreichen ehrenamtlich Engagierten sind nach wie vor zur Mitarbeit bereit. Es ist zu erwarten, dass auch in absehbarer Zukunft erhebliche finanzielle Mittel bereitstehen, die die Beschäftigung von Personal und den Unterhalt von Gebäuden erlauben – beides Erfordernisse für eine professionelle kirchliche Arbeit. Es stehen noch immer Menschen bereit, die als Priester und hauptamtlich pastorale Mitarbeiterinnen und Mitarbeiter sich professionell der kirchlichen Arbeit und damit dem christlichen Glauben verschreiben.

Daher lohnt es sich, Führung auszuüben. Denn die vorhandenen Personen und ihre Energien sind zu koordinieren und so einzusetzen, dass sie sich effektiv auswirken. Das hauptamtliche Personal in der Kirche, insbesondere das für die inhaltliche und pastorale Arbeit eingesetzte Personal stellt eine große Ressource dar. Erfasst sind unter diesem Personalbegriff sowohl jene Mitarbeitende, die eine direkte, ihre Tätigkeiten wesentlich bestimmende Aufgabe in der Pastoral, bspw. der Pfarrseelsorge ausüben und eine theologische Ausbildung absolviert haben. Gleichzeitig sind auch die Mitarbeiterinnen und Mitarbeiter erfasst, die in einem erweiterten Verständnis von Pastoral zu einem gewissen Teil ihrer Tätigkeit pastorale Arbeit oder eine inhaltliche Unterstützung pastoraler Arbeit leisten[23]. Da diese Personengruppen in den Gesamtkomplex eines Bistums

---

23 Häufig wird unter ‚Pastoral‘ vor allem die Seelsorgearbeit in den Pfarreien verstanden. Sodann werden weitere klassische seelsorgliche Arbeitsfelder wie etwa die Klinikseelsorge oder Gefängnisseelsorge darunter subsumiert. Oft ist von ‚Pastoral‘ dann die Rede, wenn die Arbeitsfelder ausschließlich oder im wesentlichen von Personen durchgeführt werden, die eine pastorale Ausbildung absolviert haben.
Dagegen bestehen jedoch auch andere Auffassungen, die einen ausgeweiteten Pastoralbegriff zugrunde legen. In einem solchen Verständnis werden unter ‚Pastoral‘ auch die weiteren kirchlichen Arbeitsfelder erfasst, die in Strukturen jenseits der Pfarrseelsorge durchgeführt werden. Dies gilt bspw. für die kirchliche Jugendarbeit, die verbandliche wie diözesane oder regionale Strukturen aufweist. Ähnliches ist für die Erwachsenenarbeit zu sagen (vgl. exemplarisch für die kirchliche Jugendpastoral Lechner 1992: 310-350).
Darüber hinaus sind Mitarbeitende in kirchlichen Einrichtungen tätig, die die pastorale Arbeit der Pfarreien oder anderer Seelsorgefelder unterstützen bzw. in der bischöflichen Kurie bspw. im Referentenstatus bestimmte unterstützende Aufgaben wahrnehmen.

eingebunden sind, muss die Fragestellung nach Führung in der Kirche diese inhaltlich tätigen Personengruppen einbeziehen.
Die Möglichkeit, diese Personen einsetzen zu können, stellt eine Verpflichtung und Anforderung an Führung dar. Ihre Kompetenzen und Energien sind so zu lenken, dass ihr Einsatz unter gegebenen Rahmenbedingungen effektiv wird.
Die bisherigen Ausführungen zeigen, dass an Führung in der Kirche, die Personal zu Effektivität ‚führen' will, gemäß der theologischen Begründung der Kirche und ihrer Arbeit drei verschiedene grundlegende Anforderungen zu richten sind: Auf der einen Seite muss kirchliche Führung so ausgerichtet sein, dass sie zu einem Verhalten führt, das der kirchlichen Identität und dem kirchlichen Selbstverständnis entspricht. Die Ausrichtung der kirchlichen Arbeit gemäß ihres Auftrages ist zu gewährleisten. Auf der anderen Seite muss Führung darauf ausgerichtet sein, angesichts der Veränderungsprozesse ein effektives Verhalten auszuüben. Die kirchliche Identität hat sich unter den Wandlungen der Gegenwart zu bewähren. Führung hat dies zu gewährleisten. Gleichzeitig muss drittens die Art und Weise der Führung, also das konkrete Führungsverhalten, ebenfalls mit den aus dem eigenen Selbstverständnis rührenden Maßstäben übereinstimmen. Führungsverhalten muss nicht nur Effektivität der Mitarbeitenden erreichen, sondern auch in seiner Gestaltung dem kirchlichen Selbstverständnis entsprechen.
Mit diesen Anforderungen wird nun der Gang in die wissenschaftliche Führungsforschung unternommen. Es wird nach der Relevanz der Erkenntnisse aus dieser Forschung für kirchliches Führungsverhalten gefragt. Diese Frage wird gestellt angesichts der Tatsache starker Veränderungsprozesse in der Kirche unter Einbezug des kirchlichen Verständnisses über sich selbst und im Blick auf das hauptamtliche Personal, das in den hier weitgefassten pastoralen Arbeitsfeldern tätig ist.

Dieser erweiterte Begriff der in der pastoralen Arbeit tätigen Mitarbeiterinnen und Mitarbeiter wird hier zugrundegelegt und die Frage nach der Führung in der Kirche auf den Gesamtkomplex der inhaltlich-pastoral Mitarbeitenden bezogen.

2 Ansätze der Führungsforschung

Entsprechend der in der Einleitung formulierten Fragestellung geht es in dieser Abhandlung darum, Vorschläge zum Führungsverhalten von Führungskräften in der Kirche zu entwickeln. Daher folgt nun, nach einer Befassung mit den kirchlichen Voraussetzungen und Anforderungen an Führung die Bearbeitung der für diese Fragestellung relevanten Ansätze in der wissenschaftlichen Führungsforschung.
Dieses Kapitel setzt an allgemeinen Aussagen zur Führungsforschung, Begriffsklärungen und dem Einblick in solche Themengebiete an, die zwar für die Führungsforschung von Bedeutung sind, in dieser Arbeit jedoch nicht vertieft werden können. Dann folgt die Befassung mit der Eigenschaftstheorie, den Forschungen zum Führungsverhalten, den Situationstheorien, den Motivationsforschungen und den Ansätzen charismatischer Führung.

2.1 Voraussetzungen und Rahmenbedingungen der Führungsforschung

Die nachfolgenden Ausführungen haben die Absicht, Zugänge und Grundfragen der Führungsforschung zu benennen. Wie im Fortgang zu erkennen sein wird, ist die Führungsforschung ein breites Forschungsgebiet. Um jedoch die nachfolgende Konzentration auf für die hiesige Fragestellung relevante Ansätze in den Gesamtkontext zu stellen, werden nun Voraussetzungen und Bedingungen dargestellt, die eine Orientierung im Forschungsfeld bieten und Klärungen von Vorverständnissen herbeiführen.

2.1.1 Führung

So klar und präzise der Begriff ‚Führung' klingt, so diffus sind die damit verbundenen Verständnisse. Der verlockende Anspruch, eine eindeutige

Führungsdefinition zu liefern und in der Folge Führungshandeln daran ausgerichtet zu beschreiben, ist nicht einlösbar[24].
Zum einen ist die Anzahl der Publikationen und damit der Vorstellungen zu diesem Themengebiet für einen einzelnen nicht überschaubar (vgl. Steinle 1995: 524 oder Dainty & Kakabadse 1995: 595)[25]. Zum anderen sind die Ansätze zum Verständnis von Führung sehr unterschiedlich, beziehen sich auf verschiedene Aspekte des Führungsgeschehens, beinhalten unterschiedliche Vorannahmen oder betrachten den Zusammenhang aus verschiedenen Blickwinkeln.

2.1.1.1 Führung als ‚Einflussnahme'

Führung scheint zunächst ein schwer fassbares Phänomen zu sein, das im Zusammenleben von Menschen existiert. In Sammeldarstellungen und Einzelpublikationen wird dies explizit ausgesagt. Neuberger bezeichnet Führung als ‚schillerndes Phänomen' (vgl. Neuberger 2002: 2), das Autorenkollektiv Hentze u. a. formuliert: „Führung ist ein zeitlich übergreifendes und in allen Kulturen existierendes Phänomen" (Hentze 2005: 1)[26]. Gebert beschreibt: „Führung ist ein universelles Phänomen, das in allen Lebensbereichen vorkommt" (Gebert 2002: 20). Müller formuliert: „Das universelle Phänomen der Führung findet in jeder Gesellschaft verschiedene kulturelle Ausprägungen [...], die sich nicht nur in der Führungspraxis, sondern auch in den ‚Vorkonzeptionen' der Führungsforscher und damit in den Schwerpunkten der Führungsforschung niederschlagen" (Müller 1995: 573).

---

24 Diese Aussage gilt auch im Blick auf Publikationen mit Titeln bzw. Untertiteln wie ‚Führen ohne Drama' (vgl. Braun u. a. 2005), ‚Sieben Erfolgsrezepte guter Menschenführung' (vgl. Leman & Pentak 2005), ‚Führung neu denken' (vgl. Löhner 2005), ‚Die Zeit der Helden ist vorbei' (vgl. Witzer 2005), ‚Führung zu bahnbrechendem Wandel' (vgl. Fischer-Appelt 2005) oder ‚Überzeugend führen mit Machiavelli' (vgl. Schwanfelder 2005). Diese und vergleichbare Veröffentlichungen bieten eine mehr oder weniger einfach handhabbare Form von Führung nach bestimmten Prinzipien an. Die Stärke und gleichzeitig Grenze solcher Konzepte ist eine Reduktion des Führungsgeschehens auf einige Aspekte.

25 Als Beleg kann folgende Aussage gelten: „Der gegenwärtige Stand der Führungsforschung ist selbst für diejenigen, die sich professionell damit beschäftigen, in seinem gesamten Spektrum nur schwer zu überblicken" (Schanz 1995: 2194). Des öfteren wird in der Literatur auf die von Bass 1990 in dritter Auflage veröffentlichte Publikation „Bass and Stogdill's Handbook of Leadership" verwiesen (vgl. Bass 1990), die 7.500 Quellen enthält (so Dainty & Kakabadse 1995: 595 und Hentze 2005: 2). Geht man davon aus, dass seit 1990 wiederum zahlreiche Publikationen erschienen sind, kann ermessen werden, wie weit und diffus das Feld der Führungsforschung ist.

26 Die Belege aus dieser Publikation werden in der gesamten Abhandlung mit ‚Hentze 2005' unter Verzicht auf ‚u. a.' erfasst.

Eine damit verbundene Konsequenz ist das Fehlen einer allgemein gültigen inhaltlichen Führungsdefinition: „Weil Führung dabei jeweils aus einem anderen Blickwinkel beleuchtet wird, überrascht es nicht, dass inhaltsreiche und zugleich konsensfähige Definitionen von Führung nicht vorliegen" (Gebert 2002: 20).
Dennoch ist nach Gebert eine formale Beschreibung des Phänomens in einem gewissen Konsens möglich: „Im Sinne eines Minimal-Konsenses wird Führung häufig als beabsichtigte, zielorientierte Einflussnahme eines Führenden auf Geführte definiert, wobei diese Einflussnahme auch wechselseitig sein kann; der Geführte übt also auch seinerseits beabsichtigt und zielbezogen Einfluss auf den Führenden aus [...] . Dieser Prozess der (wechselseitigen) Einflussnahme findet dabei immer in einem spezifischen Kontext, also in einer spezifischen Situation [...] statt." (Gebert 2002: 21). Eine vergleichbare Beschreibung findet sich bei v. Rosenstiel und Wegge: „"*'Führung'* ist ein Sammelbegriff für alle Interaktionsprozesse, in denen eine absichtliche soziale Einflussnahme von Personen auf andere Personen zur Erfüllung gemeinsamer Aufgaben im Kontext einer strukturierten Arbeitssituation zu Grunde liegt" (v. Rosenstiel & Wegge 2004: 495).
Führende und Geführte als handelnde Subjekte, Einflussnahme und Situationen bilden demnach die zentralen Elemente des Führungsphänomens. Oder, wie v. Rosenstiel prägnant formuliert: „Führung ist zielbezogene Einflussnahme" (v. Rosenstiel 2003a: 4).
Führung als beabsichtigte und zielorientierte Einflussnahme von Führungspersonen zu sehen und dabei situative Kontexte zu behaupten, soll auch hier die Grundlegung für den Zugang zur Führung bilden. Es wird zu zeigen sein, dass die verschiedenen Ansätze der Führungsforschung die Elemente des Führungsprozesses unterschiedlich betrachten und somit verschiedene Konzeptionen und Herangehensweisen vorschlagen.
Statt vom ‚Führungsphänomen' wird hier nachfolgend von ‚Führungsgeschehen' oder ‚Führungsprozess' gesprochen.

2.1.1.2 Begrifflichkeiten: Führung, Leitung, Management, Personalführung

‚Führen' stammt im deutschen Sprachgebrauch aus dem Zusammenhang von ‚in Bewegung setzen', ‚fahren machen'. Zwischen dem englischen Wort ‚lead' und dem deutschen ‚leiten' besteht insofern ein Zusammenhang, als das altenglische Wort ‚lithan' und das althochdeutsche Wort ‚lidan' die gleiche Bedeutung haben und ähnlich wie ‚führen' ‚gehen' oder ‚fahren machen' bedeuten (vgl. Neuberger 2002: 48, Duden: Etymologie).

Bereits die Etymologie der Begriffe zeigt, dass die Worte ‚Führen' und ‚Leiten' eine große Nähe aufweisen. In manchen Konzepten wird zwischen ‚Führung' und ‚Leitung' bzw. zwischen den Begriffen ‚führen' und ‚leiten' unterschieden, in anderen werden die Begriffe synonym verwendet (vgl. Neuberger 2002: 48, Hentze 2005: 11f).

Neuberger weist darauf hin, dass der Begriff ‚Management' „anscheinend nicht vom lateinischen manu agere (Hand anlegen, mit eigenen Händen machen), sondern vom italienischen ‚maneggiare'" (Neuberger 2002: 48) stammt und die Bedeutung hat, ein Pferd in die Manege zu führen bzw. ein Pferd zuzurichten oder zu dressieren. Dies weist auf die Anwendung von Techniken und Fertigkeiten hin (vgl. Neuberger 2002: 48).

In anglo-amerikanischen Publikationen werden die Begriffe ‚Management' als Unternehmensführung, ‚Leadership' als Personalführung und ‚Headship' als Leitung verstanden und in diesem Sinne unterschieden (vgl. Hentze 2005: 11f).

Häufiger jedoch findet sich die dichotomische Unterscheidung bis hin zur Trennung zwischen ‚Leader' und ‚Manager' bzw. ‚Leadership' und ‚Management' (vgl. Neuberger 2002: 48-50 und Hentze 2005: 15-17). Demnach wird unter ‚Leadership' „die Steuerung des Wandels" (Hentze 2005: 16) und unter ‚Management' „die Steuerung der Komplexität" (Hentze 2005: 16) verstanden. ‚Management' ist dann eher die auf die Strukturierung der Abläufe in Organisationen bezogen, während ‚Leadership' eher den Umgang mit den entscheidenden Einflussfaktoren meint. Neuberger bringt in der Personalisierung der Substantive auf den ‚Leader' und den ‚Manager' die Differenz der Begriffe in eine politische Dimension: demnach ist der ‚Leader' eher eine visionäre, charismatische Führungspersönlichkeit und der ‚Manager' eher ein Administrator (vgl. Neuberger 2002: 50). Autoren wie House und Shamir sehen im ‚Führer' eine Person, die durch ihre Eigenschaft und ihr Verhalten Individuen beeinflussen kann, während ‚Manager' sich ihren Einfluss durch die mit ihrer Funktion gegebenen Sanktionsmöglichkeiten sichern (vgl. House & Shamir 1995: 879). Im Rahmen der Bearbeitung der charismatischen Führungsansätze wird darauf zurückzukommen sein.

Ein weiterer Aspekt berührt die Verhältnisbestimmung von ‚Führung' und ‚Personalführung'. Neuberger stellt dar, das unter ‚Führung' eher die Menschenführung mit den personalen Aspekten verstanden wird, während ‚Management' auf Strukturen und organisationale Faktoren bezogen ist (vgl. Neuberger 2002: 48). Steinle verwendet ‚Führung' als Oberbegriff und teilt ihn in zwei Kategorien auf. Zum einen bedeutet ‚Führung' dann ‚Unternehmensführung', was auch mit ‚Management' beschrieben wer-

den kann. Zum anderen meint ‚Führung' Personalführung und bezieht sich auf die Führung von Personen (vgl. Steinle 1995: 528).
Hentze u. a. schlagen zur Lösung der Definitionsschwierigkeiten folgendes vor: „Zusammenfassend soll *Management als umfassende zielorientierte Führung* definiert werden." (Hentze 2005: 14). Auf diesem Wege sollen die verschiedenen Funktionen, die mit Gestaltung, Steuerung und Orientierung beschrieben werden, erfasst sein (vgl. Hentze 2005: 14f). Auch wollen die Autoren damit die Organisationsaspekte der Führung und jene der direkten Personalführung erfassen. Letztlich aber bedeutet auch diese Definition einerseits die synonyme Verwendung der Begriffe, da ‚Management' als ‚Führung' definiert wird, wenn auch mit den Attributen ‚umfassend' und ‚zielorientiert'. Andererseits verweist diese Definition darauf, dass ‚Führung' als der umfassendere Begriff verstanden wird, der viele verschiedene Aspekte umfasst.

2.1.1.3 Zum Führungsbegriff in dieser Arbeit

In dieser Arbeit werden die Begriffe ‚Führung' bzw. ‚Führen' und die daraus abgeleiteten Begriffe verwandt und als die umfassenden Begriffe des gesamten Komplexes verstanden.
Dies umfasst zunächst die Verhältnisbestimmung von ‚Führen' und ‚Leiten'. Die Differenzierungen zwischen den Begriffen sind nicht zwingend, wirken künstlich und haben keinen zusätzlichen Erklärungswert. Die häufig auch synonyme Verwendung markiert die Problematik. Die konsequente Verwendung des Terminus ‚Führung' bringt eine begriffliche Stringenz ein und muss sich nicht an unproduktiven Differenzierungen abarbeiten.
Wird Führung hier als der umfassende Begriff verstanden, ergibt sich auch eine Verhältnisbestimmung zum Begriff ‚Management'. ‚Führung' in einem umfassenden Verständnis kann sich gleichzeitig den beiden Aspekten zuwenden, die mit den Begriffen ‚Leadership' und ‚Management' erfasst werden sollen. Umfasst ‚Management' eher die sachlich-rationalen und funktionalen Aspekte wie Planung, Organisation, Personalwirtschaft, Kontrolle oder Problemlösung, dann steht dem unter dem Begriff ‚Leadership' eher die umfassende Einflussnahme auf Personen und Organisationen durch Richtungsvorgaben, Motivation oder der Vermittlung von Orientierung gegenüber (vgl. Neuberger 2002: 49, Hentze 2005: 17).
Demgegenüber wird hier davon ausgegangen, dass eine Trennung der mit den Begriffen erfassten Funktionen nicht sinnvoll ist. Dem liegt eine Sichtweise zugrunde, nach der die Steuerung organisationaler Abläufe nicht unverbunden zu einer Auseinandersetzung mit den Perspektiven und Rahmenentwicklungen geschehen kann. Dieses Verständnis von Führung

negiert jedoch nicht, verschiedene Aspekte von ‚Führung' zu unterscheiden und diese möglicherweise auch durch verschiedene Personen wahrzunehmen, wie u. a. im Rahmen der Befassung mit den Führungsdualen (vgl. Kap 3.3.5) gezeigt wird. Ist Führung in diesem Zusammenhang der umfassende Begriff, ergibt sich für die unter dem Terminus ‚Management' gefassten Aspekte, dass sie eine Teilmenge von ‚Führung' sind.
Ein weiterer Aspekt der Begriffsklärung umfasst das Zueinander von ‚Führung' und ‚Personalführung'. Werden Begriffe wie ‚direkte Mitarbeiterführung', ‚Menschenführung', ‚Führung im engeren Sinne' oder ähnliche Formulierungen verwandt, die zur Abgrenzung zu Begriffen wie ‚strategischer Führung', ‚Organisationsführung' und vergleichbarer Bezeichnungen herangezogen werden, insinuiert dies eine trennscharfe Unterscheidungsmöglichkeit. Auch eine solche klare Grenzziehung wird hier nicht angenommen. Die direkte, personale Führung eines Mitarbeitenden bspw. durch die Erteilung einer Anweisung und der Kontrolle der Ausführung findet im Kontext der Organisationsbedingungen, strategischen Planungen, der Positionsmacht, dem Einfluss des Vorgesetzten in der Organisation und vielen anderen Aspekten mehr statt. Daher ist es auch unter dieser Rücksicht sachgerecht, ‚Führung' als umfassenden Begriff zu sehen, der jeweils mit den Aspekten gefüllt wird, die sich aus einer bestimmten Perspektive des Führungsgeschehens ableiten. Somit werden unter den Begriffen ‚Personalführung' oder ‚direkte Führung' hier Teilaspekte des umfassenden Führungsbegriffs verstanden. Je nach Fragestellung werden diese Formulierungen verwendet, um einen bestimmten Teilbereich der Führungsthematik zu benennen.
Wie im Verlauf der Arbeit sichtbar werden wird, eröffnet dieser Weg der Be-griffsbestimmung die Möglichkeit der Zuordnung von zahlreichen Gesichtspunkten, die das Führungsgeschehen bestimmen und Erkenntnisse über das Führungsverhalten von Führungskräften eröffnen. Eine jeweils nur vermeintlich trennscharfe Begriffsabgrenzung könnte dem nicht dienen. Im Gegenteil würden dann Eindeutigkeiten suggeriert, die aus den Erkenntnissen der verschiedenen Forschungsansätze nicht begründbar sind. Somit wird hier Führung als der zentrale Begriff verwendet, dem die verschiedenen Aspekte zugeordnet werden[27].
Auf den Ausdruck ‚Führer' wird (außer in Zitaten) verzichtet, da im Blick auf die deutsche Geschichte und die Bezeichnung Adolf Hitlers als ‚Führer' dieser Begriff schwer belastet und mit dem Terminus die nationalsozialistische Gewaltherrschaft von 1933 bis 1945 verbunden ist.

27 Bestimmte, üblicherweise verwendete Begriffe wie ‚Kirchenleitung' oder ‚Bistumsleitung' werden auch hier als termini technici eingesetzt.

Damit ergeben sich zwei grundlegende Festlegungen für den Zugang zur Führung in dieser Abhandlung: Führung wird im Sinne einer ersten formalen Beschreibung als beabsichtigte und zielorientierte Einflussnahme einer Führungsperson verstanden, wobei Wechselseitigkeiten zwischen Führenden und Geführten möglich sind sowie Situationsbedingungen auf diesen Prozess wirken. Der Terminus ‚Führung' ist dabei so umfassend verstanden, dass die unterschiedlichen Gesichtspunkte darunter zu subsumieren sind.

2.1.2 Führungsforschung

Nachfolgend werden einige grundlegende Zugänge und Aspekte der Führungsforschung erwähnt, ohne sie hier im einzelnen ausführen zu können.

2.1.2.1 Grundlegende Zugänge zur Führungsforschung

Vor allem die Sozial- und Organisationspsychologie, die Betriebswirtschaftslehre und die Organisationssoziologie befassen sich mit dem Führungsprozess und bilden somit die zentralen Zugänge der Führungsforschung (vgl. Hentze 2005: 1, v. Rosenstiel & Gebert 1995, Schienstock 1995, Wunderer 1995).

Führung, dies wurde bereits in den Zitaten zur Beschreibung des Führungsphänomens deutlich, ist auch kulturgebunden. Daher bearbeitet die Führungsforschung in verschiedenen Kulturräumen unterschiedliche Aspekte und Inhalte (vgl. Hentze 2005: 547-549, Brunstein 1995, Child & Lu 1995, Dainty & Kakabadse 1995, Jago 1995a, v. Keller 1995, Moriyuki 1995, Müller 1995, Stymne 1995).

In historischer Perspektive zeigt sich, dass die klassischen Epochen der Geschichte jeweils Reflexionen zum Führungsphänomen hervorgebracht haben. In der Antike steht die Frage nach der Führung von Sklaven im Vorgrund, im Mittelalter bilden sich patriarchialische Führungsformen heraus, in der Phase der Industrialisierung herrscht eine personale Führung vor, insbesondere durch den besitzenden Unternehmer (vgl. Hildebrandt 1995 Kaltenstadler 1995, Siegrist 1995).

2.1.2.2 Philosophische und wissenschaftstheoretische Aspekte zur Führungsforschung

Das Verhältnis des Individuums zur Gemeinschaft sowie das Wahrheitsverständnis bilden grundlegende Zugänge auch zum Führungsgeschehen ab.

2.1.2.2.1 Kollektivismus und Individualismus

Es ist eine Grundfrage menschlichen Zusammenlebens, in welchem Verhältnis die Erfordernisse der Gemeinschaft zu den Interessen und Bedürfnissen des Einzelnen stehen bzw. umgekehrt die Einzelinteressen zu den Gemeinschaftsinteressen. Bereits die griechischen Philosophen der Antike befassen sich mit diesem Zusammenhang und stellen ihn in den Kontext von Führungsausübung. Platon[28] vertritt eine kollektivistische Auffassung, Perikles[29] eine individualistische. Diese beiden Pole durchziehen die Philosophiegeschichte und werden in verschiedenen Kontexten lebendig. Für die Führungsforschung sind diese Grundorientierungen deshalb bedeutsam, da Führung als ‚zielgerichtete Einflussnahme' in Organisationen stattfindet und Organisationen sich auch als Gebilde zur Erreichung von Zielen verstehen lassen. Damit stellt sich die Frage, wie das Verhältnis von Organisationsinteressen bzw. Organisationszielen zu den Interessen des einzelnen Individuums zu bestimmen ist. Die unterschiedlichen Ansätze der Führung lassen sich auch unter dieser Perspektive beurteilen, womit in erheblichem Umfang normative Aspekte wie die Würde des Einzelnen in die Betrachtung des Führungsthemas einfließen (vgl. Scholl 1995).

2.1.2.2.2 Wahrheitsverständnis

In wissenschaftstheoretischer Perspektive stellt sich die Frage nach Wahrheit bzw. nach wahren Aussagen. Verschiedene Wahrheitstheorien legen dazu Konzepte vor. Die auf Aristoteles[30] basierende Korrespondenztheorie beschreibt Wahrheit als Übereinstimmung mit der Wirklichkeit. Die darauf aufbauende Approximationstheorie denkt über Wahrheit so, dass in immer tiefere Schichten der Wirklichkeit einzudringen ist und auf diesem Wege der Wahrheit immer näher zu kommen ist, ohne sie jedoch je zu erreichen. Erkenntnisfortschritt tritt dann ein, wenn vorhandene Theorien durch neue mit einer größeren Erklärungskraft abgelöst werden. Die Kohärenztheorie fordert von einer ‚wahren' Aussage, dass sie sich widerspruchsfrei in ein theoretisches System einordnen lässt und verlässt den Anspruch, Wahrheit als Übereinstimmung mit der Wirklichkeit verstehen

---

28 Platon (428/427 bis 348/347 v. Chr.) war Schüler von Sokrates (um 470 bis 399 v. Chr.). Er hat die philosophischen Fragen in der Fülle ihrer verschiedenen Dimensionen aufgegriffen und gilt mit Aristoteles als der einflussreichste Philosoph der Antike (vgl. Szaif 1999: 349 – 353)

29 Auf den athenischen Staatmann Perikles (um 500 bis 429 v. Chr.) geht das sogenannte ‚perikleische Zeitalter' zurück, das als eine Hochzeit der klassischen griechischen Kultur gilt.

30 Aristoteles (384 – 322 v. Chr.) war Schüler Platons und hat insbesondere in seiner praktischen Philosophie die Einheit von Ethik und Politik vertreten (vgl. Ricken 1993)

zu können. Die Konsenstheorie der Wahrheit geht davon aus, dass das wahr ist, was in Übereinstimmung und allgemeiner Akzeptanz von vernünftigen Menschen anerkannt wird (vgl. Schanz 1995, Ulrich 1995).
Diesen Vorstellungen hinzuzufügen sind die Konzeptionen der Phänomenologie und des Konstruktivismus, die beide in einer interpretativen Perspektive stehen. Demnach existiert keine Wirklichkeit unabhängig von Handlungen und Interpretationsleistungen, die in Individuen Wirklichkeit entstehen lassen. Phänomenologische Konzepte gehen davon aus, dass das Interesse an Phänomenen nicht Selbstzweck ist, sondern transzendentale Funktion hat, also die Bedingung der Möglichkeit schafft, das Verstehen zu verstehen. Demnach sind Handlungen nur über den Sinn zu verstehen, der den Handlungen durch den Handelnden zugesprochen wird. Der radikale Konstruktivismus geht davon aus, das es keine vom Menschen unabhängige Wirklichkeit gibt, sondern diese durch Interpretationen entsteht (vgl. Schauenberg & Föhr 1995).
Deutlich wird hier, dass das jeweils zugrunde liegende Wahrheitsverständnis und daraus folgend die Methode Einfluss auf die im Zusammenhang mit dem Führungsgeschehen stehenden Aussagen und Vorstellungen haben. Insbesondere in der Sammeldarstellung von Neuberger (vgl. Neuberger 2002) werden auch auf diesem Hintergrund Führungskonzepte bewertet.

2.1.2.3 Führung als Attributionsphänomen

Aus dem Bereich der kognitiven Sozialpsychologie, die sich mit den „Prozessen sozialer Wahrnehmung unter dem Gesichtspunkt der Ursachenzuschreibung (Kausalattribution)“ (Neuberger 2002: 545) befasst, stammt der Ansatz, Führung als Attributionsphänomen zu begreifen. Da das Individuum sich in der Umwelt zurechtfinden muss, sucht es nach Strukturen und Regeln in dieser Umwelt und erklärt die Umwelt kausal, so die zentrale Annahme. Attribution ist demnach ein Interpretationsprozess, bei dem Individuen Ereignissen und Handlungen bestimmte Ursachen zuschreiben. Dies bezieht sich auch auf das Handeln von Personen. Für die Führungsforschung sind die Attribuierungen auf Handlungen von Personen aus genau diesem Grunde interessant, weil es im Führungsgeschehen um das Handeln von Personen sowie um die Kontrolle dieses Handelns geht.
Die Attributionstheorie wird auf Heider zurückgeführt, der Kausalattributionen in Person- und Umweltfaktoren unterteilt. Kelley führt den Ansatz zum ‚varianzanalytischen Modell' weiter und nimmt an, dass bestimmte Konstellationen von Bedingungen dazu führen, die Ursache von Verhalten auf entweder eine Person oder eine Aufgabe oder einen Zeitpunkt zu attribuieren.

Die Führungsforschung hat sich in zwei Richtungen mit Attributionen befasst, insofern sie einerseits die Attribuierungen von Führungskräften hinsichtlich des Verhaltens von Mitarbeitenden untersucht hat und andererseits die Zuschreibungen von Mitarbeitenden auf das Führungsverhalten von Führungskräften vornimmt (vgl. Mitchell 1995, Hentze 2005: 140-145, Neuberger 2002: 545-567).
Die auf Mitchell zurückgehende Attributionstheorie der Führung, die eng an das varianzanalytische Modell Kelleys gebunden ist, nimmt an, dass Vorgesetzte die Ursachen eines (defizitären) Mitarbeiterverhaltens nach den Kriterien von Übereinstimmungen dieses Verhaltens mit dem Verhalten anderer Personen (Konsenskriterium), nach den Unterschieden (Distinktheitskriterium) und der zeitlichen Beständigkeit (Konsistenzkriterium) auf die Person oder die Aufgabe oder die Bedingungen bzw. den Zeitpunkt attribuieren. Dabei wirken verschiedene Faktoren sozialer Wahrnehmung auf den Attributionsvorgang ein (vgl. Neuberger 2002: 552f und Mitchell 1995: 854f). Hinsichtlich des Verhaltens von Vorgesetzten als Konsequenz auf solche Attributionen ist allerdings festzustellen, dass andere Faktoren (Organisationsbedingungen, persönliche Grundsätze und ähnliches) einen wichtigeren Einfluss auf die faktischen Verhaltensentscheidungen einer Führungskraft haben als die Attributionen (vgl. Mitchell 1995: 859).
In eine andere Richtung weist die Vorstellung Calders, die die Attributionsprozesse aus der Perspektive der Geführten beleuchtet. Die Theorie Calders baut auf der Vorstellung Heiders auf und geht davon aus, dass Führung „ein hypothetisches Konstrukt oder ein Etikett ist, das die Untergebenen in ihren Köpfen selbst gebildet haben“ (Mitchell 1995: 848). Führung ist demnach ein Wahrnehmungsphänomen, keine ‚real' gegebene Größe.
Damit Individuen einer Person Führungseigenschaften zuschreiben, ist vorausgesetzt, dass die Führungsperson

1. für eine bestimmte Gruppe
2. ein Verhalten ausübt, das den Erwartungen der Gruppenmitglieder hinsichtlich von Führungsverhalten entspricht
3. sich im Verhalten von den anderen Gruppenmitgliedern unterscheidet
4. und sich das Verhalten als eine Möglichkeit von mehreren darstellt und nicht durch die Situation erzwungen ist.

Die Zuschreibung von Führungseigenschaften erfolgt nach Calder in einem Stufenmodell (vgl. Neuberger 2002: 556-560).
Für die weitere Bearbeitung des Themas ist dieser Gedanke bemerkenswert: Führung ist in der Perspektive der attributionspsychologischen Vor-

stellungen von Seiten der Geführten eine Wahrnehmung, die aufgrund von Vorverständnissen sowie Beobachtungen und Bewertungen von Handlungen als Führung anerkannt wird oder nicht. Gleichzeitig wird deutlich, dass spezifisches Verhalten als Führungsverhalten erkannt wird und somit zu ‚Führungsverhalten wird'. Oder genauer formuliert: spezifisches Verhalten wird als Führungsverhalten auf eine Person attribuiert.

2.1.2.4 Methoden der Führungsforschung

Es ist nach dem bislang Dargestellten nicht überraschend, dass die Methoden der Führungsforschung eine große Bandbreite aufweisen. Fragebogen, Experimente und Beobachtungen werden insbesondere genannt (vgl. Hentze 2005: 67f), gleichzeitig werden jedoch "auch alle anderen Methoden wie Autobiographien, biographische Methoden, Fallstudien, Inhaltsanalysen von Vorträgen [...], Tagebücher, Selbst-, und Fremdeinschätzungen und Interviews" (Hentze 2005: 68) eingesetzt.
Allein an den Methoden wird deutlich, dass die Führungsforschung stark vom Blick auf die Führungsperson geprägt ist. Dabei setzt die eigenschaftsorientierte Forschung auf Fragebögen, bedient sich der Intelligenz- und Persönlichkeitstests oder arbeitet mit biographischen Daten. Die auf das Führungsverhalten bezogene Forschung benutzt Beobachtungsmethoden, die wiederum in Beobachtungsmethoden zur Selbstbeobachtung und Fremdbeobachtung zu unterscheiden sind (vgl. Hentze 2005: 68f, Neuberger 2002: 453).
Hinsichtlich der zahlreichen Fragebogenuntersuchungen ist festzustellen, dass diese oftmals Einzeluntersuchungen darstellen und daher nicht oder nur schwer miteinander vergleichbar sind (vgl. Arnold & Kelsey 1995: 277).
Die genannten Autoren weisen darauf hin, dass die unterschiedlichen Methoden ihre spezifischen Schwächen haben und eine allgemeingültige Methodik nicht vorliegt (vgl. Neuberger 2002: 453 oder Arnold & Kelsey 1995: 291f).

2.1.3 Organisation, Organisationskultur, Macht, Mikropolitik und ‚Symbolische Führung'

Führung in der hier bearbeiteten Perspektive bezieht sich auf Organisationen. Daher ist eine Auseinandersetzung mit wichtigen Begriffen erforderlich, die im Kontext von Organisationen eine Rolle spielen. Eine fundierte Bearbeitung des Themenfeldes ‚Organisation' ist hier nicht möglich, sondern die nachfolgenden Ausführungen eröffnen einen Zugang zur Fragestellung in der Absicht, die für die Führungsthematik relevanten Aspekte von Organisationen aufzuzeigen.

2.1.3.1 Organisation

Die Definition von ‚Organisation' lässt sich (vergleichbar mit dem Terminus ‚Führung') nicht einfach hin vornehmen, sondern auch hier wird von einem ‚Phänomen' gesprochen (vgl. Bea & Göbel 2002: 2). Die unterschiedlichen Begriffe lassen sich nach einem tätigkeitsorientierten, instrumentellen und institutionellen Organisationsbegriff unterteilen (vgl. Bea & Göbel 2002: 2-6). Der tätigkeitsorientierte Organisationsbegriff besagt, dass ‚Organisation' als Tätigkeit oder Prozess verstanden wird, der Ordnung entstehen lässt. Im instrumentellen Organisationsbegriff wird erfasst, dass die Organisation ein Regelsystem darstellt, das als Führungsinstrument fungiert. Der institutionelle Organisationsbegriff zielt darauf, die Organisation als eine „Art von Institution" (Bea & Göbel 2002: 4) zu verstehen. Damit verbunden ist die Definition von Institution, unter der „'Normenbündel' oder ‚Regelsysteme', deren Verbindlichkeit sozial anerkannt ist und die eine gewisse Stabilität aufweisen" (Bea & Göbel 2002: 4), verstanden wird. Abschließend kommen die Autoren zu einem Begriff, der die verschiedenen Zugänge verbindet: „Organisation ist eine Institution, in der eine Gruppe von Personen (die Organisationsmitglieder) ein Regelsystem geschaffen hat, um gemeinsame Ziele zu verfolgen, in welcher Ordnung aber auch von selbst entstehen kann" (Bea & Göbel 2002: 5).
Diese Definition greift die verschiedenen Aspekte auf. Sie ermöglicht, ein soziales Gebilde wie ein Unternehmen als Organisation zu sehen (institutionelles Verständnis). Gleichzeitig ist beschrieben, dass ein solches soziales Gebilde aus einer Organisationsstruktur besteht (instrumentelles Verständnis) und diese wiederum durch die Organisation als Tätigkeit hervorgerufen ist (tätigkeitsorientiertes Verständnis). In diesem umfassenden Sinn soll in dieser Arbeit der Begriff ‚Organisation' verstanden werden.
Diesem Zugang entsprechend ist ein weiterer Aspekt zu nennen, der die Personen einer Organisation stärker in den Blick rückt. Demnach ist die Organisation als Ressourcenpool zu verstehen: „Ressourcenpools entstehen, wenn Individuen einen Teil ihrer Ressourcen einer zentralen Disposition unterstellen, die außerhalb ihrer selbst liegt" (Kieser & Walgenbach 2003: 3). Auch in dieser Beschreibung ist der vorgelegte Organisationenbegriff enthalten, der den Rahmen (anders: Pool) bildet, in dem Individuen ihre Ressourcen einbringen können. Die hergestellte Organisationsstruktur einer Organisation bildet dabei die ‚zentrale Disposition' ab. Diesem Zugang weiterfolgend sind Organisationen zweckgerichtete soziale Gebil-

de, die Ziele verfolgen, aus Organisationsmitgliedern bestehen, formale Organisationsstrukturen aufweisen und deren Organisationsmitglieder Aktivitäten entfalten. Wesentlich ist diesem Organisationsverständnis die Dauerhaftigkeit (vgl. Kieser & Walgenbach 2003: 6-26).

Die Verbindung zur Führungsthematik besteht darin, dass Führung in Organisationen ausgeübt wird. Dabei bildet die Organisation in ihrem institutionellen Verständnis den Rahmen, in welchem Individuen sich in eine Organisation begeben und sich den dortigen Strukturen wie bspw. Hierarchieebenen, Regelsystemen und Vorgesetzten unterstellen und Anweisungen Folge leisten, also im Sinne des instrumentellen Organisationsbegriffs sich in die Strukturen einfügen. Im Sinne eines dynamischen Prozesses schaffen die Organisationsmitglieder durch ihr Verhalten die Strukturen der Organisation.

Es gehört in diesem Kontext zu den zentralen Grundannahmen über Organisationen, eine ‚informelle' (vgl. Neuberger 2002: 329) oder ‚informale' (vgl. Kieser & Walgenbach 2003: 70) Organisation anzunehmen[31]. Unter diesen Be-griffen sind die Beziehungen zwischen den Organisationsmitgliedern, ihre Überzeugungen und Normen sowie die Existenz informeller Führungspersonen und Gruppen erfasst. Diese unterscheiden sich jeweils von der formellen Organisation, wie sie bspw. in Organigrammen abgebildet ist (vgl. Kieser & Walgenbach 2003: 70f, Neuberger 2002: 329-331).

Die Kirche selber bezeichnet sich auch als Institution[32]. Innerhalb dieser Institution sind Organisationen (bspw. Bischöfliche Ordinariate) angesiedelt. Folglich kann der institutionelle, instrumentelle und tätigkeitsorientierte Organisationsbegriff auf die Kirche, insoweit ihre Organisationen und Organisationsteile im Blick sind, angewandt werden. Die Kirche ist somit auch Organisation, sie besteht auch aus Organisationsstrukturen und sie schafft durch die Organisationsmitglieder sich selber ihre (formelle und informelle) Organisation.

Verschiedene Organisationstheorien haben im Laufe der Geschichte der Befassung mit Organisationen sehr unterschiedliche Sichtweisen eröffnet. Erinnert sei an die Ansätze der sogenannten ‚klassischen' Management- und Organisationslehre mit dem Taylorismus, den Bürokratieansätzen von Fayol oder Weber, dem Human-Relations-Ansatz, dem Situativen Ansatz oder den entscheidungstheoretischen Zugängen (vgl. Kieser & Walgen-

31 Die Annahme der Existenz einer ‚informellen Organisation' wurde aus den sogenannten Hawthorne-Studien aus den Jahren 1924 bis 1932, insbesondere aus der Untersuchungsreihe in den beginnenden 1930er Jahren abgeleitet. Diese Studien werden dem ‚Human-Relation-Ansatz' zugeordnet (vgl. Kieser und Walgenbach 2003: 63-73).

32 Auf die Verbindung von geistlicher und institutioneller Dimension der Kirche wurde bereits eingegangen (vgl. Kap. 1.1.2).

bach 2002: 31-64, Bea & Göbel 2002: 40-188). Damit korrespondiert ein Verständnis, Organisationen in Metaphern zu beschreiben. Die Organisation wird als Maschine oder als Organismus, als Gehirn oder politisches System oder als Fluss und Wandel beschrieben (vgl. Morgan 2000).
Sinnvoll ist an dieser Stelle ein Hinweis auf formale Organisationsstrukturen. Grundlegend zu unterscheiden ist zwischen der Aufbauorganisation und der Ablauforganisation.
Unter ‚Aufbauorganisation' wird die „Zerlegung und Verteilung von Aufgaben und Kompetenzen sowie die Koordination von Aufgaben und Aufgabenträgern" (Bea & Göbel 2002: 248) verstanden. Die Aufbauorganisation ist in der formalen Organisationsstruktur einer Organisation abgebildet. Grundlegende Strukturdimensionen einer Organisation sind:

- Spezialisierung (Aufteilung einer Aufgabe in Teilaufgaben)
- Koordination (Abstimmung von Einzelaktivitäten als Folge der Spezialisierung mit dem Ziel der gemeinsamen Aufgabenbearbeitung)
- Konfiguration (Leitungssystem einer Organisation, bspw. Einlinien- oder Mehrliniensystem)
- Entscheidungsdelegation (Übertragung von Entscheidungskompetenzen)
- Formalisierung (schriftlich fixierte Regeln wie Richtlinien oder Stellenbeschreibungen)

Ein Vergleich von Organisationen misst sodann die Grade der jeweiligen Strukturausprägung (vgl. Bea & Göbel 2002: 248-276, Kieser & Walgenbach 2003: 71-204)[33].
In der Bearbeitung der Führungsthematik ist immer wieder von ‚starken' und ‚schwachen' Situationen die Rede. Mit ‚schwachen Situationen' werden im Gegensatz zu ‚starken Situationen' wenig strukturierte und folglich hohen Spielraum beinhaltende Situationen beschrieben. ‚Starke Situationen' bezeichnen Verhältnisse, in denen die Situation die zu erledigenden Aufgaben vorgibt und gleichzeitig auch die Art und Weise der Verrichtung bestimmt ist, wie etwa in der Fließbandfertigung. In ‚starken Situationen' ist der Gestaltungsspielraum stark eingeengt, in ‚schwachen Situationen' ist er entsprechend größer.
Diese auf eine Publikation von Mischel aus dem Jahr 1977 zurückgehende Unterscheidung beinhaltet, dass die in starken Situationen Handelnden eindeutige Wege der Zielerreichung erkennen und die Ziele messbar sind.

33 Die Publikationen nehmen eine je unterschiedliche Bestimmung der Strukturelemente vor. Bea und Göbel nehmen mit Spezialisierung, Delegation und Konfiguration drei Faktoren an, Kieser und Walgenbach fügen Konfiguration und Formalisierung hinzu und nehmen damit eine höhere Differenzierung der Strukturelemente vor. Diesem letzteren Zugang wird hier gefolgt.

Starke Situationen sind somit kognitiv zugänglich. Schwache Situationen dagegen sind dadurch gekennzeichnet, dass sie „keine Hinweisreize, aufgrund derer die Steuerung des eigenen und/oder fremden Verhaltens hinreichend eindeutig ausgerichtet werden kann“ (Gebert 2002: 208), enthalten. Für Mitarbeitende bedeutet dies, dass sie aus ihrer eigenen Sicht und Interpretation sich selber orientieren müssen[34]. Die Organisation hat maßgeblichen Anteil daran, in welcher Weise eine Situation bestimmt ist. Der Spezialisierungsgrad, die Fertigungstechnik, die Führungsspanne und anderes mehr bewirken, inwieweit eine Situation ‚schwach' oder ‚stark' ist (vgl. Gebert 2002: 207f, Neuberger 2002 238f).
Unter ‚Ablauforganisation' ist die „raum-zeitliche Strukturierung von Prozessen“(Bea & Göbel 2002: 290) erfasst. Die Ablauforganisation hat die Aufgabe, die Abläufe einer Organisation effektiv zu strukturieren (vgl. Bea & Göbel 2002: 290-317).
Wurden der Aufbauorganisation die genannten fünf Gestaltungsparameter zugeordnet, ist darüber hinaus auf die Dimensionen einer Organisation als Klassifizierungsmerkmale hinzuweisen. Die klassischen Organisationsmodelle zeichnen sich durch die ‚funktionale Organisation', die ‚divisionale Organisation' und die ‚Matrixorganisation' aus.
Unter ‚funktionaler Organisation' ist verstanden, dass unterhalb der ersten Hierarchieebene erstens verschiedene ‚Verrichtungen' unterschieden und zweitens gleichartige Funktionen jeweils als eine Organisationseinheit zusammengefasst und intern strukturiert werden. Klassisch finden sich jeweils ‚Beschaffung', ‚Produktion' oder ‚Forschung und Entwicklung' in einem von den anderen abgegrenzten Funktionsbereich. Diese Strukturierung wird üblicherweise im sogenannten ‚Einliniensystem' geführt. Im Einliniensystem erhält jede Einheit ihre Weisungen von einer übergeordneten Stelle. Zur Erfüllung der erforderlichen Koordination werden Stabsstellen wie bspw. eine Rechtsabteilung eingerichtet (vgl. Bea & Göbel 2002: 320-324; 259f, Kieser & Walgenbach 2003: 137-148).
Die ‚divisionale Organisation' zeichnet sich durch „Objektspezialisierung auf der zweiten Hierarchieebene“ (Bea & Göbel 2002: 325) aus. Es

34 Für die Ausübung von Führung ist diese Unterscheidung insofern von außerordentlich hoher Bedeutung, da der Führungsbedarf in schwachen und starken Situationen grundlegend verschieden ist. In schwachen Situationen erhöht sich der Bedarf nach Führung, um die Handelnden nicht allein auf sich zu verweisen bzw. auf sich gestellt zu belassen, sondern ihnen Orientierungspunkte zur Verfügung zu stellen. Starke Situationen dagegen bedürfen sehr viel weniger einer Führung, die über die durch die Situation bereits gegebene Führung hinausgeht. Damit ergibt sich auch eine Perspektive für die Erfolgsrelevanz von Führung. Die Ausübung von Führung hat in starken Situationen eine erheblich niedrigere Relevanz für den Erfolg als in schwachen Situationen.

werden nicht wie in der funktionalen Struktur gleichartige Tätigkeiten zusammengefasst, sondern gleiche oder ähnliche ‚Objekte' zu Sparten, Geschäftsbereichen oder Divisionen geordnet. ‚Objekte' sind bspw. Regionen, Produkte oder Produktgruppen, Kunden oder Kundengruppen. Unterhalb dieser zweiten Ebene können wie in der funktionalen Struktur Funktionsbereiche gebildet werden. Ein Automobilunternehmen könnte bspw. Divisionen für PKW und LKW bilden und jeder Division einen jeweils eigenen Produktionsbereich und einen eigenen Forschungsbereich zuordnen. Die die Divisionen übergreifenden Aufgaben wie Personal oder Finanzen werden in sogenannten ‚Zentralabteilungen' zusammengefasst, die unmittelbar der Unternehmensführung unterstehen. Diese schränken den Handlungsspielraum der Divisionen ein und üben fachliche Weisungsbefugnisse gegenüber den Objektgruppen aus, was ein Mehrliniensystem in der Führungsausübung bedeutet. In einem Mehrliniensystem erhalten untergeordnete Stellen Weisungen von mehreren übergeordneten Stellen, hier von der oberen Hierarchieebene der Division wie von der Zentralabteilung (vgl. Bea & Göbel 2002: 324-338).
Eine zweidimensionale Strukturierung stellt die Matrixorganisation dar, die sich durch die „gleichzeitige Anwendung von zwei Gliederungsprinzipien" (Bea & Göbel 2002: 338) auszeichnet. Es wird eine vertikale Gliederung vorgenommen, in dem bspw. die Verrichtungsbereiche ‚Produktion' oder ‚Forschung und Entwicklung' funktional verbunden werden. Gleichzeitig bilden Objektbereiche wie Regionen die horizontale Struktur ab. Weitere Kombinationen sind denkbar, etwa verschiedene Verrichtungsbereiche in vertikaler Struktur anzuordnen und gleichzeitig andere Verrichtungsbereiche (bspw. Controlling) horizontal allen vertikalen Bereichen zuzuordnen. Führung findet hier im Mehrliniensystem statt, da Mehrfachunterstellungen realisiert werden (vgl. Bea & Göbel 2002: 338-343).
Diesen Organisationsformen hinzufügen ist das Projektmanagement. Diese Organisationsform zeichnet sich dadurch aus, dass zeitlich begrenzt eine bestimmte umfangreiche und komplexe Aufgabe zu bearbeiten ist und dazu die Zusammenarbeit verschiedener Bereiche erforderlich ist. Mitarbeitende werden für die Tätigkeit im Projekt der Projektführung unterstellt (vgl. Kieser & Walgenbach 2003: 148-159, Bea & Göbel 2002: 344-348)[35].

35 Die Organisationsstrukturen in (deutschen) Diözesen sind sehr unterschiedlich. Es finden sich divisionale Strukturen, wenn bspw. die Zuständigkeit für die Pastoral bezogen auf verschiedene Zielgruppen (Kinder und Jugendliche, Erwachsene) in unterschiedlichen Organisationseinheiten (Dezernaten, Hauptabteilungen, ...) angesiedelt ist oder die Verantwortung für die Durchführung des Religionsunterrichtes einem Bereich zu-

2.1.3.2 Organisationskultur

Der Begriff ‚Organisationskultur' hat einerseits seine Bedeutung im Kontext der Befassung mit Organisationen. Andererseits besteht eine große Nähe zur Führungsthematik, insofern ‚Organisationskultur' durch Führungsverhalten entsteht bzw. gestaltbar ist und die Organisationskultur ebenso auf Führungsverhalten einwirkt: „Einerseits vollziehen sich Führungsprozesse in Organisationen immer unter spezifischen organisationskulturellen Bedingungen [...]. Anderseits entsteht, entwickelt und verfestigt sich eine Organisationskultur umgekehrt aber auch in und durch (Führungs-) Interaktionen der Organisationsmitglieder" (Ebers 1995: 1664f).

Grundlegend zum Verständnis des Begriffes sind zwei Zugänge: zum einen die auf funktionalistischen (oder instrumentellen) Ansätzen beruhende Annahme, dass eine Organisation eine Organisationskultur hat. Diese Sichtweise nimmt an, dass ‚Organisationskultur' eine Variable der Organisation ist und sich daneben andere relevante Komponenten wie bspw. die Konfiguration der Organisation finden (vgl. Ebers 1995: 1666, Kasper 1995: 1364f, Hentze 2005: 473)

Demgegenüber steht die aus den interpretativen Grundausrichtungen rührende Sichtweise, dass eine Organisation eine Organisationskultur ist. Demnach konstruieren Organisationsmitglieder die soziale Realität der Organisation. Die Organisation ist sodann ein Produkt von Wahrnehmungsprozessen und sozialen Interaktionen (vgl. Ebers 1995: 1666 und Hentze 2005: 473f). In diesem Verständnis ist ‚Organisation' „Bezeichnung oder Metapher für die gesamte Arbeitsorganisation und nicht Bestandteil davon" (Bate 1997: 22).

Die grundlegend verschiedenen Zugänge zum Begriff der ‚Organisationskultur' müssen hier nicht einer Entscheidung zugeführt werden. Für die Bearbeitung des Führungshandelns von Führungspersonen ist es allerdings hilfreich, die mit dem Begriff ‚Organisationskultur' verbundenen

---

geordnet ist. Daneben finden sich in Diözesen je nach Größe auch starke territoriale Strukturierungen, wenn bspw. Bischofvikare für bestimmte Regionen verantwortlich sind. Mit dem System von Hauptabteilungen verbunden liegt dann eine klassische Matrixstruktur vor. Auch funktionale Strukturen finden sich, wenn bspw. ein sogenanntes ‚Seelsorgeamt' oder eine ‚Hauptabteilung Seelsorge' für alle pastoralen Arbeitsfelder (Gemeindepastoral, Jugendarbeit, Erwachsenenbildung, ...) zuständig ist. Ebenso finden sich Stabsstellen und Zentralabteilungen sowie die Anwendung der Projektorganisation.

Deutlich wird jedenfalls, dass die genannten ‚klassischen' Strukturmodelle in diözesanen Kontexten vorkommen und sich dabei unterschiedlich stark an einem Modell ausrichten. In der Regel dürfte sich die Matrixstruktur wiederfinden und verschiedene Kombinationen aufweisen.

Inhalte und Funktionen sowie deren Wechselwirkungen zum Führungsverhalten zu benennen. Demnach beinhaltet die ‚Organisationskultur' (im Zusammenhang mit Unternehmen kann auch der Terminus ‚Unternehmenskultur' verwendet werden) die im Laufe der Organisationsgeschichte gewonnenen Wert- und Normvorstellungen der Organisation bzw. der Organisationsmitglieder und lässt eine Aussage zu über die Intensität bzw. den Grad, in dem die Werte und Normen tatsächlich geteilt werden: „Unternehmenskultur beinhaltet die historisch gewachsene und durch die aktuelle Situation beeinflussten Wertvorstellungen, Verhaltensweisen, Überzeugungen und Meinungen sowie Ordnungssysteme, Potentiale, Beziehungen und Gegebenheiten innerhalb einer Unternehmung. Sie prägt entscheidend das Handeln der Organisationsmitglieder" (Hentze 2005: 475). Kieser und Walgenbach weisen darauf hin, dass die Intensität, in der eine Organisationskultur handlungsleitend wirkt, davon abhängt, wie hoch die Anzahl der Or-ganisationsmitglieder ist, die die Inhalte der Wertvorstellungen teilen und wie stark diese Übereinstimmung ist (vgl. Kieser & Walgenbach 2003: 130). Dem-zufolge lassen sich Begriffe wie ‚starke' oder ‚schwache' Organisationskulturen prägen.
Organisationskulturen werden sichtbar durch bestimmte, organisationsspezifische Symbole und Rituale, durch eine bestimmte Sprache, durch Geschichten, die zu Mythen werden können, durch Heldenlegenden, durch spezifische Verhaltensweisen von Führungskräften und vieles andere mehr (vgl. Kieser & Walgenbach 2003: 130-132, v. Rosenstiel 2003a: 20-23, Hentze 2005: 475). Damit weist der Begriff ‚Organisationskultur'in die Vorstellungen von ‚symbolischer Führung', die später bearbeitet wird[36].

---

36 In Verbindung mit der Bearbeitung der ‚Organisationskultur' wäre auch die sogenannte ‚systemische Führung' zu benennen (vgl. Neuberger 2002: 593-640, Hentze 2005: 519-525, Kasper 1995: 1364-1368). Die Verbindung besteht insofern, als in systemtheoretischer Sichtweise das eine (psychische) System der Führungskraft in das andere (soziale) System der Organisation hinwirken muss, dies jedoch nicht möglich ist, da nicht ein System über das andere eine einseitige oder gar vollständige Kontrolle ausüben kann (vgl. Kaspar 1995: 1367f).
Hintergrund dieser Annahme sind die Kerne aktuellen systemtheoretischen Denkens, wonach Systeme ‚selbstreferenziell' und ‚autopoietisch' sind. ‚Selbstreferenz' meint dabei, dass Systeme aus sich selbst heraus funktionieren und ihre inneren Abläufe den eigenen, geschlossenen Prozessen folgen. Die Verbindung zur Umwelt geschieht dadurch, dass die Umweltwirkungen zwar registriert, jedoch nach den systeminternen Strukturen und Gesetzen verarbeitet werden. Unter ‚Autopoiese' ist verstanden, dass Systeme aus den Systemelementen, aus denen sie bestehen, die Elemente herstellen, aus denen sie bestehen. Daraus folgt auch, dass Organisationen als autopoietische Systeme nicht aus Menschen bestehen (da diese sich nicht selber herstellen könnten), sondern aus Handlungen, Entscheidungen, Kommunikation etc., da nur diese im System ‚hergestellt' werden können. Diese Vorstellungen und Begrifflichkeiten stellen die dritte Generation der Systemtheorie dar, die von geschlossenen Systemen ausgeht, die

Schein, der grundlegende Aspekte zur ‚Unternehmenskultur' eingebracht hat (vgl. Simon 2000: 45-59, Hentze 2005: 479), sieht eine enge Verbindung von Unternehmenskultur und Führungsverhalten. In historischer Perspektive einer Organisation bestimmen die Gründungspersonen Werte und Normen. Die sich ausformende Kultur wiederum legt fest, welche Art von Führung ausgeübt wird und welche Personen zu Führungskräften werden, was wiederum Konsequenzen für die Organisationskultur hat (vgl. Hentze 2005: 479). Nach Ebers stellt Organisationskultur „in gewisser Hinsicht ein Führungssubstitut dar" (Ebers 1995: 1677), ist aber „kein vollständiges Äquivalent der persönlichen Führung" (Ebers 1995: 1678)[37]. Kieser und Walgenbach verstehen Organisationskultur als Ele-

---

sich durch die Abgrenzung zu anderen Systemen konstituieren (Neuberger 2002: 626-632).

Diesen Vorstellungen gehen zwei andere Phasen voraus. In der ersten Generation werden Systeme als eine Einheit betrachtet, die aus mehreren, miteinander verbundenen Elementen besteht, jedoch mehr ist als die Summe ihrer Teile. In der zweiten Phase der Systemtheorie werden Systeme wie in der ersten Phase als Komplex verschiedener Teile betrachtet, die sich von Umwelten abgrenzen, jedoch in Austausch mit der Umwelt stehen. Der Begriff der ‚offenen Systeme' rührt aus dieser Phase, die in einer Input-Output-Relation zur Umwelt stehen (vgl. Neuberger 2002: 594-597).

Für die Führungsthematik öffnet systemtheoretisches Denken der dritten Generation den Zugang dazu, dass Organisationen (die als soziale Systeme verstanden sind) nicht über personale Führung ihren Bestand sichern, sondern über autopoietische Elemente wie bspw. bestimmte Handlungen.

Der systemtheoretische Ansatz soll in dieser Arbeit nicht weiter vertieft werden. Seine Stärke liegt in der Analyse und Strukturierung von Zusammenhängen, seine Grenze besteht jedoch darin, dass die Systemtheorie „zu Generalisierungen in ihren Aussagen neigt und keinen empirischen Informationsgehalt aufweist" (Hentze 2005: 525). Die Aussage, dass Organisationen als solche Systeme „weder von außen noch für einzelne Teile im Innern vollständig berechenbar und kontrollierbar sind" (Kaspar 1995: 1367f), ist für das Führungsverhalten von Führungskräften eine bedeutende Reflexion, bedarf aber der Ergänzung durch Hinweise auf konkretes Führungsverhalten. Dies ist das Anliegen dieser Arbeit.

37 Unter Begriffen wie ‚Führungsäquivalente', ‚Führungssurrogate' oder ‚Führungssubstitute' werden solche Auffassungen subsumiert, die annehmen, dass Führung nicht immer und unter allen Umständen durch Personen wahrgenommen werden muss bzw. wahrgenommen wird oder nicht bzw. nicht unter allen Umständen von der damit beauftragten, in eine Führungsposition gesetzten Person ausgeübt wird, sondern andere Personen, Mechanismen oder Wirkungen Führung ausüben. Die Theorie von den Führungssubstituten von Kerr und Jermier oder die Vorstellungen einer ‚entpersonalisierten' bzw. ‚unpersönlichen' Führung von Türk schreiben diese Ansätze fort. So wird Führung auch durch Maschinen und Technologien ausgeübt, die Arbeitsabläufe vorgeben oder bestimmen. Ebenso wirkt Bürokratie als Führungsersatz, insofern durch Bürokratie soziale und normative Erwartungen hervorgerufen werden. Allerdings wird durch Technologie und Bürokratie nicht nur Führung auf Personen ausgeübt, sondern auch Führungsbedarf geschaffen. Ebenso wird die Kultur einer Organisation mit ihren Wirkungen auf die Mitarbeitenden als Führungssubstitut behauptet. Darüber hinaus kann die Person des Mitarbeitenden (mit ihren Fähigkeiten, Erfahrungen, Motiven, ...) die Aufgabe (die bspw.

ment der Koordination (vgl. Kieser & Walgenbach 2003: 129-135). Die wechselseitige Beeinflussung von Führungsverhalten und Organisationskultur macht einen bewussten Umgang von Führungskräften mit diesem As-pekt des Führungsgeschehens erforderlich (vgl. Ebers 1995: 1678). Angemerkt seien die Problematiken sogenannter ‚starker' Organisationskulturen, durch die die Flexibilität der Organisationsmitglieder reduziert und die Anpassungsfähigkeit von Organisationen beeinträchtigt werden kann (vgl. Kieser & Walgenbach 2003: 135).

2.1.3.3 Macht

Macht ist ein Phänomen, das sowohl im Kontext von Führung als auch von Organisationen existiert. In Organisationen „findet immer auch eine *Verteilung von Macht* statt" (Bea & Göbel 2002: 10). Führung ist als ‚beabsichtigte und zielbezogene Einflussnahme' beschrieben worden. Im Begriff ‚Einflussnahme' ist (einschließlich der potentiellen Möglichkeit zur Einflussnahme) ein Aspekt von ‚Macht' erfasst. An dieser Stelle kann keine ausführliche Befassung mit den verschiedenen Machttheorien erfolgen, sondern lediglich ein kurzer Aufriss einiger relevanter Aspekte vorgenommen werden.

Begrifflich besteht eine Nähe zwischen ‚Macht' und ‚Führung', da ‚Macht' von ‚vermögen' (nicht von ‚machen') stammt und somit die Möglichkeit oder Potenz erfasst, etwas in Bewegung zu bringen. Diese Beschreibung gilt auch für die sprachliche Herkunft des Führungsbegriffs (vgl. Neuberger 1995b: 953).

Erster Zugang zur Macht ist die Annahme, dass die „meisten theoretischen Analysen „Macht als *Beziehungs*phänomen" (Neuberger 2002: 700) begreifen. Diese Auffassung steht im Gegensatz zu Annahmen, nach denen ‚Macht' als ein Besitz aufgefasst wird (vgl. Neuberger 2002: 700). Gebert betont den „relationalen Charakter von Macht" (Gebert 2002: 125) und behauptet „eine bestimmte Machtdifferenz, die in betrieblichen Hierarchien allerdings in der Regel zugunsten des Führenden" (Gebert 2002: 125) ausgestaltet ist.

Exemplarisch sei die Definition Foucaults genannt: „Macht ist keine Substanz [...]. Macht ist nur ein bestimmter Typ von Beziehungen zwischen Individuen [...]. Der kennzeichnende Zug von Macht ist, dass einige Menschen mehr oder weniger umfassend die Führung anderer Menschen bestimmen können – nie aber erschöpfend oder zwingend." (Foucault 1994:

---

stark oder schwach strukturiert sein kann) sowie die Organisation (durch bspw. starke oder schwache Formalisierung, Flexibilität oder Inflexibilität) personale Führung durch einen Vorgesetzten überflüssig werden lassen, diese relativieren oder neutralisieren (vgl. Türk 1995, Kerr & Mathews 1995, Neuberger 2002: 436-450, Hentze 2005: 479f).

91). Der Autor unterscheidet zwischen ‚Macht' und ‚Zwang'. Individuen können dem Zwang, etwa der Gewaltausübung unterworfen sein, haben jedoch in diesem Verständnis die Möglichkeit, sich nicht der Macht zu unterwerfen, indem sie beispielsweise nicht die Handlung ausüben, die mit den Zwangsmaßnahmen erreicht werden soll (und im Extrem eher den Tod auf sich nehmen als den Zwangmaßnahmen zu folgen). Damit deutet sich an, dass Macht und Freiheit verbunden sind, indem ein Individuum sich zwar dem Zwang möglicherweise nicht entziehen kann, wohl aber der Unterwerfung unter eine Macht (vgl. Foucault 1994: 91f). Pointiert formuliert: „Es gibt keine Macht ohne potentielle Verweigerung oder Aufruhr" (Foucault 1994: 92). Dies ist letztlich eine Option der Freiheit.
Den einzelnen Führungsansätzen wohnt jeweils ein spezifisches Machtverständnis inne. So sieht die Eigenschaftstheorie ‚Macht' als personale Variable und schlägt eine Verbindung zu den Motivationstheorien der Führung, in denen bspw. die Unterscheidung von Macht-, Leistungs- und Gesellungsmotiven nach McClelland vorgenommen wird. In den auf der Zweidimensionalität von Führung beruhenden Auffassungen findet eine Auseinandersetzung mit der Beziehungsorientierung im Führungsverhalten statt, wozu die Partizipation von Mitarbeitenden zu rechnen ist. Die Kontingenztheorie nach Fiedler sieht Positionsmacht als ausdrücklichen Faktor. Weitere Aspekte zu den einzelnen Ansätzen wären zu nennen (vgl. Neuberger 1995b: 959-963, Hentze 2005: 346-348).
Folgende Merkmale charakterisieren ‚Macht': Macht ist zu verstehen als sozialer Prozess zwischen wenigstens zwei Personen oder Personengruppen, die Beziehung in einem Machtverhältnis ist asymmetrisch, Machtausübung hat einen Zweck, die Wirkung von Macht beruht auch auf dem Einflusspotential und nicht allein auf der faktischen Ausübung (vgl. Hentze 2005: 350-352). Hinsichtlich der Frage, ob zur Macht konstitutiv die Überwindung von Widerständen gehört, bestehen unterschiedliche Auffassungen. Weber bspw. sieht Macht als „den eigenen Willen auch gegen Widerstreben durchzusetzen" (Weber 1980: 28). Mit ‚auch' ist markiert, dass nicht zwangläufig das ‚Widerstreben' bestehen muss (vgl. auch Neuberger 2002: 700). Hentze u. a. vertreten die Auffassung, dass nur dann von Macht gesprochen werden soll, „wenn es gilt, einen Widerstand zu überwinden" (Hentze 2005: 352). Hier wird sich der Auffassung Webers angeschlossen und angenommen, dass Macht sowohl gegen Widerstände als auch ohne Widerstände eingesetzt werden kann. Damit werden insbesondere auch Machtbeziehungen erfasst, die bereits antizipierend auf Machtansprüche reagieren und erst gar keine Widerstände aufkommen lassen, da ein Machtanspruch akzeptiert wird.

Grundlagen der Macht sind Machtressourcen oder Machtbasen. Verschiedene Autoren haben dazu unterschiedliche Klassifikationen entwickelt (vgl. Hentze 2005: 352-361). Hier werden zusammenfassend als Machtbasen ‚Positionsmacht', ‚personale Macht' und ‚institutionelle Macht' festgehalten. Unter ‚Positionsmacht' ist die formale Macht bspw. einer Führungskraft in einer Organisation, die Sanktionsmacht, die Kontrolle der Informationen und die situative Kontrolle zu fassen, wozu bspw. die Beeinflussung der Arbeitsorganisation gehört. ‚Personale Macht' erfasst Sachkenntnis und Kompetenz, Beziehungsgestaltung und Loyalitätsverpflichtungen sowie vorhandenes Charisma. ‚Institutionelle Macht' markiert die strukturellen Regelungen einer Organisation, umfasst die Machtwirkung der Unternehmenskultur sowie die Gestaltung der Prozesse.
Zu unterscheiden von Macht ist Autorität, wenngleich die Differenzierung kaum trennscharf ausfallen wird (vgl. Neuberger 1995b: 953f). Vergleichbar mit der Weberschen Unterscheidung von ‚Macht' und ‚Herrschaft' (vgl. Kap 3.6.1) wird ‚Autorität' als legitime Macht verstanden, da Autorität als von Zustimmung abhängig gilt, während ‚Macht' stets die Komponente des ‚auch gegen Widerstreben' enthält. Auch der Autoritätsbegriff lässt die Unterscheidung verschiedener Formen zu. ‚Formale Autorität' ist dann als die Autorität zu begreifen, die der Organisationsstruktur entspringt. ‚Personale Autorität' beruht auf den persönlichen Eigenschaften, ‚funktionale Autorität' folgt aus den Möglichkeiten einer Person, bestimmte Aufgaben erfolgreich erfüllen zu können und ‚koordinative Autorität' bezieht sich auf die Fähigkeit, Prozesse steuern und koordinieren zu können (vgl. Hentze 2005: 349).
Sichtbar wird, dass die Differenzierungen im Macht- und Autoritätsbegriff eine große Nähe aufweisen. Dabei sind Wechselbeziehungen zwischen Macht und Autorität insofern möglich, als Autorität Macht ermöglicht, bspw. wenn eine Person aufgrund der starken koordinativen Autorität kaum ersetzbar ist und aus diesem Sachverhalt Machtressourcen gewinnt. Umgedreht kann Macht auf Autorität gegründet sein.
Die Befassung mit dem Machtbegriff zeigt jedenfalls, dass Macht als eine Form der sozialen Beziehung ein Faktor im Führungsprozess und in der Organisation ist.

2.1.3.4 Mikropolitik

Die Befassung mit Organisation und Macht bedarf noch eines Hinweises zur Mikropolitik. Unter Mikropolitik sind Handlungen verstanden, „die in der Absicht vollzogen werden, Machtrelationen zu eigenen Gunsten zu verschieben" (Gebert 2002: 126). Damit sind unter ‚Mikropolitik' Techniken gefasst, „mit denen Macht aufgebaut und eingesetzt wird, um den eigenen Handlungsspielraum zu erweitern und sich fremder Kontrolle zu entziehen“ (Neuberger 2002: 685).

Techniken von Mikropolitik sind u. a. die Kontrolle von Informationen, Verfahren und Normen, Beziehungsaufbau, Netzwerkbildung, Eingehen von Koalitionen, vorteilhafte Selbstdarstellung, optimales Timing hinsichtlich von Interaktionen und Aktivitäten oder Belohnungen zur Verfügung stellen (vgl. Neuberger 2002: 714; Neuberger 2003: 44f; Bosetzky 1995; Gebert 2002: 125; Hentze 2005: 367f).

Mikropolitik hat funktionale und dysfunktionale Aspekte. Mikropolitik dient der Organisation, wenn sie sinnvollen oder erfolgsrelevanten Verhaltensweisen, Strategien, Konzepten usw. zur Realisierung verhilft. Veränderungen und Innovationen bedürfen in der Regel der erheblichen Anstrengung zur Durchsetzung und sind daher möglicherweise erst über das Eingehen von Koalitionen, dem Nutzen von Netzwerken oder auch durch bestimmtes, überzeugendes Argumentieren und andere Verhaltensweisen möglich. Unter diesen Umständen sind mikropolitische Strategien Teil des Führungsverhaltens von Führungskräften. Verselbständigt sich Mikropolitik dagegen und wird zur egoistischen Umsetzung von Interessen und zur Machtkonzentration, zur Zerstörung von Organisationsstrukturen, zur Verschwendung von Ressourcen, zur einseitigen Bevorzugung von bestimmten Personen und ähnlichem eingesetzt, zeigt Mikropolitik ihre negativen, dysfunktionalen Seiten (vgl. Gebert 2002: 126-130; Neuberger 2002: 689-695; Neuberger 2003: 45-47; Bosetzky 1995). Mikropolitik, so das Fazit, existiert in Organisationen, bildet einen Teil von Führungsverhalten und bedarf der Reflexion sowie der transparenten Aus-einandersetzung.

2.1.3.5 ‚Symbolische Führung'

Die Bearbeitung der Vorstellungen einer ‚symbolischen Führung' ist in dieser Abhandlung an verschiedenen Orten möglich. So wäre eine Möglichkeit in unmittelbarem Zusammenhang mit den Aussagen zur Organisationskultur gegeben, da Organisationskultur auch durch symbolische Handlungen entsteht (vgl. v. Rosenstiel 2003a: 20-23). Eine andere Möglichkeit böte sich im Rahmen der Befassung mit den charismatischen Führungskonzepten, da charismatisches Führungsverhalten auch durch Symbole ausgeübt wird (vgl. Kap 3.6). Das Wahrheitsverständnis von Führungskonzeptionen wäre ein weiterer Ort, insofern der Zugang zu ‚symbolischer Führung' über die Perspektive der Konstruktion von Wirklichkeit erfolgt und daher ein interpretativer Zugang zur (Führungs-) Wirklichkeit vorliegt (vgl. Hentze 2005: 470, Neuberger 2002: 649f). Um diese Sicht

auf die Führung im Fortgang der Arbeit präsent zu haben, erfolgt die Verortung an dieser Stelle.
Vorwegnehmend sei darauf hingewiesen, dass es sich bei der Verwendung des Terminus ‚symbolische Führung' nicht um ein geschlossenes Führungskonzept handelt (vgl. Weibler 1995: 2018, Hentze 2005: 472). Vielmehr wird erfasst, dass Führung nicht allein über rationale, instrumentelle Handlungen erfolgt, sondern auch über Symbole und symbolische Handlungen. Unter einem ‚Symbol' wird allgemein verstanden, dass etwas Anschauliches einen darüber hinausgehenden Bedeutungsgehalt oder Bedeutungssinn hat[38]. Symbolische Führung ist sodann „Führung, die sich auf die Kategorie Sinn beruft und stützt. Dieser Sinn wird vergegenständlicht in Symbolen" (Neuberger 2002: 649). Somit geht es in der symbolischen Führung darum, durch die Verwendung von Symbolen Sinn zu vermitteln. Die Formen von symbolischer Führung nach Neuberger können verbal sein (Geschichten, Mythen, Lieder, Tabus, Slogans, ...), interaktional (Rituale, Traditionen, Vorstandsbesuche, Organisationsentwicklung, ...) und artifiziell (Statussymbole, Abzeichen, Logos, Kleidung, Architektur, Plakate,...) (vgl. v. Rosenstiel 2003a: 21).
Weibler weist darauf hin, dass solche Symbole sowohl „die kognitive als auch die emotionale Ebene beim Individuum" (Weibler 1995: 2017) ansprechen. Ziel dieser Führung, die sowohl von einzelnen Führungskräften in ihrem individuellen Führungsverhalten als auch von der Organisation als Gesamtgebilde ausgeübt wird, ist es, „den Aktivitäten der Führenden Konsens und Rationalität zuzuschreiben" (v. Rosenstiel 2003a: 20). Dem liegt die Einsicht zugrunde, dass es zu einem konkreten Führungsverhalten, insbesondere zu Führungsentscheidungen stets Alternativen gibt und darin gleichzeitig stets nicht-rationale Anteile enthalten sind. Um dennoch gegenüber den Geführten Akzeptanz zu erreichen, werden (bewusst oder unbewusst) die Formen symbolischer Führung eingesetzt. Dies geschieht im Alltagsleben einer Führungskonstellation, in dem bspw. der Vorgesetzte ein deutlich größeres Büro besetzt als die Mitarbeitenden, oder in besonderen Situationen, bspw. durch Willkommensrituale für neue Mitarbeitende. Solche Symbole können als Führungsinstrumente oder Füh-

38 Mit dem Terminus ‚Symbol' ist eine Vieldeutigkeit verbunden, die sich etymologisch wiederfindet. Das griechische Substantiv ‚symbolon' bedeutet ‚Zusammenfügung'. Gemeint ist, dass zwei Teile zusammengefügt werden und (wenn sie zusammenpassen) ein Erkennungszeichen für bspw. eine Legitimation abgeben. Gleichzeitig kommt jedoch auch das lateinische Wort ‚signum' in der Bedeutungsgeschichte zum Tragen, das ‚Zeichen' bedeutet und damit allgemein die mit diesem ‚signum' verkörperten Sinnbedeutungen meint (vgl. Weibler 1995: 2015f, Steimer 2000, Neuberger 2002: 644-647, Hentze 2005: 469).

rungssubstitute eingesetzt werden, um auf die Mitarbeitenden Wirkungen wie Identifikation oder die Einsicht in bestimmte Erfordernisse auszulösen (vgl. Weibler 1995: 2021f und Neuberger 2002: 660f).
Neuberger unterscheidet im Rahmen der symbolischen Führung zwischen ‚symbolisierter' und ‚symbolisierender' Führung. Damit ist gemeint, dass Organisationsmitglieder von solchen, über die Symbolik wirkenden Führungsinstrumenten umgeben sind (symbolisierte Führung) und gleichzeitig Führungskräfte sich symbolisierend verhalten, in dem sie ein Verhalten ausüben, dass von anderen als Führungsverhalten interpretiert wird und zu den entsprechenden Handlungen der Geführten führt (vgl. Neuberger 2002: 662-668).

2.1.4 Führungswirksamkeit und Führungserfolg

Steht die Ausübung von Führung in Relation zu einem Erfolg? Hat Führung Wirkungen? Spontan und durch Alltagsvorstellungen geprägt werden vermutlich viele Menschen hierzulande diese Fragen bejahen. ‚Führung ist unverzichtbar', ‚Führung steuert', ‚Führung ermöglicht Erfolg' oder stärker: ‚Führung macht Erfolg' mögen Formulierungen sein, die das Alltagsdenken bezogen auf Führung markieren.
Wie der gesamte Führungskomplex ist jedoch auch die Frage nach dem Führungserfolg nicht einfach und vor allem nicht eindeutig zu beantworten. Dies würde einen einheitlichen Begriff von Führungserfolg voraussetzen, der nicht vorhanden ist.
Daher wird an dieser Stelle ein Problem skizziert, das nicht generell zu lösen ist und im weiteren Gang der Arbeit stets mitzubedenken ist[39].

---

39 Die Begriffe ‚Effektivität' und ‚Effizienz' werden in verschiedenen Entwürfen für die Frage nach dem Führungserfolg herangezogen. Der Wortstamm beider Begriffe rührt aus dem lateinischen ‚efficere' und hat die Bedeutung von ‚bewirken, hervorbringen'. Es geht somit um Wirksamkeit. Teilweise werden die Begriffe ‚Effektivität' und ‚Effizienz' synonym verwendet (was insbesondere für den Alltagssprachgebrauch gilt), teilweise werden sie unterschieden. Im wissenschaftlichen Sprachgebrauch besteht keine einheitliche Begriffsbestimmung, allerdings lässt sich eine bestimmte Tendenz der Begriffsverständnisse feststellen. Demnach ist **‚Effektivität'** dann gegeben, wenn Aktivitäten im Grundsatz geeignet sind, die langfristigen Ziele einer Organisation zu realisieren. Effektivität zielt darauf, die ‚richtigen Dinge' zu tun. Die Wirksamkeit der Aufgabenerfüllung steht im Fokus. Im Unterschied dazu bezeichnet **‚Effizienz'** die Wirtschaftlichkeit der Aktivitäten und fragt nach dem Verhältnis von Input und Output in Bezug auf das Ergebnis. Effizienz zielt darauf, die ‚Dinge richtig' zu tun. Demzufolge wird Effizienz in entsprechenden (ökonomischen) Maßeinheiten festgestellt (vgl. Hentze 2005: 36f und Witte 1995: 263).

Um ‚Führungserfolg' und ‚Führungswirksamkeit' bewerten zu können, sind Kriterien für Erfolg und Wirksamkeit sowie deren Evaluation erforderlich. Witte unterteilt die von ihm angenommene ‚Gesamteffizienz' in drei generelle Bereiche, für die wiederum jeweils Kriterien benannt werden (Witte verwendet dabei den Terminus ‚Effizienz'):

- Ökonomische Effizienz (z. B. Gewinn, Rentabilität, Wachstum)
- Leistungsprozesseffizienz, die unterteilt ist in materielle (z. B. Ausschussquote, Arbeitsunfälle) und immaterielle (z. B. Informationsaufwand, Innovationsbereitschaft) Leistungsprozesse
- Personeneffizienz, die differenziert ist nach arbeitsbezogenen (z. B. Zufriedenheit, Beschwerden, Initiative) und individualbezogenen (z. B. Kooperationsbereitschaft, Freundschaft, Vertrauen) Einstellungen.

(vgl. Witte 1995: 265-267)

Die ‚Gesamteffizienz' wird in diesem System gemessen und „als Erreichungsgrad der Integrationsleistung von unterschiedlichen Bedürfnissen und Zielen" (Hentze 2005: 41) verstanden.
Diese Aufstellung bietet ein Raster, die Wirkung von Führung und ihren Erfolg in Kriterien zu fassen und auf dieser Grundlage zu messen. Es zeigt sich gleichzeitig, dass eine große Fülle von Kriterien entsteht, die kaum vergleichbar sind, da sie sehr Verschiedenes erfassen. Im Bereich der ‚Personeneffizienz', die für die direkte Personalführung und deren Wirksamkeit insbesondere relevant ist, werden gleichzeitig objektiv messbare Variablen wie bspw. die Anzahl von Kündigungen erfasst und ebenso subjektive Faktoren wie Zufriedenheit. Darin wird sichtbar, dass die Evaluation der Wirksamkeit von Führung bestehend aus Validität, Reliabilität und Objektivität[40] nicht einfach vorzunehmen ist (vgl. Hentze 2005: 41).

---

40 Diese Begriffe und ihre Bedeutungen bedürfen in der psychologischen Wissenschaft keiner Erläuterung, da sie zu den grundlegenden ‚Vokabeln' gehören. Da diese Abhandlung auch in kirchliche Kontexte weist, wird nachfolgend eine Erläuterung der Begriffe vorgenommen.
Unter ‚Validität' wird im deutschsprachigen Gebrauch üblicherweise ‚Gültigkeit' verstanden. Im Rahmen von wissenschaftlicher empirischer Forschung ist der Begriff zu differenzieren. Grundsätzlich hat eine Validitätsprüfung die Absicht festzustellen, ob tatsächlich gemessen wird, was gemessen werden soll: „Es geht um die Güte der Schlussfolgerungen von einem Datensatz (den Prädikatoren) auf einen anderen Datensatz (die Kriterien)" (Neuberger 2002: 264). Konstruktvalidität zielt auf die theoretischen Beziehungen zwischen den gemessenen Faktoren. Vorhersagevalidität erfasst, inwieweit aus ermittelten Ergebnissen gültige Aussagen für die Zukunft abzuleiten sind. Inhaltsvalidität befasst sich mit der repräsentativ gültigen Auswahl von Faktoren. ‚Validität' meint das Ergebnis der Gültigkeitsbestimmung, ‚Validierung' die Strategie der Gültigkeitsbestimmung" (vgl. Neuberger 2002: 261-272). Neuberger weist darauf hin, dass unter Validität besser Brauchbarkeit oder Tauglichkeit verstanden werde, da sich in der Psychologie im internationalen Kontext zumindest teilweise ein Konsens

Bemerkenswert ist die im Konzept von Witte enthaltende Unterscheidung des durch Führung gesteuerten Verhaltens von Personen (‚Personeneffizienz) und den weiteren ökonomischen und prozessualen Effizienskriterien. Ähnliches findet sich bei v. Rosenstiel, wenn bezogen auf den Führungserfolg zwischen ‚Geführtenverhalten' und ‚Effizienz' unterscheiden wird (vgl. v. Rosenstiel 2003a: 9). Damit wird noch einmal deutlich, dass Führung selbstverständlich auch die Einflussnahme auf Geführte ist, sich gleichzeitig jedoch ebenso auf weitere Aspekte bezieht, die über die konkrete Führungsbeziehung eines Vorgesetzten zu einem Mitarbeitenden hinausgehen.

Ein weiterer Zugang zur Frage des Führungserfolgs eröffnet sich durch die Befassung mit Zielen. Ziele bilden die Voraussetzung, um beurteilen zu können, ob Aktivitäten zu ihrer Erreichung geführt haben. Gebert schlägt vor, Ziele zu definieren und Führungsverhalten darauf auszurichten und zu bewerten. In einer Abfolge von Fragen (Was ist das Ziel? Welches Mitarbeiterverhalten unter Einbezug von Kontexten kann das Ziel erreichen? Welches Führungsverhalten ist erforderlich?) werden Ziele, erforderliches Mitarbeiterverhalten und adäquates Führungsverhalten in Relation zueinander gesetzt. Dann, so das Konzept, kann ein Führungserfolg in Bezug auf die Erreichung der Ziele festgestellt werden (vgl. Gebert 2002: 79-85).

Die Ansätze von Witte und Gebert zeigen für die Fragestellung von Führungswirkung und Führungserfolg auf, dass Kriterien erforderlich sind, um eine Aussage über die Folgen von Führungsverhalten zu treffen. Die Bestimmung solcher Kriterien, auch das zeigen beide Zugänge, ist nicht universell möglich, sondern muss in einem konkreten Führungskontext bestimmt werden. Im Konzept von Gebert ergibt sich dies aus der Tat-

---

herausgebildet habe, unter ‚Validität' Angemessenheit, Bedeutung, und Nützlichkeit der Schlüsse aus Testwerten zu verstehen (vgl. Neuberger 2002: 264, Lexikon der Psychologie 4. Bd. 2001: 375f).

Unter ‚Reliabilität' wird die formale Zuverlässigkeit eines Tests oder Fragebogen verstanden. Somit wird unter Reliabilität erfasst, ob und in wieweit die Messwerte von Tests mit Fehlern und Störanfälligkeiten behaftet sind. Verschiedene Methoden werden angewandt, um die Reliabilität eines Tests einzuschätzen, so u. a. die Testwiederholung an der gleichen Personengruppe (vgl. Lexikon der Psychologie 4. Bd. 2001: 16f).

‚Objektivität' erfasst zunächst die allgemeine Anforderung an wissenschaftliche Aussagen, die von anderen unter sonst gleichen Bedingungen theoretisch und empirisch nachvollziehbar sein müssen. Bezogen auf Testverfahren ist mit ‚Objektivität' gemeint, dass die Testergebnisse unabhängig von situativen Bedingungen (bspw. die Tests anleitende Personen) Gültigkeit haben müssen und eben nicht durch unterschiedliche Situationsbedingungen nicht mehr vergleichbare Resultate hervorbringen (vgl. Lexikon der Psychologie 3. Bd. 2001: 167)

sache, dass spezifische Ziele einer Organisation oder Arbeitsgruppe zu benennen sind, um daran die Wirksamkeit von Führungsverhalten zu messen. Das Modell von Witte zeigt, dass bestimmte Differenzierungen vorzunehmen sind, um Aussagen über die Führungswirksamkeit zu treffen. Deutlich ist auch, dass Kriterien und Ziele insofern in einer Verbindung stehen, als Ziele den Rahmen angeben, aus dem sich bestimmte Kriterien ableiten lassen. Der Ansatz von Witte bietet darüber hinaus zu unterscheidende Kriterien hinsichtlich der Führungswirkung an, die bezogen auf Ergebnisse wie Wachstum oder bezogen auf Prozesse oder aber bezogen auf den Personaleinsatz bestimmt werden[41].

Grundsätzlich ist festzuhalten, dass sich die Frage nach dem Führungserfolg nur in Bezug auf konkrete Führungssituationen beantworten lässt. Dies ist im Rahmen dieser Arbeit stets mitzubedenken, wenn notwendigerweise abstrakt vom ‚Führungserfolg' gesprochen wird.

Auf eine andere Problematik hinsichtlich des Führungserfolgs weist Gebert hin (vgl. Gebert 2002: 32). Führungskräfte haben in aller Regel nicht ausschließlich Führungstätigkeiten auszuüben, sondern verrichten zu einem Teil bestimmte fachliche oder andere ihrem Aufgabenfeld zugeordnete Tätigkeiten. So kann bspw. die Akquisition von Aufträgen oder der Kontakt zu Auftraggebern die Aufgabe des Vorgesetzten einer Arbeitsgruppe sein. Der Erfolg der Arbeitsgruppe kann somit durch konkrete Maßnahmen der direkten Mitarbeiterführung, durch Führungsverhalten bezogen auf die Rahmenbedingungen bspw. in der Organisation oder durch die Art und Weise der Ausübung bestimmter Aufgaben wie des Kontaktes zu Auftraggebern erreicht werden. Gebert unterscheidet daher zwischen ‚Führungshandeln', worunter die direkte Mitarbeiterführung verstanden ist, und ‚Aufgabenhandeln', worunter die fachlichen Tätigkeiten im Arbeitsfeld des Vorgesetzten erfasst sind und stellt fest: „Auf der obersten

---

41 An dieser Stelle bietet sich ein Hinweis auf die Führung durch „Management by objectives" (MbO) an. Dort bilden die Ziele die zentrale Komponente. MbO stellt dabei nicht eine geschlossene Konzeption dar, sondern entwickelte sich aus verschiedenen Vorstellungen.
Es wird unterschieden zwischen der verhaltenswissenschaftlichen Ausrichtung, in der die Interessen der Mitarbeitenden Berücksichtigung finden und daher Partizipation ein wichtiger Faktor ist. Davon unterschieden sind die sogenannten pragmatischen Ansätze, die sich auf die Ziele von Organisationen richten und die Prozesse zu deren Verwirklichung in den Blick nehmen.
Eine häufig genutzte Beschreibung von MbO ist „Führung durch Zielvereinbarung" und zeigt an, dass einerseits Ziele und anderseits die Beteiligung des Mitarbeitenden an der Zielfestlegung diese Art des Führens ausmacht. Zu dieser Führungstechnik gehört dann die Delegation von Entscheidungskompetenzen, da innerhalb der vereinbarten Ziele Mitarbeitende einen hohen Gestaltungsspielraum haben (vgl. Hentze 2005: 583-585, Neuberger 2002: 588).

Führungsebene dominiert tendenziell das Führungshandeln im engeren Sinn, während auf unteren Führungsebenen jeweils noch parallel ein bestimmtes Aufgabenfeld bzw. Sachgebiet zu betreuen ist“ (Gebert 2002: 32). Auch aufgrund dieser Bedingungen zeigt sich, dass Führungserfolg und Führungswirksamkeit im Kontext der konkreten Bedingungen zu bewerten sind.

Hentze u.a. kommen zu der Auffassung, dass „die Erwartungen und Anforderungen an die Messung des Führungserfolgs“ (Hentze 2005: 41) nicht zu hoch sein sollten und geben verschiedene Problematiken als Ursachen an. Die Operationalisierung von ‚Führungserfolg' stellt eine erste entscheidende Schwierigkeit dar. Anders als in Laborsituationen sind in der Führungswirklichkeit einer Organisation mit den zahlreich einwirkenden Einflüssen und kaum präzise zu erfassenden Aspekten wie der ‚Einstellung von Mitarbeitenden' oder die Bewertung von ‚angemessenem Verhalten' große Interpretationsspielräume gegeben. Gleichzeitig müssen zur Erhebung von Daten subjektive Beobachtungen herangezogen werden, was die Unschärfe weiter erhöht.

Eine andere Problematik besteht darin, dass zwischen Führungsverhalten und Führungserfolg in einer spezifischen Situation möglicherweise keine Kausalzusammenhänge bestehen. Viele Gründe können zu Erfolg oder Misserfolg in einer Führungssituation führen, möglicherweise hat das konkrete Führungsverhalten viel weniger Einfluss als andere Faktoren. Darüber hinaus sind statt kausaler Beziehungen von Führungsverhalten und Führungserfolg komplexe Mechanismen anzunehmen.

Eine weitere Problematik bezieht sich auf die Validität der Indikatoren. Da ‚Führungserfolg' nicht als solches, sondern nur durch bestimmte Indikatoren gemessen werden kann, stellt sich die Frage nach der Validität der Indikatoren für die Fragestellung ‚Führungserfolg'. Dabei besteht weiterhin die Schwierigkeit, dass ökonomische Erfolge in der Regel messbar, soziale dagegen sehr viel schwieriger zu erfassen sind.

Eine andere Fragestellung bezieht sich auf die Kontextbedingungen. Die Verbindung von Führungsverhalten und Führungserfolg wird beeinflusst durch verschiedene Kontextvariablen. In der Befassung mit den Situationstheorien der Führung wird dies später ausführlich bearbeitet. Für die Beziehung von Führungsverhalten und Führungserfolg wird damit jedoch schon jetzt die Problematik sichtbar, dass vielfache Einflüsse wirken, die auch die Wirkung von Führungsverhalten beeinflussen und diese Wirkungen einzubeziehen sind, wenn Aussagen über die Wirkung von Führung und Führungserfolg getroffen werden.

Die bislang genannten Probleme führen dazu, dass keine einheitlichen Auffassungen über den ‚Führungserfolg' bestehen. Da es keine definierte

Aussage dazu gibt, sind vielfache Verständnisse möglich. In der Realität einer Organisation bestehen darüber hinaus Manipulationsmöglichkeiten, durch die Misserfolge verdeckt oder zu Erfolgen ‚uminterpretiert' werden können. Ebenso ist in der Messung von Führungserfolg mit Widerständen von betroffenen Führungskräften zu rechnen, die möglicherweise Nachteile befürchten und deshalb eine Evaluation ablehnen, was wiederum die Messung von ‚Führungserfolg' einschränkt (vgl. Hentze 2005: 41-45).
Die bisherige Bilanz zum nachweisbaren Verhältnis von Führung und Führungswirksamkeit und Führungserfolg mag ernüchternd erscheinen und die Absicht in Frage stellen, sich überhaupt mit Führung und insbesondere dem Führungsverhalten von Führungskräften zu befassen.
Jedoch sind die Hinweise zur Problematik der Verbindungen von Führungsverhalten und Führungserfolg zwar ein gewichtiges ‚Vorzeichen' der Befassung mit dem Führungsprozess. Sie dienen dem kritischen, auch ideologiekritischen Umgang mit Führungsmodellen. Jedoch ist bereits in dieser Hinführung zur Führungsforschung deutlich geworden, dass Führung eine soziale Realität ist, in Organisationen faktisch ausgeübt wird und, wie der Hinweis von Gebert zeigt, ein ‚universelles Phänomen' (vgl. Gebert 2002: 20) ist. Auch wenn in der wissenschaftlichen Führungsforschung zahlreiche Fragen zum Verhältnis von Führungsverhalten und Führungserfolg offen bleiben, so ist die Auseinandersetzung mit der Führungsthematik von vielen Bestrebungen bestimmt, etwa Führung fassbarer zu machen, Strukturen der Einflussnahme zu erkennen, Verhaltensweisen vorzuschlagen, die in Führungskontexten angemessen sind, die Humanisierung von Arbeit durch bestimmtes Führungsverhalten zu erreichen, ein ethisch gerechtfertigtes Verhältnis von Einflussnahme der Führungsperson und dem Freiheitsspielraum des Mitarbeitenden zu beschreiben oder eine Bestimmung von spezifischem Führungsverhalten für ökonomischen Erfolg zu erreichen. Daher ist und bleibt es lohnend, sich mit ‚Führung' zu befassen.
Dies geschieht nachfolgend, wenn ausgewählte Ansätze der Führungsforschung dargestellt werden. Absicht bleibt es, Erkenntnisse für das Führungsverhalten von Führungspersonen zu finden und diese Erkenntnisse auf kirchliche Kontexte zu beziehen.

2.2 Führung und Führungsperson – Zur Eigenschaftstheorie der Führung

In der allgemeinen Definition zur Führung wurde ausgesagt, dass Führung ‚beabsichtigte, zielorientierte Einflussnahme eines Führenden auf Geführte' bedeutet. In dieser Definition wird deutlich die Person des Führenden herausgehoben. In der Führungsforschung hat, wie bereits im Hinweis auf die nordamerikanischen Forschungen benannt, die Person des Führenden eine hohe Aufmerksamkeit erfahren. Zeitweise nahm die Führungsforschung weitgehend ausschließlich die Führungspersonen in den Blick.

Dieses Kapitel will in dieser Tradition der Führungsforschung einen Zugang zum Führungsprozess eröffnen und in der Auseinandersetzung mit dem sogenannten Eigenschaftsansatz zunächst die zentralen Annahmen der diesbezüglichen Forschungen darstellen und sie der kritischen Würdigung unterziehen. Das Ergebnis dieser Bearbeitung führt zu einer wichtigen, den weiteren Gang dieser Arbeit bestimmenden Annahme zur Führung, insofern deutlich werden wird, dass der Führungsperson eine hohe Bedeutung zukommt und ihre Persönlichkeitsausprägungen eine bedeutende Basis für ihr Führungsverhalten bilden.

2.2.1 Grundsätzliche Aspekte zur Eigenschaftstheorie

Die Eigenschaftstheorie der Führung weist an den Beginn der Entwicklung von Führungstheorien. Sie bietet einen klassischen Zugangsweg, sich dem Führungsphänomen anzunähern. „Die Eigenschaftstheorie (‚Trait-Theorie') der Führung gilt als älteste, einfachste, am leichtesten einsehbare und lange Zeit dominierende Vorstellung von erfolgreichen und effizienten Führungspersonen" (Delhees 1995: 897). Somit ist dieser Ansatz der Führungsreflexion in geschichtlicher Perspektive der erste Zugang zum Verständnis des Führungsphänomens: „Die wissenschaftliche Analyse der Führung von Menschen begann historisch mit der Konzentration auf die Persönlichkeit von Führern und der hauptsächlichen Frage, welche personalen Eigenschaften diese charakterisieren" (Hentze 2005: 172).

Die Eigenschaftstheorie der Führung, die auch unter der Überschrift ‚Eigenschaftsansatz' firmiert, ist eine „Sammelbezeichnung für alle Ansätze, die der Persönlichkeit des oder der Führenden ausschlaggebende Bedeutung beimessen" (Neuberger 2002: 226). Diese Konzeptionen gehen klassisch von den Eigenschaften einer Führungsperson aus. Ihnen liegt die

Annahme zugrunde, dass spezifische Personeneigenschaften vorhanden sind und ermittelt werden können, durch die sich zum einen erfolgreiche von erfolglosen Führungskräften unterscheiden. Zum anderen wird angenommen, dass in den Personeneigenschaften Unterschiede zwischen Führungspersonen und solchen, die keine Führungsposition bekleiden, bestehen und damit diese unterschiedlichen Eigenschaften der Grund sind, weshalb die einen eine Führungsaufgabe bekleiden und die anderen nicht. Auf der Grundlage so gewonnener Führungseigenschaften sind dann, so die Vorstellungen, Hinweise oder gar ‚Rezepte' für erfolgreiches Führen möglich. Die Eigenschaftstheorie der Führung legt ihr Augenmerk somit auf die Führungsperson und identifiziert in ihr die Bedingungen von persönlicher Karriere und dem Erfolg von Organisationen. In den Ansätzen der Eigenschaftstheorie sind es somit bestimmte persönliche Eigenschaften und in der Person des Führenden liegende Qualitäten, die den Erfolg des Führungshandelns ausmachen: „Erfolg und Misserfolg werden durch abrufbare, stabile Persönlichkeitseigenschaften bestimmt" (Hentze 2005: 172).
Die eigenschaftstheoretische Reflexion auf das Führungsphänomen erscheint als diejenige, die den alltäglichen Zugang zur Führung aufgreift. Sie kann als eine durch Alltagserfahrung geprägte Führungsvorstellung vieler Individuen gesehen werden: „Der diese Theorie leitende Grundgedanke ist auf den ersten Blick höchst plausibel und entspricht zudem den ‚Führungstheorien' vieler Laien (‚Bismarck schuf das deutsche Reich', ‚Führungseigenschaften bestimmen den Erfolg', ‚Eine starke Persönlichkeit setzt sich überall durch')" (v. Rosenstiel 2003a: 7). Vorgesetzten und Führungskräften in Organisationen und Unternehmen werden durch Untergebene und Geführte Eigenschaften zugeschrieben (oder abgesprochen), die sie befähigen, eine Führungsaufgabe zu bewältigen. Wie bereits im einleitenden Teil zur Führungsforschung erwähnt, arbeitet dieser Ansatz u. a. mit Biographien und Autobiographien, Interviews und Persönlichkeitsbeschreibungen, um (vermutete) Führungseigenschaften von entsprechenden Personen aufzuspüren und darzustellen. Dabei steht im Grundsatz der Vergleich von Eigenschaften im Vordergrund. Es werden entweder Personen in entsprechenden Führungspositionen mit denen, die keine Führungsposition ausüben, verglichen und dabei Unterschiede in für das Führungsgeschehen bedeutsam gehaltenen Eigenschaften identifiziert. Oder es erfolgt ein Vergleich zwischen Personen, die erfolgreich Gruppen geführt haben, und solchen, die weniger erfolgreich Gruppen führten, um nach Unterschieden in den (Führungs-) Eigenschaften der Führungskräfte zu suchen (vgl. v. Rosenstiel 2003a: 7).

Eine Folge dieser Annahmen und Behauptungen ist die sogenannte ‚Great-Man-Theory'. In dieser pointierten Form eigenschaftstheoretischen Denkens wird angenommen, dass ‚große' Führungspersönlichkeiten aufgrund ihrer Eigenschaften und Fähigkeiten Führungserfolge verzeichnen bzw. verzeichnen werden. Staatsmänner, militärische Führungspersonen oder Führungskräfte in der Wirtschaft werden mit dem ‚Label' der überragenden Führungspersönlichkeit belegt und als Personen gesehen und bezeichnet, die große, überdurchschnittliche Leistungen erbringen, Kriege führen und daraus als ‚Sieger' hervorgehen oder wirtschaftliche Entwicklungen von Unternehmen maßgeblich beeinflussen und daraus große ökonomische Erfolge erzielen.
So sehr es auf den ersten, unreflektierten Blick plausibel erscheint, von bestimmten Führungseigenschaften, die in Personen grundgelegt sind, auszugehen und diese als die Grundlage für entweder Karriereerfolg oder Leistungserfolg anzunehmen, erweist sich dies in vielfacher Hinsicht als fraglich. Bevor jedoch eine Auseinandersetzung mit der Kritik erfolgt, sind nachfolgend die zentralen Ergebnisse der Eigenschaftstheorie darzustellen.

2.2.2 Erkenntnisse eigenschaftstheoretischer Untersuchungen

Die Erkenntnisse aus dem eigenschaftstheoretischen Kontext lassen sich in zwei Bereiche unterscheiden. Zum einen geht es um die Fragestellung, welche Aussagen die verschiedenen Untersuchungen hinsichtlich der Korrelationen von Persönlichkeitsmerkmalen und Führungserfolg sowie den Korrelationen von Persönlichkeitsmerkmalen und Unterschieden zu den Geführten zulassen. Dieser Aspekt wird als ‚formale Erkenntnis' beschrieben. Zum anderen geht es um die inhaltlichen Erkenntnisse der Studien bezogen auf die Persönlichkeitsmerkmale von Führungspersonen.

2.2.2.1 Formale Erkenntnisse der Eigenschaftstheorie

Neuberger stellt auf der Grundlage verschiedener Zusammenfassungen eigenschaftstheoretischer Untersuchungen mehrere Übereinstimmungen fest (vgl. Neuberger 2002: 231-235). Demnach zeigen die Publikationen:

- einen Zusammenhang zwischen den Eigenschaften der Führungsperson und dem Erfolg
- einen Unterschied zwischen Führenden und Geführten
- die Zusammenhänge zwischen den Eigenschaften der Führungsperson und dem Erfolg allerdings sind im Mittel schwach
- die Unterschiede zwischen Führenden und Geführten sind gering

- Ergebnisse der Studien sind sehr unterschiedlich und weisen eine hohe Streuung auf.

Mit diesem Hinweis zeigt sich, dass die einleitend skizzierten und scheinbar plausiblen Annahmen der Eigenschaftstheorie, dass Personenmerkmale Führungserfolg bedingen, lediglich eine schwache empirische Grundlage haben und darüber hinaus wenig markant sind. Im Rahmen der kritischen Würdigung wird darauf zurückzukommen sein.
Im Ergebnis ähnlich erkennt die Autorengruppe Hentze u. a.: „Einheitliche Aussagen, die einen kausalen Zusammenhang zwischen einer Merkmalsausprägung und Führungserfolg angeben, können nicht gemacht werden" (Hentze 2005: 174).
Bei Delhees findet sich eine differenzierte Position: „Die Ergebnisse empirischer Untersuchungen zur Führungspersönlichkeit sind zum Teil kontrovers" (Delhees 1995: 898). Der Autor führt dann aus, dass frühere Zusammenfassungen der Untersuchungsergebnisse lediglich einen geringen Zusammenhang zwischen Eigenschaften und Verhaltensvorhersagen für Führungssituationen feststellen konnten. Allerdings, so die Position von Delhees weiter, halte ein entsprechendes Sammelreferat von Bass aus dem Jahre 1990 fest, dass Persönlichkeitsmerkmale Führungspersonen von Geführten, erfolgreiche von weniger erfolgreichen und höhere Führungspersonen von niedrigeren unterscheiden (vgl. Delhees 1995: 898). Dennoch bleibt auch Delhees bei einer skeptischen Bewertung und moniert die Engführung des Zusammenhangs von Führungserfolg und Führungsverhalten auf die Eigenschaften: „Doch auch nach dieser Aussage bleibt der Eigenschaftsansatz in seiner starken Reduktion des Führungserfolgs auf einen Bedingungsbereich, die Eigenschaften, in seinen Möglichkeiten beschränkt" (Delhees 1995: 898).
Es ist also festzustellen, dass die Untersuchungen auf der Basis eigenschafts-theoretischen Denkens nicht eindeutig den Zusammenhang von Eigenschaften einer Führungsperson und dem Führungserfolg belegen können und auch keinen deutlichen Unterschied zwischen Führenden und Geführten begründen.

2.2.2.2 Inhaltliche Erkenntnisse der Eigenschaftstheorie

Die eigenschaftstheoretischen Forschungen haben zu verschiedenen Listen von Eigenschaften geführt, die Führende auszeichnen bzw. auszeichnen müssten. Die Autorengruppe Hentze u. a. (vgl. Hentze 2005: 174f) gibt unter Berufung auf Stogdill folgende sechs Gruppen von individuellen Führungseigenschaften an:

- physische Charakteristika wie Alter, Erscheinungsbild oder Größe

- soziale Herkunft mit Aspekten von Ausbildung und sozio-ökonomischer Stellung
- Fähigkeiten wie Intelligenz, Wissen, Ausdrucksfähigkeit
- Persönlichkeit mit Eigenschaften wie Anpassungsfähigkeit, Selbstvertrauen oder Originalität
- aufgabenbezogene Charakteristika wie Ausdauer, Initiative oder Verantwortungsbewusstsein
- soziale Fähigkeiten und Fertigkeiten wie Kooperationsbereitschaft oder Popularität.

Neuberger (vgl. Neuberger 2002: 232) nennt unter Berufung auf Stogdills Überblick folgende Eigenschaften als häufig genannte für den Führungserfolg:

Intelligenz, Aktivität, Energie, Erziehung, sozialer Status, Aufstiegswille, Dominanz, Selbstvertrauen, Leistungsmotiv, Drang, andere zu übertreffen, Ehrgeiz, Kontaktfähigkeit, soziale Fertigkeiten.

Delhees (vgl. Delhees 1995: 902) fasst unter Berufung auf die Autoren Bass, House und Stogdill vier Kategorien von bedeutsamen Führungseigenschaften zusammen:

- Prädisposition der Einflussbefähigung, ablesbar an Faktoren wie Dominanz, Durchsetzungsfähigkeit, Selbstvertrauen, Bedürfnis nach Macht-ausübung
- soziale und interpersonelle Fertigkeiten wie Kooperationsbereitschaft, Interaktionskompetenz, Gruppensteuerung
- Merkmale der Aufgaben- und Zielorientiertheit gekennzeichnet bspw. durch Initiative, Ehrgeiz, Durchsetzungsfähigkeit
- Prädisposition der Informationsverarbeitung und –evaluation, wozu Intelligenz, Entscheidungsfähigkeit oder Urteilsvermögen gehören.

V. Rosenstiel (vgl. v. Rosenstiel 2003a: 8) gibt folgende Zusammenfassung:

- Befähigung (zu der Faktoren wie Intelligenz, Wachsamkeit, verbale Gewandtheit, Originalität, Urteilskraft zu zählen sind)
- Leistung markiert durch Schulleistung, Wissen oder sportliche Leistung
- Verantwortlichkeit, konkretisiert durch Zuverlässigkeit, Initiative, Ausdauer, Aggressivität, Selbstvertrauen oder dem Wunsch, sich auszuzeichnen
- Teilnahme mit Merkmalen wie Aktivität, Kooperationsbereitschaft, Anpassungsfähigkeit oder Humor
- Status wie sozioökonomische Position oder Popularität.

Sichtbar ist, dass sich die verschiedenen Aufstellungen zwar in der Zusammenstellung und Gliederung unterscheiden, jedoch wesentliche Über-

ein-stimmungen aufweisen. Soziale Kompetenzen, Orientierung an der Bewältigung von Aufgaben oder Intelligenz werden ausdrücklich genannt, weitere Eigenschaften lassen sich den Gliederungen übereinstimmend zuordnen. Unterschiede bestehen hinsichtlich der Nennung physischer Charakteristika und sozialer Herkunft.
Problematisch ist an diesen Darstellungen die niedrige Korrelation in den verschiedenen Untersuchungen zwischen bestimmten Eigenschaften und einem Führungserfolg, verbunden mit allerdings einer breiten Streuung bspw. der Bedeutung der Eigenschaft ‚Intelligenz' für einen Führungserfolg. Allerdings ist insgesamt festzuhalten, dass insbesondere ‚Intelligenz' im kognitiven Bereich als wichtige Voraussetzung für erfolgsrelevantes Führen angesehen wird (vgl. v. Rosenstiel & Wegge 2004: 505f).

2.2.3 Eine erste Problematisierung der Eigenschaftstheorie: Was ist eine Eigenschaft?

Zentral für den Eigenschaftsansatz in der Führungsforschung sind Eigenschaften von Führungspersonen. Damit stellt sich die Frage nach dem Eigenschaftsbegriff. Im Grundsatz treffen zwei Vorstellungen aufeinander: ein Eigenschaftsbegriff, der unter Eigenschaften tatsächlich vorhandene, objektiv messbare, zeitlich und situationsbezogen stabile Persönlichkeitsmerkmale versteht. Oder aber eine Vorstellung, nach der Eigenschaften Konstrukte sind, die durch einen Deutungsprozess gewonnen werden.
Delhess und Neuberger vertreten einen Eigenschaftsbegriff, der Eigenschaften als Konstrukte begreift: „Führungseigenschaften werden nicht selten als Bestehendes, was man ‚besitzt' oder nicht, verfälscht. Dies entspricht der vorwissenschaftlichen Tendenz der Psychologie. Die wissenschaftliche Psychologie betrachtet Eigenschaften als hypothetische Konstrukte. Auch Führungseigenschaften sind Konstrukte; sie sind Erklärungen, Interpretierend des beobachtbaren Führungsverhaltens, also Konstruktionen (deshalb Konstrukte)" (Delhees 1995: 898). Ähnlich formuliert Neuberger: „Eigenschaften sind ***hypothetische*** Ursachen für beobachtbares aktuelles Verhalten, das kein 1:1-Ausdruck einer bestimmten Persönlichkeitsdisposition ist, sondern Resultat der Interaktion vieler Eigenschaften, situativer Bedingungen, sozialer Normen und individueller und/oder sozialer Interessen" (Neuberger 2002: 227)[42].

42 Neuberger hebt die ideologiekritische Funktion der konstruktivistischen Auffassung hervor, da ein ‚realistisches' Verständnis von (Führungs-) Eigenschaften auch die Funktion habe, Privilegien zu sichern sowie gegen Veränderungen zu immunisieren: „Führungskräften werden sozial besonders hoch bewertete Eigenschaften zugespro-

Diese Auffassung der interpretierenden Beobachtung und damit aktiven Konstruktion von Wirklichkeit bedeutet für die Eigenschaftstheorie der Führung, dass auch Führungsverhalten in dieser Weise interpretierend beobachtet wird und auf diese Weise ‚gefundene' Führungseigenschaften Konstruktionen sind. Neuberger weist auf die mitzudenkende sprachliche Gebundenheit der Interpretation hin: „Weil Persönlichkeitsmerkmale mehrfache Abstraktionen aus Beobachtungen sind und nur in einem sprachlichen Kontext Sinn machen, hat sich die psychologische Forschung darauf konzentriert herauszufinden, wie die Sprache Verwendenden die verfügbaren Begriffe gebrauchen" (Neuberger 2002: 229). Eigenschaften werden somit über Interpretation und sprachliche Vermittlung erkannt und beschrieben oder genauer: konstruiert. Mit diesem Verständnis von Eigenschaften ist die Vorstellung verbunden, dass ihre interpretative Entstehung dekonstruierbar ist und die Sprachbedeutung der verwendeten Begriffe bekannt ist. Dabei bleibt zwar das Problem bestehen, dass die Bedeutung der Eigenschaftsbegriffe von Individuen unterschiedlich verstanden werden, da individuelle Bewertungen, Erfahrungen und Konnotationen mitschwingen (vgl. Neuberger 2002: 230). Gleichwohl sind unter den genannten Voraussetzungen Eigenschaften von Personen beobachtbar und beschreibbar. Allerdings nicht als ‚Eigenschaften an sich', die einem Individuum wie eine ‚Sache' anhaften, sondern in einem interpretativen Verständnis.
Demzufolge sind Eigenschaften als in dieser Weise entstandene Konstrukte zu betrachten. Auf diesem Hintergrund werden nun die in der differentiellen Psychologie vorherrschenden fünf Grunddimensionen genannt, auf denen die Beschreibungen der Persönlichkeit zurückgeführt werden können.

2.2.4 Das ‚Fünf-Faktoren-Modell der Persönlichkeitsdiagnostik'

Unter der Bezeichnung ‚Fünf-Faktoren-Modell der Persönlichkeitsdiagnostik' wurde eine Klassifizierung von Persönlichkeitsmerkmalen vorgenommen. Dieses Modell besteht bereits seit über 70 Jahren und ist umfassend empirisch belegt. Es gilt zur Zeit als der konsensfähigste Ansatz zur Charakterisierung von nicht kognitiven Persönlichkeitsmerkmalen. Diese fünf Dimensionen firmieren auch unter der Bezeichnung ‚Big Five der

chen(!) und diese Eigenschaften werden zu notwendigen Voraussetzungen von Erfolg oder Amtsinhaberschaft erklärt" (Neuberger 2002: 226).

Persönlichkeitsdiagnostik' (vgl. Neuberger 2002: 228-230, v. Rosenstiel & Wegge 2004: 507f, Hentze 2005: 175-177).
Grundlage ist die so bezeichnete ‚lexikalische Hypothese'. Diese nimmt an, dass alle wesentlichen Dimensionen der menschlichen Persönlichkeit in Adjektiven von Sprachen zu finden sind. Dieser Hypothese folgend wurden die Eigenschaftswörter von Sprachen zu bestimmten Teilmengen zusammengefasst und Personen zur Fremd- und Selbstbeschreibung vorgelegt. Mittels Faktorenanalyse[43] wurden Gruppen von Adjektiven ermittelt, die gleiche Persönlichkeitsmerkmale erfassen. Daraus ergaben sich in den meisten Untersuchungen fünf bedeutende Persönlichkeitsfaktoren.
Diese fünf Grunddimensionen stellen sich mit bipolar skizzierten Beschreibungen mit Eigenschaftsworten folgendermaßen dar:

- Extraversion (extraversion)
  (gesprächig – ruhig; offen – verschwiegen; gesellig – zurückgezogen; abenteuerlustig – vorsichtig; bestimmt – scheu; energisch – gehemmt)
- Verträglichkeit (agreeableness)
  (gutmütig – reizbar; kooperativ – misstrauisch; freundlich – unfreundlich; einfühlend – rüde)
- Gewissenhaftigkeit (conscientiousness)
  (organisiert – desorganisiert; sorgfältig – sorglos; gründlich – oberflächlich; beharrlich – unbeständig; ordentlich – schlampig; verantwortlich – verantwortungslos)
- Emotionale Stabilität (neuroticism)[44]
  (unerschütterlich – launenhaft; beherrscht – nervös; entspannt – angespannt; gefasst – erregbar; ruhig – ängstlich; gelassen – reizbar)
- Offenheit (openness)
  (phantasievoll – geistlos; komplex – einfach; unkonventionell – konventionell; breite Interessen – enge Interessen; kreativ – einfallslos)

(vgl. Delhees 1995: 899f, Neuberger 2002: 23, Hentze 2005: 175f).

---

43 Unter dem Begriff ‚Faktoranalyse' sind verschiedene statistische Verfahren zusammengefasst, die das Ziel haben, aus einer größeren Anzahl von Variablen eine kleinere Anzahl von Faktoren zu bilden, die den gemeinsamen und wesentlichen Sinn der empirischen Variablen erfassen (vgl. Neuberger 2002: 398f).

44 In der Regel wird der Faktor ‚Emotionale Stabilität', durch seinen Gegenpol ‚Neurotizismus' beschrieben. Dann ergeben sich die Adjektive ängstlich, deprimiert, verlegen, emotional, leicht verärgert oder unsicher zur Beschreibung dieser Dimension (vgl. Gebert 2002: 39).

In etwas anderer Darstellung[45] sind den einzelnen Faktoren folgende Merkmale zuzuordnen:

- Extraversion: gesellig, gesprächig, großzügig, bestimmt, dominant, aktiv, impulsiv
- Verträglichkeit: freundlich, höflich, flexibel, vertrauensvoll, kooperativ, tolerant, versöhnlich, gutherzig
- Gewissenhaftigkeit: zuverlässig, sorgfältig, verantwortungsbewusst, planvoll, organisiert, leistungsorientiert, ausdauernd
- emotionale Stabilität:
- positiv: ruhig, enthusiastisch, sicher
- negativ: angespannt, ängstlich, deprimiert, verlegen, emotional, leicht verärgert, besorgt, unsicher
- Offenheit für Erfahrungen[46]: einfallsreich, kultiviert, originell, vielseitig, aufgeschlossen, sensibel für Ästhetik, intellektuell

(vgl. Gebert 2002: 39, Hentze 2005: 175f).

Dieses Fünf-Faktoren-Modell der Persönlichkeit „liefert deutliche Belege für die Universalität und Validität von Eigenschaften, auch im Arbeitsleben" (Delhees 1995: 899). Neuberger beschreibt die Bedeutung der fünf Persönlichkeitsdimensionen folgenderweise: „In der differentiellen Psychologie hat sich inzwischen die (Lehr-) Meinung durchgesetzt, dass sich die Vielzahl der nuancierten Beschreibungen der Persönlichkeit auf fünf voneinander unabhängige Grunddimensionen" (Neuberger 2002: 229) zurückführen lassen.
Neben der bereits angesprochenen Einschränkung bezogen auf das Verständnis von Begriffen und deren (sprachliche) Interpretation wird die fehlende theoretische Fundierung des Modells kritisiert und angemerkt, dass die genannten fünf Grunddimensionen nur eine von verschiedenen denkbaren Gliederungsformen darstellen (vgl. Gebert 2002: 38f). Auf den letzten Punkt verweist auch die Beurteilung von Hentze u. a., demnach sich das Modell als zu undifferenziert darstellt, „um die ganze Komplexität der menschlichen Persönlichkeit erfassen zu können" (Hentze 2005:

45 Die Publikationen gliedern die Darstellungen unterschiedlich. Die zuvor wiedergegebene Zusammenstellung hat den Vorteil, dass sie durch die Gegensatzpaare auch die Abwesenheit des Faktors beschreibt und damit die Negativseite markiert. Die nachfolgende Darstellung stellt die Merkmale der Faktoren heraus und bietet damit eine größere Übersichtlichkeit.

46 Gebert und Hentze u. a. nennen diesen Faktor ‚Offenheit für Erfahrungen' im Unterschied von ‚Offenheit' bei Neuberger und Delhees. Gebert weist zusätzlich darauf hin, dass dieser Faktor auch ‚Intellekt' oder ‚Kultiviertheit' genannt wird (vgl. Gebert 2002: 39).

177) und im Vergleich mit anderen Strukturierungen relevante Aussagen zur Persönlichkeit nicht erfasst werden.
Dennoch ist dieses Modell eben eine Möglichkeit, aus dem „Universum von Eigenschaften“ (Neuberger 2002: 228) (interpretierte) Eigenschaften zu gliedern und damit ein Instrumentarium zu haben, mit dem Personeneigenschaften beschrieben werden können. Andere Klassifizierungen, die sich in Anzahl und Zuschnitt unterscheiden können, weisen jedoch teilweise Übereinstimmungen oder Zuordnungsmöglichkeiten zum ‚Big-Five' Modell auf (so bspw. die Klassifizierung von Persönlichkeitsmerkmalen nach ‚Dominanzbedürfnis', ‚Handlungsorientierung nach Misserfolgserlebnissen', ‚internaler Kontrollüberzeugung', ‚Optimismus' und ‚Selbstwirksamkeit' in einer Studie über Persönlichkeitsmerkmale von Kleinunternehmern und dem Erfolg des Unternehmens (vgl. Gebert 2002: 42)). Weiterhin spricht für dieses Modell die ausgewiesene und lange Forschungsgeschichte sowie die Verbindungen zu verschiedenen, im Arbeitsprozess bedeutenden Eigenschaften. Der Faktor ‚Offenheit für Erfahrungen' ist bedeutend für die Lernfähigkeit oder der Faktor ‚Gewissenhaftigkeit' für die Art und Weise der Aufgabenbearbeitung (vgl. Hentze 2005: 176).

2.2.5 Persönlichkeitsmerkmale und Führungserfolg

In einer Untersuchung aus dem Jahr 1991 wurden 97 verschiedene, untereinander unabhängige Stichproben zum Verhältnis von Führungserfolg und Persönlichkeitsmerkmalen analysiert. Dabei ging es um die Frage, ob es einen Unterschied zwischen den Korrelationen von Persönlichkeitsmerkmalen und beruflicher Entwicklung bezogen auf Führungskräfte sowie nicht in Führungspositionen befindlichen Mitarbeiterinnen und Mitarbeitern gibt. Solche Unterschiede wurden nicht festgestellt. Dennoch gibt diese Metaanalyse Hinweise auf den Zusammenhang von einerseits bestimmten Persönlichkeitsausprägungen in den Persönlichkeitsmerkmalen entsprechend dem Fünf-Faktoren Modell und andererseits dem Führungserfolg. Zwar wurde kein Unterschied zwischen Führenden und Nicht-Führenden festgestellt, wohl aber eine Verbindung zwischen bestimmten Persönlichkeitsmerkmalen und Erfolgsfaktoren bei allen Mitarbeitenden (Führungskräften wie Nicht-Führungskräften). Implizit sagt dies dann jedoch auch aus, dass auch bei Führungskräften der Erfolg größer ist, wenn sie bestimmte Persönlichkeitsmerkmale aufweisen (vgl. Gebert 2002: 39-41). Das Ergebnis ist wie folgt zusammenzufassen: „Führungskräfte sind demnach tendenziell erfolgreicher, wenn sie emotional stabil, extravertiert, offen für neue Erfahrungen, freundlich und beharrlich sind und sich als Verursacher dessen sehen, was in ihrem Leben geschieht (internale Kontrollüberzeugung)“ (Gebert 2002: 40)[47]. Da in den verschiedenen Stichproben unterschiedliche Erfolgskriterien angelegt wurden und die Kontexte sehr unterschiedlich waren, sind die Korrelationen zwischen den Persönlichkeitsmerkmalen und dem Erfolg zwar signifikant, jedoch niedrig (vgl. Gebert 2002: 40).

Aus dieser Feststellung wird hier der Schluss gezogen, dass die fünf Persönlichkeitsfaktoren des Modells eine begründete Basis liefern, Personeneigenschaften von Führungspersonen zu beschreiben. Emotionale Stabilität, Extraversion, Offenheit, Gewissenhaftigkeit sowie Verträglichkeit werden als Eigenschaften von Führungskräften behauptet, die die Voraussetzung bieten, dass Führende erfolgsrelevantes Führungsverhalten ausüben können.

Zum Faktor ‚Verträglichkeit' bedarf es allerdings ergänzender Anmerkungen. Auffallend in der genannten Metaanalyse ist, dass die mittlere Korrelation zwischen Freundlichkeit/Verträglichkeit und Führungserfolg im Vergleich zu den anderen Faktoren des Persönlichkeitsmodells hoch ist. Gebert führt dies darauf zurück, dass Führungskräfte mit zahlreichen

47 Das Konzept der Kontrollüberzeugung geht auf Rotter aus den Jahr 1966 zurück. Aufbauend auf der Vorstellung der sozialen Lerntheorie und daraus abgeleiteten sozialkognitiven Persönlichkeitsvorstellungen wurde unter dem Terminus ‚locus of control' eine Vorstellung über die Erwartung der Lebensbeeinflussung geprägt. In deutschsprachigen Publikationen wird der Zusammenhang mit ‚Kontrollüberzeugung' oder ‚Erwartungssteuerung' wiedergeben. Gemeint ist, dass Menschen Erwartungen darüber entwickeln, inwieweit sie selbst oder äußere Umstände ihr Leben bestimmen. Es handelt sich um eine Disposition des Individuums, den ‚Ort der Steuerung' (‚locus of control') der eigenen Existenz internal, also in sich selbst oder external, somit durch äußere Umstände zu verorten. Internale und externale Kontrollüberzeugung sind somit die beiden Formen, sich die Beeinflussung des Lebens vorzustellen.

Demnach ist unter ‚internaler Kontrollüberzeugung' die Erwartung verstanden, selbst das eigene Leben und die unmittelbar mit der eigenen Person in Verbindung stehenden Dinge zu steuern. Das Individuum, das sich als Verursacher von bestimmten Ergebnissen sieht, führt diese auf sich und sein Verhalten zurück. Damit bedeutet internale Kontrollüberzeugung die Tendenz, als Individuum zu handeln und handeln zu wollen, da sich das Individuum als Verursacher von Ergebnissen und Wirkungen sieht.

Externale Kontrollüberzeugung ist folglich das Gegenteil. Diese liegt dann vor, wenn Menschen davon ausgehen, dass ihre Existenz von Zufällen, Schicksalsmächten oder Glück bzw. Pech abhängt. Die hier zu findende Einstellung ist eine tendenziell fatalistische.

Allgemein wird angenommen, dass Persönlichkeiten mit einer ausgeprägten internalen Kontrollüberzeugung ihr Leben selber steuern wollen und daher sich leichter begeistern lassen, über mehr Ausdauer verfügen und sich eher herausfordern lassen. Dies gilt insbesondere für Führungskräfte, die eine internale Kontrollüberzeugung aufweisen (vgl. Gebert 2002: 42-48, Cooper u. a. 1995).

Personen zu kooperieren haben (Mitarbeitende, Vorgesetzte, Kollegen, Kunden) und daher die unter dem Faktor ‚Verträglichkeit' geordneten Eigenschaften, zu denen auch Einfühlung und Kooperationsfähigkeit gehören, eine besondere Bedeutung haben (vgl. Gebert 2002: 40). Eine andere Untersuchung aus dem Jahr 1999 zeigt jedoch unter genau diesem Faktor ‚Verträglichkeit', dass Situationsbedingungen insbesondere hier von hoher Bedeutung sind. Die Untersuchung weist auf, dass in kleinen Unternehmen (mit häufig weniger als 50 Beschäftigten) die Korrelation zwischen ‚Verträglichkeit' der dortigen Führungspersonen und dem Umsatz (pro Kopf der Belegschaft) deutlich negativ ist (vgl. Gebert 2002: 40). Daraus ist abzuleiten, dass in großen Organisationen eine hohe Verträglichkeit erforderlich ist, in kleinen jedoch auch abgrenzende oder rüde Verhaltensweisen zum Erfolg beitragen können. Jedenfalls wird hier deutlich, dass die Verbindung zwischen der Persönlichkeit und dem Erfolg einen Kontextbezug hat und dieser einzubeziehen ist (vgl. Gebert 2002: 40f). Dies gilt insbesondere für die Organisationsgröße, in denen Führungskräfte mit ihren spezifischen Personeneigenschaften wirken. Es wird nachfolgend weiter deutlich werden, dass die Organisationsgröße für den Einfluss der Führungskraft eine erhebliche Bedeutung hat.

2.2.6 Weitere Hinweise auf die Wirkungen von Persönlichkeitsmerkmalen im Führungsprozess

Gebert (vgl. Gebert 2002: 42-48) weist auf der Grundlage verschiedener Studien auf die Verbindungen von Persönlichkeitsmerkmalen und Führungs-wirkung hin. In einer Studie aus dem Jahr 1999 zum Verhältnis eines positiven Selbstkonzeptes sowie Risikotoleranz zu einem aktiven Umgang mit Wandel wurde deutlich, dass die Persönlichkeitsmerkmale ‚Offenheit für neue Erfahrungen', ‚Risikobereitschaft' und ‚Ambiguitätstoleranz' signifikant positiv mit der Fähigkeit verbunden sind, Wandel aktiv anzunehmen. Hinsichtlich der Merkmale einer erfolgreichen Führungskraft „treten hier vor allem kognitive Merkmale stärker in den Vordergrund" (Gebert 2002: 47). Wird dieses Ergebnis in den Zusammenhang von aktuellen Innovationsanforderungen an Führungskräfte gestellt, zeigt sich, dass Persönlichkeitsmerkmale wie eben Risikobereitschaft und Ambiguitätstoleranz eine wichtige Voraussetzung bilden, unter solchen Bedingungen erfolgreich Führung wahrnehmen zu können.

In einer Studie an ost- und westdeutschen Kleinunternehmern aus dem Jahr 1999, die die Beziehung zwischen Persönlichkeitsmerkmalen und Unternehmenserfolg (gemessen an spezifischen Kriterien wie u. a. Unternehmenswachstum, Arbeitszufriedenheit und Einkommen des Unternehmers) untersuchte, wurde eine Korrelation in signifikanter Größe zwischen den Persönlichkeitsmerkmalen Dominanzbedürfnis, internaler Kontrollüberzeugung, Optimismus und Selbstwirksamkeit, Handlungsorientierung nach Misserfolgserlebnissen und dem Unternehmenserfolg festgestellt.

Es ist nachvollziehbar, dass das Dominanzbedürfnis, internale Kontrollüberzeugung sowie Optimismus und Selbstwirksamkeit Verhalten beeinflussen und u. a. den eigenen Führungsanspruch sowie die Führungswirksamkeit berühren. Für eingetretene Misserfolgserlebnisse sind diese Faktoren ebenso von Bedeutung, da dadurch auch mit einer solchen Misserfolgserfahrung der Führungsperson die Möglichkeit gegeben ist, sich wieder Aufgaben zu stellen und in der Perspektive selbstwirksamer Gestaltungsmöglichkeiten Führung auszuüben.

Insgesamt zeigt sich, dass diese Variablen bei der untersuchten Gruppe auf den Erfolg wirken, allerdings in kleinen Unternehmen sehr viel deutlicher als in großen. In diesem Zusammenhang stellt Gebert ebenfalls fest: „Es gilt in der empirischen Forschung als anerkanntes Faktum, dass die an der Spitze stehenden Führungskräfte die für den Unternehmenserfolg bedeutsame Interaktionsstruktur, unternehmerische Ausrichtung und Organisation in kleineren Unternehmen nachhaltiger beeinflussen können als in größeren Unternehmen“ (Gebert 2002: 43). Dementsprechend weisen die Korrelationen zwischen den Persönlichkeitsmerkmalen der Führungskräfte und den Erfolgsfaktoren in kleineren Unternehmen höhere Werte auf als in größeren.

Hinsichtlich der Innovativität gilt ähnliches. Aus einer amerikanischen Studie aus dem Jahr 1982 ist herauszulesen, dass CEOs[48] mit internaler Kontrollüberzeugung innovativer (bezogen auf die Entwicklung von Produkten und Verfahren) sind als solche mit externaler Kontrollüberzeugung. Dies gilt allerdings nur für kleine (mit durchschnittlich 450 Mitarbeitenden), nicht für große Unternehmen (mit durchschnittlich 5000 Mitarbeitenden). Dies entspricht der Forschungsannahme, dass der Einfluss der höchsten Führungskraft auf die Ausrichtung in kleinen Unternehmen nachdrücklicher ist als in großen.

Diese Feststellung führt zu der Frage, inwieweit Persönlichkeitsmerkmale von Führungskräften auch für die Gestaltung der Organisationsstrukturen und die kulturellen Aspekte der Organisation wirksam werden. An Hand

48 CEO (Chief Executive Officer) ist die amerikanische Bezeichnung für den Konzernchef, Vorstandsvorsitzenden etc., also der höchsten Führungskraft eines Unternehmens oder einer Organisation.

des Merkmals ‚Leistungsmotivation' wurde in einer Studie aus dem Jahr 1986 gezeigt, dass eine hohe Leistungsmotivation des CEOs signifikant positiv mit einer Tendenz zur bürokratischen Organisation des Unternehmens verbunden ist (vgl. Gebert 2002: 44f). Die gleiche Studie zeigt zwar weniger signifikant, jedoch die Hypothese stärkend auf, dass CEOs mit internaler Kontrollüberzeugung tendenziell weniger formell und bürokratisch ihre Organisationsstrukturen regeln als solche mit externaler Kontrollüberzeugung. Dies bedeutet, dass bei gegebener internaler Kontrollüberzeugung der höchsten Führungskraft zwar nicht deutlich, jedoch tendenziell weniger Bürokratie und strikte Arbeitsteilung bei Prozessen vorherrschen und tendenziell Verantwortung an untere Ebenen delegiert ist, was als Faktor zur Begünstigung von Innovation gilt. Daraus lässt sich die Konsequenz ziehen, dass Persönlichkeitsausprägungen auch in der Gestaltung der Organisationsstrukturen wirken (vgl. Gebert 2002: 42-48).

Für die Fragestellung hier ist daran von Bedeutung, dass eben die Persönlichkeitsmerkmale der Führungsperson sich nicht nur in der direkten Mitarbeiterbeziehung auswirken, sondern auch für die Gesamtorganisation von Bedeutung sind: „Merkmale des Führenden sind offenbar für den Führungserfolg nicht nur deshalb wichtig, weil sie über das Führungshandeln die unmittelbare Führer-Geführten-Interaktion, also den Nahbereich beeinflussen. Person-Merkmale des Führenden sind auch wichtig, da sie zusätzlich mit der unternehmerischen Orientierung bzw. dem unternehmerischen Selbstverständnis im Unternehmen insgesamt […] sowie mit dem organisations-strukturellen Rahmen […] funktional verbunden sind, innerhalb dessen die sozialen Interaktionen stattfinden" (Gebert 2002: 45). Daran zeigt sich noch einmal, dass Personmerkmale einer Führungsperson auf das Führungsverhalten wirken. Dabei wird nicht nur das Führungsverhalten in der Beziehung zwischen Führungskraft und Mitarbeitenden beeinflusst, sondern auch die Gestaltung der Organisationsstruktur durch die Personeneigenschaft bestimmt oder mitbestimmt.

Diese Erkenntnisse lassen sich erweitern auf den Personenkreis, der die „Elite innerhalb einer Organisation" (Gebert 2002: 48) bildet. Dies ist entsprechend der zugrundeliegenden Studie die Personengruppe, die „regelmäßig zusammen mit dem Direktor wesentliche Entscheidungen trifft" (Gebert 2002: 48). Ergebnis ist, dass die positive Einstellung dieses Kreises zu Wandel und Innovation bedeutsam ist für die Innovationsfähigkeit einer Organisation. Damit zeigt sich, dass nicht allein die zentrale Führungskraft mit ihren Persönlichkeitsausprägungen von Bedeutung ist, sondern die gesamte Führungsgruppe mit ihren Eigenschaftsausprägungen für die Ausrichtung einer Organisation wirksam ist.

Was hier an der Fragestellung von Innovation und Wandel gezeigt wird, lässt den Schluss zu, dass die Personeneigenschaften der Führungsriege Strukturen der Organisation stark beeinflussen (bürokratische Organisationsstrukturen, Ausmaß an Kontrolle, Ausmaß an Delegation und Verantwortung, etc.). Damit wird auch deutlich, dass die Auswahl von Führungskräften mit den entsprechenden Eigenschaften bereits erheblich mitentscheidet, wie die Orga-nisation gestaltet wird[49]. Damit findet sich ein weiterer Beleg, dass Personmerkmale und Führungsverhalten eng verbunden sind.

2.2.7 Zur Kritik an der Eigenschaftstheorie

Die Eigenschaftsansätze der Führung sind entschieden unter verschiedenen Gesichtspunkten kritisiert worden. Insbesondere Ideologie- und Herrschaftskritik, methodische Kritik und in inhaltlicher Hinsicht das Fehlen von situativen Faktoren wurden eingebracht.

2.2.7.1 Ideologie- und Herrschaftskritik

Die Fixierung des Führungsgeschehens auf die Eigenschaften einer Person ist für ein soziales System folgenreich. Daher sind ideologische[50] Im-

49 Die auf Schneider u.a. zurückgehende ASA-Theorie (Attraction-Selection-Attrition – etwa: Anziehung-Auswahl-Abnutzung) besagt, dass dann, wenn eine Organisation oder ein Unternehmen durch eine Person, etwa die Gründungsfigur oder durch eine starke Führungsgruppe eindeutig und somit auch einseitig geprägt ist, eher solche Personen als Bewerber angezogen werden, die sich von dem entsprechenden Profil angesprochen fühlen. Durch diese Selbstselektion homogenisiert sich die Organisation zuerst. Die zweite Homogenisierung tritt ein, wenn aus Interessenten diejenigen ausgewählt werden, die entsprechend dem Organisationsprofil am besten zu passen scheinen. Durch die Anpassungsprozesse, die Personen in Organisationen absolvieren bzw. durch das Ausscheiden nicht anpassungswilliger oder anpassungsfähiger Personen kommt es zu einer weiteren Homogenisierung (vgl. Gebert 2002: 43f). Konsequenz sind Abnutzungserscheinungen, in dem bspw. alternative Vorstellungen und Potentiale nicht mehr eingebracht werden und Innovation und Veränderung nicht mehr stattfinden.

50 Neuberger stellt in Frage, überhaupt ideologiefreie Führungsforschung betreiben zu können (vgl. Neuberger 2002: 58-69). Aussagen, dass Führung sein müsse oder funktional sei, begreift er als ideologisch. Der Autor versteht unter Ideologie „eine zusammenhängende gedankliche Konstruktion, die als eine umfassende Rechtfertigung einer bestehenden oder angestrebten/künftigen Wirklichkeit angeboten wird." (Neuberger 2002: 58). Mit diesem Verständnis einer stets ideologieverdächtigen Führungsforschung verbindet Neuberger die aufklärende, ideologiekritische Absicht, „Führung nicht als Selbstverständlichkeit zu betrachten und zum Alltagsgeschäft der PraktikerInnen überzugehen" (Neuberger 2002: 68), sondern stets nach Grundlagen, Vorverständnissen und Absichten von Behauptungen und Annahmen zur Führung zu fragen.

plikationen zu reflektieren. Zunächst, so ist festzustellen, legt diese Auffassung den eindeutigen und einseitigen dominanten Faktor der Person gegenüber anderen, insbesondere gesellschaftlichen Faktoren fest. Dieses Vorgehen entscheidet den „jahrtausendealten Streit, ob der Lauf der Dinge mehr durch die einzelne Person oder die Gesellschaft bestimmt werde" (Neuberger 2002: 223) zugunsten der Person.
Weiterhin markiert die eigenschaftstheoretische Sicht der Führung eine möglicherweise implizit elitäre Vorstellung von Führungsausübung: zur Elite gehört, wen bestimmte, gesellschaftlich entsprechend positiv bewertete Eigenschaften auszeichnen. Dies können bestimmte Fähigkeiten sein, aber auch, wie die oben angeführten Eigenschaftslisten teilweise zeigen, das äußere Erscheinungsbild oder die soziale Herkunft. In unterschiedlichen Gesellschaften können, da kulturelle Einflüsse entsprechend wirken, die Merkmale verschieden gewichtet sein. Wird auf diesem Weg Führungselite bestimmt, rechtfertigt sich aufgrund der Persönlichkeitsmerkmale die Ausübung von Führung durch bestimmte Personen, während ebenso gerechtfertigt ist, das andere Personen keine Führung ausüben können und diese sich als Geführte zu verstehen haben: „Setzt man als allgemeine Auffassung durch, das die Inhaber von Führungsstellen wegen ihrer überlegenen Persönlichkeitsausstattung in ihren Positionen sind, dann wird den Unterlegenen automatisch das Recht zur Kritik oder zum Ungehorsam abgesprochen. Die Herrschaft der Eliten ist gesichert, wenn diese Elite in den für die jeweilige Gesellschaft zentralen Aspekten ausgezeichnet ist" (Neuberger 2002: 224). Gebert nennt diesen Zusammenhang „Unterschiedsideologie" (Gebert 2002: 29) und führt dieses noch heute wirksame Denken auf Platons Anschauung zum Staat zurück, in der in der Demokratie das Unglück und in der Herrschaft der wenigen Weisen das Glück für alle gesehen wird. Die rechtsstaatliche und demokratische Verfasstheit heutiger (westlicher) Gesellschaften verändert dagegen grundlegend das Verhältnis von Führenden zu Geführten und setzt auf Wahlen, Verfahrensregeln und weitere Mechanismen, die Führungspersonen nicht allein entsprechend ihren Eigenschaften und Überzeugungen handeln lassen (vgl. Gebert 2002: 29f).
Der ideologischen Kritiklinie zuzuordnen ist die Frage nach Ursache und Wirkung. Gehen die eigenschaftstheoretischen Ansätze davon aus, dass Führungskräfte aufgrund ihrer Persönlichkeitsmerkmale und den damit verbundenen Fähigkeiten in die Führungspositionen gelangt sind, ist dieser einseitige Kausalzusammenhang durchaus zu hinterfragen. Denn bspw. ‚Durchsetzungsfähigkeit' als Merkmal des Persönlichkeitsfaktors ‚Extraversion' kann auch eine Folge von Führungserfolgen sein und muss nicht zwangsläufig die Voraussetzung bilden, in eine Führungsposition zu

gelangen. Persönlichkeitsmerkmale, die als Grundlage und Voraussetzung für die Ausübung erfolgreichen Führungsverhaltens betrachtet werden, können sich in lerntheoretischer Perspektive auch als deren Folgen ausbilden (vgl. v. Rosenstiel 2003a: 10, Hentze 2005: 179).

Eine weitere kritische Sichtweise zur eigenschaftstheoretischen Argumentation bezieht sich auf die Tatsache, dass Führende auch Geführte sind. Zunächst sind Führungskräfte in aller Regel ihrerseits höheren Führungskräften unterstellt oder sind Gremien wie Aufsichtsräten gegenüber verantwortlich bzw. deren Einflussnahmen ausgesetzt. Darüber hinaus lösen Geführte durch ihr Verhalten Wirkungen auf die Führungskräfte aus und nehmen durch diese Wechselseitigkeit des Führungprozesses ihrerseits Führung wahr (vgl. Gebert 2002: 30).

Die hier nur kurz skizzierten Aspekte machen verständlich, das sich hinter den Eigenschaftsansätzen grundlegende Sichten über Mensch und Gesellschaft, Macht und Herrschaft, Führung und Unterordnung verbergen, die in ihren Vorannahmen ideologiekritisch zu dechiffrieren sind. Andere, heute gesellschaftlich vorherrschende Denkweisen mit demokratischen, selbstregulierenden, wechselseitig einflussnehmenden oder partizipativen Perspektiven stehen in Spannung und Gegensatz zu eigenschaftstheoretischen Reflexionen von Führung. In einem demokratischen und rechtsstaatlichen Verständnis von Partizipation an Entscheidungen bzw. Entscheidungsprozessen ist die ‚Great-Man-Theory' zu problematisieren. Die ausschließliche Bedeutung der Führungsperson ist relativiert, wenn in Führungsprozessen auch der Gruppe bzw. der Gesellschaft Steuerungskompetenz und Steuerungsverantwortung (bspw. durch Wahlen) zugewiesen werden.

2.2.7.2 Methodische Kritik

Auch in methodischer Hinsicht sind die Grundlagen der Eigenschaftstheorie angefragt worden. Neuberger (vgl. Neuberger 2002: 234f) nennt folgende Kritikpunkte:

- als Erfolgskriterium wurde in der Regel Karriereerfolg gewählt
- aufgrund fehlender Längsschnittuntersuchungen ist keine Aussage darüber möglich, ob im Vergleich zwischen Führenden und Geführten bestimmte Eigenschaften einer Führungsperson (z. B. Selbstvertrauen) erst durch die Ausübung der Führungsaufgabe entwickelt bzw. gesteigert wurden
- unter der Gruppe von Vorgesetzen selbst besteht eine deutliche Streuung in der Ausprägung von Eigenschaften

- auch unter Geführten bestehen Streuungen von Eigenschaften (weshalb die Unterschiede zwischen Führenden und Geführten gering sind)
- die Kriterien zur Bestimmung von Führungserfolg sind zwischen den Studien unterschiedlich und kaum vergleichbar
- die Erhebungsmethoden zwischen den Studien sind ebenfalls vielfach unterschiedlich und daher nicht vergleichbar.

Delhees (vgl. Delhees 1995: 902f) merkt hinsichtlich der empirischen Untersuchungen ähnliche Kritikpunkte an:
Anwendung unterschiedlicher Messmethoden

- Unzuverlässigkeit bzw. mangelnde Validität vieler der eingesetzten Methoden und Messinstrumente
- Unterschiedlichkeit hinsichtlich der Kriterien von Führungserfolg und der Definition von Führungspersonen
- Messung isolierter Eigenschaften und fehlende Berücksichtigung weiterer Faktoren
- fehlende Unterscheidungen von Aufgaben- und Beziehungsstrukturen, die unterschiedliche Eigenschaften für den Führungserfolg erfordern können.

Der Autor fasst zusammen: „Solche methodische Mängel stellen die Vergleichbarkeit von Untersuchungsergebnissen in Frage“ (Delhees 1995: 903).
Die Sammeldarstellung von Hentze u. a. kommt zu dem gleichen Schluss: „Viele Studien erlauben keinen Vergleich ihrer Ergebnisse, deren Aussagekraft zudem durch unzureichende Schärfe und Präzision der Messinstrumente zu wünschen übrig lässt“ (Hentze 2005: 179).
Somit wird die durchgängige methodische Kritik an den vorhandenen Untersuchungen und die schwache empirische Grundlage eigenschaftstheoretischen Denkens deutlich.

2.2.7.3 Die Einseitigkeit der Eigenschaftstheorie und das Fehlen situativer Faktoren

Der Eigenschaftstheorie wird vorgeworfen, einseitig das Verhalten der Führungsperson zu betrachten und dieses als einzigen oder entscheidenden Faktor des Führungsgeschehens zu begreifen. „Der klassische Eigenschaftsansatz formuliert eine solche Einseitigkeit: Es kommt vor allem anderen auf den Führer oder die Führerin an!“ (Neuberger 2002: 224). Hentze u. a. bewerten: „Der Eigenschaftsansatz ist als streng deterministischer, monofunktionaler Ansatz anzusehen“ (Hentze 2005: 173). Und selbst der dem Eigenschaftsansatz, allerdings mit situativer Erweite-

rung positiv gegenüberstehende Delhees stellt fest: „Diese Annahme [dass Eigenschaften die Ausübung von Führungshandeln zuerst bestimmen – Verf.] kommt der herkömmlichen, meist unbewußten Überschätzung von personalen und der Unterschätzung von situativen Determinanten gleich" (Delhees 1995: 897). Mit den „Eigenschaften wird nur ein Varianzteil (personenimmanente Gründe) erfasst" (Neuberger 2002: 237).
Diese Kritikpunkte führen direkt zu einer weiteren Fragestellung im Führungsprozess, die auch in dieser Arbeit behandelt wird: die Bedeutung situativer Faktoren. „Unter bestimmten Umständen mögen also ***Situationsfaktoren*** sogar ein stärkeres Gewicht auf den Erfolg einer Führungsperson ausüben als Persönlichkeitsfaktoren. In jedem Fall sollte Personalführung abhängig von der Situation betrachtet werden" (Hentze 2005: 180). Ebenso sieht Neuberger die Bedeutung situativer Faktoren und weist auf einen Zusammenhang zwischen Situation und der Wirksamkeit von Eigenschaften für den Führungserfolg hin. „Die Lage ändert sich, wenn man davon ausgeht, dass die Anforderungen an ‚die' Führungskräfte nicht homogen sind" (Neuberger 2002: 234). Er geht davon aus, dass „Eigenschaften nur in ‚schwachen' Situationen Vorhersagekraft haben" (Neuberger 2002: 238) und fährt fort: „Nur wenn Führungspositionen einen großen Entscheidungs- und Handlungsspielraum haben, können Eigenschaften einen Unterschied machen" (Neuberger 2002: 238).
Die oben angeführten Untersuchungen zum Verhältnis von Persönlichkeitsmerkmalen und Erfolg haben ebenfalls gezeigt, dass Situationsbedingungen einzubeziehen sind, wenn Aussagen über erfolgsrelevante Führungseigenschaften getroffen werden sollen.
Delhees relativiert die Kritik am fehlenden Situationsbezug in gewisser Weise, wenn er feststellt: „Es wird nirgendwo behauptet, Situationsvariablen seien für das Verhalten bedeutungslos; sie werden nur mit wesentlich geringerer Priorität bzw. Gewichtung diskutiert" (Delhees 1995: 901).
Weitere Hinweise für die Bedeutung situativer Faktoren für das Führungsgeschehen ergeben sich aus der Beobachtung, dass in verschiedenen Hierarchieebenen in Führungsaufgaben verschiedene Eigenschaften von Bedeutung sind (vgl. Neuberger 2002: 235) und unterschiedliche Führungsaufgaben unterschiedliche Eigenschaften erfordern.
Insgesamt wird deutlich, dass eine wesentliche Kritik an der Eigenschaftstheorie der Führung die Überbewertung der Führungsperson mit ihren Eigenschaften und das Fehlen oder die niedrige Gewichtung situativer Faktoren ist. Delhees weist darauf hin, dass die Kontingenztheorie ein „systematischer Versuch" (Delhees 1995: 900) ist, als Erweiterung der Eigenschaftstheorie eine Beziehung zwischen Führungseigenschaften und situativen Gegebenheiten herzustellen.

2.2.7.4 Bewertung der Kritikpunkte an der Eigenschaftstheorie

Die Kritik der Eigenschaftstheorie hat in der Führungsforschung tiefgehende Wirkungen entfaltet. Die Forschungen zum Führungsverhalten, der Einbezug situativer Faktoren, die Auseinandersetzungen mit den Wechselwirkungen zwischen Führungskraft und Geführten oder auch die motivations- und attributionstheoretischen Forschungen haben die Bedeutung weiterer Faktoren für den Führungsprozess und für die Auswahl und Wirkung von Führungsverhalten entscheidende Gesichtspunkte hinzugefügt. Ausschließlich von der Person des Führenden auszugehen und den Führungsprozess ausschließlich als durch die Führungsperson gesteuert anzunehmen, wird in der wissenschaftlichen Führungsforschung nicht mehr behauptet werden können. Dem widerspricht nicht, dass in der populären Literatur solchen Publikationen erscheinen, die eine mehr oder weniger populäre Führungsperson vorstellen und deren Persönlichkeit, Eigenschaften oder Fähigkeiten als Erfolgsfaktor in einer gesellschaftlichen, politischen oder wirtschaftlichen Führungsposition markieren. Und in der Tat mag bestimmtes Denken und Handeln solcher Persönlichkeiten, das in solchen Publikationen dargestellt wird, inspirierend für andere Führungskräfte sein.

Doch in der Perspektive der wissenschaftlichen Führungsforschung relativiert sich die Person des Führenden für den Führungsprozess und den Führungserfolg.

Die ideologiekritischen Aspekte zeigen, dass die Annahme der alleinigen Wirksamkeit der Führungsperson auf grundlegenden und darin einseitigen Annahmen zum Verhältnis der Wirksamkeit von einerseits Person und andererseits struktureller, gesellschaftlicher oder institutioneller Einflüsse beruht, den Kern elitären Denkens enthält und damit ausgrenzenden Charakter hat sowie demokratische, partizipative Strukturen oder andere Verfahrenregeln ausblendet. Darüber hinaus ist das Bild der allein wirksamen und wirkenden Führungsperson in Frage zu stellen, insofern diese in aller Regel in Organisationskontexte und Strukturen eingebunden ist, die ihr Verhalten und die Wirkungen ihres Verhaltens beeinflussen. Insbesondere das Ausblenden situativer Faktoren ist ein Kritikpunkt an einer Eigenschaftstheorie, die allein die Führungskraft als im Führungsprozess wirksam sähe. Die methodischen Mängel der Untersuchungen und damit die Schwächen in der empirischen Absicherung müssen die eigenschaftstheoretischen Annahmen und Behauptungen auch aus dieser Beurteilungsperspektive in Frage stellen.

Dennoch können die Kritikpunkte an der Eigenschaftstheorie die Bedeutung der Führungsperson für den Führungsprozess nicht aufheben. Sie relativieren die alleinige Wirksamkeit der Führungsperson, negieren sie jedoch nicht. Dies wird deutlich werden in der nachfolgenden Ergebnissicherung der eigenschaftstheoretischen Befassung. Der Führungskraft, dafür sprechen eine Reihe von Gründen, kommt im Führungsprozess eine ausschlaggebende Bedeutung zu. Die Eigenschaftsausprägungen, die über das ‚Fünf-Faktoren-Modell der Persönlichkeitsdiagnostik' gefasst werden können, lassen eine Beschreibung der für die Ausübung von Führung bedeutenden Personeneigenschaften zu. Gleichzeitig wird dadurch deutlich, dass nicht von bestimmten Führungseigenschaften ausgegangen werden kann, sondern allein von Personenmerkmalen, die für die Ausübung von Führung bedeutend sind.

2.2.8 Ergebnis der Befassung mit der Eigenschaftstheorie

Der eigenschaftstheoretische Ansatz der Führungsforschung beinhaltet Chancen wie Grenzen gleichermaßen. Seine Stärke ist es, die Person und ihre Eigenschaften in den Blick zu nehmen und Voraussagen über möglicherweise erfolgreiches Führungsverhalten treffen zu können bzw. Führenden wie Geführten sowie den Auftraggebern die Frustration defizitärer Führungsausübung zu ersparen (insbesondere das Personalauswahlverfahren mittels Assessment-Center[51] will diesen Anspruch in der Bestellung von Führungskräften einlösen; damit kann das Assessment-Center als

51 Das Assessment-Center (AC) ist eine Methode der Personalauswahl, die zu einem umfangreichen Ansatz der Personalfindung ausgearbeitet wurde. Historisch basiert das AC auf Erfahrungen im militärischen Bereich, sowohl in der Auswahl von Agenten des US-Geheimdienstes im 2. Weltkrieg als auch auf vorgängigen Praktiken der deutschen Wehrmacht und der britischen Armee.
In den 1960er Jahren wurde das AC zuerst von amerikanischen und dann auch von europäischen und deutschen Unternehmen eingesetzt.
Das AC umfasst personenbezogene (z. B. biographischer Fragebogen, Intelligenztests, Lebenslauf), kommunikationsbezogene (z. B. Interviews, Gruppendiskussionen, Präsentationen) und situationsbezogene (z. B. Postkorb, Fallstudien, Projektarbeit) Verfahren. Das Programm des klassischen AC wird von mehreren Kandidaten an mehreren Tagen durchlaufen, die von mehreren Beurteilenden (vielfach Linienvorgesetzten) beobachtet und beurteilt werden. Die Beurteilung umfasst die Dimensionen Intelligenz, Kontaktfähigkeit, Durchsetzungsvermögen, Organisationskompetenz, Ausdrucksfähigkeit und soziales Gespür. Charakteristisch ist, das zunächst eine Beurteilung durch die einzelnen Beobachter mittels Punktzahlen oder ähnlich objektivierbarer Klassifizierungen erfolgt und die Einzelbeurteilungen sodann im Gespräch der Beurteilenden diskutiert werden. Abschließend erfolgt eine Entscheidung durch die Beurteilenden, die möglichst konsensuell getroffen werden soll.
Basierend auf dieser Grundkonzeption hat das AC zahlreiche Weiterentwicklungen, Differenzierungen und Veränderungen erfahren, wie z. B. die Integration dieses Verfahrens in Trainee-Programme. Um den hohen Zeitaufwand zu minimieren, werden teilweise lediglich Einzelelemente eingesetzt.

eine Operationalisierung eigenschaftstheoretischen Denkens angesehen werden).
Aus der Darstellung der eigenschaftstheoretischen Aspekte der Führungsforschung ergeben sich hier folgende Aussagen:

1. Der Person des Führenden kommt im Führungsgeschehen eine wichtige Bedeutung zu.

Trotz der grundlegenden Anfragen an die Eigenschaftstheorien kann eines nicht negiert werden: Personen nehmen in Gesellschaften, Institutionen und Organisationen Führung wahr. Daher wird hier die Auffassung vertreten, dass der Person im Führungsgeschehen eine wichtige Bedeutung zukommt. Führung bedeutet Zusammenarbeit mit Mitarbeitenden, Kollegen und Vorgesetzten, Kommunikation, Bewertung von Fakten und Zusammenhängen, Interpretation von Ereignissen und vieles andere mehr. Diese Prozesse werden von den handelnden Personen gestaltet, somit auch von der Führungskraft.
Neuberger weist darauf hin, dass eine Reihe wichtiger Gründe für die hohe Bewertung der Person im Führungsgeschehen sprechen[52]: Im Sinne von Attributionsmustern suchen Menschen Eindeutigkeit zu erreichen, in dem sie in mehrdeutigen Situationen die Ursachen für die Situation bestimmten Personen zuweisen. Gleiches gilt für die Steuerung in komplexen Situationen, deren Komplexität reduziert wird, wenn Personen die gestaltenden Wirkungen zugeschrieben werden. Insbesondere in Organisationen sind Verantwortungen in Hierarchien gegliedert, die somit zumindest den Eindruck erwecken, sich häufig jedoch auch in den Prozessen abbilden, dass es die entscheidende (im doppelten Sinn des Wortes: die Person, auf die es ankommt und die, die entscheidet) Person bzw. die entscheidenden Personen gibt und diese handeln. Weiterhin lernen Menschen von Geburt an durch die primären Sozialbeziehungen, über Personen zu denken und Bedürfnisbefriedigung mit Personen zu verbinden. Ebenso wird Identität auch gebildet durch persönliche Handlung, der Wahrnehmung von deren Folgen und der Rückmeldung auf die Handlungen als Person. Und letztlich ist es in Arbeitsprozessen die einzelne Person, die Leistung erbringt oder nicht erbringt (vgl. Neuberger 2002: 240- 241).

Der Erfolg des AC im Vergleich zu anderen Verfahren für die Auswahl von Mitarbeitenden oder Führungskräften ist umstritten, da das AC auf zahlreichen Vorannahmen, Vorentscheidungen und Zielvorstellungen beruht, deren Implikationen die Erfolgbewertung beeinflussen (vgl. Neuberger 2002: 257-311).

52 Neuberger bleibt trotz dieser Hinweise bei seiner kritischen Bewertung der Eigenschaftstheorie und den auf eigenschaftstheoretischen Annahmen basierenden Methoden der Führungskräfteauswahl (vgl. Neuberger 2002: 237-242).

Die hier vertretene Position erscheint auch im Blick auf die Sammeldarstellungen gut gestützt. Seine grundsätzlich kritische Haltung zu den Eigenschafts-ansätzen behält Neuberger zwar bei, relativiert sie jedoch in auch in seiner resümierenden Aussage: „Aus diesem Grund ist die Heroisierung von Führungskräften fehl am Platze. Ihr Beitrag zu proximalen, insbesondere aber zu distalen (organisationalen) Erfolgsgrößen ist mit Sicherheit nicht so gravierend, wie es die ‚great man theory' unterstellt. Die vorliegenden Befunde liefern zwar deutliche Hinweise auf den Einfluss der Persönlichkeit, sind aber stark stichproben- und maßabhängig" (Neuberger 2002: 305). Es wird deutlich: trotz der Kritik ist ein ‚Einfluss der Persönlichkeit' nicht zu leugnen.
Auch die Autorengruppe Hentze u. a. stellt die Skepsis deutlich heraus, billigt jedoch auch der Führungsperson mit ihren Eigenschaften Relevanz zu: „Als *vorläufiges Fazit* kann festgehalten werden, dass die personalen Eigenschaften der Führungsperson für den Führungserfolg zwar von Bedeutung sind, aber nicht in dem Maße, wie es von den Protagonisten des Eigenschaftsansatzes vereinfacht und isoliert von der Situation und anderen Verhaltensdeterminanten herausgestellt wurde und zum Teil noch wird" (Hentze 2005: 180). Delhees fasst zusammen: „Die vielen Untersuchungen zur Frage der Führungs-eigenschaften lassen sich auf ein gemeinsames Ergebnis bringen: Führen bedingt auch besondere Eigenschaften. Eigenschaften sind Prädispositionen für den Führungserfolg, allerdings in unterschiedlichem Ausmaß und in verschiedener Zusammensetzung (nicht zuletzt in Abhängigkeit von den situativen Bedingungen)" (Delhees 1995: 902). V. Rosenstiel gibt folgende Stellungnahme: „Die Kritik der Eigenschaftstheorie der Führung hatte allerdings gelegentlich die Überinterpretation zur Folge, dass Persönlichkeitseigenschaften gänzlich irrelevant für den Führungserfolg seien. Dies allerdings lässt sich aus den vorliegenden Daten keinesfalls ableiten" (v. Rosenstiel 2003a: 10).
Gebert kommt zu der Auffassung, „dass das Führungsverhalten bzw. das Führungshandeln mit dem Führungserfolg in einem Zusammenhang steht und dieses Führungshandeln selbst wiederum mit der Person des Führenden verbunden ist" (Gebert 2002: 31), gleichwohl jedoch der Führungserfolg nicht nur aus der Führungsperson herrührt (vgl. Gebert 2002: 31). Die dort aufgewiesenen Forschungsergebnisse zeigen, dass Persönlichkeitsmerkmale wie Risiko-bereitschaft relevant sind, wenn eine Organisation sich innovativ ausrichtet. Ebenso ist hier die Verbindung von personaler Eigenschaft der Führungsperson und ihrem Führungsverhalten explizit ausgesagt.

2. Die Führungsperson benötigt spezifische Eigenschaftsausprägungen, um erfolgreiches Führungsverhalten auszuüben. Spezifische Führungseigen-schaften werden nicht angenommen.

Damit wird eine Aussage getroffen zum Verhältnis von Personeneigenschaften und Führungsverhalten. Die Möglichkeit, bestimmtes Führungsverhalten auszuüben, so die hier vertretene Auffassung, basiert auf bestimmten Personen-eigenschaften. Dabei handelt es sich bei den Personeneigenschaften nicht um Führungseigenschaften, sondern um allgemeine Eigenschaften, die in bestimmten Ausprägungen vorhanden sind und die Voraussetzung dafür bilden, bestimmtes Führungsverhalten auszuüben.

Diese Erkenntnis nährt sich vor allem aus der Auseinandersetzung mit dem Fünf-Faktoren-Modell der Persönlichkeitsdiagnostik. Dort wurden die möglichen Eigenschaften von Individuen in dargestellter Weise in fünf Faktoren systematisiert. Dem Modell liegt die Annahme zugrunde, dass damit alle Eigenschaften von Menschen zu erfassen sind, somit auch die Eigenschaften, die die Basis für erfolgreiches Führungsverhalten bieten.

Die Kritik an diesem Modell zeigt an, dass es sich darin lediglich um eine mögliche Form der Darstellung handelt. Diese Aussage bedeutet jedoch erstens, dass die gewählte Form der Systematisierung grundsätzlich möglich ist und zweitens, dass zwar auch andere Systematisierungen denkbar sind, gleichwohl jedoch eine Systematisierung von Personeneigenschaften vorgenommen werden kann.

Gefolgert werden muss aus dieser Annahme, dass eine Menge von Eigenschaften zu beschreiben ist, die durch dieses Modell oder andere Modelle zu systematisieren sind. Daraus folgt, dass nicht spezielle Führungseigenschaften anzunehmen sind, sondern die Menge der möglichen Eigenschaften auch die Grundlage bietet, Führungsverhalten auszuüben. Anders formuliert: Führung wird wahrgenommen auf der Basis der möglichen Eigenschaften von Individuen.

Belegt wird diese Auffassung durch die Hinweise von Gebert zur Bedeutung bestimmter Personeneigenschaften für das Führungsverhalten. Am Faktor ‚Verträglichkeit' aus dem Fünf-Faktoren Modell wurde sichtbar, dass eine hohe Ausprägung in diesem Faktor in großen Organisationen von signifikanter Bedeutung für den Führungserfolg ist. Dies bedeutet, dass die Personeneigenschaft ‚Verträglichkeit' die Grundlage dafür bildet, ein bestimmtes Spektrum von Führungsverhalten realisieren zu können. Diese Führungsverhaltensweisen wie bspw. Kommunikation sind erfolgsrelevant. Gleichzeitig ist in kleinen Organisationen diese Personeneigenschaft erfolgshinderlich. Beide Aspekte belegen jedoch, dass Personenei-

genschaften relevant für das Führungsverhalten sind, auch wenn sie in ihrer Wirkung deutlich von den Bedingungen abhängen.
Den gleichen Schluss rechtfertigt der Rekurs auf andere Konstrukte zur Erfassung von Personeneigenschaften und Führungserfolg (vgl. Gebert 2002: 42-48). Dort wird deutlich, dass Optimismus, Dominanzbedürfnis oder Risikobereitschaft (die wiederum auch unter dem ‚Fünf-Faktoren-Modell' subsumiert werden können) als Personeneigenschaften bedeutsam für den Führungserfolg sind. Die Struktur der Argumentation bestätigt: bestimmte Personeneigenschaften sind im Führungsgeschehen von Bedeutung, da sie bestimmte Führungsverhaltensweisen ermöglichen.
Allerdings sind die Verbindungen zwischen den Persönlichkeitsmerkmalen und den Wirkungen deutlich abhängig von der Organisationsgröße. Es gilt die aufgezeigte Erfahrung, dass in kleinen Organisationen die Personenmerkmale sehr viel stärker prägend wirken als in großen. Dies ist einsichtig, wenn in Rechnung gestellt wird, dass große Organisationen mit erheblich mehr formalen Regeln, indirekten Führungsinstrumenten, Hierarchieebenen und anderem mehr arbeiten als kleine. Daraus ergibt sich, das der prägende Einfluss des höchsten Vorgesetzten durch zahlreiche Mechanismen dort abgeschwächt wirkt, was in kleinen Organisationen so nicht zutrifft. Allerdings bedeutet diese Relativierung (mit Ausnahme des Faktors ‚Verträglichkeit') nicht, dass die Personeneigenschaft in großen Organisationen gar nicht wirken oder dort gegenteilige Wirkungen hervorrufen. Vielmehr hat sich gezeigt, dass sie sich hier lediglich schwächer ausprägen, jedoch gleichwohl von Relevanz sind und als Voraussetzung für Führungsverhalten behauptet werden können.
Der Faktor ‚Verträglichkeit', so wurde deutlich, kann jedoch in kleinen Organisationen negativ mit dem Erfolg korrelieren.
Einbezogen in diese Sichtweise ist der aus der lerntheoretischen Reflexion rührende Aspekt, dass die Ausübung einer Führungsaufgabe wechselseitige Wirkungen auf die Persönlichkeit und die Persönlichkeitsmerkmale haben kann. Die Annahme, dass bestimmte Persönlichkeitsmerkmale erfolgreiches Führungsverhalten ermöglichen, lässt unter Einbeziehung des Zeitfaktors gleichzeitig die Auffassung zu, dass Erfahrungen in einer Führungsaufgabe die Persönlichkeit prägen und ihr Ausprägungen in den Persönlichkeitsmerkmalen eröffnen, die sie wiederum erfolgreiches Führungsverhalten ausüben lassen. Mit dieser Sichtweise korrespondiert die Erfahrung, dass Führungskräfte oft durch die Ausübung unterschiedlich komplexer Führungsaufgaben auf die Übernahme von höheren Führungspositionen vorbereitet werden.

3. Das ‚Fünf-Faktoren-Modell der Persönlichkeitsdiagnostik' bietet eine sinnvolle und begründbare Basis, führungsrelevante Personenmerkmale zu beschreiben.
Emotionale Stabilität, die in der Regel über den Gegenpol des Neurotizismus beschrieben wird und somit die Abwesenheit von Ängstlichkeit, Unsicherheit, Deprimiertheit, leichter Verärgerbarkeit oder Verlegenheit erfasst, ist eine Eigenschaftsausprägung, die für die erfolgreiche Wahrnehmung von Führung bedeutend ist.
Extraversion, die u. a. beschrieben ist mit gesprächig, gesellig, energisch oder bestimmt, ist ebenfalls eine Eigenschaftsdisposition, auf der erfolgreiches Führungsverhalten basiert.
Das gleiche gilt für Offenheit. Dieser Faktor umfasst Phantasie, Kreativität, ein breites Interessensspektrum oder unkonventionelle Denkweisen.
Der Faktor Gewissenhaftigkeit mit den Aspekten wie Organisiertheit, Gründlichkeit oder Beharrlichkeit bietet ebenfalls eine Grundlage für erfolgreiches Führen, wenn auch die entsprechende Meta-Analyse eine hohe Streuung aufweist (-.11 bis .36) und hinsichtlich der konkreten Ausgestaltung dieses Faktors eine Bandbreite an Verhaltensmöglichkeiten besteht (vgl. Gebert 2002: 39). Mit anderen Worten: ist eine Grundlage hinsichtlich der Gewissenhaftigkeit gegeben, kann das konkrete Maß an Organisiertheit oder Gründlichkeit durchaus schwanken.
Der Faktor Verträglichkeit, beschrieben mit Kooperationsfähigkeit, Einfühlung oder Freundlichkeit, hat eine nicht so eindeutige Relevanz für erfolgreiches Führungsverhalten. In diesem Faktor ist die Streuung laut der Metaanalyse sehr hoch (-.16 bis .60). Dies führte zu dem Schluss, dass einerseits zwar Verträglichkeit im Führungsprozess erfolgsrelevant ist, allerdings relativiert für große Organisationen und weniger für kleine (für kleine Unternehmen ergab sich sogar eine negative Korrelation zwischen dem Faktor ‚Verträglichkeit' und Erfolg).
Über die konkrete Führungssituation hinaus (bspw. die direkte Führung von Personen oder Gruppen) wirken diese Personenmerkmale auch auf die Organisation. Einerseits haben die Personeneigenschaften des CEOs Auswirkungen auf die Organisationsstruktur, andererseits wirken die Personeneigenschaften des Führungskollektivseiner Organisation auf die gesamte Organisation.
Daher wird hier angenommen, dass die Persönlichkeitsfaktoren des ‚Big-five' Modells eine begründete Möglichkeit bieten, die Personeneigenschaften von Führungskräften zu beschreiben.

2.2.9 Ertrag für die Weiterarbeit

Im Schaubild sind die Ergebnisse der Auseinandersetzung mit den Eigenschaftstheorien der Führung wiedergegeben:

Abbildung 1: Personeneigenschaften der Führungsperson

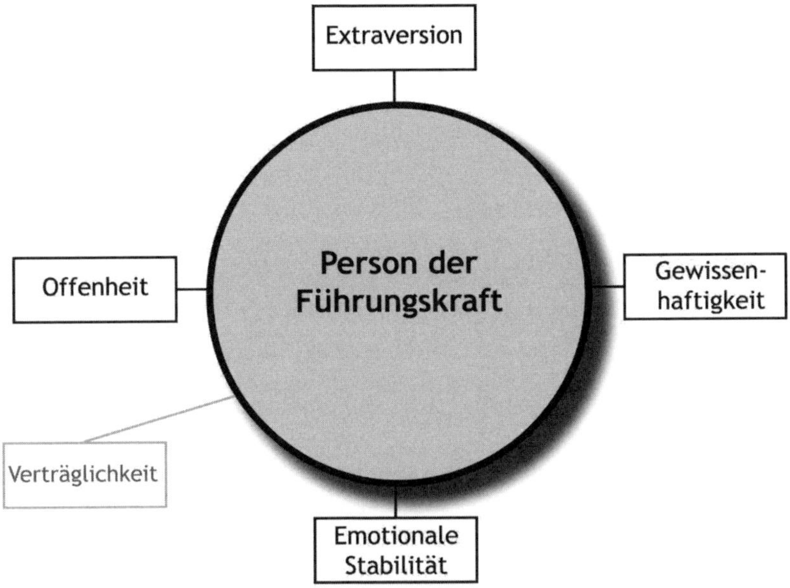

Die Ausübung adäquaten, erfolgsrelevanten Führungsverhaltens setzt spezifische Ausprägungen in den Personeneigenschaften der Führungskraft voraus. Gemäß den Faktoren des Fünf-Faktoren-Modells sind dies emotionale Stabilität (als Abwesenheit von Neurotizismus), Extraversion, Offenheit, Gewissen-haftigkeit und Verträglichkeit, wobei insbesondere für die Erfolgsrelevanz von Verträglichkeit, wie gesehen, die Rahmenbedingungen zu berücksichtigen sind.

Insgesamt bleibt festzuhalten, dass die Person des Führenden im Führungsgeschehen von hoher Bedeutung ist. Die in ihr gegebenen Personeneigenschaften bilden die Voraussetzungen für Führungsverhalten. Mit diesem Ertrag wird der weitere Gang dieser Abhandlung fortgesetzt.

Mit dieser Aussage sind die Kritikpunkte an den Eigenschaftstheorien nicht ausgeblendet. Der einseitigen Betonung der Führungsperson bis hin zu ‚Great-Man' Vorstellungen werden die ideologiekritischen Gründe entgegengehalten. An der Erbringung von Leistung sind mehrere Personen beteiligt, auch die Führungsperson ist lediglich ein Teil des Erfolges. ‚Great-Man' Vorstellungen blenden dies aus. Darüber hinaus ist hinzuweisen, dass solche Vorstellungen menschliche Perfektion suggerieren, die es nicht gibt und geben kann, da Menschen Grenzen haben und diese Grenzen sich auch in Führungssituationen auswirken (vgl. Neuberger 237-240). Allerdings negiert die ‚relative' Bedeutung der Führungsperson nicht ihre gleichwohl gegebene Funktion und Bedeutung im Führungsprozess. Und die Grenzen oder Schwächen der Führungsperson negieren nicht ebenfalls vorhandene Stärken. Daher ist Führung nicht ohne die Führungsperson zu denken. Eine Führungsperson kann aufgrund ihrer persönlichen Charaktermerkmale ein adäquates oder inadäquates Führungsverhalten an den Tag legen. Dies gilt auch, wenn die Frage nach der Bedeutung der Situationsfaktoren einbezogen wird (vgl. Kap. 2.4).

2.3. Person und Aufgabe: Die Zweidimensionalität der Führung und ihre Weiterentwicklungen

Nach dem im vorherigen Kapitel die Führungsperson mit ihren Personeneigenschaften im Mittelpunkt stand, geht es nun um das der Führungsperson auf-grund ihrer Eigenschaften mögliche Führungsverhalten.
Im Führungsprozess, also der ‚beabsichtigten und zielorientierten Einflussnahme eines Führenden auf Geführte', wird unter Führungsverhalten die Konkretion dieser ‚beabsichtigten und zielorientierten Einflussnahme' verstanden.
Das Führungsverhalten hat in der Führungsforschung eine große Aufmerksamkeit erfahren. Der Blick auf das Führungsverhalten folgt historisch dem Eigenschaftsansatz und reagiert auf die Kritik an den eigenschaftstheoretischen Führungsvorstellungen, insbesondere auf Vorstellungen einer ‚Great-Man-Theory'. Dem zuzuordnen sind auch die Führungsstilforschung[53] und der umfangreiche Bereich der Befassung mit

53 Der in der Literatur und in den Begrifflichkeiten von Führungsansätzen verwandte Terminus ‚Führungsstil' rechtfertigt eine differenzierte Bearbeitung, was auch die sogenannte Führungsstilforschung nahe legt (vgl. Hentze 2005: 207-285, Neuberger 2002: 426-452; 493-522). Darauf muss hier jedoch verzichtet werden. ‚Führungsverhalten' wird als Oberbegriff verstanden, dem auch der in den einzelnen Konzeptionen so bezeichnete‚Führungsstil' zugeordnet wird. Dieses Vorgehen ist dem konzentrierten Zugehen auf Erkenntnisse der Führungsforschung für das Führungsverhalten von Führungskräften geschuldet. Vergleichbar mit dem Vorgehen Geberts werden Führungsverhalten und Führungsstile somit zusammen behandelt und nicht weiter differenziert (vgl. Gebert 2002: 48-62).

den Führungsrollen[54]. Ebenso einbezogen ist der Blick auf die Unterscheidung des Führungsverhaltens bezogen auf dyadische Beziehungen und Gruppenbeziehungen[55].

---

54 Ein Zweig der Führungsforschung hat sich intensiv mit den Führungsrollen auseinandergesetzt. Den theoretischen Rahmen für diese Annahmen liefern die verschiedenen Ansätze der Rollentheorie (vgl. Neuberger 1995c, Neuberger 2002: 313-329, Wiswede 1995). Mintzberg hat ein Konzept von Führungsrollen vorgestellt, die häufig beschrieben oder aufgegriffen werden. Dort werden drei grundlegende Zuordnungen von Rollen unterschieden: die interpersonalen Rollen, die informationellen Rollen und die Entscheidungsrollen. Innerhalb dieser Aufteilung sind zehn Führungsrollen dargestellt (vgl. Neuberger 2002: 328, Wiswede 1995: 831, Ganter & Walgenbach 1995: 66). Auf Yukl geht eine Zusammenstellung von Führungsfunktionen zurück, die 14 Elemente aufweist: Planung und Organisation, Beobachtung, Motivierung und Inspiration, Beratung, Delegation von Verantwortung, Unterstützung, Personalentwicklung und Mentoring, Teambildung und Konfliktbearbeitung, Networking, Aussprechen von Anerkennung, Zuteilung von Belohnungen (vgl. Gebert 2002: 55). Gebert weist darauf hin, dass nach einer Aufstellung von Fleishman u.a. in der Zeitspanne von 1944 bis 1986 65 Klassifizierungsmöglichkeiten eingebracht wurden und dabei im Minimum zwei und in der Höchstzahl 23 Führungsrollen, Führungsfunktionen oder Führungsaufgaben unterschieden wurden (vgl. Gebert 2002: 55).
Die Abgrenzung von Führungspositionen, Führungsrollen und Führungsfunktionen sei ebenfalls kurz erwähnt. Unter ‚Führungsposition' ist eine festgelegte und beschreibbare Einordnung, verbunden mit bestimmten Aufgaben, Kompetenzen oder Zuständigkeiten einer Person in sozialen Gebilden zu verstehen. Mit ‚Führungsrolle' sind die aus der Rollentheorie bekannten Erwartungen anderer sowie die eigenen Vorstellungen der Rollenausübung als Führungsperson gemeint. Die Verbindung von Rolle und Position besteht darin, dass die Position die Erwartungen bestimmt, die an eine Person gerichtet werden oder diese selber an sich richtet (vgl. Neuberger 2002: 318-321). Verschiedentlich wird zwischen ‚Führungsrolle' und ‚Führungsfunktion' unterschieden. Dabei werden unter ‚Führungsrolle' eher die mit den rollentheoretischen Überlegungen verbundenen Interaktionsaspekte von Erwartungen und Interpretationen von Handlungen erfasst, während ‚Führungsfunktion' eher die definierten Anforderungen oder Aufgaben an Führung oder an die Führungsperson beschreibt (vgl. Gebert 2002: 58). Dem folgend wird hier eine Konzentration auf die Beschreibung von Führungsrollen und Führungsfunktionen vorgenommen, ohne gleichzeitig die gesamte Problematik der Interaktions- und Interpretationsmechanismen zu bearbeiten.

55 Die verschiedenen Führungsvorstellungen differenzieren diese Frage oftmals nicht eindeutig oder beziehen sich explizit auf den Einzelnen oder die Arbeitsgruppe oder beide. Bspw. entwickelt im Bereich der Situationstheorien das Kontingenzmodell von Vroom und Yetton eine spezifische Konzeption für die Führung von Gruppen auf der Grundlage der zuvor entwickelten Vorstellung zur Führung Einzelner. Das ebenfalls den Situationstheorien zugeordnete Modell Graens wiederum bezieht sich explizit auf die dyadische Beziehung zwischen Vorgesetzten und Mitarbeitenden (vgl. Kap. 2.4.6). Hier wird im folgenden so vorgegangen, Führungsverhalten sowohl auf die Gruppe als auch auf den Einzelnen zu beziehen und zunächst keine Differenzierung vorzunehmen. Die entsprechenden Konzeptionen, soweit sie nicht explizit diese Fragestellung thematisieren, bieten die Möglichkeit, Aussagen zum Führungsverhalten sowohl auf die Einzelperson als auch auf die Gruppe anzuwenden. Hier wird angenommen, dass die grundlegenden Ausrichtungen von Führungsverhalten (z.B. Aufgabenorien-

Der Einstieg in die Bearbeitung des Führungsverhaltens erfolgt über die Darstellung der Zweidimensionalität der Führung. Dabei werden die klassische Konzeption der Zweidimensionalität des Führens ebenso vorgestellt wie jene Führungsmodelle, die auf diesem Ansatz der Führungsforschung beruhen. Wür-digung und Kritik werden zusammengefasst der Darstellung angeschlossen.
Aufbauend auf Darstellung und Kritik wird eine Weiterführung des Ansatzes aufgezeigt. Insbesondere die Strukturierung des Führungsverhaltens durch Führungsrollen bzw. Führungsfunktionen erweist sich dabei als anschlussfähiger Entwicklungsschritt.
Abschließend wird die Bedeutung der Zweidimensionalität von Führung und ihrer Weiterentwicklungen für den Führungsprozess herausgearbeitet und der Ertrag für die Weiterarbeit in dieser Arbeit gesichert.

2.3.1 Die Studien der Ohio- und Michigangruppe

Die nachfolgend dargestellte Vorstellung von Führung beruht auf der Zweidimensionalität von mitarbeiter- und aufgabenbezogener Führung. Die Studien an den Universitäten Ohio und Michigan legten für diese Vorstellungen und den damit verbundenen Konzeptionen den Grundstein.

2.3.1.1 Die Ohio-Studien

In Folge der Kritik an den Eigenschaftsansätzen der Führung entwickelte sich in der Führungsforschung die Fragestellung, welche Verhaltensweisen welche Wirkungen im Führungsgeschehen auslösen. 1945 begann eine interdisziplinäre Forschergruppe an der Universität von Ohio, ein Instrumentarium zur Beschreibung von Führungsverhalten zu entwickeln (vgl. Nachreiner & Müller 1995: 2113-2116). Über verschiedene Schritte[56]

---

tierung und Mitarbeiterorientierung) sowohl auf die Gruppe als auch auf den Einzelnen bezogen sind und die Unterscheidung in der Darstellung der Konzepte und der Spezifizierung von Führungsverhalten zunächst keinen weiteren Erkenntnisfortschritt einbringt. Für die empirische Überprüfung allerdings wäre es notwendig, die Zielrichtung zu klären und eine Versuchsanordnung entsprechend auszurichten.

56 Nachreiner und Müller stellen die einzelnen Schritte von Verhaltensbeschreibungen über die Sammlung von Führungsmerkmalen bis zur Entwicklung des Fragebogens dar. Sie weisen auch auf die anfänglich gefundenen vier Faktoren (Consideration, Initiating Structure, Production Emphasis und Sensitivity) hin, aus denen dann Consideration und Initiating Structure als die relevanten Führungsdimensionen entwickelt wurden. Zunächst im militärischen Bereich eingesetzt wurde nachfolgend eine Übertragung in den industriellen Sektor vorgenommen. (vgl. Nachreiner & Müller 1995: 2113-2116).

entstand ein Konzept, das Führungsverhalten in zwei Dimensionen oder Faktoren charakterisiert: Consideration und Initiating Structure.
Unter ‚Consideration' wird ein Führungsverhalten verstanden, das die Beziehungsebene zwischen Vorgesetzten und Untergebenen anspricht sowie die sozio-emotionalen Bedürfnisse der Mitarbeiter anerkennt und im Führungsverhalten achtet: „*'Consideration'* ist durch gegenseitiges Vertrauen, Respekt, Wärme und Nähe gekennzeichnet" (Hentze 2005: 211). „***Consideration*** (C) steht für Wärme, Vertrauen, Freundlichkeit, Achtung, Ermöglichung gegenseitiger Kommunikation und Mitsprache" (Neuberger 2002: 401).
Diese Ausprägungen gelten dann, wenn ein entsprechendes Führungsverhalten ausgeübt wird. Eine geringe Mitarbeiterorientierung bedeutet dagegen die „autoritäre, unpersönliche Beziehung zwischen Führern und Geführten" (Nachreiner & Müller 1995: 2114), mit Aspekten wie Geringschätzung oder Abneigung in der Beziehung zwischen Führungskraft und Mitarbeitenden (vgl. Hentze 2005: 213). Consideration, so wird zusammengefasst, „drückt damit aus, inwieweit der Führer bei der Erfüllung seiner Führungsaufgaben Rücksicht auf die Geführten nimmt, ohne dass dies Laxheit in der Aufgabenerfüllung bedeutet" (Nachreiner & Müller 1995: 2114f).
In der deutschsprachigen Rezeption wird diese Vorstellung unter Begriffen wie Mitarbeiterorientierung oder Beziehungsorientierung wiedergegeben und erfasst die Beziehung der Führungskraft zu einer Mitarbeiterin oder einem Mitarbeiter bzw. zur Gruppe der Mitarbeitenden. Die häufig verwendeten Abkürzungen sind ‚C' für Consideration oder ‚M' für Mitarbeiterorientierung.
Der zweite Faktor ‚Initiating Structure' bezieht sich auf die Zielerreichung und die zu bewältigenden Aufgaben. Verstanden ist darunter „ein Führungsverhalten, bei dem der Vorgesetzte Gruppenaktivität und seine Beziehung zur Gruppe organisiert und definiert" (Hentze 2005: 211). Dazu gehören Leistungsmotivation, Aktivierung und Kontrolle. Der Vorgesetzte übernimmt in diesem Führungsverhalten die Funktion, Rollen und Aufgaben in einer Arbeitsgruppe zuzuweisen, die Einhaltung von Regeln und Vorgaben zu erreichen und Leistung und Produktivität anzuzielen (vgl. Hentze 2005: 211). „***Initiating Structure*** (IS) erstreckt sich auf aufgabenbezogene Organisation und Strukturierung, Aktivierung, Energetisierung und Kontrolle" (Neuberger 2002: 401). Die strukturierenden, beziehungsklärenden und die Rollen und Aufgaben definierenden Verhaltensweisen beschreiben dieses Führungsverhalten: „IS ist gekennzeichnet durch Verhaltensweisen, mit denen der Führer die Beziehungen zwischen sich und den Geführten definiert, Aufgaben und Rollen zuweist und die Interaktion

in der Gruppe definiert" (Nachreiner & Müller 1995: 2115). Damit sind die Auswirkungen eines hoch ausgeprägten Initiating-Structure-Verhaltens genannt. Demgegenüber bedeutet eine niedrige Aufgabenorientierung Unterwerfung, Verzicht auf Steuerung und Kontrolle oder Passivität (vgl. Hentze 2005: 212).

Im deutschen Sprachzusammenhang wird das Gemeinte in der Regel unter den Begriffen ‚Aufgabenorientierung' oder ‚Leistungsorientierung' zusammengefasst, abgekürzt ‚IS' für Initiating Structure oder ‚A' für Aufgaben-orientierung[57].

Der für diese Studien entwickelte Fragebogen ‚Leader Behavior description Questionaire', abgekürzt LBDQ, hat mehrere Versionen erfahren. Der ursprüngliche Fragebogen hatte 40 Fragen. Er wurde über verschiedene Schritte zum LBDQ-XII weiterentwickelt[58] (vgl. Arnold & Kelsey 1995: 278-281). Im deutschsprachigen Raum hat der ‚Fragebogen zur Vorgesetzten-Verhaltens-Be-schreibung', abgekürzt FVVB von Fittkau-Garthe und Fittkau aus dem Jahr 1971 Verbreitung gefunden (vgl. Neuberger 2002: 401- 403, Gebert 2002: 49).

Die Ohio-Studien gingen von einer Unabhängigkeit der beiden Faktoren Aufgaben- und Beziehungsorientierung aus. Jeder Faktor kann sich im konkreten Verhalten eines Vorgesetzten jeweils hoch oder niedrig realisieren, so dass alle denkbaren Kombinationen möglich sind.

Die ursprüngliche Annahme war, dass eine (von den Untergebenen attestierte) hohe Aufgabenorientierung bei niedriger Mitarbeiterorientierung des Vorgesetzten einerseits eine hohe Gruppenproduktivität erreicht, andererseits jedoch zu einer geringen Arbeitszufriedenheit (als Ausdruck dafür stehen z.B. Fehlzeiten oder Fluktuation) führt. Eine hohe Mitarbeiterorientierung des Vorgesetzten führe zu hoher Arbeitszufriedenheit. Daher galt als Anspruch an die Führungskraft, sowohl aufgaben- als auch mitarbeiterbezogen zu führen.

---

57 Der Begriff ‚Aufgabenorientierung' beschränkt sich nicht nur auf den Aspekt, durch Führungsverhalten für die Erfüllung von Aufgaben Sorge zu tragen, sondern auch den Weg dahin durch bspw. Rollenklärung oder Gestaltung der Interaktion in der Gruppe zu gewährleisten. ‚Task' ist eine prägnante Form Aufgabenorientierung.

58 Arnold und Kelsey weisen darauf hin, dass der LBDQ zwar der zuerst entwickelte Fragenbogen war, dennoch „sind es eigentlich vier Fragebögen, die gemeint sind, wenn man im allgemeinen von den Ohio-State-Führungsskalen spricht, die alle darauf abgestimmt sind, Aufgaben- und Mitarbeiterorientierung zu messen" (Arnold & Kelsey 1995: 278). Von diesen vier Fragebögen wird einer von der Führungsperson ausgefüllt, die anderen von den Untergebenen (vgl. Arnold & Kelsey 1995: 278).

2.3.1.2 Die Michigan-Studien

Im Jahre 1947 begann eine Gruppe von Forschern an der Universität Michigan ebenfalls zu diesem Themenkomplex zu arbeiten: „Die Basishypothese lautete, dass Mitarbeiterorientierung zu höherer Leistung führt" (Hentze 2005: 216). Dem lag die Anfangsannahme zugrunde, die angenommenen Verhaltensorientierungen als eine Dimension zu begreifen. Unabhängig von den Ergebnissen der Ohio-Gruppe wurden auf entsprechenden empirischen Grundlagen auch in diesen Studien zwei Dimensionen des Führungsverhaltens festgestellt, die Dimension ‚Production Centered' und die Dimension ‚Employee Centered'.

Wie in den Ergebnissen aus Ohio fand sich die Dimension der Aufgabenorientierung, hier als ‚Produktionsorientierung' bezeichnet. Darunter waren die Leistungsaspekte verstanden sowie eine Sichtweise, Mitarbeitende als Mittel zur Zielerreichung zu betrachten und daher die Aufgaben und Rollen exakt zu definieren.

Die zweite Dimension zielte wie bei der Ohio-Gruppe auf die Mitarbeiter- und Beziehungsorientierung. Die zwischenmenschlichen Beziehungen bei der Erledigung von Aufgaben werden in diesem Führungsverhalten gesehen und beachtet. Die Bedürfnisse von Mitarbeitenden und ihre Individualität wird unter der Dimension ‚Employee Centered' durch die Führungskraft anerkannt. Mitarbeitende erhalten demnach Unterstützung und das Prinzip der Delegation von Entscheidungen wird praktiziert (vgl. Hentze 2005: 216f).

Dieser Ansatz ging davon aus, dass für kurzzeitige Erfolge in der Produktionssteigerung das produktionsorientierte Führungsverhalten zwar erfolgreich ist, aber für die langfristigen Wirkungen eine Überlegenheit des mitarbeiterbezogenen Führungsverhaltens besteht, da so vorteilhafte Resultate wie höhere Arbeitszufriedenheit, geringere Fluktuation oder Eigeninitiative gewährleistet werden (vgl. Hentze 2005: 217).

2.3.1.3 Gemeinsamkeiten der Ohio- und Michigan-Studien

Wie deutlich zu sehen ist, bestehen zwischen den Ergebnissen der beiden Untersuchungen große Gemeinsamkeiten. Ein inhaltlich entscheidender Unterschied war in der Anfangsphase allerdings folgender: „Die Michigan-Schule ging zunächst davon aus, dass Mitarbeiter- und Leistungsorientierung die Extrempunkte ein und derselben Dimension seien: je höher die Mitarbeiterorientierung einer Führungsperson, desto geringer die Leistungsorientierung und umgekehrt. In späteren Arbeiten werden die Mitarbeiter- und Leistungsorientierung wie bei der Ohio-Schule als unabhängige Dimensionen angesehen" (Hentze 2005: 217). Im gleichen Sinne äußern sich Nachreiner und Müller: „Es ist in diesem Zusammenhang interessant festzustellen, dass die Autoren der Michigan-Schule bei der Differenzierung von Mitarbeiter- und Aufgabenorientierung zunächst von einer einheitlichen Polarität ausgingen, später aber ihre Auffassung in Richtung auf die von der Ohio-Schule vertretene Unabhängigkeit der beiden Orientierungen revidierten" (Nachreiner & Müller 1995: 2118).

Damit haben zwei zunächst unabhängige Forschungsansätze zu einer Einsicht geführt, die für die Führungsforschung bedeutsam ist: „Die Feststellung, dass diese Verhaltensdimensionen statistisch voneinander unabhängig sind, darf als Erkenntnisforschritt gelten" (v. Rosenstiel 2003a: 13).

Darüber hinaus deutet das Resultat aus den Ohio- und Michigan-Forschungen auch auf eine theoretisch relevante Erkenntnis, da die Annahme von verschiedenen Funktionen in (Arbeits-)Gruppen auf die Bedeutung von Leistungsbezug und Zusammenhalt weist: „Das Aufzeigen der Unabhängigkeit dieser beiden Dimensionen erscheint nicht nur empirisch bedeutsam, sondern ist auch theoretisch begründbar: Bei der Führung von Gruppen gilt es ja [...] den Gruppenzusammenhalt im Sinne der Kohäsion und die Zielerreichung im Sinne der Lokomotion zu sichern" (v. Rosenstiel 2003a: 13).

Ergebnis dieser beiden Forschungslinien, wobei den Ohio-Forschungen eine weit prägendere Bedeutung zukommt als den Michigan-Studien, ist die Zweidimensionalität der Führung. Das Führungsverhalten eines Vorgesetzten kann sich auf die Aufgaben, die Zielerreichung, insgesamt auf den Leistungsaspekt von Einzelnen und Gruppen beziehen. Ebenso kann es sich gleichzeitig auf die Beziehung zu Personen oder zur Gruppe orientieren. Die Zufriedenheit der Individuen, der Zusammenhalt einer Gruppe, die Achtung der Person, die Beteiligung an Prozessen oder die Arbeit an einer positiven Beziehung zwischen Vorgesetzten und Mitarbeitenden steht dabei im Zielhorizont[59].

Die Zweidimensionalität der Führung hat in der Folge eine außerordentlich hohe Beachtung erfahren und dürfte wenn nicht der, dann doch einer der meistdiskutierten Ansätze sowohl wissenschaftlich als auch praktisch sein (vgl. Nachreiner & Müller 1995: 2116).

---

59 In Organisationen wird der Aufgabenorientierung der entscheidende und primäre Stellenwert zugemessen. Kennzeichnend für Organisationen ist u. a. (vgl. Kap. 2.1), dass sie Ziele verfolgen. Daraus resultiert die Anforderung, Aufgaben zu bewältigen und Leistung zu erbringen. Im Führungsverhalten schlägt sich dies durch aufgabenorientiertes Führungsverhalten nieder. Dem zugeordnet und um diesem Zweck zu entsprechen wird beziehungsorientiertes Führungsverhalten als (notwendige) Ergänzung gesehen. Organisationen begreifen jedoch stets die Erfüllung von Aufgaben zur Erreichung von Zielen als ihren Zweck und stellen auch Führungsverhalten unter diesen Anspruch.

Die in diesen Studien (in der Literatur wird häufig allein auf die Ohio-Studien verwiesen) gewonnenen Dimensionen der Mitarbeiter- und Aufgabenorientierung bilden die Grundlage für die Entwicklung mehrerer Führungsmodelle. Sie haben den Anspruch, eine praxisorientierte Anwendung des Führungsgeschehens auf der Grundlage der Zweidimensionalität zu ermöglichen.
Hinsichtlich der Einordnung dieser Ansätze stellt sich die Problematik, dass sie teilweise bereits die Erkenntnisse aus den Kontingenztheorien mit einbeziehen, daher sich auch eine Darstellung unter diesem Zweig der Führungsforschung rechtfertigt (vgl. Kap. 2.4). Da jedoch hier die Zweidimensionalität der Führung als grundlegend erachtet wird, werden diese Ansätze nachfolgend unter der Rubrik der zweidimensionalen Führungsansätze erfasst, auch um den eindeutigen Erkenntnis- und Praxiswert dieser Vorstellung aufzuzeigen. In der Befassung mit den Situationstheorien wird später auf diese Darstellungen hier rekurriert und die situationstheoretische Relevanz fokussiert.

2.3.2 Die Bedeutung der Partizipation in der zweidimensionalen Führung

Eine inhaltliche Linie der zweidimensionalen Führung soll noch einmal besonders hervorgehoben werden. Die ursprüngliche Absicht der Michigan-Studien war es aufzuweisen, dass ein mitarbeiterorientierter Führungsstil erfolgreicher ist als ein aufgabenbezogener, da die Leistung der Mitarbeitenden durch dieses Führungsverhalten gesteigert werden könne. Dem lag, wie gesehen, die Anfangsannahme zugrunde, dass Führungskräfte entweder mitarbeiter- oder aufgabenorientiert führen. Die Ohio-Studien lieferten als Ergebnis, dass ein mitarbeiterorientiertes Führungsverhalten langfristig deshalb erfolgreich ist, weil die Zufriedenheit der Mitarbeitenden zunimmt.
Es ist daran zu erinnern, dass die empirische Erforschung von Führungsverhalten mit den berühmten, 1939 veröffentlichten Experimenten von Lewin, Lippitt und White begann. Dort wurden die drei idealtypischen Führungsstile als demokratischer Führungsstil, autoritärer Führungsstil und laissez-faire Führungsstil beschrieben. In der Folge wurde behauptet, demokratisches Führungsverhalten sei hinsichtlich der Gruppenleistung, der Zufriedenheit und der sozialen Verhaltensweisen von Gruppenmitgliedern überlegen. Diese Annahmen wurden in organisationsbezogene Führungskontexte übertragen und daraus die Empfehlung abgeleitet, dass höhere Leistung und eine größere Zufriedenheit der Mitarbeitenden

durch einen demokratischen, partizipativen oder kooperativen Führungsstil zu erreichen sei, wobei die drei Adjektive tendenziell synonym verstanden werden.
In der Folgezeit wurde allerdings deutlich, dass die Experimente auf Voraussetzungen beruhten, die das Ergebnis bereits vorherbestimmten. Neben dem Interesse Lewins und der Arbeitsgruppe, die Überlegenheit des demokratischen Führungsstils zu belegen, ist die Tatsache zu erwähnen, dass die Experimente Laborexperimente mit Kindern waren, die nicht in eine feste Gruppenstruktur eingebunden waren. Darüber hinaus wurde der jeweilige Gruppenführer bestimmt und hatte lediglich die Verhaltensbeschreibungen umzusetzen, sich aber nicht in einen wirklichen sozialen Interaktionsprozess mit den Kindern zu begeben. Diese Voraussetzungen und Experimentanlage stellten und stellen die Ergebnisse stark in Frage und relativierten auch die Schlussfolgerungen in hohem Maße (vgl. Hentze 2005: 237-241, Neuberger 2002: 493-496).
Gleichwohl ist auf diesem Hintergrund die Absicht zu verstehen, einen mitarbeiterorientierten Führungsstil als erfolgsrelevant zu beschreiben. Den Experimenten von Lewin u. a. lag das grundlegende Kontinuum ‚autoritär versus demokratisch' zugrunde, das durch die Einteilung von Alleinentscheidung oder Mitentscheidung definiert war. Der Laissez-faire-Stil fügt dieser Dimension Aspekte wie Interesse/Desinteresse oder Engagement/Trägheit der Führungsperson hinzu (vgl. Neuberger 2002: 496). Die verschiedenen Begriffe, die das Kontinuum ‚autoritär versus demokratisch' in der Folgezeit gefunden hat, sind Gegensatzpaare wie ‚autoritär versus kooperativ', ‚führerzentriert versus geführtenzentriert', ‚direktiv versus nondirektiv', ‚imperativ versus kooperativ' bis hin zu ‚produktionsorientiert versus mitarbeiterorientiert' (vgl. Neuberger 2002: 493). Der entscheidende Aspekt ist der Grad an Einfluss, den Mitarbeitende oder allgemeiner Betroffene auf Entscheidungen haben: „Die zentrale Variable, um die es meist geht, ist das Ausmaß der Entscheidungsbeteiligung, das Unterstellten zugestanden wird" (Neuberger 2002: 493).
Da die Führungsstilforschungen mit der Annahme eines Kontinuums von autoritär versus demokratisch und die aus der Faktorenanalyse abgeleitete Zweidimensionalität der Führung die gezeigte deutliche Nähe aufweisen, ist unter Consideration auch der Aspekt der Beteiligung an Entscheidungen einbezogen. Erfasst Consideration im Schwerpunkt die vertrauensvolle, wert-schätzende Beziehung mit gegenseitiger Kommunikation zwischen Vorgesetztem und Arbeitsgruppe, ist darunter auch

die Variable der Entscheidungs-beteiligung[60] einbezogen. Es ist von der Definition von Consideration her nicht anders denkbar, als dass ein Vorgesetzter die einzelne Person oder die Arbeitsgruppe in Entscheidungen einbezieht, da auf diesem Wege gegenseitige Kommunikation oder Achtung konkretisiert werden.
Die Auseinandersetzung mit dem Partizipationsaspekt im Führungsgeschehen hat in einigen Führungskonzeptionen dazu geführt, die zweidimensionale Führung um die dritte Dimension ‚Partizipation' zu erweitern (vgl. Rosenstiel 2003a: 14f). In anderen Konzepten wird die Anforderung an Partizipation im mitarbeiterbezogenen Führungsverhalten integriert. Diesem Vorgehen wird auch hier gefolgt. Ohne an dieser Stelle die Festlegung treffen zu wollen, dass Führungsverhalten ausschließlich zweidimensional ausgerichtet ist (im weiteren Verlauf werden weitere Dimensionen bzw. Funktionen benannt), soll jedoch unter ‚Consideration' auch der Partizipationsaspekt im Führungsverhalten miterfasst sein.

2.3.3 Auf der Zweidimensionalität der Führung beruhende Führungsmodelle

Ziel dieser Darstellung ist es, den Verbreitungsgrad des skizzierten Denkens exemplarisch aufzuzeigen und die Ausdifferenzierung der zwei Grunddimensionen der Mitarbeiter- und Aufgabenorientierung vorzustellen. Da die Modelle in mehreren Schriften ausführlich dargestellt sind, geht es hier um eine prägnante Darstellung der entscheidenden Annahmen.

2.3.3.1 Das ‚Managerial Grid'-Modell (Blake und Mouton)

Das von Blake und Mouton veröffentlichte Verhaltensgitter (Ursprungstitel: The Managerial Grid) legt die beiden Grunddimensionen Mitarbeiter- und Leistungsorientierung (‚concern for people' und ‚concern for productions') zugrunde. Ihre Innovation ist u. a. die Ausdifferenzierung jeder Ebene in neun Stufen, so dass Führungsverhalten in Stufen 1,1 bis 9,9

60 Die Frage nach der Intensität, in der die Beteiligung an Entscheidungen stattfindet, kann an dieser Stelle offen gelassen werden. Sie ist von so unterschiedlichen Voraussetzungen wie Wertpräferenzen, Aufgabenstruktur, Qualifikation der Mitarbeitenden, Zeitkontingenten, Organisationskultur und vielem anderen mehr sowohl hinsichtlich des Ausmaßes als auch der Erwartung und Bewertung beeinflusst. Grundsätzlich sind unter ‚Partizipation' so unterschiedliche Formen wie Anhörung und Beratung, Mitentscheidung oder Entscheidung durch die Arbeitsgruppe, ein Vetorecht oder die Zustimmung bezüglich einer Entscheidung zu subsumieren.

bewertet werden kann. 1,1 wäre ein sowohl hinsichtlich der Leistungsorientierung als auch hinsichtlich der Mitarbeiterorientierung niedriges Führungsverhalten. Der Wert 9,9 würde erreicht bei einem Führungsverhalten, das sowohl die Leistungsorientierung als auch die Mitarbeiterorientierung hoch ansetzt. Die möglichen 81 Varianten werden auf fünf charakteristische Varianten (1,1 – 1,9 – 9,1 – 9,9 und 5,5) zur Einordnung des Führungsverhaltens reduziert. Die erste Zahl markiert jeweils die Leitungsorientierung, die zweite die Mitarbeiterorientierung. Die Führungsstile werden als Team-Management (9,9), Befehlsmanagement(9,1), Vereins- oder Glaceéhandschuh-Management (1,9), Humanes Organisationsmanagment (5,5) und Überlebensmanagment (1,1) bezeichnet (vgl. Hentze 2005: 229-231, Lux 1995: 2129-2130, Neuberger 2002: 510f).

Abbildung 2: Das Managerial Grid nach Blake, Mouton und McCanse

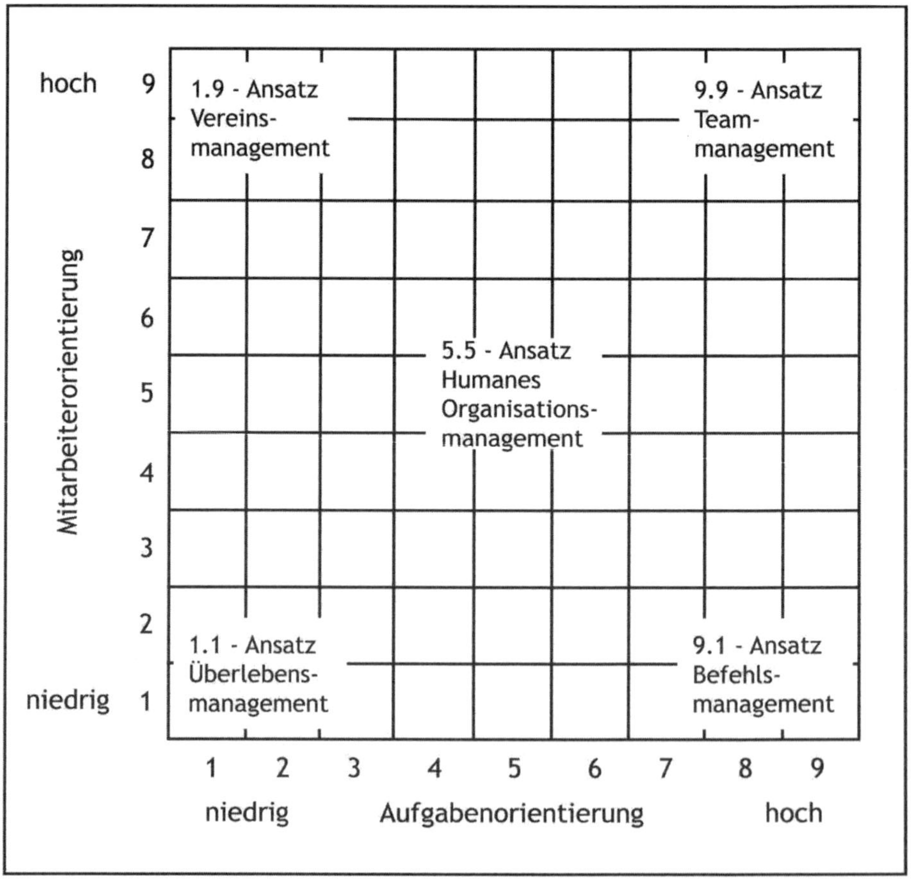

Nach Hentze 2005: 230

Diesem Modell liegen sechs Kriterien des Führungsverhaltens zugrunde. Neuberger nennt die Dimensionen Entscheidungen, Überzeugungen, die Behandlung von Konflikten, Emotionen, Humor und die Anstrengungen des Vorgesetzten (vgl. Neuberger 2002: 511). Die jeweils fünf Möglichkeiten der Antwort werden je einem Führungscharakteristikum (1,1 – 1,9, usw.) zugeordnet.

Für die Autoren stellt sich das mit dem Wert 9,9 dargestellte Führungsverhalten als idealtypisch dar. Daher soll sich ihrer Auffassung nach das Führungs-verhalten, das sie als relativ stabilen Stil ansehen, in diese Richtung orientieren (vgl. Hentze 2005: 228). Lux erläutert in seiner Darstellung des Modells zehn Prinzipien, die für die 9,9 Orientierung gelten. Genannt werden Einbezug übergeordneter Interessen, offene und ehrliche Kommunikation, gegenseitiges Verstehen und Einverständnis, Konfliktbearbeitung durch direkte Kommunikation und Beseitigung der Ursachen, Delegation von Macht und Autorität, gemeinsame Problemlösungen und Entscheidungsfindung, zielorientierte Führung, Leistungsorientierung, Kritik als Instrument zur Förderung, Einbringen von Normen und Standards (vgl. Lux 1995: 2137). Jedes dieser Prinzipien „spiegelt die grundsätzliche Aussage wider, dass es *einen* besten Weg zum erfolgreichen Führen gibt" (Lux 1995: 2137).

In Überarbeitungen und Weiterentwicklungen dieses Modells sind verschiedene Aspekte ergänzt worden. So wurden den fünf Hauptstilen zwei Mischformen zugefügt. Die Kombination aus 9,1 und 1,9 wird als Paternalismus/Maternalismus beschrieben, worunter Mitarbeiterkontrolle und Wohl-wollen verstanden sind und ein Führungsstil bestehend aus Lob und Tadel ein-gesetzt wird. Die situationsabhängige Praktizierung aller Stile durch eine Führungskraft wird als opportunistische Orientierung bezeichnet. Damit ist gemeint, dass eine Führungskraft sich einschmeichelnd im Sinne von 1,9 verhält oder Kompromisse schließt (5,5) oder mit Herrschaft und Kontrollgewalt arbeitet (9,1). Als dritte Variante fügt Lux den Stil des ‚Fassadenbauers' an. Demnach wird ein Stil vorgetäuscht, um dahinter die wirklichen Absichten zu verstecken, häufig ein 9,9 Stil als Täuschung, um einen Befehlsstil (9,1) zu verdecken (vgl. Lux 1995: 2132 –2133, Hentze 2005: 231).

Konzeptionell erweitert wurde das Modell um den Aspekt der Motivationsdimension, die zu den vorhandenen beiden Dimensionen nun eine dritte bildet und das Modell dreidimensional ausrichtet. Damit wird erklärt, warum eine Führungskraft nach einem der nunmehr sieben Führungsstile handelt und welche Ängste oder Wünsche bzw. Bedürfnisse das jeweilige Handeln motivieren. Dazu werden je ein positiver, anziehender und negativer, abweisender Pol als Motivationsquelle beschrieben. So kenn-

zeichnet das Überlebensmanagement (1,1) im negativen Pol die Angst vor Kündigung, im positiven Pol der Wunsch, sich aus allem herauszuhalten (vgl. die ausführliche Darstellung bei Hentze 2005: 232 sowie Neuberger 2002: 513, Lux 1995: 2134).
Eine weitere Hinzufügung stellt das Verhaltensgitter für Mitarbeitende dar. „In diesem Verhaltensgitter wird die Effektivität der Führungsstile aus der Perspektive des Mitarbeiters untersucht. Die Dimension ‚Menschenorientierung' wird durch die ***Dimension ‚Cheforientierung'*** ersetzt [...]. Es ergeben sich hierbei sieben ***Verhaltensstile von Mitarbeitern***" (Hentze 2005: 232). Für das Verhalten von Mitarbeiter bedeutet die Wertung 1,1 Gleichgültigkeit, 1,9 Anbiederung, 9,1 Sturheit, 5,5 Statusbewusstsein, 9,9 Lösungsorientierung (vgl. Hentze 2005: 233).
Verdichtet wurde das Modell in einer Publikation von Blake und McCanse zum 4-R-Modell, in dem die vier mit dem Buchstaben ‚R' beginnenden Faktoren ‚Ressourcen', ‚Relationen', ‚Resultate' und ‚Reflexionen' für das Führungsgeschehen benannt werden (vgl. Neuberger 2002: 515, Lux 1995: 2127). Gemeint ist mit dem Modell, dass die Ressourcen (worunter die Humanressourcen verstanden sind) durch Interaktionen (was mit Relationen bzw. Relationships ausgedrückt wird) zu Ergebnissen (Results) führen. Die Interaktionen sollen durch den idealen Führungsstil (9,9) bestimmt sein.
Das Managerial Grid Modell systematisiert das Führungsgeschehen und bietet unter dem Blickwinkel Mitarbeiter- und Leistungsorientierung die Möglichkeit, Führungsverhalten zu fokussieren und zu reflektieren. Die Systematik schafft Voraussetzungen, den komplizierten Prozess des Führens zunächst auf zwei Dimensionen zu reduzieren und Verhaltensweisen zu realisieren, die sowohl die zu erbringende Leistung in den Blick nehmen als auch den Menschen, der dies als Mitarbeitender zu vollbringen hat. Die Erweiterungen eröffnen einen Zugang zur Motivation des Vorgesetzten. Die nochmalige Erweiterung um das Verhaltensgitter für Mitarbeitende lässt eine Wechselbeziehung zwischen der Situation des Mitarbeitenden und dem praktizierten Führungsverhalten zu. Das Konzept„gilt als eines der ältesten und verbreitetesten Führungsmodelle" (Hentze 2005: 227) und hat als „Rahmenkonzept für kommerzialisierte Führungskräftetrainings [...] breite Anwendung bei nordamerikanischen und westeuropäischen Führungskräften" (Hentze 2005: 227) gefunden. „Das Grid-Modell ist ein eingängig gestyltes Designer-Modell, das insbesondere im Trainingsbereich große Resonanz gefunden hat." (Neuberger 2002: 513). Die kritischen Aspekte werden später in der Auseinandersetzung mit der Zweidimensionalität der Führung gewürdigt.

2.3.3.2 Das ‚3-D-Modell' (Reddin)

Unter dem deutschsprachigen Titel ‚Das 3-D-Programm zur Leistungssteigerung des Managements' wurde die ursprüngliche Schrift von Reddin ‚Managerial Effectiveness' veröffentlicht. Auch dieses Modell orientiert sich an den beiden Achsen Mitarbeiter- und Aufgabenorientierung und stellt eine Erweiterung des Modells von Blake und Mouton dar. „Das Kontingenzmodell von Reddin (1967, 1970, 1977) basiert auf den Ohio-Studien und erweitert das Verhaltensgitter von Blake/Mouton (1964) [...] um die dritte relativierende Dimension *‚Effektivität'*". (Hentze 2005: 289). „Was die Dimension ‚Führungsstil' anbelangt, so orientiert er [Reddin – Verf.] sich auf der Zweiteilung der Führungsverhaltens-Dimensionen, die in den Fragebogenerhebungen der Ohio-Schule gefunden worden war" (Neuberger 2002: 515).

In diesem Modell werden für die Dimensionen Aufgabenorientierung und Beziehungsorientierung insgesamt vier Grund- oder Basisstile gebildet. Der Verfahrensstil meint geringe Aufgaben und geringe Beziehungsorientierung, der Beziehungsstil umfasst geringe Aufgaben- und hohe Beziehungsorientierung, der Aufgabenstil beinhaltet eine hohe Aufgaben- und geringe Beziehungsorientierung und der Integrationsstil besteht aus einer hohen Aufgaben- und hohen Beziehungsorientierung (vgl. Hentze 2005: 289f).

Anders als bei Blake und Mouton wird hier jedoch kein Stil als prinzipiell richtig begriffen, sondern Bedingungen genannt, die einen Stil effektiv oder ineffektiv werden lassen. Für Reddin gibt es „keinen generell optimalen Führungsstil; er hält jeden der 4 Grundstile unter bestimmten Bedingungen für effizient und unter anderen Bedingungen für ineffizient" (Neuberger 2002: 516). Die situativen Bedingungen werden beschrieben durch die Arbeitsanforderungen, den Führungsstil des nächsthöheren Vorgesetzten, die Kollegen, die Unterstellten und die Organisation mit ihren Normen und Regeln (vgl. Neuberger 2002: 516, Hentze 2005: 289f). Diese Situationsbedingungen entscheiden, ob ein Führungsstil effektiv oder ineffektiv ist. So wird bspw. in einer stark strukturierten Situation mit einem hohen Engagement der Arbeitsgruppe der durch geringe Aufgaben- und Mitarbeiterorientierung gekennzeichnete Verfahrensstil als effektiv eingeschätzt.

Dieses Modell geht also von einer notwendigen Beziehung zwischen der gegebenen Situation und dem praktiziertem Führungsstil aus. Effektivität oder Ineffektivität entstehen, in dem das jeweilige Führungsverhalten der Situation angemessen bzw. unangemessen ist.

Eine entscheidende Erweiterung besteht darin, ausgehend von den vier Grundstilen Rollen eines Vorgesetzten zu beschreiben, die in dem jewei-

ligen Stil entweder effektiv oder ineffektiv sind. Die effektive Form bspw. des Beziehungsstils ist der Förderer, die ineffektive der ‚Missionary' (zu verstehen als ‚Gefälligkeitsapostel'). Die anderen Stile sind ebenfalls entsprechend bearbeitet (vgl. Hentze 2005: 290f). Die Entscheidung allerdings, ob ein Führungsstil effektiv oder ineffektiv ist, fällt nicht durch die konkreten Verhaltensweisen der Führungsperson (etwa ob sie gut oder schlecht im Sinne des ‚Bürokraten' die Kontrolle ausübt), sondern ob das Zurückziehen auf lediglich die Überwachung der Einhaltung von Regeln der Situation entspricht oder nicht. So wird durch die Situation bestimmt, ob die aus der Verbindung von Aufgaben- und Mitarbeiterorientierung hergeleiteten Führungsstile Effektivität entfalten oder nicht.
Aus diesem Modell ergibt sich als Anforderung an die Führungskraft die Fähigkeit zur Situationsanalyse, zur Führungsstilflexibilität und zur Situations-veränderung (vgl. Hentze 2005: 292).

Abbildung 3: Das 3-D-Modell nach Reddin

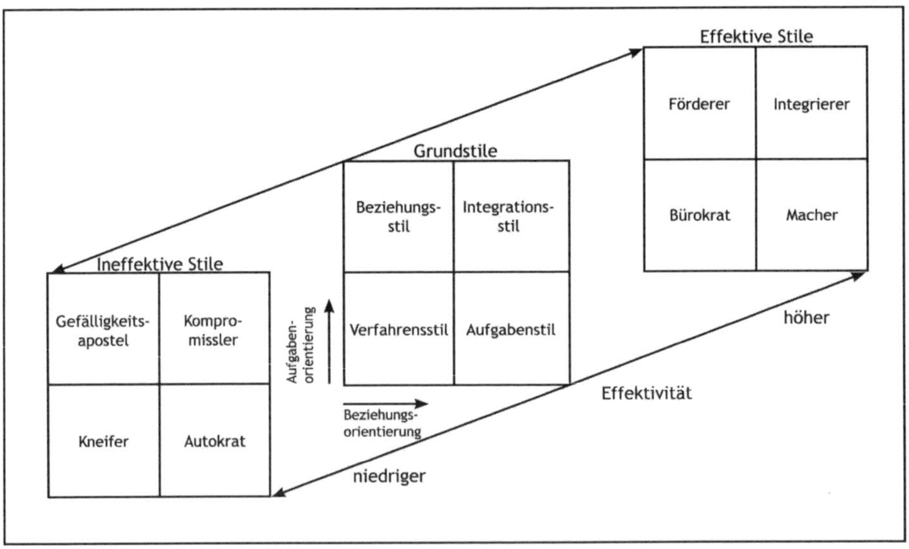

Nach Hentze 2005: 291

Auch dieses Modell verarbeitet die Dimensionen Mitarbeiterorientierung und Aufgabenorientierung. Es fügt allerdings die Situation als Faktor für einen anzuwendenden Führungsstil hinzu und macht die Analyse der Situation zum Kriterium für Führungsverhalten. Im Rahmen der Bearbeitung der Situationstheorien der Führung wird die Bedeutung der Situation im Führungsprozess ausführlich bearbeitet. Hier bleibt festzuhalten, dass Consideration und Initiating Structure die Grundlage für Führungsverhalten bilden, aus denen vier Führungsstile abgeleitet werden. Diese vier Grundstile können sich in eine effektive und ineffektive Ausprägung entwickeln, was durch die Situation bestimmt wird.

2.3.3.3 Das Reifegradmodell (Hersey und Blanchard)

Wiederum auf der Basis von mitarbeiter- und aufgabenbezogenem Verhalten einer Führungskraft beruht das Modell von Hersey und Blanchard. Es wurde Ende der 1960er Jahre entwickelt[61] und knüpft an das Konzept von Reddin an. Unter aufgabenorientiertem Führungsverhalten (Task Behavior) „wird die Vorgabe von Zielen, Strukturen, Anordnungen, Regeln und Zeitrahmen sowie deren externale Kontrolle verstanden“ (Hentze 2005: 294). Beziehungsorientiertes Führungsverhalten (Relationship Behavior) meint „die Aspekte Kommunikation, Unterstützung und Förderung der Mitarbeiter, Berücksichtigung der Mitarbeitermotivation und Anerkennung der Leistungen“ (Hentze 2005: 294). Das jeweilige Führungsverhalten kann hoch oder niedrig ausgeprägt sein. Wie bei Reddin gibt es vier mögliche Führungsstile. Der autoritative Stil (telling), der sich durch starke Aufgabenbezogenheit und geringe Mitarbeiterbezogenheit auszeichnet, der Integrationsstil (selling), der sowohl stark aufgabenbezogen als auch stark mitarbeiterbezogen ist, der Partizipationsstil (participating) mit starker Mitarbeiterbezogenheit und geringer Aufgabenbezogenheit sowie der Delegationsstil (delegating), der jeweils geringe Aufgaben- und Mitarbeiterbezogenheit aufweist (vgl. Hentze 2005: 295, Neuberger 2002: 519).

---

61 Die Veröffentlichung von 1969 erschien unter der Überschrift: ‚Life Cycle Theorie of Leadership‘, der Titel des 1977 veröffentlichten Bandes war: ‚Management of Organizational Behavior. Utilizing Human Resources‘. Das Kompendium von Hentze u. a. stellt das Modell unter der Überschrift: ‚Bereitschaftsgrad-Modell der Führung‘ (vgl. Hentze 2005: 292) dar, womit die wörtliche Übersetzung von ‚readiness‘ erfasst ist. Eine andere Bezeichnung ist ‚Reifezyklustheorie‘ (vgl. Schreyögg 1995: 1000).
Hier wird allerdings dem Kern des Konzepts entsprechend die Bezeichnung ‚Reifegradmodell‘ verwendet, da gemäß der entsprechenden Definition von ‚Reife‘ das Führungsverhalten des Konzeptes bestimmt wird, die ‚Reife‘ also die entscheidende Maßgabe für das anzuwendende Führungsverhalten ist. Dies entspricht der ursprünglichen Formulierung ‚Maturity‘ – Reife. Der Terminus ‚Reifegrad‘ erfasst zutreffender als der Ausdruck ‚Bereitschaftsgrad‘ die Gegebenheiten in der Person des Mitarbeitenden.

Abbildung 4: Das Reifegradmodell von Hersey und Blanchard

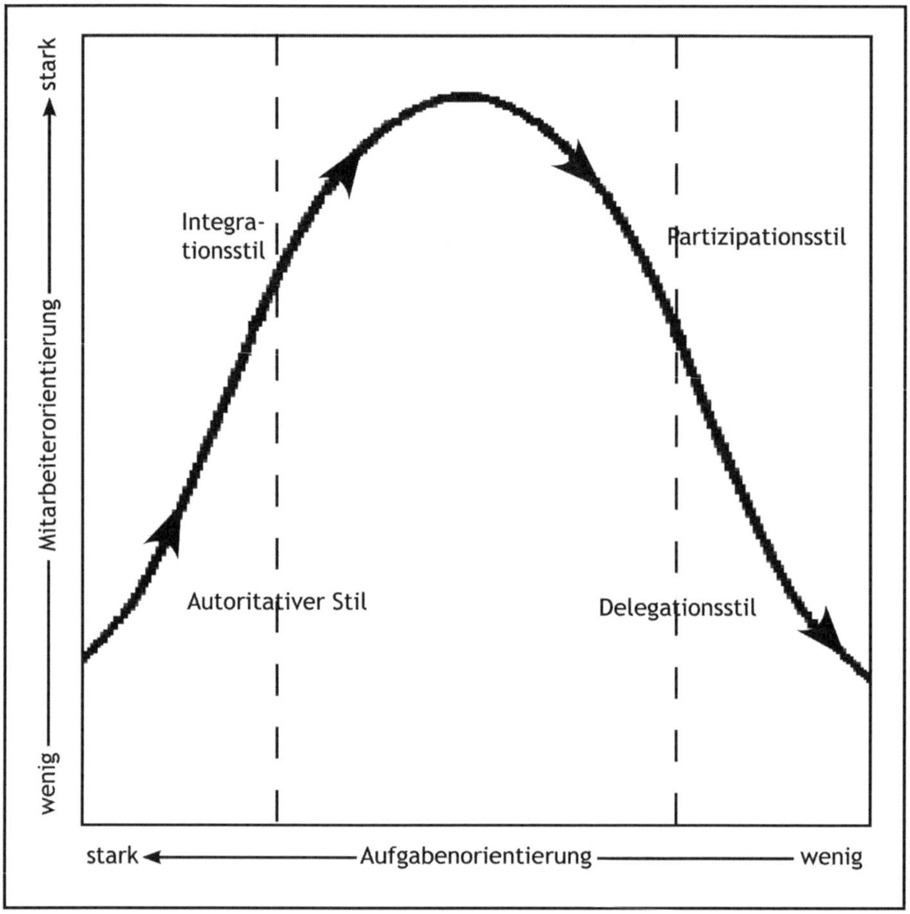

Nach Hentze 2005: 296

Neu an diesem Modell ist, dass sich das Führungsverhalten im wesentlichen an der Situation der Mitarbeitenden orientiert. Dies bedeutet zunächst, dass auch Hersey und Blanchard situative Bedingungen für die Anwendung eines Führungsstils voraussetzen. Diese sind ähnlich wie in dem vorherigen Modell von Reddin der Führende, der Geführte, der Vorgesetzte des Führenden, die Kollegen, die Organisation, die Tätigkeitsanforderungen sowie die Entscheidungszeit (vgl. Hentze 2005: 293). Allerdings werden hier die Mitarbeitenden „zum ***zentralen situativen Faktor*** des Modells" (Hentze 2005: 294). Um die Situation der Mitarbeiter zu erfassen, wird die Dimension ‚Bereitschaftsgrad' (Readiness Level) eingeführt, worunter „das Ausmaß der Bereitschaft der Geführten zu aufgaben-, funktions- oder zielorientiertem Leistungsverhalten“ (Hentze 2005: 294) verstanden wird. Genauer sind unter diesem ‚Reifegrad des Mitarbeiters’ (Maturity) zwei Ausprägungen zu verstehen. Einerseits die Fähigkeit des Mitarbeitenden zur Aufgabenerfüllung, worunter Wissen, Können und Erfahrungen fallen. Andererseits die Bereitwilligkeit, womit Verantwortungsbereitschaft, Engagement und Motivation gemeint sind[62] (vgl. Hentze 2005: 294, Neuberger 2002: 519). Nicht zu übersehen ist dabei, dass der Reifegrad einer Person stets in Relation zu der gestellten Aufgabe zu bestimmen ist, so dass eine geführte Person zur gleichen Zeit in Bezug auf unterschiedliche Aufgaben unterschiedliche Reifegrade aufweisen kann (vgl. Hentze 2005: 294).

Da der entscheidende situative Faktor aus dem Reifegrad der Mitarbeitenden (mit den Dimensionen Fähigkeit und Bereitwilligkeit) bezogen auf die zu bearbeitende Aufgabe besteht, muss dieser Reifegrad durch die Führungskraft bestimmt werden und daraus abgeleitet der adäquate und damit effektive Führungsstil angewendet werden. Durch entsprechende Fragen soll die Führungsperson den Reifegrad des Mitarbeitenden oder der Mitarbeitergruppe herausfinden. Dem auf diesem Wege gefundenen Reifegrad des Mitarbeitenden oder der Mitarbeitergruppe wird dann der entsprechende Führungsstil zugeordnet. Ein geringer Reifegrad führt zur Anwendung des autoritativen Stils, ein mäßiger Reifegrad zum Integrationsstil, eine höhere Reife zum Partizipationsstil und eine hohe Reife zum Delegationsstil (vgl. Hentze 2005: 295). Effektiv ist der Führungsstil dann, wenn „der Führende den situationsadäquaten Führungsstil gewählt hat“ (Hentze 2005: 297). Es handelt sich also nicht um ein inhaltliches Effektivitätskriterium, sondern es geht um die Beschreibung eines effektiven Weges zu einem bestimmten Ergebnis.

Die Führungsperson soll nun aber nach diesem Modell nicht nur das adäquate Führungsverhalten praktizieren, sondern gleichzeitig einen Entwicklungsprozess steuern, der den Reifegrad der Mitarbeitenden erhöht und die Anwendung des Delegationsstils ermöglicht. Dazu wird das zunächst stark aufgabenbezogene Führungsverhalten reduziert und dem Mitarbeitenden eine begrenzte Eigenständigkeit delegiert. Stellen sich positive Resultate ein, anerkennt die Führungskraft dies und verstärkt dadurch das Verhalten des Mitarbeitenden. Die ausgesprochene Anerkennung stellt beziehungsorientiertes Führen dar, so dass eine Veränderung

62 Schreyögg nennt in diesem Zusammenhang die Begriffe ‚Funktionsreife’ und ‚psychologische Reife’. Unter ‚Funktionsreife’ sind demnach Wissen und Erfahrung in Bezug auf die Aufgabe zu verstehen, unter ‚psychologischer Reife’ ist der zweite Faktor mit den Aspekten wie Selbstvertrauen, Leistungs- und Verantwortungsbereitschaft erfasst (vgl. Schreyögg 1995: 1000f).

vom deutlich aufgabenbezogenen Führen zu sowohl ausgeprägtem aufgabenbezogenen als auch starkem beziehungsorientierten Führen eintritt. Auf dieser Basis kann der nächste Schritt eingeleitet werden, der die Aufgabenbezogenheit der Führung reduziert und die Beziehungsorientierung durch weitere Förderung oder Anerkennung erhöht. Ist dieses Niveau erreicht, kann auch die Beziehungsorientierung reduziert werden, da der Mitarbeitende nicht mehr auf die extrinsische Belohnung durch den Vorgesetzten angewiesen ist, sondern sich intrinsisch motiviert zeigt (vgl. Hentze 2005: 297f). Idealtypisch durchläuft der Mitarbeitende somit die vier Führungsstile und erreicht durch die aktive Führungsarbeit des Vorgesetzten dann die Phase, in der der Delegationsstil angewendet werden kann.

In einer Weiterentwicklung des Modells wird in einer Veröffentlichung aus dem Jahr 1993 das Konzept des ‚One Minute Managers' vorgestellt, das die Aspekte Zielsetzung, Lob und Tadel beschreibt und auf die Führungssituation hin skizziert. So wird hinsichtlich der Zielsetzung mit Hilfe des Akronyms ‚SMART' beschrieben, wie Ziele sein müssen: S–Spezific (spezifisch), M–Measurable (messbar), A-Atteinable (erreichbar), R–Relevant (wichtig), T–Trackable (gehbar) (vgl. Hentze 2005: 298f).

In einer neuen Variante aus dem Jahr 2001 wird dieses Konzept durch das ‚Achieve-Modell des Performance-Managements' (achieve bedeutet etwa ‚Erfolg haben') ersetzt. Dabei steht das neue Akronym für: A-Abilitiy (Fähigkeit – Mitarbeitereinsatz und Beurteilung sollen Qualifikation und Erfahrung ein-beziehen), C-Clarity (Klarheit – Herstellung von Klarheit bezogen auf Ziele und erwartete Verhaltensweisen), H-Help (Hilfe – Zurverfügungstellung von er-forderlichen Ressourcen), I-Incentive (Anreiz – Leistungsanreize zur Motivation), E-Evaluation (Bewertung – regelmäßiges Feedback und Leistungsbeur-teilung), V-Validity (Gültigkeit/Nachvollziehbarkeit – die Leistungsbeurteilung soll sich an vereinbarten Zielen orientieren) und E-Enviroment (Umwelt – situative Einflüsse werden in die Beurteilung einbezogen) (vgl. Hentze 2005: 299f).

Das Modell von Hersey und Blanchard und die entsprechenden Fortentwicklungen haben ebenfalls Eingang in Trainingsseminare für Führungskräfte gefunden. Die Konzeption eröffnet auf der Grundlage der Zweidimensionalität von Führung aus den Forschungen von Ohio und Michigan unter Einbeziehung von kontingenztheoretischen Überlegungen die Möglichkeit, das Führungsgeschehen konkret auf die Situation der Mitarbeitenden zu beziehen und diesen entsprechend des Reifegrades gerecht zu werden und das Führungshandeln darauf auszurichten.

2.3.4 Zur Kritik an den auf der Zweidimensionalität beruhenden Führungsvorstellungen

Die Zweidimensionalität von mitarbeiter- und aufgabenbezogenem Führen ist vielfach und in verschiedener Hinsicht kritisiert worden. Dies gilt für die Untersuchungen der Ohio- und Michigangruppe ebenso wie für die daraus abge-leiteten bzw. aufgebauten Führungsmodelle.
Wesentliche Aspekte werden nachfolgend benannt. Eine zentrale Kritiklinie bezieht sich auf die Methodik und setzt sich mit der Validität und der empirischen Absicherung der Ergebnisse auseinander. Eine andere greift die Sachgerechtheit der zweidimensionalen Führung auf.

2.3.4.1 Methodische Kritik

Der Fragebogen für die Ohio-Studien wurde über verschiedene Entwicklungsschritte in 48 Items gegliedert (s.o.). Diese Items sollten die zuvor gefundenen neun Dimensionen des Führungsverhaltens erfassen (vgl. Neuberger 2002: 397).
Eine Problematik stellt in diesem Zusammenhang die dazu angewandte Faktorenanalyse dar. In der Faktorenanalyse werden auf der Grundlage einer größeren Menge von Eigenschaften bestimmte Faktoren gebildet. Dies führte beim LBDQ dazu, „dass der größte Teil der Aussagen auf zwei Faktoren lud; die anderen noch extrahierten Faktoren hatten bedeutend weniger Erklärungskraft, so dass sie als weniger relevant vernachlässigt wurden. Dies hatte die folgenschwere Konsequenz, dass letztlich nur noch Items in den Endformen der Fragebogen zurückbehalten wurden, die mit den beiden Haupt-faktoren ‚Consideration' [...] und ‚Initiating Structure' [...] in Zusammenhang gebracht wurden" (Neuberger 2002: 400). Die methodische Kritik ist folglich, dass die Vorauswahl der Items das Ergebnis bestimmen und damit bereits die Anlage der Untersuchung die Konzentration bzw. Engführung auf die beiden Dimensionen Consideration und Initiating structure bewirkt hat: „Die theoretische Konzeption ist unausgesprochen in der Item-Vorauswahl enthalten, alles Folgende kann die Vorannahmen vereinfachen oder differenzieren, bestätigen oder zurückweisen, aber nicht mehr erweitern." (Neuberger 2002: 400).
Diese grundlegende Infragestellung des methodischen Vorgehens ist für die Bewertung der Erkenntnisse der Ohio-Studien relevant: sie relativiert die zentrale Behauptung der Zweidimensionalität von Führung und muss schlussfolgern, dass die Differenzierung des Führungsverhaltens in die beiden Dimensionen nicht in der behaupteten Ausschließlichkeit belegbar ist.

Hinsichtlich der Konstruktvalidität stellen Arnold und Kelsey (bezogen auf den LBDQ –XII) fest, dass „der Nachweis der Konstruktvalidität des LBDQ-XII entweder zu unterschiedlichen oder zu negativen Resultaten geführt hat. Die unterschiedliche Evidenz scheint anzuzeigen, dass eine Vielzahl von Beobachtern den Führer ähnlich sehen, diese Wahrnehmung jedoch nur gering mit der Selbstwahrnehmung des Führers übereinstimmt“ (Arnold & Kelsey 1995: 280).
Auch bezogen auf das Erfassungsspektrum von LBDQ, LBDQ XII und FVVB gibt es erhebliche Kritikpunkte. Im Kern steht die Frage, was eigentlich erfasst wird: das Führungsverhalten oder die Bewertung des Führungsverhaltens durch Untergebene bzw. die das Führungsverhalten durch die Items Beschreibenden? Nachreiner und Müller kommen zu folgendem Schluss: „Was mit derartigen Fragebogen erhoben wird, ist ganz offensichtlich die ***Einstellung des Beschreibenden*** zum Beschriebenen, dessen implizite Persönlichkeitstheorie oder allenfalls eine bei diesem subjektiv repräsentierte, an subjektiven Wertvorstellungen relativierte ***Beurteilung*** des Verhaltens des ‚beschriebenen' Vorgesetzten, nicht aber dessen tatsächliches ***Führungsverhalten,*** und es erscheint wichtig, Verhalten, wahrgenommenes oder beurteiltes Verhalten und Effekte des Führungsverhaltens konzeptuell, methodisch und empirisch auseinander zu halten, um nicht zu Fehlschlüssen zu kommen“ (Nachreiner & Müller 1995: 2121). Damit wird deutlich, dass in den Fragebögen das Verhalten, die Bewertung des Verhaltens und die Wirkungen von Verhalten nicht differenziert werden und die Ergebnisse somit Aussagen zu den verschiedenen Aspekten beinhalten, diese jedoch aufgrund der fehlenden Differenzierungen in der Anlage des Fragebogens nicht mehr sichtbar sind. Diese Vermischung der Erkenntnisgegenstände führt daher ebenfalls dazu, die gewonnenen Erkenntnisse zu relativieren.
In der Konsequenz trifft diese grundlegende methodische Kritik auch die Grundlagen der drei vorgestellten Modelle, die sich wie gesehen auf die Zweidimensionalität stützen.
Die Konzeption von Blake und Mouton wird empirisch als schwach belegt bewertet: „Die empirische Bewährung des Grid-Konzeptes und des Grid-Trainings ist insgesamt mangelhaft.“ (Hentze 2005: 235). Ebenso erkennt Neuberger, dass der „Operationalisierung der beiden Dimensionen […] keine große methodische Sorgfalt gewidmet wird“ (Neuberger 2002: 511). Das gleiche gilt für das Modell von Hersey und Blanchard, für das „eine völlig unzulängliche Dokumentation vorgeblicher Forschungsresultate“ (Neuberger 2002: 521) gesehen wird oder „zentrale Aussagen des Modells bisher nicht bestätigt werden konnten“ (Hentze 2005: 300). Ähnlich wird dem Konzept von Reddin bescheinigt, dass „der Verfasser keine große

Mühe auf systematisch entwickelte und geprüfte Messverfahren, empirische Untersuchungen oder eine theoretische Reflexion des Erfolgskriteriums verschwendet hat“ (Neuberger 2002: 517).

2.3.4.2 Inhaltliche Kritikpunkte an der Sachgerechtheit der Zweidimensionalität

Aus den methodischen Kritikpunkten und den schwachen empirischen Belegen ergeben sich grundlegende Fragen an die Zweidimensionalität von Führung. Zentrale Kritikpunkte greifen zum einen die Frage auf, ob und inwieweit Führungsverhalten in lediglich zwei Dimensionen ausreichend beschrieben werden kann. Zum anderen geht es wesentlich um den fehlenden Einbezug situativer Faktoren. Ein dritter Kritikpunkt berührt das Verhältnis zweidimensionalen Führungsverhaltens zum Führungserfolg.

Die Annahme, das lediglich zwei Merkmalsdimensionen ausreichen, um Führung zu beschreiben, ist vielfach auch hinsichtlich der Sachgerechtheit kritisiert worden. Einer der Mitautoren der Ohio-Studie, Stogdill „hat frühzeitig auf die Unzulänglichkeit von Zwei-Faktoren-Ansätzen zur Beschreibung des komplexen Führungsverhaltens hingewiesen“ (Hentze 2005: 214). Stogdill hat daraufhin zusätzlich zu den beiden Dimensionen Consideration und Initiating Structure zwölf weitere hinzugefügt, die Führung beschreiben sollen: Repräsentation der Gruppe durch die Führungsperson, Konfliktausgleich, Toleranz gegenüber bestehender Ungewissheit, Überzeugungskraft, Aufgabenorientierung, Freiheitsspielraum, Beibehalt der Führungsrolle durch die Führungsperson, Mitarbeiterorientierung, Betonung des Outputs, Vorhersagegenauigkeit, Integration und Einflussnahme auf andere Vorgesetzte (vgl. Hentze 2005: 214f, Neuberger 2002: 414f).

Mit dieser Auflistung zeigt sich, dass Führungsverhalten mehr Dimensionen realisiert als allein Aufgaben- und Mitarbeiterorientierung. Allerdings wird auch deutlich, dass diese beiden Dimensionen zum Repertoire der Führungsverhaltensweisen gehören und durch die Behauptung weiterer Dimensionen nicht überflüssig, wohl aber relativiert werden.

Ein nächster zentraler inhaltlicher Kritikpunkt berührt die Vernachlässigung von Situationsvariablen im Führungsgeschehen. Auf diesen Tatbestand haben verschiedene Autoren hingewiesen (vgl. Hentze 1997: 220f)[63]. Daher hat das zweidimensionale Modell in seiner Ursprungsform eine gravierende Schwäche.

63 In der dritten Auflage der Sammeldarstellung sind im Unterschied zur vierten Auflage die verschiedenen Publikationen und deren Kritikpunkte detailliert aufgeführt (vgl. Hentze 1997: 220f)

Ein weiterer Punkt greift den Zusammenhang von Führungsverhalten und Führungserfolg auf. Ein linearer Zusammenhang zwischen Führungserfolg und der Realisierung des zweidimensionalen Führungsstils wurde nicht erwiesen. Statt dessen sind *„moderierende und intervenierende Variablen* wie Werte, Erwartungen, Gruppenbeziehungen, Einstellungen, situative und personale Effekte, Stress, Rollenklarheit, Erfahrungen und Kompetenzen" (Hentze 2005: 214) einzubeziehen.
Auch Gebert weist darauf hin, dass neuere Untersuchungen hinsichtlich des Zusammenhangs von Consideration und Initiating Structure zu Arbeitszufriedenheit und Arbeitsleistung lediglich geringe Korrelationen aufzeigen. Im Verweis auf eine Meta-Analyse von Fischer und Edwards aus dem Jahre 1988 zeigt sich, dass lediglich eine schwache Korrelation zwischen der Leistung und der Arbeitszufriedenheit sowie einem aufgaben- und mitarbeiterbezogenen Führungsverhalten vorliegt und somit die Vorhersage, dass Aufgaben- und Mitarbeiterorientierung eines Vorgesetzten sich in Indikatoren von Leistung und Zufriedenheit widerspiegeln, kaum möglich sind. Gleiches gilt nach einer anderen Studie für die Korrelation von partizipativer Führung und der Leistung sowie Arbeitszufriedenheit von Mitarbeitenden. Auch hier fand sich eine lediglich schwache positive Beziehung (vgl. Gebert 2002: 48-50).
Die Kritik der Vernachlässigung situativer Faktoren und der kaum belegte Zusammenhang des zweidimensionalen Führens und dem Führungserfolg betrifft auch das Konzept von Blake und Mouton: „Situative Kontexte werden explizit nicht berücksichtigt" (Neuberger 2002: 515). Ebenso bewerten Hentze u. a.: „Situative Variablen wie Werte, Erwartungen, Einstellungen, Stress, Rollenklarheit, Erfahrungen und Kompetenzen aller Beteiligten am Führungsgeschehen sollten stärker berücksichtigt werden." (Hentze 2005: 235). In Verbindung zu diesem Argument muss folglich auch die Annahme eines idealen Führungsstils in der Konzeption von Blake und Mouton kritisch bewertet werden: „Der Grid-Ansatz ist ideologisch auf den Idealstil 9,9 festgelegt" (Neuberger 2002: 513). Hentze u. a. weisen darauf hin, dass ein bestimmter Führungsstil in unterschiedlichen Situationen zu unterschiedlichen Resultaten führen kann (vgl. Hentze 2005: 234f).
Das Modell von Hersey und Blanchard enthält verschiedene situative Faktoren, bezieht sich jedoch im Kern auf den Reifegrad der Mitarbeitenden als wesentlichem situativen Faktor. Jedoch wird auch hier das Fehlen situativer Variablen insofern kritisiert, als dort eine Reduzierung auf die Situationsbedingungen der Mitarbeitenden geschieht: „Im wesentlichen werden die Si-tuationsbedingungen auf die MitarbeiterInnen verengt" (Neuberger 2002: 521).

In Verbindung mit der Kritik am Fehlen situativer Variablen steht auch die Betrachtung des Verhältnisses von Führungsverhalten und Führungserfolg. Er bezieht sich explizit auf das Modell von Blake und Mouton, trifft aber die anderen Konzepte ebenso: „Besonders der monokausale Zusammenhang zwischen der als einzig optimal geltenden 9,9-Führungsform und dem Führungserfolg wird kritisiert“ (Hentze 2005: 234). Die Kritik am Modell von Reddin bezieht sich auf das Fehlen einer theoretischen Reflexion des Erfolgskriteriums und darauf, das es sich auf Plausibilitäten stützt, die nicht wissenschaftlich belegbar sind: „Problematisch ist, dass sich das Modell ausschließlich auf Plausibilitäten stützt“ (Hentze 2005: 292; vgl. auch Neuberger 2002: 517).
Plausibel, so scheint es, ist die Gliederung von Führungsverhalten in zwei Dimensionen. Allerdings hat die Begründung dieser Plausibilität erhebliche methodische und inhaltliche Schwächen. Nachfolgend werden die Argumente gewichtet und bewertet.

2.3.4.3 Bewertung der Kritikpunkte

Die Auseinandersetzung mit der Zweidimensionalität von Führung sowie mit den daraus entwickelten Führungskonzepten zeigt, dass das Führungsgeschehen komplexer ist, als das es lediglich auf zwei Verhaltensdimensionen reduziert werden könnte. Damit relativiert sich die Annahme, Führungsverhalten beruhe ausschließlich auf den beiden Dimensionen Mitarbeiter- und Aufgabenorientierung. Gleichzeitig kann die Relativierung jedoch nicht aufheben, dass es zur Ausübung von Führung sinnvoll und begründet ist, sowohl die Aufgaben als auch die Person des Mitarbeitenden und die Beziehung zu ihr in den Blick zu nehmen und Führungsverhalten darauf zu beziehen.
Die methodische Kritik zeigt, dass die Anlage des Fragebogens der Ohio-Studien ihre Ergebnisse bereits vorwegnimmt. Jedoch auch dies widerlegt nicht die sinnvolle und begründete Unterscheidung des Führungsverhaltens als auf Mitarbeiter und Aufgaben orientiert. Es relativiert allerdings die Ausschließlichkeit, weist auf methodische Mängel hin und fordert weitere ergänzende Perspektiven.
Die inhaltlichen Kritikpunkte an den Ergebnissen der Ohio- und Michigan-Studien sowie an den praxisorientierten Modellen zielen im Kern auf die Auseinandersetzung mit den fehlenden situativen Variablen und dem Verhältnis von Führungsverhalten und Führungserfolg. Daraus resultierend begründet sich auch in inhaltlicher (und nicht nur methodischer) Hinsicht die Frage, ob mit der Zweidimensionalität ausreichende Dimensionen zur Wahrnehmung von Führung abgebildet sind.

Die Einforderung des Einbezugs der situativen Faktoren in den Führungsprozess und im Gegenzug die entsprechende Kritik an deren Fehlen ist leicht nachvollziehbar. Führungsverhalten entfaltet unter unterschiedlichen Bedingungen unterschiedliche Wirkungen – dies wird in der Auseinandersetzung mit den Situationstheorien deutlich werden. Die Ablehnung eines idealtypischen Führungsstils resultiert aus der Frage nach den Situationsbedingungen und der darin implizit enthaltenen Annahme, dass unterschiedliche Bedingungen unterschiedliches Führungsverhalten erfordern. Daher ist der Einbezug von Situationsfaktoren unverzichtbar und die weiteren Forschungen zur Zweidimensionalität sowie die Weiterentwicklungen der Modelle haben dieses Defizit bereits erkannt und entsprechend reagiert. So sind in der Konzeption von Reddin ebenso wie im Reifegradmodell von Hersey und Blanchard Situationsfaktoren aufgenommen worden. Insbesondere das 3-D-Modell von Reddin begreift die Situationsbedingungen als die Kategorie, die über die Effektivität bzw. Ineffektivität von Führungsverhalten entscheidet.
Allerdings können auch die auf das Fehlen der Situationsfaktoren bezogenen Kritikpunkte nicht grundsätzlich in Frage stellen, für das Führungsgeschehen Mitarbeiter- und Aufgabenorientierung als sinnvolle Orientierungspunkte anzunehmen. Vielmehr deuten sie darauf, dass die Wirkungen mitarbeiter- bzw. aufgabenbezogenen Verhaltens durch Rahmenbedingungen beeinflusst werden. Insbesondere das Modell von Reddin zeigt, dass diese Komponenten in einem auf zweidimensionaler Führung aufbauendem Modell einzubeziehen sind.
Die zweite Kritiklinie berührt die Fragestellung der Verbindung von zweidimensionaler Führung und Führungserfolg. Deutlich wurde, dass Leistung und Arbeitszufriedenheit lediglich schwach positiv mit einem auf Consideration und Initiating Structure beruhendem Führungsverhalten korrelieren. Unter Ausklammerung der stets zu stellenden Frage, was unter Führungserfolg im Einzelnen verstanden wird bzw. verstanden werden soll (vgl. Kap. 2.1.4), scheint bezogen auf die Zweidimensionalität der Führung nicht belegbar, dass entsprechendes Führungsverhalten sich auf die Leistung und Arbeitszufriedenheit deutlich positiv auswirkt. Als Erfolgskriterium für das aufgabenbezogene Führungsverhalten die erbrachte Leistung heranzuziehen und für das mitarbeiterbezogene Führungsverhalten die Arbeitszufriedenheit, entspricht der Konzeption der Zweidimensionalität. Somit ist dieser Kritikpunkt eine deutliche Anfrage an die Zweidimensionalität der Führung. Die Weiterarbeit an dieser Führungsvorstellung hat dies aufzugreifen und eine größere Bandbreite des Führungsverhaltens zu beschreiben, dem ein differenziertes Anforderungsprofil an Führung bzw. Führungskräften zugrunde liegt.

Doch damit ist nicht alles ausgesagt zum Argument der fehlenden Belegbarkeit von zweidimensionalem Führen und dem Führungserfolg. Die Darstellung der drei praxisorientierten Modelle hat gezeigt, das sie eine Möglichkeit bieten, das Führungsgeschehen zu bündeln und zu reflektieren. Die Tatsache, dass sie in der Praxis, insbesondere in Führungstrainings Anwendung finden, ist ein Hinweis auf die in ihnen enthaltene Möglichkeit, das komplexe Führungsgeschehen für diejenigen, die sich für eine bestimmte Art der Führung entscheiden müssen, handhabbarer zu machen. Darüber hinaus bieten sie eine gemeinsame Sprache an, die eine Reflexion von Führungsausübung gewährleisten. Nachreiner und Müller sprechen diesen Zusammenhang an, in dem sie formulieren: „Sie [die Aufgliederung des Führungsverhaltens – Verf.] ermöglicht ein Denken in theoretisch unkomplizierten, sparsamen Modellkonstruk-tionen, insbesondere in der von der Ohio Schule vertretenen Variante der Unabhängigkeit der beiden Dimensionen C und IS“ (Nachreiner & Müller 1995: 2118). Und auch die Bewertung von Hentze u.a. weist in differenzierter Form in diese Richtung: „Immerhin lässt der gegenwärtige Stand der Forschung die Annahme zu, dass die Zwei-Faktoren-Theorie für eine angemessene Beschreibung und Erklärung des Führungsverhaltens einerseits nicht differenziert genug ist [...], andererseits jedoch eine größere Zahl von Führungsdimensionen einer grundsätzlichen Verallgemeinerung von Führungsverhalten entgegensteht“ (Hentze 2005: 216). Damit wird der Blick auf die Frage nach der Alternative gelenkt: Der Führungsprozess weist eine hohe Komplexität auf. Unter dieser Bedingung ist konkretes Führungsverhalten zu realisieren. Aufgabe der Führungskraft ist es, Führungsverhalten zu realisieren und daher aus der Fülle der Zugangsweisen, Aspekte und Möglichkeiten auszuwählen und sich in bestimmter Weise zu verhalten. Wenn also eine deutlich positive Beziehung zwischen der zweidimensionalen Führung und dem Führungserfolg nicht aufzuweisen ist, heißt dies nicht, dass diese Unterscheidung mit der ihr innewohnenden Systematisierung von Führungsverhalten wertlos wäre. Insofern Führungskräfte ihr Verhalten in diesen Kategorien strukturieren können und auf dieser Grundlage Führungsverhalten reflektieren und trainieren, haben sie die Möglichkeit, Führung bewusst und nach einem Konzept auszuüben. Die Alternative wäre möglicherweise Beliebigkeit, Konzeptionslosigkeit und Strukturlosigkeit mit anzunehmenden negativen Wirkungen auf die Mitarbeitenden. Dann könnte die immerhin gegebene schwach positive Korrelation von zweidimensionalem Führen und Führungserfolg in deutliche Unzufriedenheit der Mitarbeitenden und eine negative Leistungsbilanz umschlagen.

Daher wird hier aus dem Kritikpunkt der lediglich schwachen positiven Beziehung zwischen dem auf Zweidimensionalität beruhendem Führungsverhalten und Führungserfolg gefolgert, eine differenziertere Konzeption für Führungsverhalten zu erarbeiten und gleichzeitig daran festzuhalten, dass eine Systematisierung von Führung, wie sie durch aufgaben- und mitarbeiterbezogenes Führen gegeben ist, in der hier vorgenommenen Weise sinnvoll und notwendig ist, um Führung bewusst ausüben zu können.

Diese Sichtweise führt dann zum dritten Kritikpunkt, der das Ausreichen von zwei Dimensionen im Führungsverhalten in Frage stellt. Diese Infragestellung bezieht die Frage nach dem Führungserfolg ein, da Führung stets Ergebnisse auslösen will und die Kritik an der Sachgerechtheit der lediglich zwei Dimensionen auf dem Hintergrund der dadurch zu erreichenden bzw. nicht zu erreichenden Wirkungen erfolgt.

Wie aus dem Argumentationsgang bislang zu schließen ist, wird diese Auffassung hier geteilt. Die zwei Dimensionen Consideration und Initiating Structure allein sind nicht ausreichend, um Führungsverhalten sachgerecht und erfolgsrelevant auszuüben. Gleichzeitig wird allerdings in Würdigung des Ansatzes der zweidimensionalen Führung samt der angemerkten defizitären Aspekte der Einbezug der Dimensionen Mitarbeiter- und Aufgabenorientierung in die Realisierung und Konkretisierung von Führungsverhalten als eine sinnvolle und aufgrund der Forschungen auch begründete Zugangsweise zum Führungsgeschehen betrachtet. Denn die Kritikpunkte heben diesen Zugang zum Führungsgeschehen nicht auf, fordern jedoch erweiternde Elemente.

Das Kompendium von Hentze u. a. stellt in der Berufung auf einen Aufsatz der Autoren Fiedler und House aus dem Jahr 1988 fest: „Es existieren *zwei Hauptkategorien des Führungsverhaltens*. Die erste Kategorie bezieht sich auf die interpersonalen Beziehungen, die zweite auf aufgabenorientiertes Verhalten. Die Mehrheit der Führungsforscher geht davon aus, dass das Verhalten von Führungspersonen die Unternehmenszielerreichung, den Führungserfolg, das Treffen und die Umsetzung von Entscheidungen sowie die Arbeitszufriedenheit und -leistungen der Geführten beeinflusst. Verhaltensweisen müssen neben der sachrationalen Ebene die Ziele auch die sozio-emotionale Ebene menschlicher Beziehungen berücksichtigen (Lokomotions- und Kohäsionsfunktion)“ (Hentze 2005: 63f).

Der Zug der Argumentation wird fortgesetzt in der Formulierung: „Trotz aller Einwendungen gegen die Ohio-Studien kann angenommen werden, dass es sich bei den Dimensionen ‚Consideration' und ‚Initiating Structure' um fundamentale Führungsverhaltens-Kategorien handelt“ (Hentze 2005: 216).

Diese Aussagen unterstützen die hier vertretene Position ebenso wie die Feststellung von Nachreiner und Müller, die in ihrem Resümee ähnlich grundsätzlich den Stellenwert von Consideration und Initiating Structure aufgreifen: „Trotz aller Einwände bleibt festzuhalten, dass C und IS empirisch gesicherte Konstrukte und keine methodenspezifischen Artefakte sind“ (Nachreiner & Müller 1995: 2122). In der weiterführenden Argumentation gehen beide Autoren von folgender grundlegender Einschätzung aus: „Die Universalität der beiden Grunddimensionen ist und bleibt verblüffend. Daher ergibt sich die Frage, ob es sich hier nicht doch um fundamentale Kategorien interpersonalen Verhaltens [...] oder aber um fundamentale Kategorien der Beurteilung bzw. kognitiven Repräsentation interpersonalen Verhaltens (und ggf. seiner Effekte: Leistung und Zufriedenheit) handelt“ (Nachreiner & Müller 1995: 2122).
Dieser Einschätzung wird sich hier angeschlossen: die Orientierung von Führungsverhalten auf den oder die Mitarbeitenden und gleichzeitig die Aufgabe erscheint nach wie vor eine sinnvolle, nachvollzieh- und begründbare sowie wertvolle Unterscheidung von Führungsverhalten. Wenn hier von dem nach wie vor gegebenen Wert der Unterscheidung von Führungsverhalten in die Dimensionen Consideration und Initiating Structure ausgegangen wird, dann allerdings mit erheblichen Erweiterungen. Es erscheint nicht sachgerecht, allein diese Dimensionen für Führungsverhalten anzunehmen. Aus diesem Grund ist es erforderlich, die Konzeption der Zweidimensionalität zu erweitern und zusätzliche Zielrichtungen bzw. Funktionen oder Rollen von Führungsverhalten zu benennen, die über die Dichotomie von mitarbeiter- und aufgabenbezogenen Führungsverhalten hinausgehen.

2.3.5 Basisanforderungen an Führung – Die Weiterentwicklung der Zweidimensionalität der Führung

Auf der Grundlage der Zweidimensionalität der Führung wird daher der nächste Schritt unternommen. Ziel ist es, die durch die zweidimensionale Sicht von Führung gegebene Strukturiertheit und der ihr innewohnenden Sachgerechtheit zu folgen, gleichwohl jedoch die Defizite aufzugreifen und ein erweitertes Verständnis für das Führungsverhalten einzubringen.
Erhellend ist in diesem Zusammenhang ein Hinweis auf die Konzeption von Kohäsion und Lokomotion (vgl. Neuberger 2002: 329-331, Hentze 2005: 23-28; Hentze 1997: 461, Paschen 1995, Wiswede 1995: 829f). Die-

se Unterscheidung stammt aus der Analyse sozialer Prozesse[64] und mündet in die These, dass einerseits der als ‚Kohäsion' bezeichnete soziale Zusammenhalt einer Gruppe und andererseits die ‚Lokomotion' genannte Zielerreichung Funktionen sind, die sich zueinander verhalten und in einem Gleichgewicht stehen müssen. Daraus folgt die Annahme eines Führungsduals[65]. Dahinter stehender Grundgedanke ist, dass die Ausrichtung auf das Erreichen von Zielen in Gruppen zu Spannungen auf der sozio-emotionalen Ebene führt. Diese Spannungen oder Konflikte können durch ein anderes als dem an der Zielerreichung orientierten Gruppenmitglied reduziert oder ausgeglichen werden. Das sogenannte ‚Divergenztheorem' besagt, dass in sozialen Gruppen eine Differenzierung dieser ‚divergenten' Rollen anzunehmen ist (vgl. Neuberger 2002: 350, Paschen 1995: 251)[66].

Es liegt nahe, von den Führungsfunktionen oder Führungsrollen in Gruppen die Verbindung zur Zweidimensionalität der Führung zu ziehen. Der Lokomotionsfunktion in Gruppen entspricht das aufgabenbezogene Führungsverhalten eines Vorgesetzten. Beiden Orientierungen geht es um Zielerreichung, Leistung und Aufgabenbewältigung. Demgegenüber korrespondiert die Kohäsions-funktion in Gruppen mit dem mitarbeiterbezogenem Führungsverhalten, da in beiden Fällen die sozio-emotionalen, auf die Person bzw. Personen bezogenen Aspekte angesprochen werden. Deutlich ist, dass das Konzept von Kohäsion und Lokomotion aus der Analyse von Gruppen stammt, Consideration und Initiating Structure dagegen eine empirisch (mit allen genannten Schwächen), faktorenanalytisch gewonnene Beschreibung von Führungsverhalten darstellt (vgl. auch Wiswede 1995: 829).

Eine Weiterentwicklung der Gruppentheorie und in deren Folge der Führungsforschung geht von Führungspluralen als einer Erweiterung der Führungsduale aus. Grundlegend für diese Denkweise ist die Annahme, dass in Gruppen eine Fülle von Anforderungen bestehen, die das ‚Funkti-

64 Der Vorstellung liegt eine Verbindung von Gruppen- und Rollentheorie zugrunde, die sich mit folgendem Satz prägnant beschreiben lässt: „Entsteht eine Gruppe, entstehen mit ihr Rollen, die auf die Gruppenmitglieder verteilt werden" (Holling & Lammers 1995: 135).

65 Bekannte Führungsduale sind Bundeskanzler und Bundespräsident, Häuptling und Medizinmann, Bischof und Generalvikar.

66 Umstritten ist, ob die divergenten Rollen auf zwei Personen verteilt werden müssen oder auch durch eine Person wahrgenommen werden kann. (vgl. Paschen 1995: 251, Wiswede 1995: 837). Die ‚two-complementary-leader-hypothesis' (vgl. Wiswede 1995: 837) geht entsprechend der ursprünglichen Annahme von Bales und Slater von einer Trennung der Rollen auf zwei Personen aus. Andere Autoren wie Paschen machen die Entscheidung dieser Frage von Situationsbedingungen abhängig (vgl. Paschen 1995: 251-253).

onieren' bzw. Überleben von Gruppen sichern. In die Führungsforschung hat das Denken von Funktionspluralen oder Rollenpluralen vor allem durch Mintzbergs Konzept der Führungsrollen (s.o.) Einzug gehalten, die durch weitere Vorstellungen ergänzt wurden (vgl. Wiswede 1995).
Um nun die Anforderungen an Führung zu skizzieren, erfolgt eine Befassung mit dilemmatischen Führungskonstellationen. Darauf aufbauend wird ein Modell zu Führungsrollen bzw. Führungsfunktionen vorstellt, das Basisanfor-derungen an Führungsverhalten vorstellt und entsprechende Führungsrollen beschreibt. Daran anschließende Ergänzungen zeigen einen Weg, die Funk-tionen oder Rollen von Führungspersonen zu skizzieren und daraus resultie-rendes Führungsverhalten zu beschreiben.

2.3.5.1 Divergente Führungsanforderungen

Führung findet unter widersprüchlichen, dilemmatischen Bedingungen statt, in denen sich alle Beteiligten des Führungsprozesses bewegen und unter denen die Führungskraft konkretes Führungshandeln realisieren muss: „Das Problem, dass Führung widersprüchliche Anforderungen auszubalancieren hat, wurde bereits mehrfach als eines der heute zu bewältigenden Kernprobleme herausgestellt" (Gebert 2002: 151).
Wesentliche Ursache dieser divergierenden Führungsanforderungen sind mehrdeutige, plurale, teilweise widersprüchliche Zielvorstellungen, sich ständig ändernde und dazu noch selektiv, interessengeleitet wahrgenommene Bedingungen oder aber das Eingreifen vieler, wechselnder, bekannter und unbekannter Handelnder (vgl. Neuberger 1995a: 534). Neuberger geht von einer übereinstimmenden Auffassung dahingehend aus, „dass Dilemmata und Paradoxa im Managementprozess unausweichlich sind" (Neuberger 2002: 359).
Insbesondere die Pluralität der Ziele bildet eine wesentliche Ursache für die divergierenden Führungsanforderungen. Ist die eine Zielanforderung mit Begriffen wie Ordnung, Orientierung und in der Folge mit einer Begrenzung des Handlungsspielraumes zu beschreiben, lässt sich die andere mit Freiheit, Ermöglichung oder Erweiterung der Handlungsmöglichkeiten bezeichnen. Auf der Ebene der Organisation führen die begrenzenden Ziele zu Zuverlässigkeit und Handlungsfähigkeit, die erweiternden Ziele bedeuten Flexibilität und Innovationsfähigkeit. Auf der Ebene des Individuums bringen die Ziele im Bereich der Ordnung Sicherheit und Orientierung, die Ziele im Bereich von Freiheit und Erweiterung Autonomie und Selbstbestimmung (vgl. Gebert 2002: 151f). Bereits hier ist erkennbar, dass beide Zielpole erforderlich sind und sowohl Organisationen als auch Individuen nicht nur eines der beiden „Zielbündel" (Gebert 2002: 152) anstreben, sondern beide. Das Individuum bildet seine Identität in

der Spannung der Bedürfnisse nach Geborgenheit ebenso wie der nach Autonomie aus. Und Organisationen benötigen beide Zielorientierungen, um einerseits zuverlässig Produkte zu erstellen oder Dienstleistungen anzubieten und andererseits innovativ und anpassungsfähig zu sein.
Im Folgenden wird diese Problemstellung skizziert. Daraus erwächst, aufbauend auf die Zweidimensionalität der Führung und aus den grundlegenden Führungsdilemmata abgeleiteten Basisanforderungen an Führung eine Vorstellung von Führung, die unter dilemmatischen Konstellationen adäquates Führungsverhalten beschreibt.

2.3.5.2 Führungsdilemmata

Unter einem Dilemma wird allgemein ein Entscheidungszwang verstanden, der zwischen zwei Alternativen besteht. Eine dilemmatische Situation beinhaltet den Entscheidungszwang mit einer verbindlichen Wirkung sowie gegebene (also tatsächlich vorhandene), gleichwertige und gegensätzliche (somit sich gegenseitig ausschließende) Alternativen (vgl. Neuberger 2002: 337f).
Eine Publikation von Müller-Stewens und Fontin aus dem Jahre 1997 gibt acht aus der Praxis abgeleitete Dilemmata an, die in ihrer Bezeichnung jeweils zwei Spannungspole erfassen:

Abbildung 5: Führungsdilemmata nach Müller-Stewens und Fontin

- Zentralisierte Dezentralisation (selbstständige Einheiten und zentrale Steuerung)
- Differenzierte Standardisierung (differenzierte und gleichzeitig standardisierte Produkte/Dienstleistungen)
- Koordinierte Virtualität (Ausgliederung von Wertschöpfungsprozessen und Schaffung eines zu koordinierenden ausgeweiteten Systems von Partnern)
- Konkurrierende Kooperation (Kooperation unter Konkurrenzsituationen)
- Rotierende Kontinuität (Flexibilität bei Stabilität)
- Partizipative Themenvorgabe (Partizipation und zentrale Steuerung)
- Selektive Kommunikation (umfassende Kommunikation und Teilinformation)
- Dynamische Kernkompetenzen (Kernkompetenzen und ständiger Veränderung der Qualifikationen).

(vgl. Neuberger 2002: 340, Gebert 2002: 153f)

Gebert weist darauf hin, dass dem Dilemma der ,zentralisierten Dezentralisation', also der Spannung von selbstständigen Einheiten und den Erfordernissen einer zentralen Koordination und Organisation von den befragten Praktikern die höchste Priorität und Dringlichkeit zuerkannt wurde (vgl. Gebert 2002: 154)[67].
Neuberger fügt (ohne Anspruch auf Vollständigkeit) diesen Dilemmata 13 spezifische Führungsdilemmata hinzu. Es geht um dilemmatische Konstellationen, in denen Führungskräfte sich bewegen:

Abbildung 6: Führungsdilemmata nach Neuberger

- Mittel und Zweck
- Gleichbehandlung und Einzelfallentscheidungen
- Distanz und Nähe bzw. Sachlichkeit und Emotion
- Fremdbestimmung und Selbstbestimmung
- Spezialisierung und Generalisierung
- Gesamtverantwortung und Einzelverantwortung
- Bewahrung und Veränderung
- Konkurrenz und Kooperation
- Aktivierung und Zurückhaltung
- Innenorientierung und Außenorientierung
- Zielorientierung und Verfahrensorientierung
- Belohnungsorientierung und Wertorientierung
- Selbstorientierung und Gruppenorientierung.

(vgl. Neuberger 2002: 342-248)

Es ist leicht nachzuvollziehen, dass die jeweiligen Pole ihre Berechtigung haben und keine Orientierung als von vornherein unsinnig, irrelevant oder unmoralisch zu kennzeichnen ist. So sind Mitarbeitende auch Mittel zur Erreichung eines Zieles, gleichzeitig jedoch ebenso ,Zweck', da ihnen Personalität zukommt und diese Dimension in keinem Bereich der Existenz auszublenden ist. Die Sichtweise auf die Mitarbeitenden spielt sich also zwischen den Polen ab, ob Mitarbeitende als verplante, fremd zu bestimmende Kostenfaktoren, Instrumente undLeistungsträger gesehen werden oder als Mitmenschen und Partner mit Selbstbestimmungs- und

67 Fontin stellt dieses Dilemma detailliert dar und weist darauf hin, dass neue Strategien, wie die Umgestaltung einer Organisation in eine dezentrale Struktur neben neuen Vorteilen auch den Verlust bisheriger Vorteile bedeuten (vgl. Fontin 1997: 175-179).

Entscheidungsräumen. Ähnlich sind die anderen angegebenen Führungsdilemmata durchzuarbeiten (vgl. Neuberger 2002: 343-348)[68].

2.3.5.3 Offene und geschlossene Formation

Zur Einordnung der Problemstellung ist im Gefolge von Gebert (vgl. Gebert 2002: 154-161) ein Hinweis auf geschlossene und offene Muster im Rahmen organisationaler Kontexte hilfreich. In der Dichotomie von ‚offen' und ‚geschlossen' lassen sich Werte und Grundmuster ordnen, die die jeweilige Formation beschreiben.
Die grundlegende Unterscheidung beider Muster besteht zunächst darin, Wirklichkeit einerseits als gestaltbar oder aber andererseits als vorgegeben und somit weitgehend unveränderbar anzusehen. Die Annahme eines offenen Organisations- oder Gesellschaftsmusters bedeutet ein Denken, wonach Realität durch Individuen veränderbar ist. In den Vorstellungen geschlossener Muster wird die soziale Realität als vorgegeben angesehen. Weiterhin besteht die grundlegende Unterscheidung zwischen beiden Mustern in der Frage des Menschenbildes. Das Denken in den Vorstellungen offener Muster geht davon aus, dass Menschen gleichberechtigt und gleichwertig sind und daran auch unterschiedliche Interessen und vorhandene Unterschiede nichts ändern. Vorstellungen geschlossener Organisationen dagegen nehmen Menschen als unterschiedlich an und behandeln sie auch unterschiedlich. Insgesamt gilt: „In der offenen Gesellschaft ist der Referenzpunkt allen Denkens und Handelns das Individuum, sodass nach Bedingungen gesucht wird, die Freiheit des Einzelnen zu schützen, um seiner Individualität Raum zu geben. In der geschlossenen Gesellschaft dominiert dagegen das kollektivistische Muster, in dem sich der Einzelne den Interessen des Ganzen unterzuordnen hat, was wiederum zu anderen spezifischen Wertmustern und Praktiken führt" (Gebert 2002: 155).
Bezogen auf Führung besteht die Grundannahme, dass Führung zwischen beiden Welten agieren soll und zwischen ihnen vermittelt. Führung soll

68 Neuberger führt in Unterscheidung zu den Dilemmata die Paradoxa an. Das Informationsparadox bspw. erfasst die Erwartung, durch möglichst viele Informationen eine abgesicherte Entscheidung treffen zu können und gleichzeitig in einer Informationsflut zu ertrinken, da die erforderlichen Verknüpfungen und Schlussfolgerungen nicht mehr herzustellen sind (vgl. Neuberger 2002: 354-359). Mit Gebert allerdings wird auf diese Ausweitung der divergenten Führungsanforderungen verzichtet, da vor allem unter ‚paradox' ein vermeintlicher Widerspruch verstanden wird, der es jedoch tatsächlich nicht ist: „Die Verwendung des Adjektivs ‚paradox' erscheint vor allem aber deswegen problematisch, weil dieses Wort meist verwendet wird, um zum Ausdruck zu bringen, dass etwas als widersprüchlich *erscheint*, ohne es jedoch zu sein" (Gebert 2002: 153).

u. a. Leistung sichern und das Individuum achten, Aufbrüche ermöglichen und Bewährtes erhalten, Konsens erzielen und Vielfalt sichern, Freiraum ermöglichen und Zusammenhalt gewährleisten (vgl. Gebert 2002: 155). Damit sind wieder dilemmatische Konstellationen benannt, unter denen Führung stattfindet.

Beide Muster haben spezifische Vor- und Nachteile. Gelten in der geschlossenen Organisation Stabilität und Sicherheit als Werte, beinhaltet dies gleichzeitig die Gefahr von Rigidität und Erstarrung. Steht dem in der offenen Organisation Veränderbarkeit und Flexibilität gegenüber, sind dort die Gefahren Instabilität und Chaos. Zielt die geschlossene Organisation auf Harmonie und Vertrauen, birgt dies gleichzeitig das Risiko von Stillstand, Infantilisierung oder Abschottung. Dem gegenüber orientiert sich die offene Organisation an Pluralität und Entwicklungspotenzial mit den Risiken von Misstrauen und Streitpotentialen. Sind im geschlossenen Denkmuster Differenzierung und Elitebildung anzustrebende Werte, beinhaltet dies gleichzeitig die Gefahr von Diskriminierung. Dem steht im offenen Denkmuster die Chancengleichheit mit der negativen Entwicklungsmöglichkeit von Nivellierung entgegen. Strebt die geschlossene Formation Sicherheit und Zuverlässigkeit an, muss sie sich mit dem Auswuchs von Zwang und Einengung auseinandersetzen. Die offene Gesellschaft dagegen stellt Individualität und Autonomie in den Vordergrund, muss jedoch dann mit Entwicklungen zu Egoismus, Unkoordiniertheit bis hin zur Anarchie rechnen, wenn sich die einzelnen Werte verselbständigen. Steht im geschlossenen Muster Eindeutigkeit, Gewissenhaftigkeit oder Sinndefinition im Wertehorizont, sind ideologisches oder dogmatisch-fundamentalistisches Denken deren mögliche Radikalisierungen. Werden auf der anderen Seite Toleranz und Lernfähigkeit angestrebt, sind Beliebigkeit oder Orientierungs-losigkeit die möglichen Fehlentwicklungen (vgl. Gebert 2002: 156).

Beide Grundorientierungen, dies dürfte deutlich geworden sein, haben ihre Attraktivität. Stabilität, Sicherheit, Vertrauen, Zuverlässigkeit und Eindeutigkeit sind ebenso vorteilhaft wie Flexibilität, Pluralität, Individualität, Autonomie und Toleranz. Gleichzeitig ergeben sich die Gefährdungen. Erstarrung und Chaos, Zwang und Anarchie, Ideologie und Orientierungslosigkeit stehen sich in den jeweiligen Mustern als Gefahrenpotentiale gegenüber.

Diese grundlegenden Vorstellungen von geschlossenen und offenen Mustern sind in Gesellschaften, in Organisationen oder in der Familie zu finden. Es spricht vieles für die Annahme, dass ihre Entwicklungen zyklisch verlaufen und eine extreme Ausprägung jeweils das Gegenpotential mobilisiert (vgl. Gebert 2002: 158-160).

Auch im Individuum verlaufen vergleichbare Prozesse. Entsprechend dem Mechanismus von Adaptation und Deprivation (Sättigung und Entzug) werden vorhandene Möglichkeiten der Bedürfnisbefriedigung abgewertet zugunsten der Aufwertung nicht vorhandener Chancen. Dabei entwickelt sich eine Verstärkung der Abwertung der gegenwärtigen Möglichkeiten parallel zur Verstärkung der Aufwertung der zukünftigen bzw. angestrebten Erwartungen. Dieser Zyklus fungiert als Antrieb für Entwicklungen in sozialen Systemen (vgl. Gebert 2002: 160f).

Mögliche Umgangsformen mit den offenen und geschlossenen Mustern sind grundsätzlich der Kompromiss zwischen den Werten oder die Kombination von offenen und geschlossenen Mustern. Dabei bietet das Vorgehen des Kompromisses die Möglichkeit, zeitgleich einen Ausgleich zu erreichen oder diesen Ausgleich zu unterschiedlichen Zeitpunkten anzustreben.

In einem Kompromiss würde demnach zum einen versucht werden, gleichzeitig bspw. Sicherheit und Freiheit zu gewährleisten. In der Tendenz besteht die Strategie darin, eine mittlere Position zwischen beiden Werten zu finden. Die Stärke dieses Vorgehens besteht darin, dass sich keine Radikalisierung in die eine oder andere Richtung ergeben kann. Allerdings ist daran problematisch, dass keiner der Vorteile, der beiden Mustern innewohnt, zum Tragen kommen kann. Weder die Stärke von Zuverlässigkeit wird ermöglicht noch die der Autonomie.

In einem Kompromissmodell, das zum anderen zu unterschiedlichen Zeitpunkten einen Ausgleich sucht, würde in einer bestimmten Phase eines sozialen Systems der Schwerpunkt auf die geschlossenen Muster gelegt, in einer anderen, möglicherweise die zyklischen Bewegungen aufgreifenden Phase auf die offenen Muster. Dann wären temporär die jeweiligen Stärken nutzbar. Für Organisationen, die bspw. nach einer Aufbruchsphase eine Phase der Konsolidierung benötigen, wäre dieses Vorgehen denkbar. Diese Strategie ist jedoch nur dann sinnvoll, „wenn man sie in ausbalancierter Form vollzieht, also nicht in eine Entweder-Oder-Politik verfällt“ (Gebert 2002: 165). Denn dann könnten sich die Extreme realisieren und sich die totalitären Ausprägungen durchsetzen. Gelingen kann ein solcher temporärer Kompromiss also nur, wenn das jeweilige Muster lediglich in der Intensität umgesetzt wird, die die jeweiligen Stärken nutzbar werden lassen. Die Erfordernisse von Aufbruch und Flexibilität, um im Beispiel zu bleiben, können nur soweit zugelassen werden, wie sie gleichzeitig produktiv für die Organisation bleiben. Und die Konsolidierung von Abläufen und Strukturen muss da enden, wo dies zu Erstarrung und Einengung führt, also sich tendenziell die Extremformen ausbilden. Der Umgang mit den Mustern in der Form eines temporären Kompromisses ist somit auch

stets eine Gradwanderung – damit Führen in dilemmatischen Konstellationen.
Alternativ dazu kann eine Kombination der geschlossenen und offenen Wertvorstellungen in den verschiedenen Ebenen angestrebt werden. Fällt in einem Organisationsbereich eine Entscheidung für das geschlossene Muster, kann im anderen eine Entscheidung zugunsten des offenen Musters gewählt werden. Legt eine Gesellschaft oder eine Organisation sich in der Spannung von Elitebildung und Chancengleichheit entsprechend dem geschlossenen Muster auf die Elitebildung fest, kann in der Dichotomie von Stabilität und Flexibilität eine Festlegung zugunsten der Flexibilität erfolgen (vgl. Gebert 2002: 162-164). Doch auch hier gilt, dass die Radikalisierungen des jeweiligen Musters zu vermeiden sind.
Letztlich legt die Form der Kombination als auch des temporären Kompromisses nahe, auf Sowohl-als-auch-Strategien zu setzen statt auf Entweder-Oder-Modelle. Gebert weist darauf hin, dass in asiatischen Kontexten das Umgehen mit in sich widersprüchlichen und gleichzeitig sich bedingenden Polen eher verbreitet ist als in westlichen Gesellschaften. Insbesondere der Anspruch an Konsistenz und Widerspruchsfreiheit führt in westlichen Kontexten dazu, entweder das eine oder das andere Muster zu verfolgen mit der Gefahr, dass die extremen Pole realisiert werden können (vgl. Gebert 2002: 165f).
Festzuhalten bleibt an dieser Stelle: Führung findet unter dilemmatischen Bedingungen statt. Auf der Grundlage der Unterscheidung von offenen und geschlossenen Denkmustern lassen sich diese Spannungen einordnen und erklären. Auf dieser Grundlage gilt es nun, in Anknüpfung an die zweidimensionalen Führungsvorstellungen und den Reflexionen zu Führungsdualen und Führungspluralen eine Führungsvorstellung aufzugreifen, die die dilemmatischen Gegebenheiten von Führung einbezieht und darunter Führungshandeln ermöglicht.

2.3.5.4 Das Modell der Führungsrollen (Quinn)

Aus den 1980er und 1990er Jahren stammt eine Führungsvorstellung von Quinn (vgl. Quinn 1988, Quinn & Cameron 1988a), die davon ausgeht, das Führung stets in dilemmatischen Konstellationen stattfindet. Dementsprechend legt Quinn ein Konzept vor, das von widersprüchlichen, jedoch komplementären Führungsrollen bzw. Führungsfunktionen ausgeht. Kern dieser Vorstellung ist, dass Führungskräfte sowohl die eine als auch die andere widersprüchliche und gleichzeitig komplementäre Funktion erfüllen müssen, um erfolgreich zu sein.
Grundsätzlich muss Führungshandeln Flexibilität und Wandel sowie Stabilität und Kontinuität gewährleisten. Ebenso muss Führungshandeln die

Integration nach innen und die Adaption nach außen sicherstellen. Damit ergeben sich je zwei bipolare Dimensionen, die in ein Koordinatenkreuz aufzuspannen sind. Diese „Basisanforderungen“ (Gebert 2002: 58) an Führung bilden erstens die dilemmatorische Situation von Führung ab. Zweitens stellen sie klar, dass eine Führungskraft, um effektiv zu führen, in ihrem Führungsverhalten auf diese Basisanforderungen zu reagieren hat.

Die Vorstellung lässt sich in einem das Koordinatensystem umgebenden Kreismodell darstellen. In der vertikalen Achse bilden Flexibilität und Stabilität die gegenüberliegenden Punkte. Die horizontale Achse ist durch den innengerichteten Fokus und den außengerichteten Fokus bestimmt. In den vier Quadranten werden nun je zwei Führungsrollen angesiedelt, die auf die jeweils doppelte Basisanforderung an das Führungsverhalten reagieren.

- Auf die Anforderung an Flexibilität und die Adaption nach außen wird reagiert, in dem die Führungskraft die Rolle eines Innovators (Innovator-Role) und die eines Vermittlers (bzw. ‚Durchsetzers‘) wahrnimmt (Broker-Role). Die ‚Innovator-Role‘ bezieht sich auf Zukunftsorientierungen, Offenheit für Veränderungen sowie Schaffung von Akzeptanz für Innovation. Die ‚Broker-Role‘ erfasst die Durchsetzung der Innovationsabsichten in die Umwelt der Organisationseinheit.
- Auf die Anforderung an Flexibilität und Integration nach innen nimmt die Führungskraft die Rolle eines Mentors (Mentor-Role) und die eines Unterstützers (Facilitator-Role) wahr. In der ‚Mentor-Role‘ realisiert die Führungskraft die Mitarbeiterorientierung. Die ‚Facilitator-Role‘ bringt die Kohäsionserfordernisse von Arbeitsgruppen zum Tragen ebenso wie Teamentwicklung oder Konfliktregelungen.
- Auf die Anforderung an Stabilität und die Adaption nach außen reagiert die Führungskraft dadurch, dass sie sich in die Rolle des Leistungsförderers (Producer-Role) und des Vorstands (Director-Role) begibt. Die ‚Producer-Role‘ realisiert die Leistungsorientierung und das Erreichen der Aufgabe, die ‚Director-Role‘ macht Vorgaben und trifft Festlegungen oder Entscheidungen.
- Auf die Anforderung an Stabilität und Integration nach innen wird ein Führungsverhalten praktiziert, das sich durch Kontrolle (Monitor-Role) und Koordination (Coordinator-Role) auszeichnet. Unter der ‚Monitor-Role‘ sind Kontrolle und Schaffung von Klarheit erfasst. Die ‚Coordinator-Role‘ organisiert und koordiniert.

(Vgl. Quinn 1988: 155, Gebert 2002: 57-59, Wiswede 1995: 834f)

Abbildung 7: Modell der Führungsrollen nach Quinn

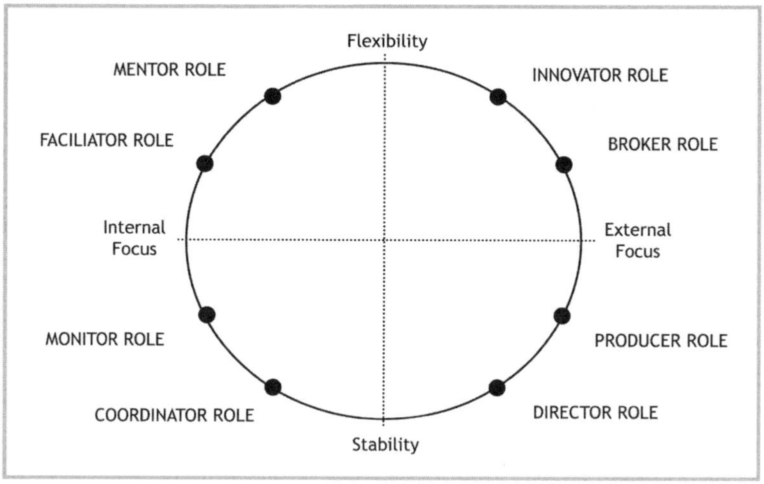

Nach Gebert 2002: 58

Um sich der dilemmatischen Konstellation von Führung zu stellen, wird an die Führungskraft die Anforderung formuliert, die widersprüchlichen und in einem konfliktiven Verhältnis stehenden Führungsrollen auszufüllen. Es ist leicht einsehbar, dass zwischen den jeweils komplementären Rollen erhebliches Konfliktpotential besteht.

Als Mentor und Unterstützer muss der Vorgesetzte sich auf die Mitarbeitenden beziehen, ihre Kompetenzen fördern und ihnen einen erheblichen Freiraum zur Ausübung ihrer Tätigkeiten zugestehen. Gleichzeitig muss er in den gegenüberliegenden komplementären Rollen der Leitung und der Leistung ein Führungsverhalten praktizieren, das der Zielerreichung und der Leistungsorientierung dient und damit den Freiraum des Einzelnen zumindest tendenziell einschränken. Schon hier sei darauf hingewiesen, dass damit die beiden Dimensionen angesprochen sind, die in der Zweidimensionalität der Führung mit ‚Consideration' und ‚Initiating Structure' bezeichnet werden.

Ebenfalls komplementär und spannungsgeladen stehen sich die Rollen gegenüber, die einerseits Innovation und Wandel erreichen wollen und anderseits Stabilität und Prozesskoordination.

Kernaussage dieser Führungsvorstellung ist: „Eine Führungskraft muss demnach im Ergebnis zeitgleich eine Vielzahl komplementärer, partiell widersprüchlicher Führungsrollen erfüllen" (Gebert 2002: 59). Dann übt sie ein effektives Führungsverhalten aus. Quinn und Cameron stellen darüber hinaus in ihrer zusammenfassenden Darstellung die nachteiligen

Folgen eines jeweils extremisierten Führungsverhaltens heraus (vgl. Quinn & Cameron 1988b: 305).
In einer empirischen Überprüfung des Modells wurde aufgrund der Messung der Häufigkeit der praktizierten Rollen herausgefunden, dass die genannten Grundanforderungen an Führungskräfte bestehen. Eine Stichprobe an 176 Führungskräften ermittelte die Häufigkeit, in der die jeweilige Rolle ausgeübt wurde. Aus den Ergebnissen lässt sich die „Annahme der Zweidimensionalität der Grundanforderungen" (Gebert 2002: 59) entsprechend obiger Abbildung folgern, also die Anforderung an Führungsverhalten, sowohl Flexibilität als auch Stabilität zu gewährleisten und ebenso die Integration nach innen als auch Adaption nach außen zu erreichen (vgl. Gebert 2002: 59).
Weiterhin legen die Ergebnisse nahe, dass erfolgreiche Führungskräfte die jeweiligen Rollen klarer und konturierter wahrnehmen als die weniger erfolgreichen (vgl. Gebert 2002: 59f). Die genannten 176 Führungskräfte wurden einer Beurteilung ihrer Vorgesetzten hinsichtlich der Effektivität unterzogen. Als Ergebnis zeigte sich die Tendenz, dass die sehr effektiven Führungskräfte eine niedrigere Korrelation zwischen den Rollen aufwiesen als die unterdurchschnittlich effektiven Führungspersonen: „Inhaltlich heißt dies, dass die effektiveren Führungskräfte die verschiedenen Rollen jeweils prägnanter und nachdrücklicher ausfüllen – also in einem Fall im Sinne des Innovators hohe Flexibilität gewähren, im anderen Fall jedoch im Sinne des Direktors eher Stabilität durchsetzen -, sodass die Mitarbeiter der effektiveren Führungskräfte zwischen den verschiedenen Rollen ihrer Vorgesetzten besser differenzieren können" (Gebert 2002: 60).
Anzumerken ist, dass die Beurteilung der Effektivität des Führungsverhaltens hier durch die Vorgesetzten erfolgt ist. Aussagen darüber, wie die Mitarbeitenden die Effektivität des Führungsverhaltens bewerten, sind aufgrund dieser Studie nicht möglich. Die Sicht der Mitarbeitenden ist lediglich in Bezug auf die Häufigkeit der praktizierten Führungsrolle erfasst.
Es spricht jedoch auch aus logischen Gründen einiges für die gezogene Schlussfolgerung, dass eine klare Ausübung der jeweiligen Rollen es den Mitarbeitenden leichter macht, diese wahrzunehmen und die Absichten des jeweiligen Führungsverhaltens zu identifizieren und eigenes Mitarbeiterverhalten daran ausrichten zu können. Damit ist allerdings eine grundsätzliche Anfrage an die Vorstellung von Quinn noch nicht beantwortet, ob und in wie weit Mitarbeitende die Ausübung des den unterschiedlichen Rollen gemäßen Führungsverhaltens als verwirrend oder irritierend erleben und dadurch unzufrieden werden, weil sie Führungsverhalten als diffus, chaotisierend oder unberechenbar wahrnehmen.

Gleichwohl besteht der Wert des Modells darin, einen anschlussfähigen Denkansatz eingebracht zu haben, der erstens die klassische Zweidimensionalität der Führung weiterentwickelt, zweitens dilemmatische Führungskonstellationen annimmt und drittens darin einen Weg weist, wie Führungsverhalten sich darin ausrichten kann. Daher entspricht der in dem Modell liegende Denkansatz dem Anliegen dieser Arbeit, Aussagen für das Führungsverhalten aus der Sicht von Führungskräften zu entwickeln, da hier die Rollen bzw. Funktionen von Führung benannt werden, die durch Führungskräfte in ihrem Handeln ausgefüllt werden müssen.
Mit diesen Modell zeigt sich weiter, dass Führung mit der Übernahme von pluralen Funktionen bzw. Rollen verbunden ist. Hier besteht die Verbindung zu den bereits angesprochenen Führungsrollen Mintzbergs oder zu der Zusammenstellung von Yukl. Unabhängig von ihrer inhaltlichen Bestimmung sind es stets eine Fülle von Funktionen oder Rollen, die durch Vorgesetzte zu gewährleisten sind. Funktionsplurale oder Rollenplurale scheinen zur Führung zu gehören und stellen die Anforderung an Führungskräfte, sich in diesen pluralen Anforderungen bewegen zu können und darin Führungsverhalten zu realisieren.
Voraussetzung dazu ist sowohl eine kognitive als auch eine verhaltensbezogene Kompetenz. Unter dem Stichwort ‚kognitive Komplexitätskompetenz' ist erfasst, dass Führungskräfte „die Vielzahl, Komplementarität, Interdependenz und partielle Inkompatibilität der Rollen im Prinzip zu verstehen und im konkreten Kontext zu erkennen" (Gebert 2002: 59) haben. Der Begriff ‚verhaltensbezogene Komplexitätskompetenz' soll beschreiben, dass neben der Erkenntnis der Komplexität auch die Fähigkeit vorhanden sein muss, daraus adäquates Führungsverhalten zu entwickeln, das in der Ausübung von Führung ebenso vielschichtig und widersprüchlich ist wie im kognitiven Erfassen: „Von der Führungskraft wird nicht nur verlangt, eine erhebliche Bandbreite von Führungsfunktionen bzw. –rollen substanziell überzeugend ausfüllen zu können; es wird von ihr auch verlangt, potentielle Rollenkonflikte […], die sich über die partielle Inkompatibilität der Rollen vermitteln, im Rollenhandeln selbst ausbalancieren zu können" (Gebert 2002: 59)[69]. In der Anforderung des ‚Ausbalancierens' findet sich

69 Gebert verwendet die Begriffe „kognitive Komplexität" und „Verhaltenskomplexität" (Gebert 2002: 59). Dies aufgreifend scheint die begriffliche Weiterführung hilfreich, insofern unter den Termini ‚kognitive Komplexitätskompetenz' und ‚verhaltensbezogene Komplexitätskompetenz' sowohl die kognitiven als auch die auf das Führungsverhalten bezogenen Aspekte erfasst werden und durch die Hinzufügung ‚Kompetenz' darüber hinaus auf erforderliche Potentiale hingewiesen wird, die zum Umgang mit den widersprüchlichen Funktionen nötig sind. Grundsätzlich ist bei der Personalauswahl beobachtbar, ob potentielle Führungskräfte über diese Kompetenzen bzw. über Potentiale verfügen, diese Kompetenzen in bspw. Führungstrainings auszubilden.

die dilemmatische Situation wieder, die die Basis für das gesamte Konzept ist und somit konsequent die Forderung mit sich bringt, sich darin auch handlungsbezogen als Führungskraft bewegen zu können.

2.3.5.5 Basisanforderungen und Führungsverhalten

Wurde bislang deutlich, dass jeweils zwei bipolare Basisanforderungen an Führung bestehen, geht es nun darum, ein auf diese Basisanforderungen adäquat reagierendes Führungsverhalten zu beschreiben.
Dazu wird an einer Weiterentwicklung des Modells von Quinn angesetzt, die aus dessen empirischer Überprüfung abgeleitet ist. Insofern im Entwurf von Quinn von den acht Rollen stets zwei in einem Quadranten angesiedelt sind und diese somit die gleiche Wirkung auslösen sollen, gleichzeitig jedoch die klar konturierte Rollenausübung entsprechend der Auskunft der Untersuchung erfolgsrelevant ist, kann daraus der Schluss gezogen werden, dass vier Führungsfunktionen zur Beschreibung der Anforderungen ausreichen. Darüber hinaus wird statt eines Kreises ein Viereckmodell gewählt, um die Nähe der jeweiligen Funktionen zu verdeutlichen (vgl. Gebert 2002: 60). Daraus ergibt sich folgendes Bild:

Abbildung 8: Basisanforderungen an Führung und Führungsverhalten

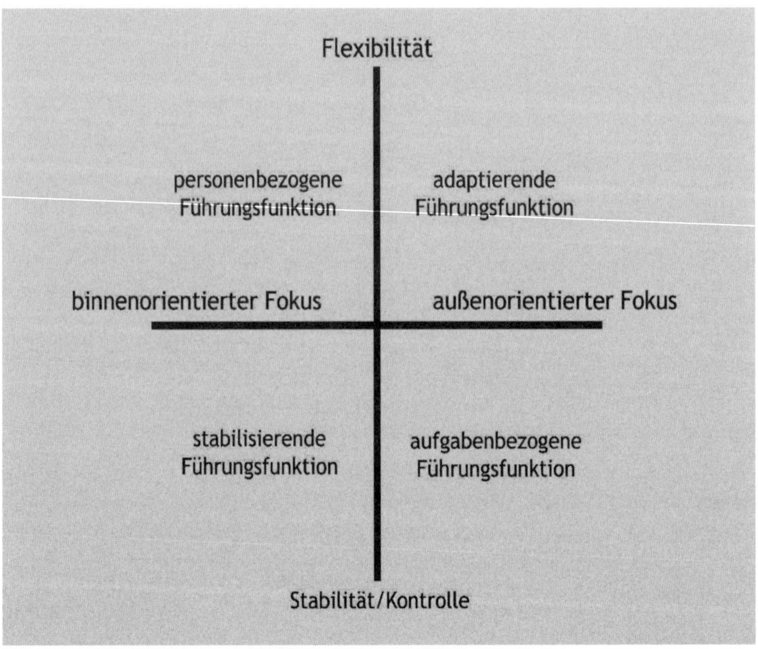

Nach Gebert 2002: 60

Wie im Grundmodell bleiben die Basisanforderungen an Führung auch in dieser Erweiterung bestehen. Flexibilität und Stabilität bzw. Kontrolle sind ebenso Anforderungen an Führung wie die Integration nach innen und die Adaption nach außen. Diesen Basisanforderungen werden vier Führungsfunktionen zugeordnet.

- Die ‚personenbezogene Führungsfunktion' (People Leadership Function) zeichnet sich aus durch auf die Arbeitsgruppe bezogenes Führungsverhalten, das Konflikte und Differenzen thematisiert, offen legt und einer partizipativen Bearbeitung zuführt. Weiterhin sind die Förderung partizipativer Entscheidungen dieser Führungsfunktion zugeordnet wie auch emphatisches und anteilnehmendes Umgehen mit Untergebenen. Ebenso sind einfühlsame und fürsorgende Verhaltensweisen gegenüber dem Einzelnen darunter gefasst.
  Dieses Führungsverhalten erreicht Zufriedenheit und Entwicklung bei den Mitarbeitenden.
- Die ‚aufgabenbezogene Führungsfunktion' (Task Leadership Function') realisiert ein auf Zielorientierung und dem Erreichen vorgegebener Ziele gerichtetes Führungsverhalten. Aufgabenklarheit und die Festlegung von Prioritäten sind hierunter ebenfalls subsumiert.
  Produktivität und Effektivität der Mitarbeitenden bzw. Arbeitsgruppe sind das Ergebnis des Führungsverhaltens.
- Die ‚adaptierende Führungsfunktion' (Adaptive Leadership Function) wird ausgeübt durch ein Führungsverhalten, das neue und innovative Ideen einbringt und entsprechende Vorschläge erfasst und aufgreift sowie durch die Bereitschaft, mit neuen Konzeptionen zu experimentieren. Ebenso gehören die Absicherung von Innovationen in die Aufwärtskommunikation der Organisation dazu und das Durchsetzen entsprechender Entscheidungen der höheren Hierarchieebenen zur Stützung von Veränderungen. Wachstum und Wandel sind die Resultate dieses Führungsverhaltens.
- Die ‚stabilisierende Führungsfunktion' (Stability Leadership Function) wird durch ein Führungsverhalten wahrgenommen, das Probleme in den Arbeitsabläufen einschätzt und die Vermeidung von Krisensituationen bewirkt. Ebenso wird der Arbeitsgruppe Orientierung und Sicherheit gegeben. Klare und straffe Steuerung der Logistik ist genauso zu erreichen wie der Vergleich von Messwerten und das Einholen von Berichten mit dem Ziel, Abweichungen zu identifizieren und entsprechend gegenzusteuern. Da es auch um die Steuerung der Prozesse geht, kann diese Führungsfunktion auch als prozesssteuernde Führungsfunktion gesehen werden.

Stabile Prozesse werden durch dieses Führungsverhalten ermöglicht und abgesichert.
(vgl. Gebert 2002: 60)

Eine Verbindung dieser vier Führungsfunktionen mit den bislang herausgearbeiteten, auf der Zweidimensionalität von Führung beruhenden Ergebnissen zeigt deutliche Parallelen auf. Eindeutig umfasst die ‚Poeple Leadership Function' die klassischen Merkmale von ‚Consideration' und bildet somit die Dimension des personenbezogenen Führens ab. Auch die unter dem Terminus ‚Kohäsion' erfassten Funktionen sind hier angesprochen, insofern es um den Zusammenhalt der Gruppe und die Förderung der Gruppenentwicklung geht.
Dem gegenüber ist in der ‚Task Leadership Function' die unter ‚Initiating Structure' erfasste aufgabenbezogene Funktion des Führens wiedergegeben. Zielerreichung, Leistungsorientierung, Rollenklarheit oder Prioritätenvorgaben erfüllen diese Funktion. Ebenso sind die unter Lokomotion genannten Anforderungen eingeholt.
Ein entscheidender neuer und weiterführender Aspekt kommt durch die Angabe der Basisanforderungen an Führungskräfte in die Vorstellungen vom Führungsverhalten. Führung hat demnach Flexibilität und Stabilität[70] zu gewährleisten wie die Integration nach innen und die Adaption nach außen zu erreichen. Erst wenn diese Anforderungen gewährleistet werden, ist Führungsverhalten effektiv.
Auf der Grundlage empirischer Überprüfungen zeigt sich, dass der Realisierung des aus den Basisanforderungen an Führung resultierenden Funktionsplurals von Führungsverhalten (Gebert nennt die Bezeichnung ‚ganzheitliche Führung' – vgl. Gebert 2002: 61) Erfolgsbedeutung zukommt: „Eine ganzheitliche Führung steht in den beiden untersuchten Stichproben mit der von Vorgesetzten, Kollegen und Mitarbeitern eingestuften Effektivität jeweils in einem vergleichsweise engen (signifikant positiven) Zusammenhang" (Gebert 2002: 61).

---

70 Die der Flexibilität gegenüberliegende Führungsanforderung wird hier, wie auch der Tendenz nach bei Gebert (vgl. Gebert 2002: 61) als ‚Stabilität' bezeichnet. Die auf Hooijberg zurückgehende Darstellung, in der ‚Control' als entsprechende Bezeichnung gewählt wird (vgl. Gebert 2002: 60) hat den Nachteil, dass erstens der englische Begriff ‚Control' mit ‚Steuerung' zu übersetzen ist und erst die mit der ‚Steuerung' verbundenen erforderlichen Kontrolltätigkeiten durch die zu kurz gedachte Übertragung des Begriffes ‚Control' in das deutsche Wort ‚Kontrolle' erfasst werden. Zweitens formuliert die deutschsprachige Gegenüberstellung von ‚Flexibilität' und ‚Stabilität' prägnanter die beschriebene Bipolarität.

In Verbindung mit der bereits oben aufgezeigten Bestätigung, dass Füh rungsverhalten Flexibilität und Stabilität gleichermaßen sicherzustellen hat wie die Integration nach innen und die Adaption nach außen, findet sich hier eine außerordentlich bedeutende Weiterentwicklung der Zweidimensionalität von Führung. Klar wird, dass Führungsverhalten sich in den vier Quadranten eines Koordinatenkreuzes mit den Dimensionen Flexibilität und Stabilität, Integration nach Innen und Adaption nach außen zu bewegen hat und dabei in der Lage sein muss, auf die verschiedenen Anforderungen zu reagieren.
Auch aus logischen Gründen lässt dieser Entwurf eine vertiefte, über die Zweidimensionalität von Führung hinausgehende Sicht auf das Führungsverhalten zu. Dass Organisationen oder Arbeitsgruppen auf Flexibilität wie Stabilität gleichermaßen angewiesen sind, lässt sich an vielen Beispielen zeigen. Die Stabilität eines Unternehmens gewährleistet Qualität und Quantität in der Herstellung von Produkten und Dienstleistungen. Die Flexibilität wird deutlich, wenn die Produkte und Dienstleistungen den aktuellen Bedürfnissen von Kunden entsprechen und unter Anwendung aktueller Techniken und Methoden erstellt bzw. erbracht werden. Die Integration nach innen und die Anpassung nach außen lässt zu, dass stabile Prozesse und sich entwickelnde Mitarbeiter vorhanden sind, die in der Lage sind, auf Veränderungen in der Umwelt zu reagieren. Führungsverhalten, das sich auf dieser Basis strukturiert und systematisiert, findet einen Weg, die grundsätzlich gegebenen dilemmatischen Anforderungen an Führung auszubalancieren.
Daher wird dieser Ansatz für die hier zu entwickelnde Führungskonzeption aufgegriffen und darin einbezogen. Die in der Vertikalen befindlichen Koordinaten werden mit ‚Flexibilität' und ‚Stabilität' bezeichnet. Die Koordinaten der horizontalen Linie werden ‚Integration' und ‚Adaption' genannt. Diese Terminologie entspricht präziser als der im obigen Modell gewählte Begriff des ‚Focus' den in dieser Ebene erfassten Basisanforderungen an Führung. Gleichzeitig ermöglicht diese Begrifflichkeit für alle vier Koordinaten eine gleichermaßen pointierte Terminologie.

Abbildung 9: Koordinatenkreuz der Basisanforderungen an Führungsverhalten

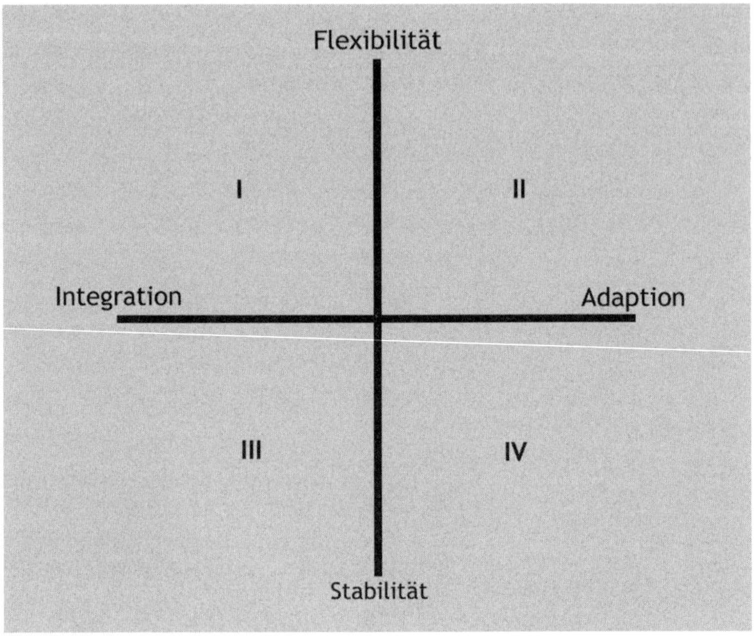

Die daraus entstehenden vier Quadranten beschreiben das auf die Basisanforderungen reagierende Führungsverhalten. Das Führungsverhalten im ersten Quadranten wird ‚personenbezogenes Führungsverhalten' genannt. Komplementär dazu wird das im dritten Quadranten angesiedelte Führungsverhalten als ‚aufgabenbezogenes Führungsverhalten' bezeichnet. Damit werden die klassischen Formulierungen aus der Zweidimensionalität der Führung aufgegriffen.
Das im zweiten Quadranten erfasste Führungsverhalten wird ‚innovatorisches Führungsverhalten' genannt. Verstanden ist darunter ein Führungsverhalten, das auf Innovation zielt und sich so ausrichtet, dass Innovationen generiert werden. Dieser Begriff ist besser geeignet als ‚adaptierende Führungsfunktion', da zum ersten Koordinate und Quadrant begrifflich zu unterschieden sind und zum zweiten Innovationen das durch dieses Führungsverhalten angestrebte Ziel darstellen. Flexibilität und Adaption erfordern Neuerungen in Abläufen oder Produkten bzw. Dienstleistungen. Das dem ‚innovatorischen Führungsverhalten' komplementäre Verhalten im vierten Quadranten wird als ‚regulatives Führungsverhalten' bezeichnet. Auch dieser Begriff ist besser geeignet als die Formulierung ‚stabilisierende Führungsfunktion', da auch hier eine Unterscheidung zwischen Koordinate und Quadrant zu gewährleisten ist.

Der Begriff beinhaltet Bedeutungen wie ‚regeln', ‚regulieren', ‚normieren' oder ‚ausgleichen'. Damit wird die Leistung dieses Führungsverhaltens ausgedrückt.

Abbildung 10: Vier Ausrichtungen des Führungsverhaltens

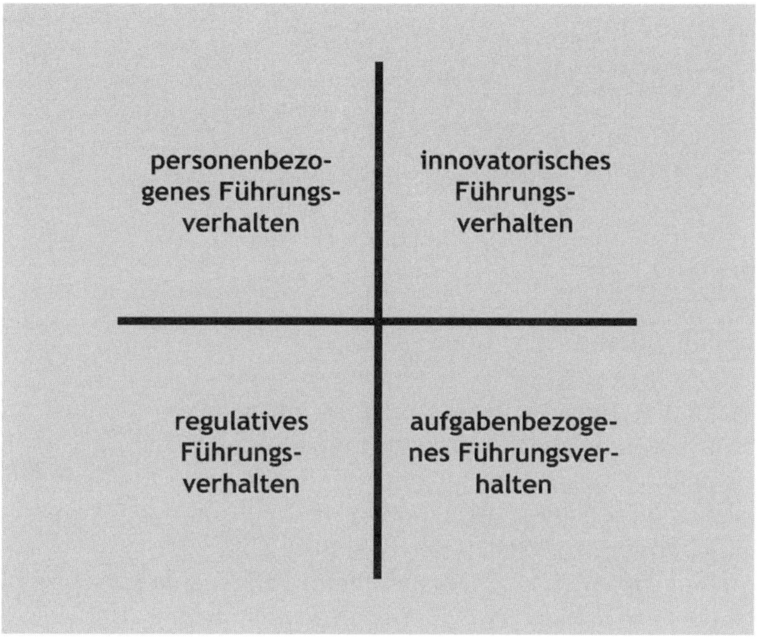

In eine Gesamtkonzeption integriert wird hier ein Führungsverhalten vorgeschlagen, das personen- und aufgabenbezogenes, innovatorisches und regulatives Führungsverhalten einsetzt und in der Ausübung dieser vier Ausrichtungen von Führung eine Balance erreicht, die auf bestehende dilemmatische Führungskonstellationen adäquat reagiert. Die Realisierung dieser vier Ausrichtungen von Führung wird als ‚ausbalancierendes Führungsverhalten' bezeichnet, da dadurch den divergierenden Basisanforderungen Rechnung getragen wird und eine einseitige Ausrichtung in einer Organisation oder Führungssituation verhindert wird.

Personenbezogenes Führungsverhalten

Personenbezogenes Führungsverhalten wird ausgeübt, um, ganz in der Tradition von ‚Consideration', die Zufriedenheit der Mitarbeitenden zu erreichen und gleichzeitig ihre Weiterentwicklung zu gewährleisten. Damit reagiert dieses Führungsverhalten auf die Basisanforderungen, die Integration nach innen sowie Flexibilität zu gewährleisten.

Durch entsprechendes partizipatives, kohäsives oder emphatisches Führungsverhalten erreicht eine Führungsperson, dass Mitarbeitende sich den Arbeitsabläufen stellen und darin ihre Potentiale einbringen. Sie warten nicht auf ständige Vorgaben des Vorgesetzten, sondern nutzen auf der Basis einer gestalteten partizipativen Kultur ihre Fähigkeiten, um Aufgaben zu erledigen und Innovationen einzubringen. Anders formuliert: eine offene und faire Umgangsweise zwischen Vorgesetztem und Arbeitsgruppe bzw. Vorgesetztem und einzelnem Mitarbeiter bietet die Grundlage, auf der Mitarbeitende kreative Potentiale einbringen und mit ihren Kompetenzen die Aufgaben bewältigen. Dadurch wird Erstarrung, ‚Dienst nach Vorschrift', innere Kündigung und ähnliches zumindest vom Konzept her vermieden. Es lässt sich plausibel annehmen, dass personenbezogenes Führen für das ‚Innen' der Arbeitsgruppe dienlich ist, da es den Zusammenhalt stärkt.

Aufgabenbezogenes Führungsverhalten

Aufgabenbezogenes Führungsverhalten erreicht Produktivität und Effektivität in der Aufgabenbearbeitung. Damit wird auf die Basisanforderung eines Stabilität und Adaption gewährleistenden Führungsverhaltens reagiert. Durchgängige Qualität oder die termingerechte Erstellung von Produkten und Dienstleistungen ist bspw. eine Anforderung von Kunden, Partnern oder anderen Teilen der Gesamtorganisation. Die Arbeitsgruppe darauf einzustellen und entsprechend aufgabenbezogen zu führen, ist die daraus resultierende Anforderung an Führung. Die Klärung der erwarteten Ziele und das Erreichen dieser Ziele durch die Gruppe oder den einzelnen Mitarbeiter, die Klärung der verschiedenen Aufgaben und Funktionen der einzelnen Mitarbeitenden im Herstellungsprozess, Prioritätensetzung und die Erteilung von Weisungen sind das entsprechende Führungsverhalten.

Innovatorisches Führungsverhalten

Mit ‚innovatorischem Führungsverhalten' wird erfasst, dass durch diese Ausrichtung von Führung den Basisanforderungen von Flexibilität und Adaption entsprochen wird.

Innovatorisches Führungsverhaltnes erreicht Wandel, Entwicklung und Innovationen. Es ermöglicht Flexibilität und reagiert auf veränderte Anforderungen im Umfeld. Es lässt zu, dass innovative Ideen eingebracht werden, die der Vorgesetzte selbst oder zusammen mit seinen Mitarbeitenden entwickelt.

Um solche Innovationen umzusetzen und durchzusetzen bedarf es des Agierens im Außen der Arbeitsgruppe: sowohl Kunden und Partner müs-

sen gewonnen werden als auch die oberen Hierarchieebenen der Gesamtorganisation. Dieses Führungsverhalten weist Vorgesetzten ein Führungsverhalten zu, das Widerstand als gegebenen Faktor bei der Generierung von Innovationen annimmt und entsprechend darauf reagiert. Mit dieser Führungsverhaltensbeschreibung wird die Durchsetzung von Innovation und Wandel zu einer originären Führungsaufgabe, die nicht als unangemessene, von den ‚eigentlichen' Aufgaben abweichende und abhaltende ‚Zeitverschwendung' zu brandmarken ist[71].
Innovatorisches Führungsverhalten ermöglicht die Weiterentwicklung der Produkte oder Dienstleistungen, Abläufe oder Qualitäten, damit sie auch zukünftig den Anforderungen der Umwelt entsprechen.

Regulatives Führungsverhalten
Regulatives Führungsverhalten bewirkt die Verlässlichkeit von Prozessen und Abläufen sowie Stabilität in der Arbeitsgruppe oder Organisation. Der Basisanforderung an Stabilität und Integration nach innen wird durch dieses Führungsverhalten entsprochen.
Um Aufgaben sachgerecht bearbeiten zu können, sind verlässliche Abläufe, die Bereitstellung von Ressourcen, Steuerungs- und Kontrollmechanismen erforderlich. Das entsprechende Führungsverhalten realisiert diese Aspekte und erreicht, dass Probleme frühzeitig erkannt und bearbeitet werden sowie Abläufe funktionieren. So wird bspw. eine regelmäßige

---

71 Innovationen greifen in bestehende Konstellationen einer Gruppe oder Organisation ein. Sind in Organisationen Zuständigkeiten, Ressourcen etc. und damit Machtkonstellationen aufgrund von Entwicklungen der Vergangenheit festgelegt, greift jede Veränderung daran in diese Festlegungen ein. Innovationen bedeuten Veränderungen und sind daher „Eingriffe in bestehende Kräfterelationen und Machtverhältnisse" (Gebert 2002: 123). Dies gilt insbesondere für Innovationen hinsichtlich von Strukturen, Verfahren und Abläufen, jedoch auch für veränderte Produkte oder Dienstleistungen, insofern diese Auswirkungen auf Verfahren und Abläufe haben.
Weiterhin bedeuten Innovationen eine veränderte Verteilung von Ressourcen wie Finanzmittel, Zeitkontingente oder Personaleinsatz, was wiederum auf die austarierten Kräfteverhältnisse wirkt. Innovationen sind somit (auch) Machtfragen und bekommen eine politische Dimension für eine Organisation. Insbesondere deshalb stoßen Innovationen in der Regel auf Widerstände, die es erforderlich machen, Innovationen gegen solche Widerstände ‚durchzusetzen'. Diese Funktion wird im Konzept von Quinn als ‚Broker Role' bezeichnet. Das als ‚Promotorenmodell' bezeichnete Konzept von Witte beschreibt für diese Führungsanforderung den ‚Machtpromotor' (in Abgrenzung zum Fach-Promotor) als die Person oder Funktion, die die Durchsetzung von Innovationen und die damit verbundenen Entscheidungen über eine Neuverteilung von Ressourcen gewährleistet (vgl. Gebert 2002: 192). Da Innovationen in organisationale Kräftefeder eingreifen, haben sie die Tendenz, Widerstände und Oppositionen hervorzurufen (vgl. Gebert 2002: 123-130; 192-194).
Dem ‚innovatorischem Führungsverhalten' auch die Arbeit an der ‚Durchsetzung' von Veränderungen zuzuschreiben, ist diesen Gegebenheiten von Innovationen geschuldet.

Dienstbesprechung den Rahmen für Terminplanung, Ablaufplanung und dergleichen mehr bieten. Deren Durchführung wäre Teil des regulativen Führungsverhaltens.

2.3.6 Ergebnis der Befassung mit der Zweidimensionalität der Führung und deren Weiterentwicklungen

Die Auseinandersetzung mit den aus der Zweidimensionalität der Führung entwickelten Vorstellungen zum Führungsverhalten, die Erweiterungen um die dilemmatorische Sicht auf die Führung und die Formulierung von Basisanforderungen an Führungsverhalten liefern relevante Erkenntnisse für die hier angestrebte Entwicklung einer Führungskonzeption. Diese werden im Folgenden zusammengefasst:

1. Consideration' und ‚Initiating Structure' bilden Dimensionen des Führungsverhaltens. Die daraus entwickelten Modelle eröffnen sinnvolle und begründbare Zugänge zur Ausübung von Führung.
„Die Universalität der beiden Grunddimensionen ist und bleibt verblüffend" (Nachreiner & Müller 1995: 2122) – mit dieser Aussage ist zutreffend erfasst, dass die Dimensionen Consideration und Initiating Structure, verbunden mit den unter Kohäsion und Lokomotion erfassten Rollen oder Funktionen bzw. Aufgaben in Gruppen nach wie vor einen faszinierenden Zugang zur Führung bieten. Die Personen und die Beziehungen zu ihnen zu sehen, Führungsverhalten auf sie zu beziehen, die sozio-emotionale Ebene im Führungsverhalten anzusprechen, Gruppenzusammenhalt zu fördern, Mitarbeitende einzubeziehen in Planungen und Entscheidungen, das ‚Subjekt' im Mitarbeitenden zu erkennen oder den Mitarbeitenden als Individuum mit seiner Geschichte, seinen Fähigkeiten und Erfahrungen, seinen Werten und Zugängen zu Wirklichkeit und Leben zu begreifen, lässt ethische Kategorien in den Führungsprozess eintreten. Führung ohne diese Dimension wäre subjektvergessen.
Allerdings würde Führung in eine Schieflage geraten, wenn sie nicht auch die andere Dimension aufgreifen würde: die Orientierung auf die Aufgaben, die Leistung und den Erfolg. Ohne Zielklärung, Vorgaben, Weisungen und Entscheidungen werden angestrebte Ziele nicht erreicht. Wollen Menschen effektiv sein, etwas bewegen und erreichen, dann bedarf es eines Führungsverhaltens, das sich auch auf diese Dimension konzentriert. Auch dies ist eine ethische Anforderung: menschliches Handeln so zu koordinieren und zu konzentrieren, dass Ergebnisse hergestellt werden. Selbstwert und Selbstachtung bilden sich auch über Erfolge und Zielerrei-

chung. Dagegen entstehen Frustration und Resignation, wenn Arbeit und Anstrengung ins Leere gehen und keine oder unzureichende Ergebnisse herstellen können. Führung, die nicht auch dieses Faktum sähe und nicht durch entsprechendes aufgabenorientiertes Verhalten wirkte, wäre ebenso subjektvergessen.

Die unter dieser Konzeption entwickelten Praxismodelle, insbesondere diejenigen, die die Situationsbedingungen thematisieren und einbeziehen, haben Führungskräften wichtige Orientierungen für Führungsverhalten gegeben und lassen den komplexen Führungsprozess weniger komplex erscheinen. Dadurch wird Führungsverhalten strukturiert und gleichzeitig reflektierbar. Reflexion des eigenen Handelns ist eine zentrale Voraussetzung, Führung bewusst auszuüben, Führungsausübung zu qualifizieren und zu verändern.

Die weitreichende Kritik an der Validität der Konstrukte und deren empirische Absicherung kann nicht die ‚verblüffende Universalität' aufheben, zumal die Kritik zwar die Herleitung und Absicherung der Konstrukte in Frage stellt, nicht aber deren grundlegende Plausibilität. Eher ist die Kritik eine Aufforderung zu tiefergehenden Forschungen mit Forschungsdesigns, die nicht die vorgetragenen Schwächen in sich bergen. Die Anmahnung des Einbezugs situativer Bedingungen allerdings ist eine berechtigte Kritiklinie, die in den verschiedenen Fortentwicklungen des Ansatzes aufgegriffen und beachtet wurde.

Allerdings: die Zweidimensionalität der Führung ist nicht das Ende der Führungsforschung. Auch wenn die Kritik an der Zweidimensionalität der Führung bzw. an den zwei Dimensionen Consideration und Initiating Structure nicht deren Plausibilität aufhebt, so stellt sie doch in Frage, ob diese beiden Dimensionen Führungsverhalten hinreichend erfassen können. Insbesondere die faktorenanalytischen Unschärfen in der Herleitung der beiden Dimensionen können nicht übergangen werden. Daher sind weitere Dimensionen des Führungsverhaltens zu identifizieren. Die Verbindung der methodischen mit der inhaltlichen Kritik, Führung allein auf zwei Dimensionen beruhen zu lassen, führt zur Frage nach weiteren Dimensionen von Führung. Verbunden mit der Anforderung an Führung, sich verändernden Fragestellungen und Erfordernissen zu stellen, leitet die Weiterführung der Forschungen zum Führungsverhalten und den durch Führungsverhalten zu gewährleistenden Anforderungen in zusätzliche Erkenntnishorizonte. Dazu ist der Einbezug der in der Verbindung von Rollen- und Gruppentheorie gefundenen Erkenntnisse zu Führungsdualen und Führungspluralen ein wichtiger Zugang.

2. Führung findet unter dilemmatischen Konstellationen statt. Die Dimensionen Flexibilität und Stabilität sowie Integration nach innen und Anpassung nach außen bilden den Rahmen dilemmatischer Konstellationen.
Divergierende Anforderungen an Führung dürften die Geschichte von Führung durchziehen. Fraglich ist allerdings, ob die divergierenden Anforderungen in allen historischen Phasen bewusst waren und ob die Reflexionsinstrumentarien zur Verfügung standen, diese Anforderungen zu erkennen und in Kontexte einzuordnen.
Die Behauptung, dass Führung unter dilemmatischen Konstellationen stattfindet, und das Erklärungsmodell des offenen und geschlossenen Musters von sozialen Gebilden liefern einen solchen Zugang. Autonomie und Ordnung, Stabilität und Flexibilität, Integration nach innen und Adaption nach außen, Einheit und Vielfalt bzw. Konsens und Pluralität und weitere Dichotomien sind Bedingungen menschlicher Existenz, menschlichen Zusammenlebens und somit auch von Führung.
Die Erklärung mit Hilfe des Musters geschlossener oder offener Organisationen bietet den Rahmen, nach den konkreten Dilemmata von Führung zu fragen. Organisationen benötigen Stabilität und Flexibilität gleichermaßen. Angesichts einer sich schneller als in vergangenen Epochen ändernden, globalisierten Welt steigt die Anforderung an die Flexibilität. Gleichwohl aber gehört konstitutiv zu Organisationen, Stabilität zu gewährleisten. Daher ergeben sich Bezugspunkte für Führung: Führungsverhalten muss erreichen, dass die Anpassung von Organisations- oder Arbeitsgruppenabläufen und deren Ergebnisse an sich verändernde Bedingungen gewährleistet wird. Ebenso muss es für stabile Abläufe und Ergebnisse sorgen. Gleichzeitig stellt sich die Basisanforderung an Führung, die Integration nach innen und die Anpassung nach außen zu erreichen. Sowohl die Arbeitsgruppe als auch die Gesamtorganisation bedürfen der Stabilität, Verlässlichkeit und Zuverlässigkeit ebenso wie der Veränderung und Weiterentwicklung, somit der Anpassung an äußere Gegebenheiten.
So wird davon ausgegangen, dass Flexibilität und Stabilität ebenso Basisanforderungen für Führungsverhalten bilden wie die Integration nach innen und die Adaption nach außen.
3. Auf die Basisanforderungen an Führung ist durch personenbezogenes, aufgabenbezogenes, innovatorisches und regulatives Führungsverhalten zu reagieren. Die Anwendung entsprechenden Führungsverhaltens gewährleistet das Ausbalancieren der divergierenden Basisanforderungen an Führung. Die Ausübung dieses Führungsverhaltens setzt die kognitive Komplexitätskompetenz und verhaltensbezogene Komplexitätskompetenz der Führungsperson voraus.

Um den Basisanforderungen an Führung gerecht zu werden und effektives Führungsverhalten auszuüben, ist eine personenbezogene und aufgabenbezogene, innovatorische und regulative Führung erforderlich. Dieses Führungsverhalten ist jeweils mit zahlreichen Konkretionen näher zu beschreiben, die aus der konkreten Aufgabenstellung einer Führungskraft in einer Organisation abzuleiten sind. Die Realisierung dieses Führungsverhaltens wird als ‚ausbalancierendes Führungsverhalten' bezeichnet, das den Basisanforderungen an Führung gerecht wird und die einseitige Extremisierung einer Basisanforderung verhindert.
Damit Führungskräfte sich in den divergierenden, dilemmatischen Konstellationen von Führung bewegen und die vier Führungsverhaltensweisen ausüben können, sind Kompetenzen zum Verstehen der Bedingungen und Anforderungen ebenso erforderlich wie Kompetenzen, entsprechendes Führungsverhalten umzusetzen. Dies wird in den Begriffen kognitive und verhaltensbezogene Komplexitätskompetenz erfasst.

2.3.7 Ertrag für die Weiterarbeit

In die hier zu entwickelnde Führungskonzeption wird die dilemmatorische Sicht von Führung einfließen. Dementsprechend werden vier Ausrichtungen (personenbezogen, innovatorisch, aufgabenbezogen und regulativ) vorgeschlagen, die im Führungsverhalten zu realisieren sind. Diese vier Ausrichtungen des Führungsverhaltens reagieren auf die zwei je bipolaren Basisanforderungen an Flexibilität und Integration nach innen sowie an Stabilität und Adaption nach außen.
Mit diesem Zugang zum Führungsverhalten wird die Tradition der zweidimensionalen Führungsforschung aufgegriffen und gleichzeitig weitergeführt, indem entsprechend den sich aus den Basisanforderungen ergebenden Dilemmata widerstrebende, gleichzeitig komplementäre und somit ausbalancierende weitere Ausrichtungen von Führungsverhalten eingesetzt werden.
Die Verbindung zu den Ergebnissen der eigenschaftstheoretischen Forschungen besteht darin, dass die Führungsperson entsprechende Ausprägungen in den Personeneigenschaften aufweisen muss, um über die mit der Realisierung dieses Führungsverhaltens verbundenen Komplexitätskompetenzen zu verfügen.

Abbildung 11: Modell der Führung mit Basisanforderungen und Führungsverhalten

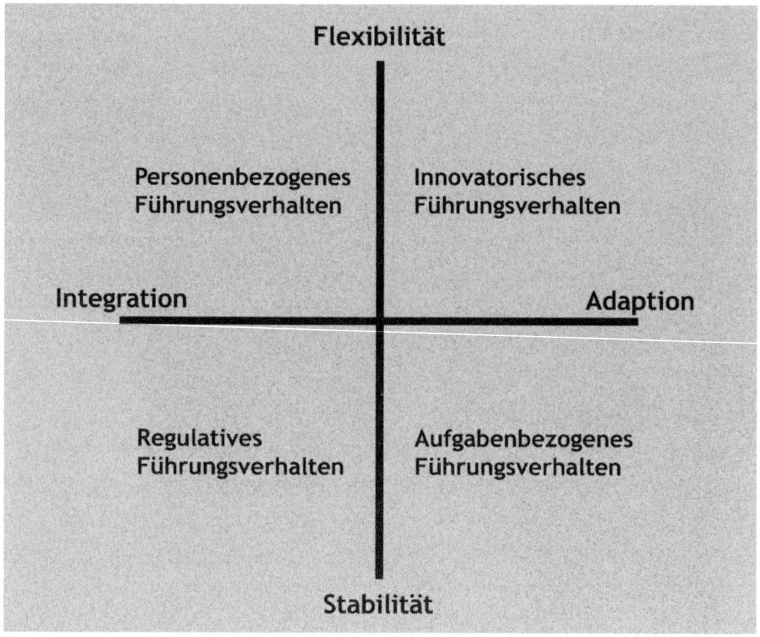

2.4. Situationstheorien der Führung

Nach der Auseinandersetzung mit den Eigenschaftstheorien der Führung und den auf der Zweidimensionalität von Führung beruhenden Vorstellungen sowie deren Weiterentwicklungen erfolgt nun die Befassung mit den Situationstheorien der Führung.
Die Fragestellung dieser Forschungsrichtung der Führungsforschung ist eng mit der Kritik an den beiden anderen Ansätzen in ihren klassischen Ausprägungen verbunden. Sowohl die Eigenschaftstheorien als auch die Forschungen zum Führungsverhalten gingen von optimalen Führungseigenschaften bzw. einem optimalen Führungsverhalten aus. Es wurde eine Kausalbeziehung zwischen Führungseigenschaften bzw. Führungsverhalten und den Einstellungen und Verhaltensweisen von Geführten angenommen. Die empirischen Studien jedoch konnten die Annahmen nicht verifizieren, sondern gaben vielmehr eine uneinheitliche, verwirrende Gemengelage wieder (vgl. Schreyögg 1995: 994).
Unübersichtlichkeit und Kritik an den vorhandenen Vorstellungen motivierte die Suche nach einem Führungsansatz, der besser als die bis dahin

vorliegenden Konzepte die Beziehung zwischen Führung und Führungserfolg vorhersagen konnte.
Zentrales Ergebnis dieser Phase der Führungsforschung in den 1960er und 1970er Jahren war die Einsicht, dass die Situation ein wesentlicher Faktor im Führungsgeschehen ist. Daraus erwuchs eine Richtung der Führungsforschung, die die Frage nach den Situationsbedingungen in den Mittelpunkt stellte und dazu Ergebnisse und Führungsvorstellungen eruierte. Grundlage der unterschiedlichen Ansätze der Situationstheorien, die auch als ‚Kontingenztheorien'[72] oder ‚situative Führungstheorien' bezeichnet werden, ist die Annahme der „Situationsabhängigkeit der Führungswirkung" (Schreyögg 1995: 994) oder in anderer Formulierung: „Führungsstil und Situation sollen zueinander passen" (Gebert 2002: 63). Somit spielt die Frage nach der Entsprechung von Auswahl und Wirkung des Führungsverhaltens und der Situation in den Situationstheorien eine wichtige Rolle. Der Grund für die Forderung, eine ‚Passung' von Führungsverhalten und Situation zu erreichen, ist der angestrebte Führungserfolg. Die Passung oder Entsprechung des Führungsverhaltens bei gegebener Situation wird als ‚Fit' bezeichnet, ein Missverhältnis entsprechend als ‚Missfit'. Führungserfolg ist eine Funktion des Führungsverhaltens bei einer spezifischen Situation (vgl. Gebert 2002: 62f; 72).
In anderer Perspektive formuliert: die Situation wirkt als Moderator[73] zwischen Führungsverhalten und Führungserfolg.

---

72 Der Begriff ‚Kontingenz' bzw. ‚kontingent' wird in verschiedenen Kontexten unterschiedlich verstanden. Das Wort stammt von lateinischen ‚contingere' ab und bedeutet ‚(sich) berühren' oder ‚zu(sammen)fallen'. In der Metaphysik bedeutet ‚Kontingenz', dass etwas möglich, jedoch nicht notwendig ist, es also sein kann oder nicht sein kann. Überwiegend wird ‚Kontingenz' von Aristoteles her in diesem beiderseitigen Sinn verstanden: etwas existiert und kann auch stets nicht existieren. ‚Kontingenz' ist dann die der Notwendigkeit entgegengesetzte Modalität. Die Erfahrung von Kontingenz bedeutet für Menschen Verunsicherung, da die Möglichkeit, dass etwas ist, aber nicht sein muss erkennen lässt, dass es verloren werden kann (wie die Gesundheit oder das eigene Leben). Um mit solcherart Kontingenzerfahrungen umgehen zu können, bedarf es der Strategien der Kontingenzbewältigung. Religion (z. B. Lübbe), aber auch die Reduktion von Komplexität (Luhmann) durch die rationale Erfassbarkeit von Phänomenen haben in diesem Kontext die Funktion, Kontingenzbewältigung zu ermöglichen (vgl. Muck 1997: 329f).
Dagegen bedeutet im Kontext der Führungsforschung ‚Kontingenz' weniger komplex ‚Abhängigkeit'. Gemeint ist in den Kontingenztheorien der Führung, dass die Wirkung von Führungsverhalten sowie die Auswahl von Führungsverhalten von den Situationsfaktoren abhängig ist.

73 Der Terminus ‚Moderator' ist hier als eine Variable verstanden. Zwischen Führungsverhalten als unabhängiger Variable und dem Führungserfolg als vom Führungsverhalten abhängiger Variable tritt die Situation als Moderatorvariable. Die Aussage ist, dass der ‚Moderator' (also hier die Situation) den Zusammenhang von Führungsverhalten und Führungserfolg beeinflusst und grundsätzlich Vorhersagen zu treffen sind,

Die zahlreichen Verbindungen zu den Forschungen zum Führungsverhalten und insbesondere zu den im vorherigen Kapitel vorgestellten Führungsmodellen sind bereits deutlich geworden. Um Wiederholungen zu vermeiden, werden nachfolgend die bereits vorgestellten Modelle lediglich kurz hinsichtlich ihrer situationstheoretischen Relevanz angesprochen.

2.4.1 Die Kontingenztheorie der Führungseffektivität (Fiedler)

Die von Fiedler entwickelte Kontingenztheorie der Führungseffektivität, auch Kontingenzmodell genannt, gehörte in den 1970er und 1980er Jahren zu den meistzitierten, meistdiskutierten und prominentesten Situationstheorien (vgl. Schreyögg 1995: 995; Fiedler & Mai-Dalton 1995: 940, Hentze 2005: 300, v. Rosenstiel 2003a: 15). Das Modell basiert auf der bereits dargestellten führungstheoretischen Annahme von zweidimensionalem, aufgaben- und mitarbeiterbezogenem Führen und setzt sich explizit mit der Führungssituation als Einflussfaktor auseinander.
Unter Kontingenz wird in diesem Konzept „die Bedingtheit bzw. Abhängigkeit von bestimmten Situationen oder Ereignissen verstanden“ (Hentze 2005: 300). Das Modell geht von einer Abhängigkeit (Kontingenz) der Effektivität eines Führungsstils von der Bedingung der situativen Günstigkeit aus. Drei Elemente kennzeichnen dieses Führungsmodell: die ‚situative Günstigkeit', der ‚Führungsstil' und die ‚Effektivität'.
Unter ‚situativer Günstigkeit' ist die Einordnung einer Führungssituation zwischen den Polen günstig und ungünstig verstanden. Der Günstigkeitsgrad bemisst sich nach der Einflussmöglichkeit der Führungsperson auf die Situation, die durch drei unterschiedlich gewichtete Faktoren gekennzeichnet ist:

- Beziehung zwischen Führungsperson und Mitarbeitenden
- Aufgabenstruktur
- Positionsmacht.

Unter ‚Beziehung zwischen Führungsperson und den Mitarbeitenden' wird die „Unterstützung des Führers durch die Gruppe“ (Fiedler & Mai-Dalton 1995: 941) verstanden. Unter der Aufgabenstruktur ist das „Ausmaß, in dem die Aufgabe klar definiert ist, die Ziele verdeutlicht sind und der Weg zur Zielerreichung festgelegt ist“ (Fiedler & Mai-Dalton 1995:

---

in welcher Weise die Situation zwischen Verhalten und Erfolg ‚moderiert'. Mit diesem ‚Moderator' wird die gleiche Logik erfasst, die in der Statistik mit ‚Interaktion' wiedergegeben wird. Durch einen ‚Moderator' wird versucht, Vorhersagen zu treffen über den Zusammenhang zwischen einer unabhängigen und abhängigen Variable (vgl. Lexikon der Psychologie 3. Bd. 2001: 82).

941), erfasst. Positionsmacht bedeutet die „*legale Macht* des Führers, Gruppenmitglieder belohnen und bestrafen zu können" (Fiedler & Mai-Dalton 1995: 941). Die Einordnung einer Situation unter diesen drei Faktoren wird als ‚situative Günstigkeit' oder ‚situative Kontrolle' bezeichnet (vgl. Fiedler & Mai-Dalton 1995: 940f).
Zur Erfassung der drei Situationsfaktoren werden Aussagen auf entsprechenden Skalen bewertet.
Nächster Faktor ist die Aufgabenstruktur, die als strukturiert oder unstrukturiert bewertet wird (vgl. Hentze 2005: 302).
Die dritte und am wenigsten gewichtete Dimension ist die Positionsmacht, worunter die formale Einflussmöglichkeit des Vorgesetzten verstanden ist. Die Positionsmacht kann als schwach oder stark beschrieben werden (vgl. Hentze 2005: 303).
Nach erfolgter Bewertung entstehen acht (2^3) Konstellationen, die im Modell von Fiedler als ‚Oktanten' bezeichnet werden. Die Extrempole sind einerseits eine gute Vorgesetzten-Mitarbeiter-Beziehung, eine strukturierte Aufgabe und eine starke Positionsmacht. Dies wird in der Skala der situativen Günstigkeit als sehr günstig eingestuft. Anderseits wird die ‚situative Günstigkeit' als sehr schlecht bewertet, wenn die zwischenmenschliche Beziehung zwischen Führungsperson und Mitarbeitendem als miserabel, die Aufgabe als unstrukturiert und die Positionsmacht als gering eingestuft wird. Eine mittlere situative Günstigkeit ergibt sich bei guter Führer-Geführten-Beziehung und unstrukturierter Aufgabe sowie schwacher Positionsmacht oder bei zwar schlechter zwischenmenschlicher Beziehung, jedoch klar strukturierter Aufgabe und starker Positionsmacht (vgl. Fiedler & Mai-Dalton 1995: 942-944, Schreyögg 1995: 995f, Neuberger 2002: 498 Hentze 2005: 307-309).
Das zweite Element des Konzeptes ist die Bestimmung des Führungsstils. Auf der Grundlage der Ergebnisse der Ohio-Studien unterscheidet Fiedler zwischen aufgaben- und beziehungsorientierter Führung und misst, ob „der Führer entweder primär motiviert ist, dass die Aufgabe erfüllt wird (Führer, aufgabenorientiert) oder primär daran interessiert ist, enge Beziehungen mit seiner Arbeitsgruppe zu haben (Führer, beziehungsorientiert)" (Fiedler & Mai-Dalton 1995: 941). Bedeutsam ist die Meßmethode, die aus einer „,Least-Preferred Coworker'-(LPC)-Skala" (Fiedler & Mai-Dalton 1995: 942) besteht. Die LPC-Skala „misst das Ausmaß, in dem der Führende den am wenigsten geschätzten Mitarbeiter noch relativ wohlwollend beschreibt" (Hentze 2005: 304). Dabei beinhaltet der LPC 18 Polaritäten, durch die die Zusammenarbeit zwischen Vorgesetztem und Mitarbeitendem erfasst werden soll (vgl. Fiedler & Mai-Dalton 1995: 942f, Neuberger 2002: 498). Aus dem Wert wird der Führungsstil abgeleitet:

„Wenn Vorgesetzte ihren least preferred coworker durchgängig abwerten, erreichen sie einen niedrigen LPC-Wert (und gelten als ‚aufgabenorientiert', weil sie sich in ihrer Beurteilung nicht durch Sympathie, Einfühlung, Mitleid und dergleichen ablenken lassen); finden sie aber noch einige positive Seiten am lpc, ist ihr Führungsstil-Wert höher und sie werden als ‚beziehungsorientierte' Vorgesetzte eingestuft" (Neuberger 2002: 498). Durch diese Fragebogenmessung entsteht im Kontingenzmodell eine Einordnung des Führungsverhaltens eines Vorgesetzten.
Um die Effektivität des Führungsverhaltens zu bewerten, bedarf es eines Leistungskriteriums. So befasst sich das dritte Element der ‚Kontingenztheorie der effektiven Führung' mit der Arbeitsleistung: „Unter Leistung [...] verstehen wir hier die Erfüllung der primären Aufgabe der Gruppe" (Fiedler & Mai-Dalton 1995: 941), womit die eigentliche und erste Aufgabe eines Arbeitsteams verstanden wird, wie etwa Sportler Wettkämpfe zu gewinnen haben (vgl. Fiedler & Mai-Dalton 1995: 941). Die so bestimmte Arbeitsleistung wird soweit es möglich ist an Stückzahlen, Fehlerquoten, Zeiteinsatz und ähnlich objektivierbaren Einheiten gemessen (vgl. Hentze 2005: 305). Entsprechend wird festgestellt, welche Leistung die geführte Gruppe erbringt.
Aus den ermittelten Daten zur ‚situativen Günstigkeit', zum ‚Führungsstil' und zur ‚Effektivität' wird in der Kontingenzhypothese eine Anleitung für Führungsverhalten gebildet: In sehr günstigen und sehr ungünstigen Situationen sind dieser Hypothese entsprechend aufgabenorientierte Vorgesetzte erfolgreicher, in Situationen mit mittlerer Günstigkeit beziehungsorientierte (vgl. Fiedler & Mai-Dalton 1995: 941, Schreyögg 1995: 995, Neuberger 2002: 499, Hentze 2005: 307-309). Eine hohe situative Günstigkeit besteht wie gesehen aus einer guten Vorgesetzten-Mitarbeiter-Beziehung, strukturierten Aufgabenprofilen und starker Positionsmacht. Die Logik des Modells nimmt an, dass in diesem Fall die Führungsperson Zielerreichung und Aufgabenbewältigung in den Vordergrund stellen kann und kaum Energie für den Aufbau schon bereits vorhandener guter zwischenmenschlicher Beziehungen benötigt. Ebenso wird gefolgert, dass in ungünstigen Situationen mit einer schlechten Beziehungsqualität, unstrukturierten Aufgaben und geringer Positionsmacht die Leistung durch eine starke Konzentration auf die Aufgaben gewährleistet werden kann. In einer mittleren Günstigkeit kann demzufolge die gute Beziehung zwischen dem Vorgesetzten und dem Mitarbeitenden eine wichtige Basis sein, unstrukturierte Aufgabenstellungen durch Kooperation mit der Mitarbeitergruppe zu bearbeiten. Auch wenn in der mittleren Günstigkeit die Beziehungsqualität nicht gut ist, dafür aber die Aufgabenstruktur klar

und die Positionsmacht stark ist, kann durch mitarbeiterorientiertes Führungsverhalten die Effektivität gesteigert werden.
Bezogen auf das zugrunde liegende Verständnis des Führungsstils sind zwei Aspekte wichtig.
Zum einen beschreibt Fiedler den Führungsstil eines Vorgesetzten als einen Wahrnehmungsstil, der sich aufgrund der Persönlichkeit der Führungsperson ausprägt. Diese Annahme findet sich wieder im LPC, in dem der Vorgesetzte die Mitarbeitenden beschreibt und somit seine ‚Wahrnehmungen' in eine Bewertungsskala eingibt. Diese Vorstellung von ‚Führungsstil' unterscheidet sich von den meisten anderen, die im Führungsstil ein relativ stabiles Verhalten eines Vorgesetzten sehen (vgl. Neuberger 2002: 497). Diese Sichtweise, Führungsstil als Wahrnehmung der Persönlichkeit zu begreifen, ist die Grundlage des nächsten Gesichtspunktes.
Zum anderen nämlich geht Fiedler davon aus, „dass der ‚Führungsstil' eine stabile Persönlichkeitskonstante ist“ (Neuberger 2002: 498), also mit der Disposition der Persönlichkeit zu tun hat und daher nicht leicht bzw. gar nicht zu verändern ist. Daraus wird in dem Konzept die Konsequenz gezogen: „Wer erfolgreich führen will, muss die Situation an den ihm eigenen Führungsstil anpassen“ (Hentze 2005: 309). Deshalb setzt Fiedler nicht auf Personalentwicklung und andere Maßnahmen zur Veränderung oder Weiterentwicklung von Führungsverhalten, sondern sieht in der Anpassung der Situation an den Führungsstil den Weg, eine Führungskraft in eine optimale Situation zu versetzen. Dieses als ‚situational engineering' bezeichnete Vorgehen ist nach Fiedler der geeignete Weg, um entsprechende Leistungen und damit den Führungserfolg zu gewährleisten (vgl. Neuberger 2002: 498).
Mit diesem ‚Kontingenzmodell der Führungseffektivität' sind Vorhersagen über effektives Führungsverhalten unter Einbezug der Situation möglich. Sichtbar ist im Kontingenzmodell auch der Bezug zu den zweidimensionalen Führungsvorstellungen. Zum einen bilden Aufgaben- bzw. Beziehungsorientierung den Kern der LPC-Skala. Durch die Skala soll bezogen auf den am wenigsten geschätzten Mitarbeiter gemessen werden, wie sich die emotionale Beziehung des Vorgesetzten zum Mitarbeitenden ausgestaltet. Dabei sind aufgaben- oder beziehungsorientierte Klassifikationen möglich. Ebenso ist die situationsadäquate Handlungsanweisung in die Kategorien von Beziehungs- und Aufgabenorientierung unterschieden.
Das Modell ist detailliert hinsichtlich der Parameterwahl, der Operationalisierung, der Datenbasis und der theoretischen Grundlagen kritisiert worden (vgl. Hentze 2005: 311-313, Neuberger 2002: 499, Schreyögg 1995: 996). Dennoch ist zu attestieren, dass dieses Modell „als erstes die Beziehungen zwischen Führer und Situation erfasst und überprüfbar gemacht

hat“ (Hentze 2005: 312) und „eine Basis für eine Vielzahl von Führungsmodellen“ (Hentze 2005: 313) darstellt. Auf diesem Konzept beruhende Vorstellungen werden in Führungstrainings eingesetzt und haben auch unter Einbezug der kritisierten Aspekte noch immer den Vorzug, Situationsfaktoren benannt und eine Aussage entwickelt zu haben, die in einer spezifischen Situation Führungsverhalten als erfolgreich vorhersagt.
Die Grundsatzkritik an den Situationstheorien wird zum Abschluss der Darstellungen zusammenhängend bearbeitet.

2.4.2 Das Modell multipler Verbindungen (Yukl)

Dieses Modell soll nur kurz erwähnt werden. Es gibt einen Eindruck von den Versuchen in der Führungsforschung, die Situation als Größe im Führungsprozess erstens darzustellen und zweitens weitgehend genau zu beschreiben.
Anliegen des Modells von Yukl ist es, verschiedene situative Einflussgrößen zu erfassen und diese miteinander zu verbinden. Zwischen dem Führungsverhalten und dem Führungserfolg treten in dieser Konzeption „zwei Arten von Situationsvariablen: moderierende und intervenierende“ (Schreyögg 1995: 996).
Die sechs intervenierenden Variablen sind in ihrem Bezug unterschieden auf den Mitarbeitenden, die Arbeitsgruppe und die Organisation:
(1) bezogen auf die einzelnen Mitarbeiter
- Leistungsbereitschaft
- Aufgabenklarheit und Qualifikation

(2) bezogen auf die Gruppe
- Arbeitsorganisation
- Gruppenkohäsion

(3) bezogen auf die Organisation
- Ressourcenausstattung
- funktionsübergreifende Organisation

(vgl. Schreyögg 1995: 996f).
Diese intervenierenden Variablen stellen eine direkte Verbindung zwischen Führungsstil und Führungserfolg nach dem Grundsatz dar: je positiver die Ausprägung desto höher die Leistung (vgl. Schreyögg 1995: 997). Eine hohe Leistungsbereitschaft oder eine gute Arbeitsorganisation führen demnach zu höherer Leistung. In einer Situation dagegen, in der diese Variablen weniger ausgeprägt vorhanden sind, ist die Leistung geringer.
Die zweite Kategorie von Situationsvariablen sind die moderierenden Variablen. Diese sind relativ feste Situationsgegebenheiten, die an drei Stel-

len auf das Führungsgeschehen einwirken. Die erste Gruppe kennzeichnet die „Möglichkeiten bzw. Grenzen des Führers, die intervenierenden Variablen positiv zu gestalten" (Schreyögg 1995: 997). Die zweite Gruppe bezieht sich auf „überformende Faktoren wie Organisationsstruktur, Lohnsystem, Betriebsklima und ihren direkten Einfluß auf die intervenierenden Variablen" (Schreyögg 1995: 997). Die dritte Gruppe wirkt dort ein, wo es um die Bedeutung der einzelnen intervenierenden Variablen für die Leistung geht (z. B. kann die Bedeutung der Gruppenkohäsion für die Leistung hoch oder gering sein entsprechend der Anforderung an die Zusammenarbeit).

Die These in diesem Führungsmodell lautet: „Führungserfolg ist um so größer, je besser es einem Führer gelingt, bestehende Defizite in den intervenierenden Variablen auszugleichen" (Schreyögg 1995: 997). Als Führungsverhaltens-weisen nimmt das Modell vier Hauptgruppen an: Entscheidungen, Einflussausübung, Beziehungsaufbau und Informationsbeschaffung und –weitergabe (vgl. Schreyögg 1995: 997).

Zentrale Kritikpunkte an diesem Modell sind zunächst die Unüberschaubarkeit mit der Folge, dass es keine Basis bietet, daraus konkrete Handlungsanleitungen zu gewinnen (vgl. Schreyögg 1995: 997). Weiterhin werden die willkürliche Zusammenstellung von Studien, die das Modell theoretisch absichern sollen (vgl. Neuberger 2002: 522) sowie die fehlende argumentative Stringenz der einzelnen Elemente (vgl. Schreyögg 1995: 997) angeführt.

2.4.3. Das ‚Kontingenzmodell für Führung und Entscheidungen' (Vroom und Yetton)

Dieses ‚Kontingenzmodell für Führung und Entscheidungen' von Vroom und Yetton bringt mit der Situationsbeurteilung einen Prozessfaktor ein (vgl. Jago 1995b: 1072 – 1074). Diese Führungsvorstellung firmiert in den Publikationen auch unter dem ‚Vroom/Yetton-Modell' (vgl. Jago 1995b: 1060, Vroom & Jago 1988: 54-77, Schreyögg 1995: 998).

In der Darstellung hier geht es im wesentlichen um die ‚normative Perspektive' des Modells[74]. Darunter wird verstanden, dass das Modell angeben soll, „wie Führer ihr Verhalten mit verschiedenen Situationen in Einklang bringen sollen, um die Wahrscheinlichkeit erfolgreicher Entscheidungen

74 Zu unterscheiden davon ist die „deskriptive Perspektive" (Jago 1995b: 1060), die sich mit dem tatsächlichen Verhalten von Führungskräften befasst (vgl. Jago 1995b: 1060).

zu erhöhen“ (Jago 1995b: 1060). Mit diesem präskriptiven Charakter will das Modell unter der Annahme einer „subjektiven Rationalität des Vorgesetzten“ (v. Rosenstiel 2003a: 18) das Entscheidungsverhalten, das als wichtiger Aspekt im Führungsgeschehen betrachtet wird, qualifizieren und in nachvollziehbare, handhabbare Schritte gliedern.

Das Modell unterscheidet drei Aspekte des Führungsgeschehens und teilt diese in Variablengruppen ein:

- Entscheidung über das Führungsverhalten
- Entscheidungseffizienz
- Entscheidungssituation.

Für jeden Aspekt des Führungsgeschehens sind eigene Verfahren zur Situationsanalyse vorgesehen.

Zunächst zur Entscheidung über das Führungsverhalten. Die Klassifizierung von Führungsverhalten geschieht in diesem Modell nach dem Partizipationsgrad der Mitarbeitenden an Entscheidungen. Nach Jago werden autokratische, beratende und gruppenzentrierte Entscheidungsformen unterschieden (vgl. Jago 1995b: 1061).

Diese Entscheidungsformen sind im Modell in Aussagen zusammengefasst, die gleichzeitig eine entsprechende Verhaltensweisung für den jeweiligen Entscheidungsprozess darstellen (vgl. Jago 1995b: 1061).

Ein wichtiges Kriterium für die Entscheidung zu einem bestimmten Führungsverhalten sind die vorhandenen Informationen des Vorgesetzten. Besitzt er umfangreiche Informationen (worunter auch alternative Vorschläge zur Bewältigung einer Aufgabe, Ideen, etc. verstanden werden), kann er tendenziell eher autoritär, also ohne Beteiligung der Geführten entscheiden. Im anderen Fall ist er auf deren Informationen angewiesen und muss tendenziell partizipative Entscheidungsformen durchführen.

Unterschieden sind in Weiterentwicklungen des Modells die Prozesse bezogen auf einen einzelnen Mitarbeiter und auf Arbeitsgruppen, die aus mehreren Mitarbeitenden bestehen. Daher ergeben sich zwei parallele Klassifikationsbeschreibungen, unterteilt in eine für Individual- und eine für Gruppenprozesse.

Die Variable der Entscheidungseffizienz umfasst drei Kriterien:

- Qualität der Entscheidung

Die Qualität einer Entscheidung bemisst sich danach, inwieweit durch eine Entscheidung die Arbeitsleistung von Einzelnen oder Gruppen objektiv sinnvoll gestaltet wird. Hierunter sind messbare Aspekte wie Gewinnmaximierung, Kostenvermeidung, Realisierung der Organisationsziele und ähnliches verstanden. Es geht darum, eine ‚richtige‘ Entscheidung zu treffen unter gegeben Alternativen.

- Akzeptanz der Entscheidung

Die Akzeptanz einer Entscheidung bezieht sich auf die Internalisierung und die verbindliche, konsequente Umsetzung durch den oder die Mitarbeitenden. Grundsätzlich nimmt das Modell an, dass Partizipation die Akzeptanz von Entscheidungen erhöht.

- Zeitaufwand der Entscheidung

Da längere Entscheidungsprozesse Kosten verursachen, geht das Modell davon aus, dass ein geringerer Zeitaufwand einer Entscheidungsform eine höhere Effizienz beinhaltet als längere. Damit wird erfasst, dass unter gleichen Voraussetzungen in den anderen Parametern diejenige Entscheidungsmethode effizienter ist, die schneller durchgeführt werden kann und demnach der autokratische Entscheidungsprozess unter diesen Bedingungen den geringsten Zeitaufwand verursacht.

Die so beschriebene, aus drei Faktoren sich konstituierende Entscheidungseffizienz bestimmt den Erfolg einer Entscheidung.

Die Entscheidungssituation wird in ‚Problemeigenschaften' oder ‚Problemmerkmalen' erfasst. In den unterschiedlichen Entwicklungsstadien wird von sieben bzw. acht solcher Problemmerkmale ausgegangen. Erfasst werden die Qualitätsanforderung einer Entscheidung, das Ausmaß der Information des Vorgesetzten, die Strukturierung des Problems, die Beziehung zwischen Mitarbeiterverhalten und der Akzeptanz von Entscheidungen, die Akzeptanz von alleinigen Vorgesetztenentscheidungen, das Engagement für die Organisationsziele, die Konfliktpotentiale unter den Mitarbeitenden in Bezug auf eine Lösungsmöglichkeit und die Kompetenz der Mitarbeitenden (vgl. Jago 1995b: 1063, Hentze 2005: 279).

Aus diesen Modellelementen kann nun das ‚Kontingenzmodell für Führung und Entscheidungen' ‚zusammengesetzt' werden. Dazu ist es erforderlich, die Elemente

- Entscheidung über das Führungsverhalten
- Entscheidungseffizienz
- Entscheidungssituation

zu verbinden.

Ziel des Prozesses ist die Effizienz der Entscheidung nach den Kriterien von Qualität, Akzeptanz und Zeit. Der Weg zu diesem Ziel wird über das Führungsverhalten gewährleistet. Das Führungsverhalten wiederum ist an die Situation gebunden.

So ist der erste Schritt die Beurteilung der Situation. Sie bildet den Ausgangspunkt des Prozesses. In der Abfolge von Fragestellungen bezogen auf die Problemeigenschaften wird in einer Baumstruktur festgelegt, welche Situation vorliegt.

Die Führungskraft gelangt zu einer Entscheidung über ihr Verhalten, indem sie die Beurteilung der Situation mit den Möglichkeiten des Füh-

rungsverhaltens, das autokratisch, beratend oder gruppenbezogen sein kann, verbindet. Um diese Verbindung herstellen zu können, sind Regeln aufgestellt. Sie bilden sozusagen das Scharnier zwischen Situationsanalyse und dem Führungshandeln. Diese Regeln treffen keine positive Aussage über das adäquate Führungsverhalten, sondern schließen bestimmte Verhaltenweisen aus. Sieben Regeln liegen vor, die jeweils an Voraussetzungen in den vorherigen Situationsbeurteilungen gebunden sind.
Die ersten drei Regeln beziehen sich auf die Annahme, dass die Qualität der Entscheidung von Bedeutung ist, also geeignete und ungeeignete Lösungswege möglich sind:

- Informationsregel: hat der Vorgesetzte nicht alle Informationen, muss er autoritäre Entscheidungsformen ausschließen.
- Zielübereinstimmungs- oder Vertrauensregel: teilen die Mitarbeitenden nicht die Organisationsziele, kann ein partizipativer Entscheidungsprozess nicht durchgeführt werden.
- Strukturregel: bei Fehlen wichtiger Informationen oder Fachkompetenzen muss der Vorgesetzte sich diese auf möglichst ökonomische Weise durch entsprechende Prozesse einholen.

Die weiteren vier Regeln beziehen sich auf die Annahme, dass die Akzeptanz der Entscheidung durch die Mitarbeitenden gegeben sein muss:

- Akzeptanzregel: da eine Nichtbeteiligung die Akzeptanz durch die Mitarbeitenden mit hoher Wahrscheinlichkeit ausschließt, scheiden autoritäre Entscheidungsformen aus.
- Konfliktregel: würden die Unterstellten eine Alleinentscheidung des Vorgesetzten nicht akzeptieren und sind sie gleichzeitig über die beste Lösung uneins, muss ihnen die Möglichkeit der Diskussion gegeben werden; dies schließt autoritäres Vorgehen ebenso aus wie Einzelgespräche zwischen Vorgesetztem und Mitarbeitendem.
- Fairness-Regel: Für Entscheidungen, bei denen es keinen Grund gibt, die Geführten nicht mit einzubeziehen, ist eine hohe Beteiligung der Mitarbeitenden zu gewährleisten.
- Priorität der Akzeptanzregel: wenn die Mitarbeitenden die Organisationsziele teilen, ist eine größtmögliche Partizipation angemessen.

(vgl. Jago 1995b: 1076f, Neuberger 2002: 504f, Hentze 2005: 280-282)[75]

---

75 Jago weist darauf hin, dass das Modell in ein Modell A und ein Modell B eingeteilt werden kann. Unterscheidungsmerkmal ist die Frage der Zeiteffizienz. Unter der Voraussetzung, dass der Zeitverbrauch ein wesentlicher Aspekt der Situation ist (Modell A), gilt: „'Wähle von den möglichen Entscheidungsformen den autokratischen'" (Jago 1995b: 1064). Ist dagegen die Situation nicht durch den effektiven Einsatz von Zeit bestimmt, kann die ‚Zeitregel' außer acht gelassen werden zugunsten eines (zeitaufwändigeren) Partizipationsprozesses (vgl. Jago 1995b: 1064-1066).

Mit Hilfe der zur Verfügung stehenden Regeln kann eine Führungskraft sich nun für ein bestimmtes Führungsverhalten entscheiden. Kommt sie bspw. in der Beurteilung einer Situation zu dem Ergebnis, dass sie über die zur Lösung des Problems erforderlichen Informationen verfügt, die Situation gut strukturiert ist und durch sie selbst beurteilt und gestaltet werden kann und gilt darüber hinaus noch, dass die Akzeptanz der Entscheidung durch die Mitarbeitenden für die Aufgabenerfüllung unwesentlich ist, kann sie sich für ein autokratisches Führungsverhalten entscheiden. Wenn sie allerdings die Fairness-Regel anwendet, kann sie auch den beratenden oder den gruppenzentrierten Entscheidungsprozess anwenden. Somit stehen ihr alle Entscheidungsstrategien offen. Ggf. steht die Führungskraft hier in der Spannung, die Fairnessregel gegen die Zeiteffizienz abzuwägen.
Liegt eine andere Situation vor, in der die Informationslage der Führungskraft schwach, ihre Fachkompetenz gering und die Akzeptanz der Entscheidung bei den Mitarbeitenden erforderlich ist, darüber hinaus die Arbeitsgruppe die Organisationsziele teilt und eine konsensuelle Problemlösung zu erwarten ist, kann lediglich der gruppenorientierte Entscheidungsprozess angewandt werden.
Zur Darstellung wird eine Baumstruktur der Entscheidungsprozesse vorgelegt (vgl. Vroom & Yetton 1973: 188, Jago 1995: 1066, Neuberger 2002: 502, v. Rosenstiel 2003a: 19, Hentze 2005: 281).
Das Vroom/Yetton-Modell wurde zu einem Trainingsprogramm für Führungskräfte ausgebaut. In Weiterentwicklungen sind neuere Versionen vorgelegt worden. Wesentliche Weiterentwicklungen sind zum ersten, die Problemmerkmale von Situationen nicht lediglich als vorhanden oder nicht-vorhanden zu klassifizieren, sondern nach einer fünfstufigen Skala zu bewerten. Weiterhin wurden zwei weitere Situationsmerkmale eingefügt (bezogen auf die Verortung der Mitarbeitenden und einem gegebenen Zeitzwang). Darüber hinaus wurde die Aufteilung in Modell A und Modell B aufgegeben und der Faktor ‚Zeit' in das Modell eingearbeitet. Daraus resultiert nachvollziehbar eine erhebliche Komplexitätssteigerung des Modells, auf die durch entsprechende Computerprogramme zur Bewältigung der Datenmenge reagiert wurde (vgl. Jago 1995b: 1072f).
Hinsichtlich der empirischen Überprüfung und damit der Validität des Konzeptes bestehen unterschiedliche Auffassungen. Jago beruft sich auf sieben Studien zum Vroom/Yetton-Modell und behauptet die erwiesene Erfolgsrelevanz (vgl. Jago 1995b: 1068). Dagegen weisen Hentze u. a. darauf hin, dass die Datenerhebung auf der Grundlage der „subjektiven Schilderungen von Managern" (Hentze 2005: 283) beruhen und daher ein

verzerrtes Bild wiedergeben. Die damit verbundenen möglichen Verzerrungen merkt auch Neuberger kritisch an (vgl. Neuberger 2002: 507).
Inhaltlich wird kritisiert, dass das Modell „mehr einen ***Entscheidungsansatz*** als eine Führungstheorie darstellt“ (Hentze 2005: 285). Damit geht einher, dass „weitere Aspekte des Führungsgeschehens (Koordination, Durchsetzung, Kontrolle usw.)“ (Neuberger 2002: 508) nicht einbezogen werden. Allerdings sind diese Kritikpunkte an den Anspruch des Modells zurückzubinden. Darüber hinaus wird als Defizit gesehen, dass die Ziele nicht inhaltlich bestimmt werden und damit die Erfolgskriterien unbestimmt bleiben (vgl. Neuberger 2002: 508).
Die Argumente laufen auf eine Bewertung des Modells als mechanistisch (vgl. Schreyögg 1995: 998) und rationalistisch (vgl. Neuberger 2002: 508f) hinaus. Führungsverhalten erscheint programmierbar und reduziert Führungskräfte auf die Situationsdiagnose. V. Rosenstiel greift zwar diese Bewertungen auf, kommt aber zu dem Schluss, dass „doch Belege für die Nützlichkeit“ (v. Rosenstiel 2003a: 20) vorliegen.
In der Gesamtauswertung der Situationstheorien wird nachfolgend eine Auseinandersetzung mit diesen Führungsvorstellungen unter Würdigung der Kritikpunkte erfolgen.

2.4.4. Die Weg-Ziel-Theorie im Blickwinkel der Situationstheorien (Evans und House)

Die Weg-Ziel-Ansätze weisen in die Motivationstheorien der Führung, da sie auf der Motivation der Geführten basieren. Dieser Zugang zum Führungsverhalten wird dementsprechend im Rahmen des nächsten Kapitels dieser Arbeit (vgl. Kap. 2.5) dargestellt. Hier geht es um die situationstheoretischen Aspekte der Weg-Ziel-Theorie der Führung, die auf Evans zurückgeht und von House weiterentwickelt wurde.
Die Theorie nimmt an, dass Vorgesetzte die Motivation von Mitarbeitenden beeinflussen können. Dies kann erstens geschehen durch die Beeinflussung der Bewertung der Ergebnisse von Leistungen durch Mitarbeitende (z. B. über Belohnungen und der Beeinflussung des Wertes, den Individuen den Belohnungen beimessen). Zweitens durch eine herzustellende Verbindung zwischen Leistung und der Wahrscheinlichkeit, eine Belohnung zu erhalten sowie drittens durch die Verbindung zwischen Anstrengung und Leistung, in dem eine Wahrscheinlichkeit entsteht, dass Anstrengungen zu Leistungen führen.
Um dieses Einwirken auf die Motivation zu gestalten ist der Einbezug von Situationsvariablen geboten. Drei Situationsvariablen sind benannt: die

Arbeitsaufgabe, die Organisation sowie die Individualität der Mitarbeitenden.
Daraus erwachsen Vorstellungen zum Führungsverhalten, die auf die Motivation, die Fähigkeiten, die Ressourcen etc. zielen. Dazu können aufgaben-orientierte, unterstützende, leistungsmotivierende oder partizipative Führung indiziert sein.
Es wird deutlich: Die Weg-Ziel-Theorie der Führung nach Evans und House greift explizit die Situation als Bestandteil des Führungsgeschehens auf. Nicht nur, dass sie Situationsfaktoren benennt und Führungsverhalten daran ausrichtet, sondern darüber hinaus versteht sie Führungsverhalten als Bestandteil der Situation. Ein Führungsverhalten, das bspw. Belohnungen als Folge von Leistung eröffnet, hat Wirkungen auf die Motivation der Geführten, da die ent-sprechende Erwartung stimuliert wird. Führungsverhalten als Situationsfaktor, der ‚instrumentell' auf das Erreichen von Zielen bezogen wird, bei gleichzeitig rational-kognitiver Beurteilung der Situation und einem ‚berechnenden' Einsatz von Führungsverhalten begründen die Einordnung dieser situativen Denkweise als ‚kognitiv-instrumentell' (vgl. Schreyögg 1995: 999).
Auf die entsprechenden Kritikpunkte des Modells wird in Verbindung mit der ausführlichen Darstellung im nächsten Teil eingegangen. Bezogen auf den situationstheoretischen Blickwinkel stellt die unbegrenzte Zahl der möglichen Einflussfaktoren ein Problem dar, da damit Prognosen für die Wirkung bestimmten Führungsverhaltens kaum möglich sind (vgl. Schreyögg 1995: 999).
Dennoch hat der Ansatz seine Bedeutung, da er die aus den Motivationstheorien der Führung stammenden Vorstellungen auf die Situationstheorien hin öffnet und somit eine Verbindung zwischen der Einflussnahme auf den Motivationsprozess und den Situationsbedingungen herstellt.

2.4.5 Das ‚Reifegrad-Modell' in situationstheoretischer Perspektive (Hersey und Blanchard)

Die zwei nachfolgend dargestellten situativen Führungsvorstellungen gehen von einer Interaktionsdynamik zwischen Situation und Führungsverhalten aus. Sie begreifen die Situation als gestaltbar (vgl. Schreyögg 1995: 999).
Das Modell von Hersey und Blanchard wurde bereits im Rahmen der zweidimensionalen Führungsvorstellungen ausführlich vorgestellt (vgl. Kap. 2.3.3.3). Daher werden jetzt die Aspekte des Modells hervorgehoben, die sich auf die Situationstheorien der Führung beziehen.

Das Modell nimmt als situative Faktoren die Person des Führenden, die Geführten, den Vorgesetzten der Führungsperson, die Kollegen, die Organisation, die Tätigkeit mit ihren spezifischen Anforderungen und die Entscheidungszeit (vgl. Hentze 2005: 293) an. Damit finden sich wesentliche Aspekte des 3-D-Modells von Reddin wieder. Dennoch beinhaltet das Modell eine entscheidende Erweiterung: die zentrale Situationsvariable ist der Reifegrad der Mitarbeitenden.

Der Reifgrad konstituiert sich aus zwei Faktoren: erstens aus den auf die Aufgaben bezogenen Aspekten wie Erfahrung, Wissen oder Können und zweitens aus den auf die Person bezogenen Aspekten wie Motivation, Selbstvertrauen oder Verantwortungsbereitschaft. Der Reifegrad kann gering oder hoch sein und ist in vier Stufen von geringer bis hoher Reife gegliedert. Entsprechend des Reifegrades wird einer der vier Führungsstile (‚telling', selling', ‚participating', ‚delegating') als adäquat angenommen. Die Führungskraft hat die Aufgabe, den auf eine spezifische Aufgabe bezogenen Reifegrad der Mitarbeitenden zu eruieren und daraufhin den entsprechenden Führungsstil anzuwenden. Es gilt, bei niedriger Reife einen stark aufgabenbezogenen Führungsstil anzuwenden, bei mittlerer Reife einen stark aufgabenbezogenen und stark personenbezogenen Führungsstil bzw. bei noch höherem Reifegrad einen stark aufgabenbezogenen und geringeren personenbezogenen Führungsstil einzusetzen und bei hoher Reife einen geringen aufgaben- und personenbezogenen Führungsstil zu realisieren. Neben dem als situationsadäquat betrachteten Führungsstil eröffnet dieses Führungsverhalten gleichzeitig einen Entwicklungsprozess, der dem Mitarbeitenden eine Entwicklung hin zu einem höherem Reifegrad ermöglicht.

Es zeigt sich, dass der Reifegrad des Mitarbeitenden die zentrale Situationsvariable bildet, die das Führungsverhalten bestimmt. Damit ist die Situation wieder der Moderator zwischen Führungsstil und Führungserfolg, allerdings ist die Situation nicht statisch, sondern dynamisch. Der Reifegrad des Geführten kann erstens bezogen auf unterschiedliche Aufgaben unterschiedlich sein und zweitens durch das auf einen Entwicklungsprozess angelegte Führungsverhalten sich verändern. Daher ist die Situation keine statische Größe, sondern eine dynamische, die entsprechendes Führungsverhalten erfordert.

Die kritische Auseinandersetzung erfolgte bereits im Rahmen der ausführlichen Vorstellung des Konzeptes im vorherigen Teil dieser Arbeit. Erinnert sei an die Kritikpunkte der fehlenden empirischen Bestätigung, der defizitären theoretischen Fundierung, der Konzentration auf nur eine entscheidende Situationsvariable (Reifegrad des Mitarbeitenden) und damit einhergehend der Vernachlässigung anderer Situationsfaktoren sowie

des hohen subjektiven Anteils in der Bewertung des Mitarbeiterverhaltens und damit der Möglichkeit, jedes Führungsverhalten als adäquat begründen zu können.
Dennoch bietet dieses Modell eine Systematisierung von Führungsverhalten und gibt mit der Variable ‚Reifegrad des Mitarbeitenden' eine wichtige, ebenfalls systematisierte Situationsbedingung an. Vermutlich liegt hier der Grund, weshalb „sich der Ansatz angesichts seiner Plausibilität in der Praxis des Führungstrainings hoher Beliebtheit" (v. Rosenstiel 2003a: 18) erfreut.

2.4.6 Die Theorie zur Austauschbeziehung (Graen)

Von Graen liegen verschiedene Führungskonzepte vor, die aus den Vorstellungen zur Rollentheorie abgeleitet sind (vgl. Neuberger 2002: 334; Hentze 2005: 366f). Die jeweiligen Konzepte bzw. die verschiedenen Phasen dieser Überlegungen sind unter unterschiedlichen Überschriften und Bezeichnungen dargestellt. Die Theorie Graens lässt sich unter die ‚Austauschtheorien der Führung'[76] subsumieren, die von einem sozialen Austausch im Führungsbe-ziehungen ausgehen.
Den Austauschtheorien der Führung werden u. a. das Idiosynkrasiekreditmodell[77] von Hollander sowie die Konzepte von Graen zugeordnet (vgl. Zalesny & Graen 1995).

---

76 Die Austauschtheorien unterscheiden zwischen ökonomischem und sozialem Austausch in Führungsbeziehungen. Ökonomischer Austausch ist durch direkte, konkrete sowie verhaltensbezogene Belohnungen gekennzeichnet, was am Entgeld (bspw. Grundgehalt mit Leistungskomponente) am deutlichsten wird. Sozialer Austausch beinhaltet darüber hinaus indirekte Belohnungen, die ggf. erst über einen längeren Zeitraum wirksam werden (z. B. hohe Reputation in einer Arbeitsgruppe). Weiterhin ist sozialer Austausch durch Belohnungen aus stabilen Beziehungen zu einer Führungskraft und dem Mitarbeitenden sowie aus der Interpretation der Beziehungsergebnisse durch die Austauschpartner beschrieben (z. B. der gute, häufige Kontakt zwischen Führungskraft und Mitarbeitenden, etwa auch durch Essenseinladungen, verbunden mit der Bewertung, dass diese Kontakte zu hochwertigen Arbeitsergebnissen der Arbeitsgruppe beitragen). Die Austauschtheorien markieren einen bedeutsamen Wandel in der Betrachtung von Führung: Galt zuvor, dass die Einflussnahme von der Führungskraft ausgeht und auf das Verhalten der Mitarbeitenden wirkt, wird mit den Austauschtheorien der Führung angenommen, dass eine gegenseitige Beeinflussung zwischen Führenden und Geführten stattfindet (vgl. Zalesny & Graen 1995).

77 Das Idiosynkrasiekreditmodell von Hollander sieht „sowohl den Führer als auch die Anhänger in eine implizite Transaktion verwickelt" (Hollander 1995: 929). Die Fragestellung dieser Konzeption ist, wie Führungskräfte die Anerkennung ihrer Mitarbeitenden erreichen können, auf deren Basis sie in der Arbeitsgruppe (bspw. der Abteilung eines Unternehmens) soziale Einflussnahme ausüben und abweichendes, bspw.

In der Austauschtheorie von Graen ist bedeutsam, dass die Beziehung zwischen der Führungsperson und den Mitarbeitenden nicht als eine Beziehung zwischen zwei ‚Blöcken' verstanden wird, sondern die Beziehung einer Führungskraft zu einer Arbeitsgruppe sich in dyadische Beziehungen bzw. Team- oder Gruppenbeziehungen gliedern lässt, die je unterschiedlich sind. Die unterschiedliche Qualität der Beziehung hat Konsequenzen für das Verhalten der Mitarbeitenden (vgl. Graen & Uhl-Bien 1995: 1045f).

Aus der Differenzierung der Beziehungsqualität folgt, nicht ein Führungsverhalten zu praktizieren, sondern der jeweiligen Beziehung entsprechend ein unterschiedliches Führungsverhalten zu realisieren. Damit wird die ‚Situation' weiter differenziert, da die unterschiedlichen Beziehungen zu den Mitarbeitenden die Situation plural und dynamisch werden lassen.

Unter dem VDL-Modell (Vertical Dyadic Linkage – Verbindung vertikaler Dyaden) ist eine Führungsvorstellung erarbeitet, die die Beziehungen zwischen Vorgesetzten und Arbeitsgruppen in Dyaden fasst. In Weiterentwicklungen wurde dieser Ansatz durch die LMX – Theorie (Leader-Member-Exchange – Führungskraft-Mitarbeiter-Austauschbeziehung) ersetzt, die der Theorie als ‚LMX-Theorie' in verschiedenen Publikationen ihren Namen gibt (vgl. Neuberger 2002: 335). Ein weiterer Entwicklungsschritt der Überlegungen führt zur ‚Team-Leadship-Making Theory', de-

---

für Innovationen erforderliches Verhalten umsetzen können und damit die Akzeptanz auch für möglicherweise unpopuläre, bisher unbekannte Maßnahmen finden.

Unter ‚credit' ist entsprechend der englischsprachigen Bedeutung ‚Anerkennung' verstanden. Das Modell nimmt an, dass Führungskräfte bei ihren Mitarbeitenden Anerkennung oder ‚Kredit' zunächst erwerben müssen. Diese Anerkennung kann auch bereits durch die Reputation vorhanden sein, die Führungskräfte in anderen Arbeitsgruppen erworben haben bzw. durch die Reputation, die ihnen von den Mitarbeitenden zuerkannt wird. Ansonsten können Vorgesetzte diese Anerkennung dadurch erwerben, dass sie zum einen einen entscheidenden Beitrag zum Erfolg der Arbeitsgruppe leisten (bspw. durch Kompetenz) und zum anderen durch die Loyalität zu den bestehenden Gruppennormen. Gerade diese Konformität ist Voraussetzung dafür, um unkonformes Verhalten akzeptiert ausüben zu können.

Insbesondere in der Anfangsphase der Tätigkeit einer Führungskraft in einer neuen Arbeitsgruppe ist sie auf das ‚Sammeln' solcher (fiktiven) Kreditpunkte angewiesen, um dann darauf aufbauend diesen ‚Kredit' in Anspruch zu nehmen für die zu tätigenden sozialen Einflussnahmen und für die Akzeptanz der von den Gruppennormen abweichenden Entscheidungen. Solche Entscheidungen lassen die gesammelten ‚Idiosynkrasiekreditpunkte' schmelzen, daher muss die erworbene Anerkennung ausreichen, um die erforderliche Akzeptanz zu finden.

Das Modell geht davon aus, dass in erfolgreichen Organisationen die Punktverluste geringer sind, je höher die Führungskraft in der Organisationshierarchie angesiedelt ist. Ohne den ‚Kredit' bzw. bei Aufbrauchen der ‚Kreditpunkte' sind entsprechende Entscheidungen mit Widerstand verbunden und finden nicht die Akzeptanz der Geführten (vgl. Hollander 1995, Neuberger 2002: 659, Hentze 2005: 335f).

ren Ausgangspunkt die Annahme ist, dass die jeweils dyadische Qualität der Beziehung zwischen Führungskraft und der Mitarbeiterin bzw. dem Mitarbeiter über das Verhalten des Mitarbeitenden entscheidet und somit Auswirkungen auf das Arbeitsergebnis hat (vgl. Graen & Uhl-Bien 1995: 1045f).
Diese Theorie geht davon aus, dass zwischen Vorgesetzten und Mitarbeitenden eine vertikale, wechselseitige Beziehung besteht, diese jedoch in zwei Faktoren unterschieden werden muss.
Zum einen besteht die formelle Beziehung, die etwa durch den Arbeitsvertrag mit bspw. Gehaltsregelungen und Sanktionsmöglichkeiten definiert ist. Zum anderen existiert die informelle wechselseitige Beziehung, die sich durch persönliche gegenseitige Einflussnahmen auszeichnet (z. B. die persönliche Wertschätzung durch den Vorgesetzten). Das Modell geht davon aus, dass Vorgesetzte beide Faktoren beeinflussen können, Mitarbeitende lediglich den informellen Faktor der vertikalen Beziehung. Mitarbeitende können die informelle Beziehung durch Vertrauen, Loyalität oder Boykott gestalten (vgl. Neuberger 2002: 334, Hentze 2005: 337f).
Nach Graen bestehen in Arbeitsgruppen ‚multiple Dyaden'. In diese einzelnen dyadischen Beziehungen zwischen Vorgesetzten und Mitarbeitenden werden jeweils die Bedingungen des Miteinanders ausgehandelt. Unter Abwägung der Kosten und Nutzen der Beziehung werden wechselseitige Anforderungen und Erwartungen verhandelt. Dieser ‚Austausch' (exchange) gestaltet die Arbeitsbeziehung. Folge ist die Ausbildung von Rollen, die sich über Routine verfestigen.
Diese Austauschbeziehung kann zwei Formen der Führung ergeben: die ‚Supervision', worunter die nahezu ausschließlich unter ökonomischen Aspekten (bspw. Leistung gegen Entgeld) gestaltete Beziehung verstanden ist. Führungsverhalten basiert wesentlich auf Positionsmacht mit den damit verbundenen Steuerungsmöglichkeiten. Die zweite Form der Führung ist als ‚Leadership' bezeichnet. Darin sind soziale Beziehungen berücksichtigt, die Vertrauen und gegenseitige Verpflichtung beinhalten und auf weit mehr als der formalen Einflussnahme des Vorgesetzten beruhen (vgl. Hentze 2005: 337).
Da jedoch Vorgesetzte aus Gründen wie der Aufgabenstruktur oder Zeitdruck sich nicht zu allen Mitarbeitenden in einem gleich intensiven Austausch befinden, entsteht eine ‚in-group' und eine ‚out-group'. Zum Innenkreis unterhält die Führungskraft eine intensive Beziehung, zum Außenkreis eine wesentlich geringere. Die Theorie geht davon aus, dass der Innenkreis aus befähigten, loyalen, engagierten Mitarbeiterinnen und Mitarbeitern besteht, der Außenkreis aus den schwierigen, weniger begabten. Das Führungsverhalten gegenüber den beiden Kreisen unterschei-

det sich erheblich: zur ‚in-group' bestehen vertrauensvolle, partizipative Beziehungen, die sehr stark das informelle Beziehungsmuster realisieren. Zur ‚out-group' besteht eine starke formale, distanzierte, misstrauische Beziehung. Die LMX-Theorie sagt voraus, dass die Personen in der ‚in-group' produktiver, zufriedener und mit einer höheren Verpflichtung gegenüber der Organisation arbeiten. Dies erhöht die Dynamik des sich in dieser Weise stabilisierenden Prozesses, so dass ein Vorgesetzter immer stärker mit dem Innenkreis die Arbeitsergebnisse herstellen wird. Dies verhindert es, seine Aufmerksamkeit neu zu verteilen und bspw. an einer Veränderung der Beziehung zum Außenkreis zu arbeiten und erhöht gleichzeitig die Abhängigkeit des Vorgesetzten von den Mitgliedern des Innenkreises (vgl. Schreyögg 1995: 1002, Neuberger 2002: 335).
In verschiedenen Weiterentwicklungen sind Anknüpfungen an die Zweidimensionalität der Führung mit den aufgaben- und personenbezogenen Führungs-aspekten und an das Reifegrad-Modell von Hersey und Blanchard gefunden worden. Die Zweidimensionalität der Führung ist erfasst, wenn im ‚Dual-Attachment-Modell' interpersonale und aufgabenspezifische Aspekte ver-bunden werden. Insbesondere die ‚Reife der Partnerschaft' wird zum Kriterium für Bereitschaft der Mitarbeitenden, Leistungen über bestehende Ver-pflichtungen hinaus zu erbringen, womit auch eine Perspektive in die charis-matischen Führungsansätze hinein entwickelt wird, da es dort u. a. um die Erweiterung des Commitments geht (vgl. Neuberger 2002: 336).
Das ‚Team-Leadership-Making-Modell' ist eine Weiterentwicklung der Konzepte zur Veränderung der Beziehungsreife. Ausgangspunkt ist die Annahme, die Partnerbeziehung zwischen dem Vorgesetzten und den Mitarbeitenden kann zu einer zunehmenden Reife geführt werden. Es wird angenommen, dass „die Einzelindividuen zwar unabhängig voneinander zur Leistungsfähigkeit eines *Teams* beitragen, dass es sich dabei aber nur um Basisbeiträge, die durch die formalen Arbeitsverträge definiert sind, handelt" (Graen & Uhl-Bien 1995: 1048). Es wird ein Zyklus beschrieben, der in drei Phasen (Phase der Fremdheit, Phase der Bekanntschaft, Phase der Reife) zu einer höheren Beziehungsreife im Team führt, wobei die Prozessstadien je nach dyadischer Beziehungssituation unterschiedlich sind. Im Stadium ‚hoher Reife' bestehen qualitativ hochwertige Austauschprozesse, die sich „auf gegenseitige Loyalität und Unterstützung" (Graen & Uhl-Bien 1995: 1051) beziehen und somit eine Verbindung zur charismatischen Führung zeigen.
Zu erkennen ist, dass der Kern der Theorie, der in der Behauptung von dyadischen Beziehungen und einem daraus folgendem entsprechenden

Führungs-verhalten liegt, in den Fortschreibungen aufrechterhalten wird.
Dieser Ansatz macht deutlich, dass nicht ein für alle Mitglieder einer Gruppe gleiches Führungsverhalten angemessen ist, sondern ein jeweils unterschiedliches. Damit wird die Situationsbedingung ‚dyadische Austausbeziehung' zu einem Faktor der Situation, der unterschiedliches Führungsverhalten erfordert.
Kritisch wird auf die Problematik der noch nicht erfolgten empirischen Bestätigung der Theorie hingewiesen (vgl. Neuberger 2002: 336). Dagegen wenden Graen und Uhl-Bien ein, dass in einem Test zum ‚Team-Leadership-Making-Modell' die getroffenen Annahmen für ein Hochleistungsteam (im Gegensatz zu einem bürokratischen Team) bestätigt werden konnten (vgl. Graen & Uhl-Bien 1995: 1054). Schreyögg merkt an, dass dann, wenn ein solches Führungsverhalten präskriptiv verstanden wird, ethische Bedenken ins Feld zu führen sind. Die unterschiedliche Beziehungsqualität sowie deren Aufrechterhaltung würde in einer präskriptiven Perspektive als angemessenes Führungsverhalten empfohlen. Damit aber wäre ein Verzicht verbunden, solche Verhaltensweisen zu realisieren, die die Beziehungsunterschiede zu den verschiedenen Mitarbeiterinnen und Mitarbeitern minimiert.
Auch hinsichtlich der Folgen für den Arbeitserfolg ist zu problematisieren, dass ein so skizziertes Führungsverhalten zu Neid oder Unzufriedenheit führen kann mit der Konsequenz, dass Kooperation misslingt und Aufgaben in einer Arbeitsgruppe unzureichend bearbeitet werden (vgl. Schreyögg 1995: 1002).
Die Weiterentwicklung des Modells zum ‚Team-Leadership-Making-Modell' scheint genau auf diese Kritikpunkte zu reagieren und bietet eine Möglichkeit, Führungsverhalten so zu gestalten, dass es nicht allein einen Status quo weiterführt, sondern ausdrücklich auf Entwicklungsprozesse setzt. Gleichwohl konstatieren die Autoren auch diesem Modell: „In manchen Dyaden wird die Beziehung nie besonders weit über das Stadium des Fremdseins hinausgehen" (Graen & Uhl-Bien 1995: 1051). Damit allerdings wird eher deskriptiv auf Erfahrungen zurückgegriffen als präskriptiv ein Führungsverhalten entworfen.
Der Wert dieses Ansatzes in der Perspektive der Situationstheorie besteht darin, die Führungssituation in einer Arbeitsgruppe differenziert betrachten zu können. Die Konsequenz daraus ist, nicht ein durchschnittliches Führungsverhalten für alle Mitglieder einer Arbeitsgruppe anzunehmen, sondern ein spezifisches entsprechend der gegebenen ‚dyadischen Austauschbeziehung' zu dem einzelnen Mitarbeitenden.

2.4.7 Zur Kritik an den Situationstheorien der Führung

Auf die Kritikpunkte an den einzelnen Modellen und Konzepten wurde bereits jeweils kurz eingegangen. Hier geht es nunmehr um die grundsätzlichen Kritikpunkte an den Situationstheorien. Wie bereits in der Darstellung der einzelnen Modelle benannt, werden die empirische Absicherung sowie die Validität der Annahmen angezweifelt. Ein anderer Punkt bezieht sich auf die Situation, insofern diese in den Kontingenzmodellen als unveränderbar behauptet werde. Damit verbunden ist der Vorwurf des Determinismus, der situationstheoretischen Konzepten inhärent sei.

2.4.7.1 Empirie und Validität

Insofern die Kontingenzmodelle auf der Zweidimensionalität der Führung aufbauen, trifft sie die bereits benannte Kritik, die sich auf den LBDQ (in den verschiedenen Fassungen) bezieht und in Frage stellt, dass die zwei Grunddimensionen der Führung hinreichend belegt sind.

Die andere Kritiklinie bezieht sich darauf, dass ein empirischer Nachweis des aus den Modellen resultierenden Führungsverhaltens als erfolgsrelevant nicht gelungen sei.

Dagegen weist Gebert auf eine bereits 1974 erschienene Untersuchung der Autoren Lorsch und Morse hin, die die Faktoren Führungsstil, Situation und Führungserfolg in Beziehung gesetzt haben. Bezogen auf die hier relevante Fragestellung zeigt die Studie auf, dass unter der Situationsbedingung einer hohen bzw. niedrigen Aufgabenkomplexität ein unterschiedliches Führungsverhalten erfolgsbedeutsam ist. In den untersuchten Forschungslaboratorien mit hoher Aufgabenkomplexität erwies sich ein partizipativer Führungsstil erfolgsrelevanter als ein direktiver oder Laissezfaire-Stil, in der Produktion mit geringerer Aufgabenkomplexität zeigte sich, dass direktives Führungsverhalten erfolgsrelevant ist (vgl. Gebert 2002: 64f). Zusammenfassend stellt Gebert fest: „Führt man bei niedriger Aufgabenkomplexität direktiv-strukturierend, so ist dies ein fit, weil der Ist-Wert der gewährten Freiheitsgrade dem Soll-Wert entspricht“ (Gebert 2002: 65).

Auch auf den Ansatz von Hersey und Blanchard bezogen zeigt sich, dass deren Modellannahmen sich zumindest tendenziell „empirisch erhärten“ (Gebert 2002: 73) ließen.

Damit wird deutlich, dass die fast durchgängige Kritik an Empirie und Validität der Kontingenzansätze in ihrer Unbedingtheit nicht in allen Punkten berechtigt ist. Neben der Plausibilität der Annahme, dass Situationsbedingungen im Führungsprozess relevant sind, gibt es (wenngleich vorsichtige) Hinweise, dass diese sich auch belegen lassen.

2.4.7.2 Die Macht des Faktischen

Ein anderer zentraler Kritikpunkt an den Kontingenzansätzen bezieht sich auf die Funktion der Situation. Es wird kritisiert, dass die Situation als eine existente, nicht veränderbare Größe betrachtet wird, die die Anpassung der Führungskraft erfordert und den Status quo von Gegebenheiten festschreibt (vgl. Gebert 2002: 70). Neuberger fasst diesen Vorwurf pointiert so zusammen: „Die Rede von den situativen *Sachzwängen* suggeriert, der Widerstand gegen die Vorbestimmung sei von Hause aus sinnlos und zum Scheitern verurteilt“ (Neuberger 2002: 528).

Es ist zutreffend, dass die verschiedenen Situationstheorien von der Vorgegebenheit der Situation zu einem bestimmten Zeitpunkt ausgehen. Für die Wirkung von Führungsverhalten bezogen auf einen Erfolg stellt dies einen entscheidenden Faktor dar. Allerdings sind die Theorien unterschiedlich konzi-piert hinsichtlich der Gestaltbarkeit von Situationen.

Fiedler nimmt die Situation als gegeben an. Vroom/Yetton geht es nicht um die Gestaltbarkeit der Situation, sondern um deren Analyse und um ein situationsbedingtes, passgenaues, erfolgrelevantes Führungsverhalten.

Anders stellt es sich in den weiteren Ansätzen dar. Im Modell von Yukl kann die Führungskraft auf die intervenierenden Variablen einwirken, wodurch die Situation gestaltbar wird.

Auch die Weg-Ziel-Theorie von Evans und House setzt ausdrücklich an den Beeinflussungsmöglichkeiten an, in dem sie davon ausgeht, dass die Motivation von Mitarbeiterinnen und Mitarbeitern zu beeinflussen ist. Das Führungsverhalten selbst wird zu einem Bestandteil der Situation und damit zu einer dynamischen, situationsgestaltenden Komponente.

Das Modell von Hersey und Blanchard arbeitet mit einer veränderbaren Situation. Die dortige Situationsvariable ‚Reifegrad der Mitarbeitenden’ ist entwickelbar.

In den Ansätzen von Graen beinhaltet die Weiterentwicklung zum ‚Team-Leadership-Making-Modell’ die Veränderbarkeit der Situation, in dem es die Beziehungsreife für entwickelbar hält und diese zu einem höheren Reifegrad führen kann.

So zeigt sich, dass eine pauschale Kritik an den situativen Theorien, die von der Macht der faktischen Situation ausgeht, der die Führungskraft sich zu unterwerfen hat, nicht in allen Punkten zutreffend ist. Es zeigt sich vielmehr, dass die einzelnen Ansätze die Statik der Situation unterschiedlich werten.

Dazu ordnet sich ein weiterer Aspekt: Zu einem bestimmten Zeitpunkt ist die Situation tatsächlich ein gegebener Faktor, der sich zu diesem spezifischen Zeitpunkt nicht verändern lässt (vgl. Gebert 2002: 70). Daher ist

dieser Anwurf kein spezifisches Problem der Situationstheorien, sondern Bestandteil der menschlichen Existenz.
Ein anderer Aspekt bezieht sich auf die bereits in dieser Arbeit angesprochene Konstruktion und Interpretation von Wirklichkeit, auch von Führungs- und Organisationswirklichkeit. Demnach ist eine Situation nicht ‚an sich' existent, sondern auch eine Interpretationsleistung: „Insofern ist eine Situation selbstverständlich nicht gegeben, sondern eine kognitive Konstruktion [...] des Interpreten. Anpassungen erfolgen damit auch nicht an Situationen, sondern an Interpretationen von Situationen" (Gebert 2002: 70). Dieser Gesichtspunkt relativiert die Behauptung, dass die Situationstheorien Situationen als gegeben hinnehmen, sondern weist darauf hin, dass diese als Interpretations-leistung bereits gestaltet sind. Insofern greifen die Situationstheorien diese Interpretationsleistungen als Element des Führungsprozesses auf und beziehen in ihr Denken ein, dass ein „Komplex von Zusammenhangsannahmen" (Gebert 2002: 70) besteht, der Folgen für das Führungsverhalten hat (vgl. Gebert 2002: 70f).
Aus diesem Grunde ist die Pauschalkritik, dass die ‚Situation' in den Kontingenzansätzen gegeben und unveränderbar sei, zunächst aus den Ansätzen heraus zu relativieren. Weiterhin ist die als Kritik eingebrachte Behauptung insofern keine Kritik, sondern eine Feststellung, als eine Situation zu einem bestimmten Zeitpunkt tatsächlich gegeben ist. Darüber hinaus begreifen auch die Situationstheorien der Führung Wirklichkeit als Interpretationsleistungen von Subjekten und relativieren damit die Behauptung, die Situation ausschließlich als ‚objektives' Faktum vorzustellen.

2.4.7.3 Determinismus

Es liegt nahe mit der Behauptung, die Situation sei in den Situationstheorien als gegebene Größe gedacht, gleichzeitig zu folgern, dass damit Führungshandeln in einer Weise vorgegeben werde, die die Führungskraft und/oder die Organisation determiniere. Nicht der Vorgesetzte entscheidet über sein Verhalten, so die Kritik, sondern die Situation gibt ihm sein Führungshandeln vor: *„Die Situation führt*, denn Führungskräfte reagieren auf situative Erfordernisse und Zwänge, die ihnen ‚das Gesetz des Handelns' diktieren" (Neuberger 2002: 527). Mit dem Determinismusvorwurf verbindet sich die Annahme, die Situationstheorien verkleinerten Handlungsspielräume und reduzierten Freiheitsgrade (vgl. Gebert 2002: 71).
Dieser Vorwurf greift eine durchaus bestehende Problematik auf, die jedoch in mehrfacher Hinsicht relativiert werden muss.

Zunächst bedarf es einer Betrachtung der Funktion der ‚Situation' in den situativen Ansätzen. Diese begreifen die Situation, wie ausführlich gezeigt, als ‚Moderator' zwischen Führungsverhalten und Führungserfolg. Damit setzen sie eben keine ‚Determinante' in das Führungsgeschehen ein, sondern eine Variable, die für die Verbindung von Führungshandeln und Führungserfolg Bedeutung hat, jedoch nicht diese Verbindung kausal bestimmt (vgl. Gebert 2002: 71). Die Verbindung von Übungseinsatz und Erfolg bspw. beim Erlernen eines Musikinstrumentes könnte als Moderatorvariable die Begabung annehmen. Jedoch ist diese Variable nicht die einzige, denn außer Begabung könnte die Qualität der Übungsinstrumente, die emotionale Beziehung zur Lehrperson und anderes mehr eine Bedeutung dafür haben, ob bei hoher Begabung ein hoher Übungseinsatz zu großem Erfolg führt. Dies bedeutet, dass die Lage einer Branche, aktuelle Wirtschaftsstimmungen und vieles anderes mehr ebenso auf die Verbindung von Führungshandeln und Führungserfolg wirken können wie die Situation, die in den jeweiligen Ansätzen spezifisch und unterschiedlich beschrieben ist.

Im Blick auf die einzelnen Ansätze ergeben sich unterschiedliche Situationsbeschreibungen und unterschiedliche, daraus folgende Handlungsmaximen. Das Modell von Hersey und Blanchard verbindet die Situation ‚Reifegrad' mit einem jeweils adäquaten Führungsverhalten. Hier hat die Führungskraft die Funktion, diesen Reifegrad zu erkennen und entsprechend zu handeln. Auch der Fiedlersche Kontingenzansatz beinhaltet, aus der Bestimmung von hoher, geringer oder mittlerer Günstigkeit ein bestimmtes Führungsverhalten (aufgaben- oder personenbezogenes Führungshandeln) auf der Grundlage des jeweiligen persönlichen Führungsstils nahe zu legen.

Um allerdings hier das aus der Situationsanalyse folgende Führungsverhalten als deterministisch zu werten, müsste dieses Führungsverhalten weitgehend konkret festgelegt sein. Dies ist nicht der Fall. Die Ausgestaltung bspw. personenbezogener Führung lässt erheblichen Spielraum zu, ebenso die aufgabenbezogene Führung sowie das Zueinander dieser Dimensionen.

Damit wird eine erste grundlegende Infragestellung des pauschalen Determinismusverdachtes behauptet. Die Konzepte bieten zwar Orientierungen für Führungsverhalten an – und genau dies macht ihren praktischen Wert aus. Diese Orientierungen bilden jedoch nicht deterministische Festlegungen, die der Führungskraft ihr Führungshalten vorschreiben würden. Die Führungsperson mit ihren spezifischen, in der Persönlichkeit grundgelegten Ausprägungen von Eigenschaften realisiert das konkrete Verhalten. Genauso wie sie zuvor aufgrund ihrer Persönlichkeit und den dadurch gegebenen Möglichkeiten die Situation begreift und analysiert und daraus Folgerungen zieht. Dieser Bestandteil an Persönlichkeitsausprägungen ist ein gewichtiger Einwand, Führungsverhalten als aus einer Situation abgeleiteter ‚Technik' zu begreifen und die Führungskraft als ‚Führungsmaschine' zu denken, die die Informationen zur Situation in eine festgelegte Verbindung zu einem Satz an Führungs-verhaltensweisen transportiert und daraus handelt. Eine solche Vorstellung wäre deterministisch und in der Konsequenz einengend.

Ähnliches ist über die Weg-Ziel-Theorie der Führung zu sagen. Diese anerkennt ausdrücklich Situationsfaktoren für den Führungsprozess (Arbeitsaufgabe, Organisation, Individualität der Mitarbeitenden). Darin sieht sie noch einmal das Führungsverhalten des Vorgesetzten selbst als einen Situationsfaktor für die Mitarbeitenden, der auf deren Motivationsprozess wirkt. Indem ein Bündel an Verhaltensweisen als möglich angenommen wird und auf die Wirkung von Führungsverhaltensweisen als Situationsfaktor rekurriert wird, wird einerseits eine der Situation folgende adäquate Führungsverhaltensweise behauptet, anderseits jedoch eine Fülle an Verhaltensweisen eröffnet, mit dem sich das Modell eher dem Vorwurf der Beliebigkeit als dem des Determinismus aussetzt. Gleichwohl ist hier bereits sehr deutlich, dass eine Führungskraft auf die konkrete Ausgestaltung ihres Führungshandelns nicht verzichten kann, und die Situationstheorien sie davon nicht dispensieren.

Im Modell vom Yukl wird die Situation zu einem dynamischen Faktor. Durch die Einwirkungsmöglichkeiten der intervenierenden Variablen wird die Situation nicht statisch, sondern prozessual verstanden. Dieser Prozess kann jedoch nicht als deterministische Gegebenheit betrachtet werden, sondern als gestaltbarer Raum, der eine Fülle von Möglichkeiten zulässt. Gerade dieser Punkt der Unüberschaubarkeit bildet einen wesentlichen Kritikpunkt an dem Modell. Jedenfalls kann konzeptinhärent nicht von Determinismus gesprochen werden.

Das Vroom/Yetton-Modell analysiert die Situation anhand von bestimmten Kriterien und entwickelt auf der Grundlage von Regeln das Führungsverhalten. Einerseits kann daraus geschlossen werden, dass die Kriterien der Situationsanalyse (Qualitätsanforderung an die Entscheidung, Informationsstand des Vorgesetzten, Akzeptanz autokratischer Entscheidungen, ...) verbunden mit Regeln für das Führungsverhalten eine Führungskraft so weit festlegen, dass sie mit dem Modell zu einer ‚Rezeptur' von Führungsverhalten gelangt. Andererseits allerdings wurde schon deutlich, dass in den Regeln nicht positiv für Führungsverhaltensweisen optiert, sondern der Ausschluss bestimmter Verhaltensweisen ausgesagt wird. Es bleibt

ein erheblicher Spielraum, Führungsverhalten aus den Regeln abzuleiten und entsprechend zu gestalten.
Auch die Konzeption von Graen kann nicht einem pauschalen Determinismusverdacht ausgesetzt werden. Der Kern dieser Vorstellung besteht darin, die Beziehung zwischen Vorgesetzten und der Arbeitsgruppe in dyadischen Beziehungen zu denken und daraus ein der jeweils spezifischen Beziehung ad-äquates Verhalten anzunehmen. Dieses Führungsverhalten kann erreichen, ei-nen Reifeprozess der Beziehung in Gang zu setzen, der dazu führen kann, nicht allein und nicht zuerst auf die formale, vertragliche Austauschbeziehung zu setzen, sondern übervertragliches, durch Commitment geprägtes Verhalten zu erreichen. Nun wäre es möglich zu behaupten, dass ein Führungsverhalten entsprechend dem Reifegrad der Beziehung eine Festlegung des Verhaltens ist. Dann allerdings würde jedes Führungsverhalten, das sich aus plausiblen Überlegungen, theoretischer Begründung und ggf. empirischer Überprüfung als sinnvoll erweist, diesem Verdacht anheimfallen. Entsprechend den Grundannahmen der LMX-Theorien bzw. der weiterentwickelten Teamentwicklungskonzeption spricht vieles dafür, ein den dyadischen Beziehungen entsprechendes Verhalten als angemessen anzunehmen.
Zudem führt dieses Argument auf ein grundlegendes Phänomen wissenschaftlicher Erkenntnis. Theoretisch begründete und empirisch geprüfte Theorien engen ‚Freiheit' ein: die ‚Freiheit', gegen die Vernunft und die Logik solcher Erkenntnisse zu handeln. Denn begründete und geprüfte Erkenntnisse legen bestimmtes Handeln nahe, da sich solches Handeln aufgrund dieser Einsichten als sinnvoll oder adäquat erwiesen hat. Unter der Voraussetzung theoretisch begründeter und nachgewiesener Erkenntnisse der Führungsforschung sind bestimmte Führungsverhaltensweisen als angemessen, andere dagegen als unangemessen auszuweisen. Ein solcher Vorwurf, ‚Freiheit' durch Erkenntnis zu minimieren, schwingt auch in der pauschalen Beurteilung des Determinismus in den Situationstheorien mit. Dies weist dann allerdings ein Grundproblem wissenschaftlicher Erkenntnis auf, nicht eine spezielle Problematik der Situationstheorien. Auch aus dieser Sicht relativiert sich noch einmal aus sehr grundsätzlichen Erwägungen heraus der pauschale Determinismusverdacht gegenüber den Kontingenzansätzen (vgl. Gebert 71f).
Insgesamt ist festzuhalten, dass Situationstheorien zwar deterministisch sein können, wenn sie eine Konzeption vertreten würden, nach der aus der Situation eine bestimmte Handlungsanweisung abzuleiten wäre. Doch zeigt sich in der konkreten Betrachtung, dass die Situation nicht Determinante, sondern Variable ist. Darüber hinaus zeigen die einzelnen Konzepte, dass sie für das einer Situation adäquate Führungsverhalten eine

Breite an Möglichkeiten annehmen, so das Führungsverhalten nicht als Technik eines determinierten Reagieren aus Situationen verstanden werden kann.

2.4.8 Weiterführende Aspekte

Die Situationstheorien der Führung bringen einen wichtigen und für den Führungsprozess zentralen Gesichtspunkt ein: Situationsbedingungen beeinflussen die Auswahl und die Wirkung von Führungsverhalten. Darüber hinaus liefert dieser Forschungsansatz spezifische Aussagen darüber, welche Bedingungen in welcher Weise das Führungsverhalten bezogen auf einen Erfolgsaspekt beeinflussen: „Der Ertrag der kontingenztheoretischen Forschung liegt demnach darin, darüber zu informieren, wann ein bestimmtes Führungsverhalten [...] mit dem Erfolgskriterium positiv und wann es mit dem Erfolgskriterium negativ verbunden ist" (Gebert 2002: 73).

Damit erbringen auch die Situationstheorien für die in dieser Arbeit zentrale Frage nach dem Führungsverhalten von Führungskräften wesentliche Erkenntnisse: die Bedingungen, unter denen ein spezifisches Führungsverhalten angewandt wird, beeinflussen dessen Wirkung.

Insgesamt wird daran deutlich, dass es in der Tat einer Reflexion über die Situationsbedingungen bedarf, um die Wirkungen von Führungsverhalten einschätzen zu können und entsprechend die Auswahl des Führungsverhaltens vorzunehmen. So zeigt sich bspw., dass ein beziehungsorientiertes, partizipationsbezogenes Führungsverhalten nur unter bestimmten Bedingungen erfolgsrelevant ist, unter anderen Bedingungen jedoch negativ korreliert: „Die kontingenztheoretische Forschung klärt darüber auf, dass die partizipative Führung unter spezifischen Rahmenbedingungen außerordentlich erfolgs-bedeutsam sein kann [...], unter anderen Randbedingungen für den Führungs-erfolg dagegen schädlich ist" (Gebert 2002: 74).

Allerdings steigt damit die Komplexität des Führungsprozesses weiter an. Die Einbeziehung von Situationsbedingungen als bedeutend für die Wirkung von Führungsverhalten anzunehmen führt dazu, dass weniger universale, allgemeingültige Aussagen über die Wirkung von Führungsverhalten getroffen werden können. Damit reduziert sich die Allgemeingültigkeit von Aussagen zum Führungsverhalten, weil eine je spezifische Situation mit ihren Faktoren darüber entscheidet, in welcher Weise sich die Wirkungen entfalten. Wird bspw. die Arbeitsstruktur als Situationsfaktor einbezogen, wie es in den Situationstheorien überwiegend der Fall ist,

kann diese noch weiter differenziert werden als lediglich die Aufteilung in stark oder schwach strukturiert. Wird diese weiter differenzierte Situation (die sich möglicherweise auf eine und nur eine ganz bestimmte Form der Fertigung oder Erstellung von Dienstleistungen beziehen lässt) mit Aussagen zum Führungsverhalten verbunden, wäre in der Konsequenz lediglich eine Aussage zum Führungsverhalten in dieser spezifischen Situation möglich. Wird dieses Gedankenexperiment weitergeführt und werden ebenfalls weitere Faktoren einbezogen (Beziehung zwischen Führungskraft und Mitarbeitenden, Organisationsstruktur, ...) wird die Situation immer spezifischer und die Aussage zum Führungsverhalten wird sich immer mehr auf diese eine Führungssituation beziehen. Damit wäre eine generalisierende Aussage über Führungsverhalten kaum noch möglich.
Dies führt zur Fragegestellung nach der Allgemeingültigkeit von Aussagen zum Führungsverhalten überhaupt. Besteht der praktische Wert der Führungsforschung darin, dass sie Führungskräften Erkenntnisse und daraus folgend Handlungsanleitungen für die Ausübung einer bestimmten Führungsaufgabe liefert, reduzieren die Situationstheorien der Führung diese Möglichkeit, da sie die Rahmenbedingungen beschreiben und somit spezifische Bedingungen benennen, unter denen Führungsverhalten realisiert wird.
Damit lenkt sich der Blick auf die Führungsforschung überhaupt. Diese ist, gerade aufgrund des Praxisbezuges und bezogen auf das Führungsverhalten in weiten Teilen daran interessiert, Aussagen zu treffen, die bestimmtes Führungsverhalten mehr oder weniger generalisiert als erfolgsrelevant beschrei-ben. Bezeichnet man diese Richtung der Forschung als nomothetisch, also als eine Forschung, die Gesetzmäßigkeiten und generalisierende Aussagen zur Führung gewinnen will, weisen die Situationstheorien darauf, dass eine idiographische, also auf den Einzelfall bezogene Gewinnung von Aussagen zur Führung eine erforderliche komplementäre Forschungsrichtung ist[78]. Dabei sind beide Forschungsrichtungen für den Führungskontext nicht einander ausschließend zu denken, sondern ergänzend zu sehen. Mögliche generalisierende Aussagen zum Führungsverhalten bedürfen der Überprüfung angesichts konkreter Situationsbedingungen, spezifische, aus bestimmten Situationen abzu-lei-

---

78 Die wissenschaftstheoretische Debatte setzt sich mit den unterschiedlichen Forschungsansätzen auseinander und diskutiert die spezifischen Vor- und Nachteile des je unterschiedlichen Zugangs. Diese Fragestellung kann hier nicht vertieft werden, sondern wird lediglich auf die, auch und gerade durch die Situationstheorien angestoßene Sichtweise bezogen, neben generalisierenden, theoretischen Aussagen die durch Situationsfaktoren bestimmte Einzelsituation in den Blick zu nehmen und auch daraus Aussagen zum Führungsverhalten abzuleiten (vgl. Gebert 2002: 76-79).

tende Führungsaussagen können auf ihre generalisierenden Aspekte hin untersucht werden (vgl. Gebert 2002: 76-79).
Somit löst die zentrale Erkenntnis der Situationstheorien, dass Situationsbedingungen die Wirkung von Führungsverhalten bezogen auf den Führungserfolg beeinflussen, auch aus, dass die Überprüfbarkeit sich sehr auf den Einzelfall beziehen muss und sich damit die Allgemeingültigkeit von Aussagen verringert.
Auch die Kritikpunkte, die Situationstheorien schrieben den Status quo fest und seien deterministisch ist nicht nur, wie oben geschehen, hinsichtlich der Sachgerechtheit der Kritikpunkte zu relativieren, sondern ist auch ein Problem der inhaltlichen Erkenntnis der Situationstheorien. Je spezifischer die Situation zu beschreiben ist und beschrieben wird, desto mehr legen sich ‚passgenaue' Führungsverhaltensweisen nahe. Dies öffnet die Spannung von Determinismus und eines sachgerechten, weil passenden, einen ‚Fit' bewirkenden Führungsverhaltens. Und je differenzierter die Situation beschrieben wird, desto starrer und festgelegter erscheint sie für den bestimmten Moment. Werden jedoch die Details einer Situation wieder in den größeren Kontext gestellt, ergeben sich unter Einbezug des Zeitfaktors Gestaltungsmöglichkeiten.
Eine weitere Frage stellt sich dahingehend, wie die Situationsfaktoren so stark konkretisiert werden können, dass sie alle Wirkungselemente erfassen und gleichzeitig nicht eine Fülle von Situationsbedingungen beschrieben werden müssen, die zwangsläufig zur Unüberschaubarkeit führen und damit die Entscheidung für ein bestimmtes Führungsverhalten erschweren oder womöglich verunmöglichen. Wie gesehen, war das Modell von Yukl genau dahingehend kritisiert worden und auch die Weiterentwicklungen im Vroom/Yetton-Modell führen zu einem Anstieg der Datenmenge, so dass eine auf EDV gestützte Verarbeitung erforderlich wird.
Gebert weist darauf hin, dass der Einbezug von Zielen in die Gewinnung von Aussagen zum Führungsverhalten ein Weg sein kann, die Auswahl von Führungsverhaltensweisen zu präzisieren (vgl. Gebert 2002: 79-85). Dem Autor geht es in dieser Perspektive vor allem um die Bearbeitung des von ihm problematisierten Grundverständnisses der Situationstheorien, von einem vorge-gebenen Verständnis von Führung auszugehen und dann zu bestimmen, wie Führungsverhalten unter Situationsbedingungen bezogen auf den Erfolg wirkt. Die Problematik daran ist für Gebert die, dass sich dadurch „die konservative Vorstellung stabilisiert, es gäbe ‚die' Grunddimensionen bzw. ‚das' Grunduniversum des Führungsverhaltens" (Gebert 2002: 79). Begründet wird diese Infragestellung der situationstheoretischen Basisannahme eines gegebenen Kanons von Führungsverhaltensweisen zum einen damit, „dass das Vorverständnis von Führung,

das verschiedenen Klassifikationen zugrunde liegt, historischen Charakter hat, sich also im Zeitlauf änderte und unbegründete Einseitigkeiten aufweist" (Gebert 2002: 79). Folge dieser ‚Einseitigkeiten' ist bspw., dass in der Zweidimensionalität von Führung unter der Dimension ‚Initiating Structure' sowohl erfolgsrelevante als auch erfolgshindernde Aspekte zusammengefasst wurden. Zweitens geht Gebert davon aus, dass Führungsverhalten auf unterschiedliche Erfolgskriterien unterschiedlich wirkt und damit der durch Führungsverhalten angezielte Führungserfolg in Verbindung zu den zu erreichenden Zielen zu beschreiben ist (vgl. Gebert 2002: 79).

Diese Sicht führt dazu, die Entscheidung für Führungsverhalten von den zu erreichenden Zielen her abzuleiten. Demnach werden zuerst die von Mitarbeitenden zu erreichenden Ziele definiert, wie bspw. Qualitätssteigerung oder höhere Zeiteffektivität. Dem beschriebenen Ziel wird ein adäquates Verhalten der Mitarbeitenden zugeordnet, durch das dieses Ziel erreicht werden kann. Dabei werden die Situationsbedingungen mitreflektiert, unter denen die Mitarbeitenden das Ziel zu erreichen haben. Daraus folgt eine Entscheidung über das Führungsverhalten, durch das die Geführten diejenigen Aktivitäten entfalten, die der Zielerreichung dienen. Heuristisch geschieht hier die Umkehrung des bisherigen Vorgehens: statt von vorgegebenen Führungsverhaltensmöglichkeiten auszugehen und dann eine Entscheidung für das adäquate, weil erfolgsrelevante Führungsverhalten zu treffen, wird erst unter einer definierten Zielvorgabe und dem dazu erforderlichen Verhalten der Mitarbeitenden am Endpunkt der Analyse eine Entscheidung für ein Führungsverhalten getroffen (vgl. Gebert 2002: 80).

Die Orientierung von Führungsverhalten an die zu erreichenden Ziele und dem dazu erforderlichen Geführtenverhalten hat für die Bestimmung der Situationsfaktoren einen wichtigen Effekt: werden Ziele bestimmt und erklärt sich in Bezug auf die Ziele das Geführtenverhalten, entstehen Kriterien für die Detailbestimmung und Gewichtung von Situationsfaktoren. Möglicherweise sind für die Erreichung bestimmter Ziele die Beziehung zwischen Vorgesetzten und Mitarbeitenden nicht von erheblicher Bedeutung, dagegen jedoch die Struktur der Arbeitsaufgabe. Dies bedeutet dann, dass eine differenzierte Analyse der Beziehungsstruktur unterlassen werden kann, stattdessen ein erhöhtes Augenmerk auf die Arbeitsstruktur zu legen ist mit detaillierter Beschreibung der Bedingungen und der Reflexion, wie welches Führungsverhalten darauf wirken wird. Ein Führungsverhalten, das stets die Beziehung zwischen Vorgesetzten und Mitarbeitenden einbezieht, also immer auch eine Beziehungsorientierung realisiert, kann sich in diesem Beispiel dann allerdings sehr stark dem

regulativen, prozessorientierten Führungsverhalten stellen und das Führungsver-halten deutlich daran orientieren. Die Orientierung an Zielen schafft die Möglichkeit, die Gewichtung und Differenzierung der Situationsfaktoren zu steuern und damit der Unübersichtlichkeit und dem Aufwand der Differenzierung Grenzen zu setzen. Durch die Orientierung an Zielen könnte auch auf eine Kritiklinie am Fiedlerschen Konzept reagiert werden. Wird daran kritisiert, dass die Beziehung zwischen Vorgesetzten und Mitarbeitenden drei mal höher gewertet wird als die Positionsmacht, dann kann unter Einbezug der Arbeitsziele eingeschätzt werden, ob und in welchem Umfang dazu Positionsmacht oder die Beziehung zwischen Führungskraft und Mitarbeitenden von Relevanz ist. Sicher kann unterstellt werden, dass diese Faktoren stets eine Bedeutung haben. Doch in welchem Ausmaß, das kann die Orientierung an den Zielen klären.
Mit diesen Aspekten wird den situationstheoretischen Erkenntnissen in dieser Arbeit eine wesentliche Bedeutung beigemessen, da sie für den Führungsprozess einen relevanten und unverzichtbaren Zugang liefern. Situationsfaktoren beeinflussen die Wirkung und damit Auswahl von Führungs-verhalten und sind deshalb zu analysieren und in die Entscheidung für Führungsverhalten einzubeziehen.

2.4.9 Ergebnis der Befassung mit den Situationstheorien

1. Führungsverhalten wirkt unter Bedingungen. Diese Bedingungen beeinflussen die Wirkung von Führungsverhalten.
Mit dieser Aussage ist der Kern der Situationstheorien erfasst. Situationsbedingungen haben Konsequenzen für die Wirkungen von Führungsverhalten.
In der Kontingenztheorie Fiedlers fasst die ‚Kontingenzhypothese' die Wirkung zusammen: sehr günstige und sehr ungünstige Situationen lassen aufgabenorientiertes Führungsverhalten erfolgsrelevant werden, Situationen mittlerer Günstigkeit dagegen beziehungsorientiertes. Anders: die Passung von aufgaben- bzw. mitarbeiterbezogenem Führungsverhalten bei entsprechend definierter Situation schafft einen Fit. Umgekehrt folgert die Annahme, dass ein jeweiliges gegenteiliges, nicht situationsadäquates Führungsverhalten bezogen auf eine Leistung oder einen Erfolg zu einem Missfit führt.
Auch das Modell Yukls nimmt die durch die Mitarbeitenden, die Arbeitsgruppe und die Organisation gekennzeichnete Situation als Faktoren, die den Führungserfolg beeinflussen und ein Führungsverhalten verlangen, das bestehende Defizite auszugleichen vermag. Dabei wirken die soge-

nannten ‚moderierenden Variablen' auf die genannten ‚intervenierenden Variablen' ein. Ein Führungsverhalten also, das nicht auf die Situation einginge und sich einer Reaktion auf Defizite verweigerte, würde sich kontraproduktiv auf den Führungserfolg auswirken.
Das Modell von Vroom und Yetton sucht das Führungsverhalten nach den dort spezifischen Situationskriterien auszurichten. Dabei sind die Qualität und die Akzeptanz der Entscheidung sowie die Informationslage des Vorgesetzten besonders hervorzuhebende Situationsaspekte. Daraus folgt dann dasjenige Führungsverhalten, das entsprechend den Regeln adäquat und erfolgsrelevant ist. Ein abweichendes Führungsverhalten wäre für den Erfolg hinderlich. Wieder zeigt sich die Passung von Situation und Führungsverhalten in der Perspektive eines Erfolgs.
Die Weg-Ziel-Theorie von Evans und House steht wie das Vroom/Yetton-Modell sehr stark in der Tradition der motivationstheoretischen Führungsforschung und befasst sich mit der Beeinflussung des Motivationsprozesses bei Mitarbeiterinnen und Mitarbeitern. Die Arbeitsaufgabe, die Organisation und die Individualität des Mitarbeitenden bilden die Situationsbedingungen. Führungsverhalten, das in dieser Vorstellung die Motivation beeinflussen soll, hat die Situationsbedingungen aufzugreifen und diese unter deren Einbezug auszurichten. Sowohl in der ursprünglichen Konzeption, die ein zweidimensionales Führungsverhalten annahm, als auch in den Erweiterungen werden Führungsverhaltensweisen vorgeschlagen, die unter Einbeziehung der Situations-bedingungen zu Aussagen eines Fits von Führung und Situation gelangen. Klassisch und einfach nachzuvollziehen ist dies bspw. in der Ursprungsthese, bei stark strukturierten Aufgaben eher beziehungsorientiert zu führen, um die fehlende Zufriedenheit aus der Arbeitsaufgabe selbst durch dieses Führungsverhalten zu kompensieren.
Das Reifegradmodell von Hersey und Blanchard behauptet ein situationsadäquates Führungsverhalten, indem es bezogen auf die Situation des Mitarbeitenden vier Führungsstile vorgibt. Ein bei einem bspw. hohen Reifegrad des Mitarbeitenden angewandtes stark direktives Führungsverhalten würde keinen Fit, sondern einen Missfit bedeuten, da es leistungshindernd wäre.
Ebenso erfordert das Konzept von Graen ein Führungsverhalten, das auf die gegebenen dyadischen Beziehungen zu den Mitarbeitenden reagiert, um Erfolg zu gewährleisten.
Daraus wird deutlich: ein Führungsverhalten, das ohne Einbeziehung der Situation angewandt wird, wäre eher zufällig erfolgsrelevant und womöglich häufig erfolgshinderlich. Es ist der nachhaltige Wert der Situationstheorien, die Bedingungen von Führung und Führungsverhalten als

wesentlichen Faktor für die Ausübung von Führung und die Wirkung von Führungsverhalten erkannt und systematisiert zu haben.
Das hier vorgeschlagene Konzeptelement, vier Ausrichtungen des Führungsverhaltens (personenbezogenes Führungsverhalten, innovatorisches Führungsverhalten, aufgabenbezogenes Führungsverhalten und regulatives Führungsverhalten) anzunehmen, setzt den Einbezug der Situation voraus. Unter Einbezug der zentralen Situationsfaktoren lässt sich entscheiden, welches Führungsverhalten zu realisieren ist.

2. Die Situationstheorien erlauben eine differenzierte Betrachtung der Führungssituation und relativieren Pauschalleitsätze zur Führung.
Auf einen wichtigen weiteren Effekt der Erkenntnisse der kontingenztheoretischen Forschung weist diese Aussage hin. Diese Forschungserkenntnisse haben bei aller Kritik an der Auswahl der Situationsfaktoren, die bereits in der Auseinandersetzung mit den einzelnen Konzepten deutlich wurde, den Vorteil, dass sie die Führungssituation differenzieren und systematisieren. Selbst wenn in einer konkreten Führungssituation weitere Aspekte einzubeziehen sind, wäre der Erkenntniswert der Situationstheorien dafür eine Systematisierung anzubieten und eine Analyse nahe zulegen, in welcher Weise bestimmte Situationsfaktoren die Wirkung von Führungsverhalten beeinflussen.
In der Ausbildung und Begleitung von Führungskräften und selbstverständlich deren Führungspraxis ist damit ein Gesichtspunkt eingebracht, der Rahmenbedingungen, eben Situationsfaktoren erkennt und unter Einbezug dieser Bedingungen bewusste Entscheidungen zum Führungsverhalten zulässt und diese entwickeln lässt.

3. Beziehung, Persönlichkeit, Aufgabenstruktur und Organisation sind we-sentliche Faktoren der Führungssituation.
Die hier skizzierten und in der führungstheoretischen Diskussion als relevant erachteten situativen Ansätze lassen es zu, vier Faktoren herauszufiltern, die als zentrale Situationsbedingungen einer Führungssituation anzunehmen sind. Diese sind die Beziehung zwischen Führungskraft und Mitarbeitenden, die Person des Mitarbeitenden, die Aufgabenstruktur (die den Zeitfaktor beinhaltet) und die Organisation.

Beziehung zwischen Führungskraft und den Mitarbeitenden
Insbesondere die Fiedlersche Kontingenztheorie greift diesen Situationsfaktor ausdrücklich auf. Neben den Elementen ‚Führungsstil' und ‚Effektivität' besteht das Führungskonzept aus der ‚situativen Günstigkeit', die neben der Aufgabenstruktur und Positionsmacht stark durch den Faktor

'Beziehung zwischen Führungsperson und Mitarbeitenden' gekennzeichnet ist. Von den drei Elementen der Situation ist dieses Element das am meisten gewichtete. Die Beziehung zwischen der Führungskraft und den Geführten ist gekennzeichnet durch zwischenmenschliche Aspekte und das Ausmaß, wie die Gruppe die Führungskraft unterstützt. Eine Bewertung der Beziehung ist zwischen gut oder schlecht einzuordnen. Je nach der Konstellation innerhalb der 'situativen Günstigkeit' hat die gegebene Beziehungsqualität Auswirkungen auf das Führungsverhalten und dessen Wirkung.

Die verschiedenen Varianten der Austauschtheorien Graens gehen von Beziehungen zwischen Vorgesetzten und Geführten aus und befassen sich mit den Möglichkeiten und Unterschieden der Beziehungsgestaltung (formell bzw. informell) und der Weiterentwicklung bestehender Beziehungen. Diese Führungsvorstellung sieht ein Wachstum der Beziehungsreife ausdrücklich als einen Faktor des Führungsprozesses an.

Die Beziehung zwischen Führungskraft und dem einzelnen Mitarbeitenden als auch zur Arbeitsgruppe ist eine Situationsbedingung, die die Wirkung des Führungsverhaltens beeinflusst.

Person des Mitarbeitenden

Ausdrücklich greift die Weg-Ziel-Theorie die Person des Mitarbeitenden auf. Als eine der drei Kontingenzvariablen ist die 'Individualität der Mitarbeiter' ausdrücklich benannt, worunter die Ausprägungen der Wachstumsbedürfnisse, die Kompetenz, sich in unsicheren Situationen zu bewegen, das Autonomiebedürfnis, Selbstvertrauen und die Leistungsmotivation erfasst sind.

Ebenso setzt das Reifegradmodell von Hersey und Blanchard in seinem zentralen Kern an der Person des Mitarbeitenden an, in dem es das Führungsverhalten an der persönlichen und fachlichen Disposition (Reifegrad) bezogen auf die zu bewältigende Aufgabe ausrichtet und daraus vier verschiedene Führungsstile empfiehlt.

Weiterhin weist das Modell von Yukl auf die Bedeutung der Person als Situationsfaktor. Von den drei sogenannten 'intervenierenden Variablen' beziehen sich zwei einerseits auf die Person bzw. andererseits auf die Personen der Arbeitsgruppe. Sie erfassen die Leistungsbereitschaft und die Qualifikation ebenso wie die Gruppenkohäsion. Damit wird der Blick wiederum erweitert: nicht nur die Persönlichkeit und ihre Motive und psychischen und charakterlichen Strukturen sind mit der Situationsvariablen 'Person des Mitarbeitenden' erfasst, sondern auch die Fähigkeiten, Qualifikationen und Erfahrungen.

Auch das Entscheidungsmodell von Vroom und Yetton beinhaltet insofern diese Komponente, als es die Akzeptanz autokratischer Entscheidungen bzw. die Erwartung an Partizipation als Situationsfaktor behauptet. Diese Erwartungshaltung resultiert sicherlich aus verschiedenen Quellen (Vorerfahrungen, Organisationskultur, ...), ist jedoch auch an die Person des Mitarbeitenden bzw. den Personen in der Arbeitsgruppe gebunden, die aufgrund ihrer Persönlichkeit bestimmte Erwartungen haben.

Aufgabenstruktur

Sowohl Fiedler nimmt die Aufgabenstruktur als ausdrücklichen Faktor der Situation an als auch die Weg-Ziel-Theorie die Arbeitsaufgabe als bedeutend für die Zufriedenheit der Geführten und damit als Bestandteil der Situation behauptet. Das Modell von Yukl greift Aufgabenklarheit und Arbeitsorganisation als Situationsmerkmale auf. Ebenso hat das Vroom/Yetton-Modell die Problemstrukturierung als wesentliches Merkmal der Situation angenommen. Im Modell von Graen u. a. ist die Aufgabenstellung ein Faktor, durch den die Beziehung zu Mitarbeitenden mitbestimmt wird.

Auch wenn das Modell von Hersey und Blanchard wesentlich den ‚Reifegrad' als Situationsfaktor annimmt, so wird doch auch die Tätigkeit als solche als Situationsbedingung erwähnt.

Jedenfalls ist festzustellen, das die Beschaffenheit der Tätigkeit und die Struktur der Aufgabe eine Situationsbedingung ist, die für die Wirkung des Führungsverhaltens Konsequenzen hat.

In einigen Modellen wird explizit der Zeitfaktor als Komponente der Situation benannt, in anderen ist diese Situationskomponente implizit mit einbezogen. Das Vroom/Yetton-Modell setzt sich ausdrücklich mit dem Zeitfaktor auseinander und bezieht diesen als Kriterium der Entscheidungseffizienz ein. In der Kontingenztheorie Fiedlers ist die ‚Effektivität' eines der drei Konzeptelemente. Unter Effektivität ist auch der Zeiteinsatz für die Erbringung von Leistung erfasst.

Möglicherweise wäre es demnach berechtigt, den Faktor ‚Zeit' als eigene Situationsbedingung auszuweisen.

Allerdings wird hier der Zeitfaktor der Arbeitsaufgabe zugeordnet, da die Frage, in welchem Umfang der Zeitfaktor wirkt, als eine Facette der Arbeitsaufgabe zu verstehen ist. Grundsätzlich ist anzunehmen, das Zeit ein stets knappes Gut ist und Tätigkeiten stets unter begrenzten Zeitressourcen ausgeübt werden. In welchem Maße allerdings diese Gegebenheit Tätigkeiten beeinflusst und zu einem erheblichen Faktor wird, hängt von der Aufgabenstruktur ab. Bestimmte Tätigkeiten bspw. in der Fertigung sind nur dann ökonomisch sinnvoll, wenn sie in möglichst engem Zeitkorridor erledigt werden. Andere Tätigkeiten wie etwa Planungs- oder Strategieentwicklung be-nötigen einen gewissen zeitlichen Spielraum, damit kreative Prozesse in Gang gesetzt werden können. Daher wird die Relevanz des Zeitfaktors als eine Detailbestimmung der Arbeitsaufgabe gesehen.

Organisation
Ausdrücklich sind Organisation und Organisationsstruktur in der Weg-Ziel-Theorie von Evans und House als Situationsfaktoren benannt. Gleiches gilt für das Modell Yukls, in dem sich eine der ‚intervenierenden Variablen' auf die Organisation bezieht und damit die Gesamtorganisation erfasst, in der Vorgesetzte und Mitarbeitende bzw. Arbeitsgruppen wirken sowie die Bereitstellung von Ressourcen, die durch die Organisation gewährleistet wird. Ebenso erfassen die ‚moderierenden Variablen' die Organisation, da diese Gruppe der Variablen sich auch auf die Organisation mit dem Entlohnungssystem oder dem Organisationsklima beziehen.
Das Modell von Vroom und Yetton greift als Entscheidungssituation die Übereinstimmung von Mitarbeitenden mit den Organisationszielen auf. Damit spielt die Organisation eine Rolle in dieser Konzeption.
Die Kontingenztheorie Fiedlers nimmt die ‚Positionsmacht' als einen Faktor der Situation an. Positionsmacht ist mit der Organisationsstruktur eng verbunden, da die Organisationshierarchien, die Ausgestaltung von Zuständigkeiten und Kompetenzen die Positionsmacht festlegen.
Auch das Modell von Hersey und Blanchard weist auf die Organisation als Situationsfaktor hin. Wenn dort der nächsthöhere Vorgesetzte oder die Kollegen als Bedingungen genannt werden, sind dies Einflüsse der Organisation, die auf die Führungskraft einwirken und deren Führungsverhalten und die Wirkungen von Führungsverhalten beeinflussen.

4. Eine detaillierte Beschreibung der Situationsfaktoren mit entsprechenden Unterkategorien ist in enger Anbindung an die Ziele des Führungshandelns zu finden.
Die Behauptung von vier zentralen Situationsfaktoren ist, wie gesehen aus den Situationstheorien ableitbar und begründet. Doch gleichzeitig wurde deutlich, dass diese Faktoren aus einer Fülle von Elementen bestehen können. Die Aufgabenstruktur kann eben nicht nur (sicher auch) stark oder schwach strukturiert sein. Sie kann bei Mitarbeitenden beliebt oder ungeliebt sein, einen hohen oder niedrigen Einsatz verlagen oder unter schweren oder leichten körperlichen Bedingungen zu vollziehen sein. Auch die Beziehung zwischen Vorgesetzten und Mitarbeitenden enthält eine Fülle von Aspekten, die über die Bewertung von ‚gut' oder ‚schlecht' hinausgehen. Da mögen Faktoren wie Altersdifferenzen, Männer-Frauen-

Konstellationen oder langjährige, mit allen positiven und negativen Erfahrungen ausgestaltete Beziehungsgeschichten eine Rolle spielen. Und auch die Person des Mitarbeitenden umfasst zahlreiche Aspekte, deren Aufzählung stets unvollständig bliebe. Eine Organisation mit ihren Wirkungen zu beschreiben, ist ebenso vielfältig und bedarf der spezifischen Kenntnis und Erfahrung in ihr.

Damit zeigt sich, dass die Klarheit der vier Situationsfaktoren für die Analyse und Systematik hilfreich und für die Ausrichtung von Führungsverhalten und der Abschätzung von Wirkungen unverzichtbar ist. Doch bedarf es der Differenzierung dieser Faktoren.

Dazu bietet sich auf der Grundlage des hier vorgeschlagenen Spektrums von vier als zentral behaupteten und stets zu bedenkenden Faktoren eine Detailanalyse an, mit der eine Einzelbetrachtung der Faktoren möglich ist. Dies ist möglicherweise auch ein Verfahren für eine gesamte Organisation, nicht nur für den einzelnen Vorgesetzten zur Bestimmung seines Führungsverhaltens.

Um dabei nicht in eine uferlose Aufzählung und unüberschaubare Bestimmung der Situation zu geraten, ist die Orientierung an den Zielen erforderlich. Sind die zu erreichenden Ziele einer Arbeitsgruppe oder eines Mitarbeitenden definiert, kann erstens bestimmt werden, welches Verhalten die Mitarbeitenden entwickeln müssen, um dieses Ziel zu erreichen. Um das entsprechende Mitarbeiterverhalten zu gewährleisten, sind bestimmte Führungsverhaltensweisen angezeigt oder geboten. Damit das anzuwendende Führungsverhalten jedoch seine gewünschte Wirkung entfalten kann, ist neben der Bestimmung des Mitarbeiterverhaltens zweitens auch gleichzeitig die Bestimmung der Situationsfaktoren erforderlich, die auf das Führungsverhalten einwirken. Da es um die Erreichung bestimmter Ziele geht, sind möglicherweise lediglich bestimmte Situationsbedingungen von hoher Bedeutung bzw. resultiert aus den Zielen die Gewichtung der Situationsbedingungen. So kann es bspw. für die Durchführung eines bestimmten Projektes unerheblich sein, welche Detailaspekte der Gesamtorganisation einwirken, wenn dieses Projekt intern in der Abteilung durchgeführt werden soll. Sicherlich wirkt die Organisation stets auf die Abteilung und deren Abläufe, jedoch muss über diese allgemeine Situationsbedingung hinaus für das konkrete Vorhaben keine Analyse der wirksamen Organisationsfaktoren erfolgen. Daraus kann nun ein Führungsverhalten bestimmt werden, das der Erreichung des Zieles konsequent dient und bspw. stark aufgabenbezogen ausgerichtet ist und zu diesem Zweck eine detaillierte Beschreibung der Aufgabenstruktur als entscheidenden Situationsfaktor vorgenommen hat.

2.4.10 Ertrag für die Weiterarbeit

Die hier zu entwerfende Führungskonzeption geht davon aus, dass die Situation die Wirkung von Führungsverhalten maßgeblich beeinflusst. Damit zeigt sich, dass die Situation wie die Person eine Voraussetzung zur Ausübung von Führungsverhalten bildet.
Die Situation ist durch vier Elemente bestimmt: die Beziehung zwischen Vorgesetztem und Mitarbeitendem, die Person des Geführten, die Struktur der Arbeitsaufgabe und die Organisation. Um eine detaillierte Beschreibung der Situation und der Bedeutung der einzelnen Elemente für eine Führungssituation vorzunehmen, bedarf es der Klärung der Ziele.

Abbildung 12: Elemente der Führungssituation

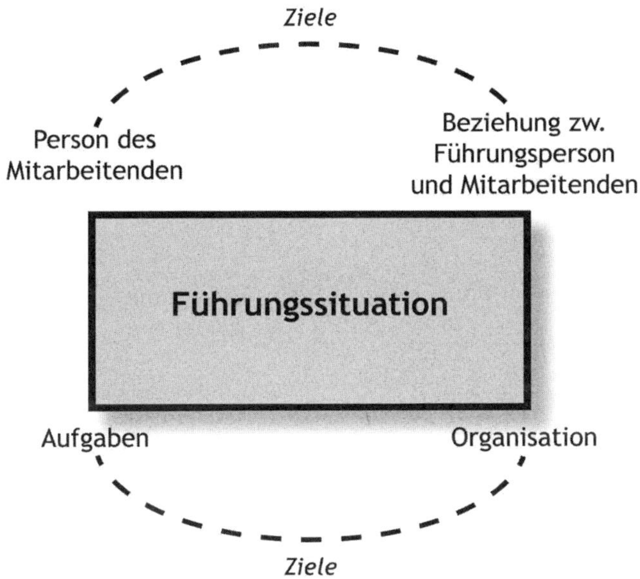

2.5 Motivationstheorien der Führung

Was bringt Menschen dazu, in ihren Arbeitsbezügen Leistung zu erbringen? Woher kommt die Energie, eine Tätigkeit auszuüben und sich auf Arbeitsziele zu konzentrieren? Warum bringen Mitarbeitende unterschiedliche Energiepotentiale in Arbeitsprozesse ein? Wie kann Führungshandeln darauf reagieren? Mit diesen Fragen sind nur einige Aspekte erfasst, die im folgenden bearbeitet werden.

Im Führungsgeschehen ist die Kenntnis der mit diesen Fragestellungen verbundenen Zusammenhänge von Bedeutung, da Führungsverhalten die Motive und den Motivationsprozess von Mitarbeitenden einbeziehen kann und muss.

Daher folgt nun die Auseinandersetzung mit motivationstheoretischen Konzepten. Dieser Zugang zum Führungsgeschehen weist Verbindungen zur Eigenschaftstheorie, zur Führungsverhaltensforschung sowie den Situationstheorien auf.

Ausdrücklich greifen einige motivationstheoretische Ansätze der Führungsforschung personen- und aufgabenbezogenes Führungsverhalten als relevant für den Umgang mit der Motivation von Mitarbeitenden auf. Gleichzeitig wird zu sehen sein, dass die hier entworfene Konzeption eines ausbalancierenden, auf die vier Basisanforderungen ausgerichteten Führungsverhaltens ebenfalls relevant für die Beeinflussung von Motivation ist. Weiterhin wird deutlich werden, dass Situationsfaktoren auf die Motivation wirken und die Gestaltung der Situation eine Aufgabe der Führungskraft ist, um positive Effekte auf die Motivation der Geführten zu erreichen. Bereits aus diesen Hinweisen ergibt sich, das die Führungsperson mit ihren Personenmerkmalen über die Möglichkeiten verfügen muss, sich entsprechend verhalten zu können.

Für den Fortgang der Abhandlung wird in diesem Kapitel eine zentrale Basis entwickelt, von der aus die Befassung mit den Ansätzen der charismatischen Führung erfolgt: wesentliche Annahmen der charismatischen Führung stellen die Konkretisierung der Erkenntnisse aus den Motivationstheorien dar. Führungsverhalten, so wird in der hier entwickelten Führungskonzeption sichtbar werden, wirkt auf den Motivationsprozess von Mitarbeitenden ein. Die konkrete Beschreibung eines ‚motivierenden Führungs-verhaltens' findet sich in den charismatischen Führungsvorstellungen.

Mit den Motivationstheorien wird eine psychologische Theorie für die Führungsforschung nutzbar gemacht (vgl. Neuberger 2002: 533). Die Einarbeitung der Motivationstheorien in diese Abhandlung geschieht folglich auch unter der führungstheoretischen Fragestellung. Ziel dieses Kapitels ist es, einen Überblick über die wesentlichen Punkte dieses Zugangs zur Führungsforschung zu geben und als Ertrag deutlich zu machen, dass die Beeinflussung der Motivation von Mitarbeitenden eine Anforderung an das Führungsverhalten ist, da dadurch Auswirkungen auf die Effektivität erzielt werden.

2.5.1 Grundlegende Aspekte

Die grundlegenden Aspekte befassen sich mit den Ursachen von Verhalten sowie der Unterscheidung von extrinsischen und intrinsischen Motiven.

2.5.1.1 Personen- und situationsbezogene Ursachen von Verhalten

Die Suche nach Antworten auf die Frage, was Menschen dazu bringt, in Arbeitssituationen eine Leistung zu erbringen, lenkt den Blick zunächst auf das Verhalten von Menschen. Die Befassung mit dem Verhalten von Individuen führt zu Fragen nach den Gründen und Ursachen für dieses Verhalten. Dabei wäre es zu kurz gegriffen, allein Motivation als Verhaltensursache anzunehmen. Für die Erklärung menschlichen Verhaltens sind grundsätzlich die Kategorien ‚Person' und ‚Situation'[79] zu unterscheiden:

- Personenbezogene Ursachen für Verhalten:
  - Persönliches Können (überdauernde Fähigkeiten wie bspw. Intelligenz und erlernbare Fertigkeiten wie bspw. Fremdsprachenkenntnisse)
  - individuelles Wollen (Motive und Werte)
- Situationsbezogene Ursachen für Verhalten:
  - situative Ermöglichung (äußere hemmende oder fördernde Umstände)
  - soziales Dürfen und Sollen (Gesetze, Regeln, Normen)

(vgl. v. Rosenstiel 2003d: 196, Hentze 2005: 101-103).

Die Erkenntnis, die Ursache von Verhalten auf die Person und die Situation zurückzuführen, geht auf eine Beschreibung Lewins zurück. Dort wird die Beziehung zwischen Verhalten, Person und Umwelt so dargestellt, dass Verhalten als eine Funktion der Person und der Umwelt bzw. der Situation betrachtet wird. In einer Formel stellt sich die Annahme wie folgt dar: Verhalten = f[(Person), (Umwelt)] oder komprimierter: $V = f[(P), (U)]$. Da eine wechselseitige Wirkung von Person und Umwelt angenommen wird, ergibt sich folgende Darstellung: $V = f[P(U), U(P)]$.

Verhalten ist somit nicht allein durch die Person bedingt, sondern ebenso durch Situationsfaktoren (vgl. Hentze 2005: 77f).

Wenn Verhalten eine Funktion aus Person und Situation ist, gilt dies sowohl für die Führungspersonen als auch für die Geführten. In der hier grundgelegten Perspektive, Aussagen zum Führungshandeln der Führungsperson zu treffen, wird davon ausgegangen, dass die Beeinflussung

79 Statt des Terminus ‚Situation' wird auch der Begriff ‚Umwelt' eingesetzt. Im Kern geht es jedoch um den gleichen Sachverhalt.

von Person und Situation durch die Führungsperson ein Aspekt des Führungsprozesses ist.

Für die Motivationspsychologie, die sich u. a. mit den Prozessen befasst, die von einem Bedürfnis zu einem bestimmten Verhalten führen, stellt sich die Frage nach der Motivation für Verhalten: „Die Frage nach der Motivation ist die Frage nachdem ‚Warum' des menschlichen Verhaltens und Erlebens" (v. Rosenstiel 2003d: 196). Unter Motivation wird einerseits die Erklärung von Verhalten verstanden. Da nur menschliche Verhaltensweisen beobachtbar sind, nicht aber die Motive, wird das beobachtbare Verhalten durch die Angabe von Motiven erklärt (jemand isst, weil ihn das Motiv ‚Hunger' dazu ‚motiviert'). Anderseits ist mit Motivation das direkte Erleben gemeint. Das Erleben eines Mangels (z. B. Durst) nimmt ein Individuum wahr und kann es sprachlich als Motiv für ein Verhalten (z. B. trinken) fassen.

2.5.1.2 Intrinsische und extrinsische Motivation

Die Befassung mit den Motivationstheorien führt zur Unterscheidung von intrinsischer und extrinsischer Motivation bzw. extrinsischen und intrinsischen Motiven. Nachfolgend werden einige Aspekte eingebracht, wenngleich die Begriffe in den verschiedenen Ansätzen der Motivationsforschung unterschiedlich verstanden werden und demzufolge verschiedene, teilweise nicht trennscharfe Bedeutungen aufweisen.

Entscheidender Unterschied zwischen intrinsischen und extrinsischen Motiven sind in einem allgemeinen Verständnis der Begrifflichkeiten die Quellen, die ein Individuum zu einem bestimmte Verhalten motivieren.

2.5.1.2.1 Intrinsische Motivation

Intrinsische Motive liegen demnach dann vor, wenn ein Verhalten „um seiner selbst willen geschieht" (Rheinberg 2004: 150), also eine Person aus eigenem Antrieb handelt.

Im Arbeitsprozess liegt intrinsische Motivation dann vor, „wenn die Motivation ihre Befriedigung in der Arbeitstätigkeit selber findet" (v. Rosenstiel 2003d: 201). Eine Tätigkeit, auch und gerade eine Tätigkeit im Rahmen einer Arbeitsaufgabe, die aus intrinsischen Motiven ausgeübt wird, erfolgt also um der Aufgabe selbst willen, nicht aufgrund von erwarteten, durch äußere Anreize bedingten Folgen.

Ebenfalls für den Arbeits- und Leistungskontext relevant sind Vorstellungen, die die Folgen und Bedingungen intrinsischer Motivation bearbeiten.

So weist Gebert unter Berufung auf Amabile u. a. darauf hin, dass mit ‚challange' in der Bedeutung von ‚Gefordert-Sein' und ‚enjoyment' als

,positive Emotionalität' zwei miteinander verbundene Aspekte von intrinsischer Motivation zu unterscheiden sind (vgl. Gebert 2002: 92).
Es wird angenommen, dass es sich bei ,challenge' und ,enjoyment' als den beiden Aspekten intrinsischer Motivation um eine „zeitlich relativ stabile Orientierung im Sinne einer Eigenschaft" (Gebert 2002: 92) handelt. ,Challange' ist demnach der Grad, in dem ein Individuum die Arbeit mit komplexen, außergewöhnlichen Problemstellungen als stimulierend empfindet, sich also durch schwierige Aufgabenstellungen herausgefordert fühlt. ,Enjoyment' meint den Grad, in dem ein Mensch die Ausübung komplexer und bislang nicht ausgeübter Tätigkeiten emotional positiv erlebt, also in solchen Aufgaben Freude empfindet.
In einem Ansatz von Csiksentmihalyi wird eine vergleichbare Vorstellung mit ,Flow-Erleben' wiedergegeben. ,Flow-Erleben' ist als ,Schaffensrausch' zu charakterisieren. Eine Person ist hoch aktiviert in der gestellten Aufgabe: „Gemeint ist der Zustand des (selbst-)reflexionsfreien gänzlichen Aufgehens in einer glatt laufenden Tätigkeit" (Rheinberg 2004: 154). Damit ein ,Flow-Erleben' eintritt, sind verschiedene Voraussetzungen erforderlich: die Übereinstimmung von Fähigkeiten und Anforderungen, klare, ohne weiteres Nachdenken zu realisierende Anforderungen, eine ,fließende', ohne Konzentration mögliche Abfolge der erforderlichen Handlungen, sehr eingeschränktes Zeiterleben und eine Verschmelzung mit der Tätigkeit. Dieser Zustand wird in der Regel positiv erlebt. Künstler, Schachspieler, Computerfreaks oder Sportler können solche Erfahrungen ebenso verzeichnen wie ,Flow-Erleben' auch beim Autofahren eintritt (vgl. Rheinberg 2004: 154-163). Kern dieses Erlebens ist, dass die Verhaltensanreize durch die Tätigkeit selbst geschehen und das reflexive Bewusstsein durch die Ausübung der Tätigkeit ausgeblendet ist[80].
Ein anderer Begriff, der in diesem Zusammenhang erwähnt werden soll, ist der des Eustress. Darunter verstanden sind die als positiv erlebten Herausforderungen, die durchaus mit Anstrengungen verbunden sein können, jedoch nicht negativ auf das Individuum wirken, sondern im Gegenteil positive Wirkungen haben (vgl. Regnet 2003b: 120-122).
In Studien an Künstlern und Wissenschaftlern wurde herausgefunden, dass intrinsische Motivation und Kreativität positiv korrelieren (vgl. Gebert 2002: 92f).
Sind ,challange' und ,enjoyment', Flow-Erleben' und ,Eustress' Aspekte intrinsischer Motivation, ist die Übereinstimmung von Tätigkeitsinhalt

80 Wegge weist darauf hin, dass Organisationen ein ,Emotionsmanagement' durchführen bzw. das eigene Emotionsmanagement reflektieren und zeigt auf, dass positiv erlebte Emotionen im Arbeitsprozess ein Erfolgsfaktor von Organisationen sein können (vgl. Wegge 2004).

mit den eigenen Wertvorstellungen eine weitere. Da persönliche Wertvorstellungen zentrale Merkmale des Selbstkonzeptes sind, bedeutet die Übereinstimmung von Aufgabe und persönlichen Wertvorstellungen, dass das Individuum sich als Persönlichkeit ausdrücken kann. Es „bezieht daraus Selbstachtung und gewinnt an positivem Selbstwertgefühl“ (Gebert 2002: 93). Gebert weist darauf hin, dass die Übereinstimmung von Aufgabe und Selbstkonzept die Identifikation mit der Aufgabe bedeutet und Innovationspotentiale freisetzt (vgl. Gebert 2002: 93f).

2.5.1.2.2. Extrinsische Motivation

In der Unterscheidung zu intrinsischer Motivation liegt einem allgemeinen Verständnis nach ein extrinsisches Motiv dann vor, „wenn der Beweggrund des Verhaltens außerhalb der eigentlichen Handlung liegt“ (Rheinberg 2004: 150).

Bezogen auf Arbeitsprozesse bedeutet dieses Verständnis, dass ein extrinsischer Anreiz besteht, „wenn die Befriedigung nicht aus der Tätigkeit selbst, sondern aus deren Folgen oder Begleitumständen erwächst“ (v. Rosenstiel 2003d: 201). Klassisches extrinsisches Motiv für die Erfüllung einer Aufgabe ist der damit verbundene (pekuniäre) Lohn.

Auf eine Problematik dieser Definition von ‚extrinsischer Motivation’ deutet das Motivationskonzept von Heckhausen. Demnach ist nicht per se Verhalten extrinsisch, wenn es der Erreichung von bestimmten Folgen dient, die außerhalb des Verhaltens liegen. Entscheidend ist demnach, ob die angezielten Folgen des Verhaltens „dem gleichen Thema angehören wie die Handlung und die Ergebnisse“ (Rheinberg 2004: 150). Wenn jemand eine Tätigkeit ausübt, die den intrinsischen Motiven dienen, dann kann auch die Folge von Handlung und Ergebnis dem intrinsischen Komplex zuzuordnen sein, nicht dem extrinsischen.

Gebert weist auf die Unterscheidung von zwei Aspekten extrinsischer Motivation hin. Zum einen die finanziellen Komponenten, zum anderen die Reputation (vgl. Gebert 2002: 94). Es versteht sich von selbst, dass Arbeitsentgelte, Bonuszahlungen, Zusatzzahlungen und ähnliches eine wesentliche Dimension extrinsischer Motive erfassen. Unter Reputation sind Aspekte wie gesellschaftliche Anerkennung, die Stellung innerhalb der Organisation und der damit verbundene Status erfasst, die wie die finanziellen Anteile dem extrinsischen Motivkomplex zugeordnet sind.

2.5.1.2.3 Internale und externale Wechselwirkungen

Intrinsische und extrinsische Motive stehen sich nicht beziehungslos gegenüber, sondern weisen Rückkopplungen auf. Gebert führt als Beleg entsprechende Studien an (vgl. Gebert 2002: 94f). Zunächst wird angenommen, dass eine Person sowohl intrinsisch als auch extrinsisch hoch motiviert sein kann. Dies bedeutet, dass eine bei Mitarbeitenden vorhandene hohe intrinsische Motivation durch extrinsische Anreize weiter gesteigert werden kann und die Leistung und Kreativität in diesem Fall weiter zunimmt. Daher kann das gezahlte Entgeld eben auch Wirkungen auf die intrinsischen Motive haben.

Gleichzeitig ist auch eine negative Korrelation von gegebener intrinsischer Motivation und extrinsischer Belohnung (insbesondere monetärer Belohnung) möglich. Dies hängt davon ab, in welcher Weise Personen die extrinsischen Anreize wahrnehmen und interpretieren.

Wird eine extrinsische Belohnung erstens als Fremdbestimmtheit erlebt, also als Form, sich der Person zu bemächtigen und ihr Handeln zu steuern, führt dies zur Beeinträchtigung der intrinsischen Motivation. Wird sie zweitens interpretiert als Misstrauen, etwa dass Mitarbeitende nicht in vollem Maße die eigentlich mögliche Leistung erbringen und sie deshalb mit extrinsischen (finanziellen) Anreizen dazu motiviert werden sollen, tritt ebenfalls ein negativer Effekt für die intrinsische Motivation ein, da dies nicht nur als Fremdsteuerung, sondern auch als kränkend erlebt wird. Drittens kann ein extrinsischer Anreiz dazu führen, dass ein Vertrauensverlust erlebt wird, da die Annahme einer gegenseitigen, zwischen Führungskraft bzw. Organisationsführung und Mitarbeitenden bestehenden Gewinnsituation[81] in Frage gestellt wird.

Hier wird deutlich, dass extrinsische Anreize nicht zwangsläufig einen positiven, leistungssteigernden Effekt auslösen, sondern ebenso gegenteilige Folgen bewirken können. Dabei kommt es nicht nur darauf an, was eine Führungsperson oder eine Organisation mit der Ausgabe extrinsischer Belohnungen erreichen will, sondern auch, welche Motive sie einerseits dazu veranlassen und wie Mitarbeitende andererseits diese extrinsischen Anreize und die Absicht dieser Anreize interpretieren. Insbesondere in Unternehmen und Organisationen, die Bezahlung und Leistung eng verbinden, müssen diese Faktoren mitbedacht werden (vgl. Gebert 2002: 94-97).

---

81 Dem liegt die Annahme zugrunde, dass die Grundlage der Zusammenarbeit auf der Überzeugung beruht, gegenseitigen Nutzen daraus zu ziehen. Die Führungsperson bzw. die Organisationsführung gehen davon aus, dass Mitarbeitende ihnen bzw. der Organisation Nutzen einbringen. Mitarbeitende gehen ebenfalls davon aus, dass ihre Mitarbeit der Führungskraft bzw. der Organisation Nutzen bringen. Die so gegebene Gewinnsituation kann auch als ‚Positivsummenspiel' bezeichnet werden, nach der beide Seiten davon ausgehen, dass sie (mittelfristig) einen Vorteil aus der Zusammenarbeit ziehen (vgl. Gebert 2002: 97).

Mit diesen grundlegenden Vorbemerkungen werden nun in der Führungsforschung relevante motivationstheoretische Ansätze dargestellt. Üblicherweise werden die Inhaltstheorien der Motivation von den Prozesstheorien der Motivation unterschieden (vgl. Hentze 2005: 101-152, v. Rosenstiel 2003d: 195-215, Neuberger 2002: 533-545).

2.5.2 Inhaltstheorien der Motivation

Die Inhaltstheorien der Motivation haben den Anspruch, Motivinhalte in eine Systematik zu bringen und zu erklären, warum Individuen Motivziele anstreben. Es liegt nahe, insbesondere hinsichtlich des Arbeitsverhaltens nach dem Zusammenhang von Motiven und dem Verhalten im Arbeitsprozess zu fragen (vgl. Hentze 2005: 111, v. Rosenstiel 2003d: 200).

2.5.2.1 Die Bedürfnispyramide (Maslow)

Die Bedürfnispyramide nach Maslow aus den 1950er Jahren dürfte die bekannteste Inhaltstheorie sein. Dort wird eine fünfstufige hierarchische Bedürfnisstruktur angenommen, deren Entstehung evolutionär verursacht ist. Die Bewegungsrichtung wird dabei so beschrieben, dass von den physiologischen Bedürfnissen als niedrigster Ebene eine Entwicklung zum Bedürfnis nach Selbstverwirklichung als höchster Ebene einsetzen kann, wenn die jeweils niedrigere Stufe langfristig befriedigt ist. Dieser Sachverhalt wird als Befriedigungs-Progressions-Hypothese bezeichnet. Die ersten vier Bedürfnisstufen werden als Mangelbedürfnisse bezeichnet, die fünfte Stufe als Wachstumsbedürfnis. Die Bewegungsrichtung von unten nach oben bedeutet in diesem Modell einen Fortschritt in der Persönlichkeitsentwicklung (vgl. Hentze 2005: 112-114, v. Rosenstiel 2003d: 202f).

Für das Führungsgeschehen ist aus diesem Modell der Motivation die Schlussfolgerung zu ziehen, Arbeitsbedingungen so zu gestalten, dass die dominierenden Bedürfnisstufen berücksichtigt werden.

Kritisiert werden an dem Modell „die postulierten Bedürfnisklassen, das stufenweise Auftreten der Bedürfnisse und die behauptete Allgemeingültigkeit“ (Hentze 2005: 114).

2.5.2.2 Die Existence-Relatedness-Growth-Needs-Theorie (Alderfer)

Als Kritik am Modell von Maslow entwickelte Alderfer mit der sogenannten ERG-Theorie eine andere Vorstellung mit drei Bedürfnisklassen:

- Existence Needs (E) – Existenzbedürfnisse (physiologische Bedürfnisse, Sicherheit, Bezahlung)

- Relatedness Needs (R) – Interpersonelle Bedürfnisse (Kontakt, Achtung, Wertschätzung)
- Growth Needs (G) – Wachstum (Entfaltung, Selbstverwirklichung)

(vgl. Hentze 2005: 119).

Diese drei Bedürfnisklassen sind nicht wie bei Maslow hierarchisiert, sondern werden in ihren Beziehungen untereinander dargestellt, was in Hypothesen vorgebracht wird:

- je weniger jeweils Existenzbedürfnisse und Beziehungsbedürfnisse befriedigt sind, desto stärker werden sie;
- je weniger die Beziehungsbedürfnisse befriedigt sind, desto stärker werden Existenzbedürfnisse;
- je mehr Existenzbedürfnisse befriedigt sind, desto stärker werden Beziehungsbedürfnisse;
- je weniger Wachstumsbedürfnisse befriedigt sind, desto stärker werden Beziehungsbedürfnisse;
- je mehr Beziehungsbedürfnisse befriedigt sind, desto stärker werden Wachstumsbedürfnisse;
- je mehr die Wachstumsbedürfnisse befriedigt sind, desto stärker werden sie

(vgl. Hentze 1997: 133).

Diesen Hypothesen liegen die Annahmen zugrunde, dass

1. ein nicht befriedigtes Bedürfnis dominierend wird (Frustrationshypothese);
2. ein Individuum sich auf eine niedrigere Bedürfnisstufe zurückzieht, wenn ein Bedürfnis nicht befriedigt werden kann (Frustrations-Regressions-Hypothese);
3. ein befriedigtes Bedürfnis ein anderes (höheres) relevant werden lässt (Befriedigungs-Progressions-Hypothese – wie bereits von Maslow angenommen);
4. Erfolgserlebnisse zu einer Erhöhung des Anspruchniveaus und zu entsprechendem Verhalten führen.

Auch wenn die empirischen Absicherungen dieser Annahmen nicht für eine abschließende Beurteilung ausreichen, wird dieser Theorie ein größerer Informationsgehalt als dem Maslowschen Ansatz zugesprochen (vgl. Hentze 2005: 119f).

2.5.2.3 Die Motivations-Hygiene-Faktoren-Theorie (Herzberg)

Eine weitere Inhaltstheorie der Motivationspsychologie ist die Motivations-Hygiene-Faktoren-Theorie von Herzberg und seinen Mitarbeitern. Die zugrunde liegende Studie fragte nach den Faktoren, die zu Zufriedenheit und zu Unzufriedenheit im Arbeitsprozess führen. Dabei wird die Erkenntnis gewonnen, dass Zufriedenheit und Unzufriedenheit im Arbeitsprozess nicht das Kontinuum zwischen zwei Polen sind, sondern zwei unabhängige Dimensionen. Der Gegenpol zu hoher Zufriedenheit ist somit ‚Nicht-Zufriedenheit', derjenige von großer Unzufriedenheit ist ‚Nicht-Unzufriedenheit'. Mit dieser Erkenntnis ist verbunden, dass andere Faktoren zu Unzufriedenheit führen als zu Zufriedenheit.

Herzberg unterscheidet daraufhin in ‚Hygienefaktoren' und ‚Motivatoren'.

Die ‚Hygienefaktoren' reagieren auf extrinsische Bedürfnisse im Arbeitsprozess. Das Vorhandensein der Hygienefaktoren erreicht die Vermeidung von Unzufriedenheit, nicht jedoch das Entstehen von Zufriedenheit. Als Hygienefaktoren gelten Gehalt, Unternehmenspolitik, Führungsstil, äußere Arbeits-bedingungen oder Arbeitsbeziehungen. Diese Bedürfnisse bilden eine Defizit-motivation ab. Das Motiv ist die Vermeidung von mit dem Arbeitsprozess ver-bundenen negativen Erfahrungen.

Die ‚Motivatoren' dagegen antworten auf die intrinsischen Bedürfnisse im Arbeitskontext. Der Einsatz von ‚Motivatoren' bewirkt Arbeitszufriedenheit. Un-ter ‚Motivatoren' sind Leistungserfolg, Anerkennung von Arbeit, Verantwortung, Aufstiegschancen oder Entfaltungsmöglichkeiten gefasst. Dieses sind intrinsische Bedingungen, von denen angenommen wird, dass sie die Leistungsbereitschaft längerfristig positiv beeinflussen. Hier handelt es sich um Wachstumsmotivation, insofern es um Aspekte wie Verantwortung und Sinngebung in Arbeitsprozessen geht.

In empirischen Untersuchungen wurden 16 voneinander unabhängige Arbeitsfaktoren gefunden, die sich allerdings hinsichtlich ihrer Zuordnung zu den Hygiene- bzw. Motivationsfaktoren überlappen.

In der Kritik wird das Konzept als wenig geeignet für die praktische Anwendung in Organisationen gewertet. Weiterhin wird hinsichtlich des zentralen Faktors ‚Arbeitszufriedenheit' als Voraussetzung für Leistungsbereitschaft und Leistungsfähigkeit angemerkt, dass nach attributionstheoretischen Vorstellungen sich das Individuum die Erfolge selber zuschreibt und für Misserfolge äußere Ursachen verantwortlich macht, somit die empirische Grundlage auf einem Attributionsfehler beruht (vgl. Hentze 2005: 114-118, v. Rosenstiel 2003d: 200-202).

2.5.2.4 Die Theorie der gelernten Bedürfnisse (McClelland)

Die Theorie von McClelland und Mitarbeitern will eine Inhaltstheorie zur Fragestellung liefern, welche Faktoren Menschen im Arbeitsprozess motivieren.

Drei Schlüsselbedürfnisse mit folgenden Motivinhalten werden behauptet:

- Leistungsmotiv (Need for Achievement)
- Anschlussmotiv/soziales Beziehungsmotiv (Need for Affiliation)
- Machtmotiv (Need for Power).

Diese Bedürfnisstruktur wird dem Konzept zufolge in der frühen Kindheit erlernt und beeinflusst das Individuum im Verhalten und folglich in der Arbeitsleistung.

Das Vorhandensein eines ausgeprägten Leistungsmotivs in einem Individuum bedeutet, dass diese Person solche Situationen und Aufgaben sucht, in denen Erfolg durch das eigene Handeln zu erreichen ist. Bei Vorliegen eines starken Anschlussmotivs stehen gute, harmonische oder kooperative soziale Beziehungen im Vordergrund. Personen mit einem deutlichen Machtmotiv zielen auf die Beeinflussung von Verhalten und Denkweisen anderer und tragen starke Wünsche nach Aufstieg und Status in sich.

Das Leistungsmotiv steht im Mittelpunkt der Faktoren für den Erfolg von Führungsausübung in Organisationen. Es gilt als „zwischensituativ stabile Verhaltenstendenz des Individuums“ (Hentze 2005: 124). Diese Verhaltenstendenz wirkt situationsunabhängig, wird allerdings von Situationsfaktoren beeinflusst. Durch situative Faktoren werden Motivationen stimuliert, die die Erwartung auslösen, durch ein bestimmtes Arbeitsverhalten zur Befriedigung des Leistungsbedürfnisses zu gelangen.

In Weiterentwicklungen wurden Beziehungen zwischen den Motiven, den daraus erwachsenden Führungsstilen und dem Klima in einer Organisationseinheit hergestellt. So wird dem Leistungsmotiv ein partizipativer Führungsstil und ein aufgabenorientiertes Organisationsklima zugeordnet. Der Führungsstil des Anschlussmotivs ist informell, das Klima in der Organisation oder Arbeitsgruppe beziehungsorientiert. Das Machtmotiv realisiert sich demnach in einem autoritären Führungsstil und schafft ein machtorientiertes Klima.

Hentze u. a. weisen kritisch darauf hin, dass das theoretische Konzept Aussagen zum Zusammenhang von Persönlichkeits- und Situationsfaktoren macht und dabei nicht reflektiert, dass „bestimmte Situationen nur ein ganz bestimmtes Spektrum an individuellen Reaktionen“ (Hentze 2005: 124) erlauben, die wiederum jeweils in der einzelnen Person begrenzt sind, da Individuen nicht über alle potentiell denkbaren Verhaltensmöglichkeiten verfügen (vgl. Hentze 2005: 120-124, Reber & Meyer 1995: 774).

2.5.2.5 Zur Kritik an den Inhaltstheorien der Motivation

Zu den Inhaltstheorien ist ins Feld zu führen, dass sie eine Orientierung im komplexen Feld menschlicher Motive bieten. Dies jedoch wird auch zur zentralen Kritik: die Klassifikationen stehen im Verdacht der „Willkürlichkeit und Auswahl der Motivinhalte" (Hentze 2005: 128). Jede Auswahl von inhaltlich bestimmten Motiven und Zielorientierungen menschlichen Verhaltens ist vor dem Hintergrund auch anders möglicher Klassifikationen stets dem Vorwurf einer Auswahl und damit verbunden einer Willkür ausgesetzt. Dem müssen sich die Inhaltstheorien der Motivation aussetzen und können auf einer solchen Kritikfolie entsprechend in Frage gestellt werden.

Eine Antwort auf diese Problematik wurde in den Prozesstheorien der Motivation gesucht. Sie suchen die Prozesse zu verstehen, die menschliches Verhalten stimulieren und sehen die jeweilige Situation mit ihrem Anreizwert als Beweggrund, jeweils Ziele auszuwählen. Die Frage nach den Inhalten von angestrebten Zielen stehen dabei nicht im Mittelpunkt des Interesses (vgl. Hentze 2005: 128).

Dagegen wendet v. Rosenstiel jedoch ein, dass Inhaltstheorien zur Motivation ihre Bedeutung haben, da menschliches Verhalten zielorientiert ist und einem Sinn entspricht. Dies stellt an die Inhaltstheorien jedoch Anforderungen: „Die Motivziele dürfen freilich nicht willkürlich postuliert werden, sondern sind aus dem Sinn heraus zu begründen, der sich für den Handelnden aus der Evolutions- oder aus der Lerngeschichte ergibt" (v. Rosenstiel 2003d: 204). Somit ist bei aller Kritik auch eine Berechtigung von Inhaltstheorien der Motivation zu konstatieren und deren Erkenntnisse und Folgerungen sind für die Führungsforschung und das Führungsgeschehen einzubeziehen.

2.5.3 Prozesstheorien der Motivation

Grundlage der Prozesstheorien der Motivation ist das nach dem Mathematiker Bernoulli benannte Bernoulli-Prinzip. Demnach erscheint das als erstrebenswertes Ergebnis, bei dem das Produkt aus Nutzen und Wahrscheinlichkeit besonders hoch ist. Es ergibt sich die Formel: Nutzen x Wahrscheinlichkeit = Ergebnis.

In der psychologischen Perspektive werden subjektive Erwartungen (E) und subjektive Nutzenbewertungen (N) angenommen. Es wird davon ausgegangen, dass Individuen sich zu Handlungen entscheiden, in denen der subjektiv erwartete Nutzen (SEN) ein Maximum erreicht. Es entsteht die Gleichung: E x N = SEN. Nach dieser Formel werden Alternativen bewertet und die Entscheidung für eine bestimmte Handlung getroffen (vgl. Hentze 2005: 128, v. Rosenstiel 2003d: 205), Neuberger 2002: 534f).

2.5.3.1 Die Valenz-Erwartungstheorien und die Valenz-Instrumentalitäts-Erwartungstheorien

Diese Theorien wollen auf der Grundlage des Bernoulli-Prinzips Aussagen zu Entscheidungen über Verhaltensweisen machen und so erklären, wie Motivation für eine bestimmte Handlungsalternative entsteht. Die Begriffe sind wie folgt definiert:

- Valence/Valenz (V): Wert des erreichten (End-)Zieles, der zwischen +1 (positiv) und – 1 (negativ) liegen kann;
- Instrumentality/Instrumentalität (I): subjektiv eingeschätzte Tauglichkeit/Nützlichkeit eines Zwischenzieles für das Erreichen des Endzieles, wiederum in Werten von +1 und –1 gemessen;
- Expectancy/Erwartung (E): Annahme der Wahrscheinlichkeit, dass ein Ziel erreicht wird, gemessen zwischen 0 (Ergebnis tritt sicher nicht ein) und 1 (Ergebnis tritt sicher ein).

In der Valance-Expectancy-Theory oder VE-Theorie geht es darum, den Wert des angestrebten Zieles (V) mit der erwarteten Wahrscheinlichkeit (E) zu verbinden. Wertet jemand in einer Alternativsituation das Ziel 1 mit V +0.5, das Ziel 2 jedoch mit V +0.8, liegt die Vermutung nahe, dass diese Person das zweite Ziel anstreben wird. Dies stellt sich aber völlig anders dar, wenn die Erwartung (E) für das Erreichen des ersten Zieles mit E 0.7 bewertet wird, die Erwartung für das Erreichen des zweiten Zieles jedoch mit E 0.1. Nach der VE-Theorie wird sich diese Person nun Handlungen entwickeln, die sie dem Ziel 1 näher bringen.

In der Gleichung zeigt sich der Zusammenhang wie folgt:

Alternative 1: V +0.5 x E 0.7 = .35

Alternative 2: V +0.8 x E 0.1 = .08

Somit wird sich die Person für das Erreichen der ersten Alternative einsetzen und die Handlungen darauf abstellen.

Um eine Beurteilung der einzelnen Handlungsschritte vornehmen zu können, hat die von Vroom 1964 veröffentlichte Valance-Instrumentality-Theory oder VIE-Theorie den zusätzlichen Faktor der Instrumentalität eingearbeitet (vgl. Vroom 1964). Damit wird der Annahme Rechnung getragen, dass Handlungen an Endzielen (z. B. Aufstieg, sozialer Status, Zeit für die Familie, Wunsch nach Freizeit) ausgerichtet werden. Um die einzelne (abgeschlossene) Handlung (z. B. die Übernahme einer zusätzlichen Aufgabe) in ihrem Wert für das Erreichen des Endzieles bestimmen zu können, wird der Wert der Instrumentalität gemessen. Steht eine Person bspw. vor der Frage, eine zusätzliche Aufgabe zu übernehmen oder nicht,

wird sie dies in Bezug auf die von ihr angestrebten Endziele messen und dann entscheiden. Sie wird die Instrumentalität der Handlung (Übernahme einer zusätzlichen Aufgabe) in Beziehung zu anderen Werten (bspw. der Zeit für die Familie oder den Aufstiegschancen) setzen, dabei auch die Erwartungen einbeziehen, die bei Ablehnung der Anfrage eintreten und aus dem Saldo die Entscheidung treffen.
Für den Führungsprozess kommt diesem Modell insofern seine Bedeutung zu, als es der Führungskraft erlaubt, in Kenntnis der Person des Mitarbeitenden ihre Valenzen einzukalkulieren und ggf. die Entscheidung des Geführten in Kenntnis der jeweiligen Wertpräferenzen durch bspw. entsprechende Angebote (wie etwa das Angebot eines Aufstiegs nach Bewältigung der Zusatzaufgabe) zu beeinflussen. Allerdings bietet das Modell keine Erklärung, wie Geführte zu den Valenzen gelangen und welchen Einfluss Führungsstile, Organisationskultur und vieles andere mehr in der Gewichtung von Zielen haben (vgl. Hentze 2005: 131-134, Neuberger 2002: 535-537, v. Rosenstiel 2003d: 205f, Rheinberg 2004: 128-131).

2.5.3.2 Das Erwartung-Wert-Modell (Porter und Lawler)

In Weiterentwicklung der VIE-Theorie haben Porter und Lawler ein Modell eingebracht, das sich mit der Frage nach den Bedingungen von Produktivität auseinandersetzt. Dabei wird Produktivität nicht für selbstverständlich gehalten, sondern es werden Voraussetzungen dafür angenommen. Im Grundsatz lautet die Annahme, dass Motivation von der Erwartung beeinflusst ist, Handlungen bzw. Anstrengungen werden zum gewünschten Ergebnis führen (wie bereits im VE bzw. VIE-Modell), jedoch sowohl für den Zusammenhang von Anstrengung und Leistung sowie für jenen von Leistung und Ergebnis Bedingungen zu benennen sind.
Die Anstrengung–Leistung–Erwartung meint die subjektive Einschätzung, die angestrebte Leistung auch erreichen zu können. Die Leistung – Ergebnis – Erwartung bezieht sich auf die Art und Weise der Aufgabenerfüllung (z. B. gut oder weniger gut) und das Ergebnis.
Folgende Bedingungen haben Einfluss auf die Anstrengung – Leistung – Erwartung: Reale Situation, Kommunikation mit anderen (da sie falsche Einschätzungen korrigiert), Erfahrung (da dadurch der Zusammenhang von Leistung und Ergebnis genauer eingeschätzt werden kann), Selbsteinschätzung (über die generellen Fähigkeiten).
Einfluss auf die Leistung – Ergebnis – Erwartung üben folgende Faktoren aus: Die Anstrengung – Leistung – Erwartung, Erfahrung in vergleichbaren Situationen, Attraktivität der Ergebnisse (Valenzen), Orientierung an Selbst- bzw. Fremdkontrolle, die reale Situation, Informationen von anderen.

In Weiterführung des Ansatzes von Vroom enthält dieses Modell eine Unterscheidung von intrinsischen und extrinsischen Motiven. Auf intrinsische Motive wirkende Ergebnisse bedeuten eine unmittelbare Zufriedenheit, während eine Zufriedenheit in Verbindung mit Ergebnissen, die auf extrinsische Motive zielen, erst dann gegeben ist, wenn die Belohnung als angemessen empfunden wird.
Die Theorie sagt aus, dass die Motivation dann hoch ist, wenn in der Beziehung von Anstrengung und Leistung eine erfolgreiche Erledigung der Aufgabe in einem hohen Faktor und eine erfolglose in einem niedrigen erwartet werden kann. Ebenso ist die Motivation im Zusammenhang von Leistung und Ergebnis dann hoch, wenn positive Ergebnisse erwartet werden bzw. niedrig bei der Erwartung negativer Ergebnisse.
Da Faktoren benannt sind, die Auswirkungen auf die Erwartungen von Anstrengung und Leistung und Leistung und Ergebnis haben, hat eine Führungskraft die Möglichkeit, Motivation zu beeinflussen, in dem sie bspw. für eine größere Erfahrung sorgt oder zur realistischeren Selbsteinschätzung von Mitarbeitenden beiträgt (vgl. Hentze 2005: 134-137).

2.5.3.3 Die Theorie der Leistungsmotivation (Atkinson)

Die von Atkinson veröffentlichte Vorstellung geht in der Folge der grundlegenden Sicht Lewins davon aus, dass Verhalten durch das Zusammenwirken von Situation und Person hervorgerufen wird. In dieser Vorstellung ist das Leistungsmotiv die Disposition für die Fähigkeit, über eine Leistung Stolz zu empfinden. Dieses Leistungsmotiv wird geweckt, wenn sich Personen selbst für die Erfolge bzw. Misserfolge von Handlungen verantwortlich fühlen. Die Stärke dieser Motivation oder Handlungstendenz ergibt sich aus den Faktoren Motivstärke, Anreizerwartung und Anreizwert.
Entscheidend in diesem Konzept ist, dass es nicht nur aus einem Erfolgsmotiv, also der Disposition zur Erfolgssuche besteht, sondern auch ein Motiv zur Vermeidung von Misserfolg kennt. Atkinson geht davon aus, dass beide Dispositionen in Individuen relativ stabil für die Art und Weise der Bedürfnisbefriedigung sind.
Neben diesen personalen bestehen gleichzeitig situative Faktoren, die zu einer Handlungstendenz führen. Diese sind die Erfolgswahrscheinlichkeit einer Handlung und die Attraktivität, worunter der Wert des Erfolges verstanden wird.
In verschiedenen Gleichungen, die hier vernachlässigt werden können, werden die Zusammenhänge zwischen den Faktoren ausgedrückt. Insgesamt kommt das Modell zu der Annahme, dass gleichzeitig das Erfolgsmotiv und das Misserfolgsmotiv aktiviert werden und dies dazu führt, die

Erfolgserwartungen in Relation zu den Misserfolgserwartungen zu setzen. Bspw. wird bei einer gegebenen leichten Aufgabe eine hohe Erfolgserwartung bestehen, gleichzeitig aber auch ein hoher negativer Anreizwert für den Misserfolg bestehen, da ein Misserfolg bei einer leichten Aufgabe besonders unangenehm ist.

Für das Führungsgeschehen wichtig sind die Motive, aus denen Mitarbeitende handeln. Diese sind nicht ausschließlich am Erfolg motiviert, sondern auch an der Vermeidung von Misserfolgen. Unter der Annahme, dass in Personen entsprechend der Theorie ein relativ stabiles Verhältnis zur Erfolgssuche und Misserfolgsvermeidung besteht, folgt daraus, dass in Führungssituationen Personen angetroffen werden, die eher aus dem Erfolgsmotiv und solche, die eher aus dem Motiv der Vermeidung von Misserfolgen handeln. Oder anders formuliert: die Stärke des Erfolgsmotivs oder die Stärke des Motivs zur Vermeidung von Misserfolgen lassen Individuen sich jeweils unterschiedlich zu Aufgaben verhalten. Die Beziehung wird folgenderweise beschrieben: „Erfolgsmotivierte Personen [...] werden daher in einer Aufgabensituation Aufgaben mit *mittlerer Schwierigkeit* bevorzugen, während Misserfolgsmotivierte [...] *extreme Wahrscheinlichkeiten* bevorzugen, da hier die Vermeidungstendenz minimal ist" (Hentze 2005: 139), was nichts anderes bedeutet als Letztere entweder sehr leichte oder sehr schwere Aufgaben suchen, da dann entweder der Erfolg sehr wahrscheinlich ist oder der Misserfolg nicht der eigenen Verantwortung zugeschrieben werden muss. Dieses unterschiedliche Risikoverhalten ist für die Erzielung von Ergebnissen bedeutend (vgl. Hentze 2005: 137-140).

2.5.3.4 Die Kognitive Gleichgewichtstheorie (Adams)

Ebenfalls den Prozesstheorien der Motivation ist die nachfolgende Konzeption zuzuordnen. Sie basiert sehr deutlich auf dem marktwirtschaftlichen Tauschprinzip und setzt diese Logik auf der Basis kognitiver Gleichheits- bzw. Gerechtigkeitsansätze auf psychologischer Ebene um.

Die kognitive Gleichgewichtstheorie wurde von Adams begründet und in der Folgezeit erweitert. Angelpunkt der Theorie ist das Gleichgewicht in der als Tauschbeziehung definierten Arbeitsbeziehung. Geben Mitarbeitende ‚Inputs' in Form von Leistung, Zeit, Erfahrung, Kompetenz usw. in den Arbeitsprozess, stehen dem ‚Outcomes' wie Lohn, Sozialleistungen, Freude an der Arbeit usw. gegenüber. Im Vergleich zwischen Personen bewertet ein Mitarbeitender, ob das eigene Verhältnis von Input und Outcome dem einer Vergleichsperson entspricht. Ungerechtigkeit wird dann wahrgenommen, wenn die Input-Outcome-Relationen als ungleich empfunden werden, also bspw. das Entgeld einer anderen Person ent-

sprechend des geleisteten Einsatzes als zu hoch gegenüber dem eigenen Einkommen im Verhältnis zum Einsatz empfunden wird. Diese Situation führt zum Gefühl der Benachteiligung. Entsprechendes gilt für eine im Vergleich zu einer anderen Person günstigeren Relation von Input und Outcome. Hier nimmt die Person das Verhältnis von Aufwand und Ertrag positiv wahr. Ist die Relation von Input und Outcome gleich, sind die Bedingungen für Gleichheit gegeben. Die Theorie geht davon aus, dass auf Unterbezahlung intensiver reagiert wird als auf Überbezahlung.
Empirische Untersuchungen dieser Theorie haben u. a. gezeigt, dass bei Stücklohnbezahlung Unterbezahlung zu höherer Quantität und geringerer Qualität führen, Überbezahlung zu höherer Qualität und niedrigerer Quantität. Dagegen führt Unterbezahlung bei Zeitlohn (entsprechend dem Arbeitsziel) zu geringerer Qualität und/oder Quantität, Überbezahlung zu höherer Qualität und/oder Quantität.
Eine Konsequenz aus dieser Theorie und den empirischen Untersuchungen ist es, zu vermeiden, dass ein Gefühl von Unterbezahlung eintritt. Dies wirkt leistungsmindernd (vgl. Hentze 2005: 129-131, v. Rosenstiel 2003d: 206f).

2.5.3.5 Das ‚Erweiterte Kognitive Motivationsmodell' (Heckhausen)

Auf der Grundlage der Überlegungen von Vroom hat sich Heckhausen vor allem der Frage der Erwartungen zugewandt (vgl. Heckhausen 1989: 466-472). Hatte Vroom insbesondere mit dem Gedanken der Instrumentalität der Valenzen überzeugen können, stellte sich die Frage nach der Bedeutung und der Funktion der Erwartungen in diesem Motivationskonzept sowie in den Konzepten, die die ‚expactancy' als Faktor für Motivation annehmen. Wie gesehen, ist dies in einigen Vorstellungen der Fall. Das ‚Erweiterte Kognitive Motivationsmodell' von Heckhausen bietet dazu Erklärungen an.
In handlungstheoretischer Perspektive stellt sich der Motivationsprozess zunächst folgendermaßen dar: Eine von einem Individuum wahrgenommene Situation führt zu einer Handlung dieses Individuums, diese Handlung ruft ein Ergebnis hervor und dieses Ergebnis wiederum bewirkt Folgen.
Allerdings stellt sich die Frage, wie in dieser Abfolge die Motivation zu einer Handlung führt. Denn eine in bestimmter Weise vorhandene und von einer Person wahrgenomme Situation führt nicht zwangsläufig zu Handlungen oder führt bei unterschiedlichen Personen zu verschiedenen Handlungen. Die Beantwortung dieser Frage findet im ‚Erweiterten Kognitiven Motivationsmodell' über verschiedene Erwartungsabläufe statt.

Der erste Erwartungsprozess ist der der ‚Situations-Ergebnis-Erwartung'. Damit wird erfasst, dass ein angezieltes Ergebnis in Beziehung zur wahrgenommen Situation steht. Wird das Verhältnis von Situation und dem Ergebnis als unveränderlich und gegeben bewertet, besteht keinerlei Erwartung, durch bestimmte Handlungen ein anderes Ergebnis herbeizuführen als ohnehin durch die Lage (genauer: durch die Bewertung der Lage) vorgegeben ist.
Der zweite Erwartungsprozess ist die ‚Handlungs-Ergebnis-Erwartung'. Hier wird erfasst, dass durch die Erwartung, durch bestimmte Handlungen das angestrebte Ergebnis zu erreichen, die Motivation zur Ausübung dieser Handlungen steigt.
Der dritte Erwartungsprozess ist der der ‚Ergebnis-Folge-Erwartung', der die bereits in den VIE-Theorien beschriebene Instrumentalität erfasst. Damit wird die Bedeutung des Ergebnisses einbezogen, die sich über die Folge des Ergebnisses für das handelnde Individuum ergibt. Die Verknüpfung der Folgen mit dem Ergebnis können für die unterschiedlichen Folgen verschieden sein, gleichwohl sind die Folgen des Ergebnisses eine wichtige Quelle für die Stärke der Handlungstendenz. Allgemein gilt die Annahme, dass eine hohe ‚Ergebnis-Folge-Erwartung' zu einer starken Handlungstendenz führt.
Mit der ‚Ergebnis-Folge-Erwartung' verbunden ist der Anreiz zu einer Handlung. Wie in den VIE-Theorien besteht eine Verbindung zwischen der Wahrscheinlichkeit, dass ein Ergebnis eine bestimmte Folge auch tatsächlich herbeiführt und dem Anreiz, entsprechende Handlungen zu vollziehen (vgl. Rheinberg 2004: 131-137). Im Schaubild stellt sich das ‚Erweiterte Kognitive Motivationsmodell' folgenderweise dar:

Abbildung 13: Das ‚Erweiterte Kognitive Motivationsmodell'

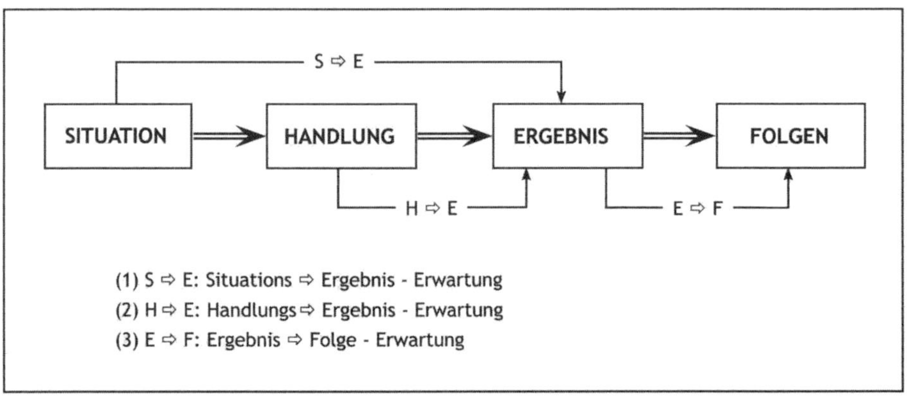

(Nach Rheinberg 2004: 132)

Dieses Motivationsmodell erlaubt Verbindungen zu zahlreichen anderen Motivationsvorstellungen. Zu den Inhaltstheorien der Motivation besteht eine Beziehung in der Frage der Motive. Wenngleich die ‚Situation' eine wesentliche Bedingung des Modells darstellt und die ‚objektiven' Gegebenheiten durch die Situation bestimmt sind, so fließen auch immer Bewertung und Interpretation in die Wahrnehmung der Situation ein. Diese Interpretation aber hängt an der Person des Bewertenden. Die in einem Individuum vorhandenen Macht-, Leistungs- oder Gesellungsmotive können die Interpretation einer Situation deutlich beeinflussen. Die Leistungsmotive in der einen Person können bewirken, die eigene Wirksamkeit trotz ungünstiger Situation höher einzuschätzen als bei einer anderen Person, die stark durch das Gesellungsmotiv bestimmt ist. Rheinberg deutet in diese Richtung, auch wenn solche Vermutungen „empirisch noch unbelegt" (Rheinberg 2004: 137) sind. So ist doch anzunehmen, dass „Motiveinflüsse auf die Beurteilung einer Handlungsepisode um so stärker werden, je weniger die Erwartungen und Folgen bereits durch die Situationsstruktur vorgegeben sind" (Rheinberg 2004: 137). Damit ergibt sich eine Korrelation zwischen den Motiven eines Individuums und der Beurteilung einer Situation. Die Korrelation ist verbunden mit dem Ausmaß der Festlegung, die die Situation bereits enthält.

Auch die bereits im Modell Porter und Lawler genannte Anstrengung-Leistungs-Erwartung oder die Erfolgs- bzw. Misserfolgserwartung im Modell von Atkinson beziehen Erwartungen zentral in die Motivationsvorstellungen ein.

Wurde bislang deutlich, dass die Erwartung bestehen muss, ein angezieltes Ergebnis durch bestimmte Handlungen erreichen zu können, so ist zusätzlich die Erwartung erforderlich, die erforderliche Handlung auch ausführen zu können. Rheinberg bringt unter Hinweis auf Bandura die beiden Begriffe Wirksamkeitserwartung (self-efficacy-expectation) und Ergebniserwartung (action-outcome-expectation) ein (vgl. Rheinberg 2004: 137-141). Es ist leicht nachvollziehbar, dass von der Beantwortung der Frage, inwieweit eine Person sich die für das Erreichen des Ergebnisses erkannten Handlungen zutraut und einschätzt, über entsprechendes Können und entsprechende Fähigkeiten zu verfügen, die Erfolgserwartungen beeinflusst werden.

Ein weiterer Aspekt, der nur am Rande erwähnt werden soll, ergibt sich aus der Tatsache, dass bestimmten Handlungen ein eigener Anreiz innewohnt. Insbesondere im Freizeitbereich, aber nicht nur dort, finden sich zahlreiche Aktivitäten, die um der Tätigkeit willen vollzogen werden. Andere Handlungen werden ausgeübt, um dadurch ein bestimmtes Ergebnis zu erreichen. Daraus erwächst die Unterscheidung von ‚tätigkeitszentrierten Anreizen' und ‚zweckzentrierten Anreizen' (vgl. Rheinberg 2004: 141-146).

2.5.3.6 Zur Kritik an den Prozesstheorien der Motivation

Die Prozesstheorien der Motivation sind auch aus der Kritik an den Inhaltstheorien der Motivation entwickelt worden, um die spezifischen Grenzen dieser Konzepte überwinden zu können. Sie haben daher den Blick auf die in Individuen ablaufenden Prozesse gerichtet, wenn diese Motiven folgen und Handlungen vollziehen, um Ziele zu erreichen.

Die zentrale Kritik setzt an den sehr stark auf rationalen und kognitiven Vorstellungen beruhenden Annahmen der Prozesstheorien an, die die in emotionalen Prozessen enthaltenen Ambivalenzen und Widersprüchlichkeiten außen vor lassen. Die Gleichungen, die in den Prozesstheorien entstehen, legen nahe, menschliche Motivationsprozesse als ausschließlich rationale, rechnerische Entscheidungen zu verstehen. Gewohnheiten, Eingefahrenheiten und ähnliche Mechanismen bleiben außen vor. Es entsteht der Eindruck, „den Menschen als programmierten Computer zu interpretieren" (v. Rosenstiel 2003d: 208) und damit ein verkürztes und fragwürdiges Menschenbild anzunehmen.

Allerdings bleibt das Verdienst dieser Forschungen, die Bedeutung und die Abläufe der Motivation erkannt und in der Folge als Bestandteil des Führungsgeschehens eingebracht zu haben. Daher liefern die Prozesstheorien der Motivation einen wichtigen Zugang zum Verständnis der Motivation und deren Prozessen in Individuen.

In der nachfolgenden Bearbeitung der Weg-Ziel-Theorie von Evans und House wird die Bedeutung der Motivation für den Führungsprozess vertieft.

2.5.4 Der Weg-Ziel-Ansatz in der Führung

In diesem Führungsansatz steht die Motivation der Geführten im Vordergrund. Grundlagen sind lerntheoretische[82] sowie die erwartungstheoretischen Bezüge aus der Motivationsforschung. Um die Wirkung von Führung zu erklären, wird nicht das praktizierte Führungsverhalten, „sondern der Eindruck der Geführten von diesem Verhalten erfasst“ (Hentze 2005: 314).

---

82 Unter der ‚Theorie des sozialen Lernens' sowie der ‚Lerntheorie' sind Vorstellungen erfasst, wie Verhalten erklärt werden kann.
Unter ‚Lerntheorie' wird in der Regel zunächst die klassische, behavioristische, auf Skinner zurückgehende Theorie verstanden, nach der sehr vereinfacht gesprochen auf einen Reiz ein Verhalten (Behavior) erfolgt. Operantes Lernen meint, dass durch positive oder negative Verstärkung von Stimulationszuständen (die dem Verhalten als Konsequenz folgen) das Wiederauftreten des Verhaltens beeinflusst werden kann. Ein Individuum lernt, in dem es eine positive oder negative Verstärkung auf die Folgen des Verhaltens erfährt. Eine Erweiterung der klassischen Lerntheorie ging vor allem von Bandura aus und wird als ‚soziale Lerntheorie' oder ‚sozial-kognitive Lerntheorie' bezeichnet (vgl. Neuberger 2002: 567-586).
Wendet man sich der ‚Lerntheorie' und der ‚Theorie sozialen Lernens' hinsichtlich der grundlegenden und den Vorstellungen vorgängigen Denkansätzen hinsichtlich der Erklärung von Verhalten zu, bietet sich folgende Systematisierung an:
Eine erste Denkweise nimmt zur Erklärung von Verhalten an, dass Verhalten aus der Person rührt und diese durch Charakter, Motive, Wahrnehmungen, Werte etc. ihr Verhalten bestimmt. Verhalten wäre demnach eine Funktion der Person (V = f (P)). Motivationstheorien wie die von Maslow basieren auf dieser Annahme.
Eine zweite Vorstellung geht davon aus, dass Verhalten durch die Situation bzw. die Umwelt bestimmt wird, in dem auf Verhalten durch Verstärkungen bzw. Bestrafungen reagiert wird. Verhalten wäre somit eine Funktion der Umwelt (V = f (U)). Skinner steht für diesen Denkansatz. Ebenfalls sind auf dieser Grundlage die behavioristischen Führungskonzepte entwickelt worden.
Die dritte Vorstellung nimmt an, dass Verhalten von der Person und der Umwelt bestimmt wird bzw. durch eine Wechselwirkung zwischen beiden hervorgerufen wird. Verhalten wäre dementsprechend eine Funktion von Person und Umwelt (V = f (P, U) oder eine Wechselwirkung zwischen beiden (V = f (P ←→ U). Theorien zum Organisationsverhalten wie die von Porter und Lawler gehen davon aus.
Eine darauf aufbauende Vorstellung, Verhalten zu erklären, ist die auf Bandura zurückgehende ‚Theorie des sozialen Lernens'. Basis ist die Annahme, Verhalten als Wechselwirkung von Person und Umwelt bzw. Situation zu begreifen. Allerdings erweitert um die Vorstellung, Verhalten als wechselseitige und voneinander abhängige Variable aus Verhalten, Umwelt und Person zu verstehen. Verhalten ist demnach eine Funktion von Person und Umwelt, die Umwelt jedoch eine Funktion von Verhalten und Person und die Person eine Funktion von Verhalten und Umwelt (V = f (P, U), U = f (V, P), P = f (V, U)). Anders beschrieben: In den Wechselwirkungen schaffen Individuen die Umwelt, die wiederum ihr Verhalten beeinflusst. Dies wirkt sich wiederum auf die Individuen mit ihren Motiven, Wahrnehmungen etc. aus und beeinflusst erneut ihr Verhalten. In dieser Weise wäre der Prozess fortzusetzen (vgl. Luthans & Rosenkranz 1995: 1005-1009).

In diesem Ansatz finden sich Bezüge zur zweidimensionalen Führung und deren Weiterentwicklungen ebenso wie zu den Situationstheorien. Das häufig wiedergegebene Modell ist das von Evans und House (vgl. Evans 1995: 1075-1092, Hentze 2005: 315-330, Neuberger 2002: 537-545). Dieser Ansatz wurde bereits im Rahmen der Bearbeitung der Situationstheorien (vgl. Kap. 2.4.4) entsprechend dem dortigen Fragehorizont kurz dargestellt.

2.5.4.1 Weg-Ziel-Theorie (Evans und House)

Dieses Modell baut auf den Überlegungen von Vroom zur VIE-Theorie auf, wurde um Reflexionen über den Zusammenhang von Führungsbeeinflussung und Motivation der Mitarbeitenden erweitert und fand eine nochmalige Fortführung um Kontingenzen zum Führungsverhalten und zur Motivationsbeeinflussung. Evans publizierte 1970 eine erste Fassung, die von House 1971 erweitert wurde und in der Folge Überarbeitungen erfuhr (vgl. Evans 1995: 1075f, Hentze 2005: 314, Neuberger 2002: 537-545).

Zentrale Aussage der Weg-Ziel-Theorie ist, dass bei den Geführten die Akzeptanz des Führungsverhaltens eines Vorgesetzten gegeben sein muss und somit das Führungsverhalten ein wichtiges Instrumentarium für die Zielerreichung der Mitarbeitenden ist (vgl. Hentze 2005: 318f). Zwei „Grundhypothesen“ (Evans 1995: 1076) bestimmen sodann die Weg-Ziel-Theorie: Erstens die Annahme, dass die Akzeptanz des Vorgesetztenverhaltens für die Geführten davon abhängt, ob und wieweit dieses Verhalten „eine unmittelbare Quelle der Zufriedenheit ausmacht oder instrumentell für die zukünftige Zufriedenheit der Untergebenen ist“ (Evans 1995: 1076). Zweitens wird davon ausgegangen, dass die Führungsperson eine Motivationsfunktion gegenüber den Mitarbeitenden zu erfüllen hat, indem sie diesen Vorteile eröffnet. Auf der Grundlage des bereits in den vorherigen Konzepten skizzierten erwartungstheoretischen Denkens wirken auf die Motivation in dem Modell verschiedene Faktoren ein:

- der intrinsische Wert der Handlung
- die Anstrengung-Leistungs-Erwartung
- der intrinsische Wert von erfolgreichen Leistungen
- die Leistung-Belohnungs-Erwartung
- der Wert extrinsischer Belohnung.

Die Führungsperson kann drei Klassen von Variablen beeinflussen: die Valenzen der Ergebnisse (1), die Wahrscheinlichkeit, dass Leistung zur Belohnung führt (2) und die Wahrscheinlichkeit, dass Anstrengung zu Leistung führt (3) (vgl. Evans 1995: 1077).

(1) Zur ‚Valenz der Ergebnisse' gehören die extrinsischen und intrinsischen Belohnungen. Extrinsische Belohnungen werden aus zwei Hauptquellen gespeist: aus der Organisation, die Bezahlung, interessante Aufgaben und anderes mehr bereitstellt und aus anderen Personen, die Anerkennung, Achtung usw. entgegenbringen. Die Führungskraft hat zwei Möglichkeiten, Einfluss auf die Belohnungen für Geführte zu nehmen.
Sie kann erstens die Art und Anzahl der Belohnungen verändern (Verbesserung von Arbeitsbedingungen, Anreicherung der Aufgabengebiete, Lob und Kritik, Aufstiegschancen, Ermöglichung von Gruppenfeedback etc.). Dabei wird davon ausgegangen, dass eine höhere Belohnungspalette zu höherer Motivation führt und, da der Wert von Belohnungen in Relation zu den persönlichen Präferenzen steht, diese individuell auszurichten sind. In diesem Zusammenhang ist auch der Einfluss eines Vorgesetzten in der Gesamtorganisation von Bedeutung, da ein hoher Einfluss in der Organisation unter anderem eher ermöglicht, Mitarbeitenden den Zugang zu gewünschten Belohnungen zu eröffnen. Daher wird angenommen, dass eine einflussreiche Führungskraft höhere Zufriedenheitswerte durch die Mitarbeitenden erhält als eine weniger einflussreiche.
Zweitens hat eine Führungsperson die Möglichkeit, durch charismatische Verhaltensweisen die Identifikation der Untergebenen mit der eigenen Person und damit mit den von ihr artikulierten Zielen zu erreichen. Dies öffnet Potentiale bei den Geführten (vgl. Evans 1995: 1077-1080).
(2) Die Steuerung der Verbindung von Leistung und Belohnungswahrscheinlichkeit war in der ersten Fassung des Modells auf die Führungsverhaltensweisen ‚Consideration' und ‚Initiating Structure' ausgelegt, die jeweils hoch sein sollten. In weiteren Publikationen wurden weitere Aspekte entgefaltet. Insbesondere wurde betont, dass Vorgesetzte hohe Leistungen durchgängig belohnen müssen, auf keinen Fall jedoch schwache Leistungen anerkennen dürfen und im Gegenteil unter bestimmten Umständen auf diese mit Bestrafungen zu reagieren haben. Diese Verhaltensmaßregeln stehen unter dem Anspruch, die Erwartung von Leistung und der Vergabe von Belohnungen aufrechtzuerhalten und zu stützen, sie jedoch nicht zu konterkarieren.
(3) Die Anstrengung-Leistungs-Erwartung als drittem durch eine Führungsperson zu beeinflussenden Faktor wird von Evans als in diesem Modell besonders wichtig beschrieben: „Denn nur, wenn diese Überzeugung [die individuelle Überzeugung, dass Anstrengung zu Leistung führt – Verf.] stark ist, entwickelt die betroffene Person den Glauben, dass sie die Fähigkeit hat, die Arbeitsaufgabe zu meistern. Mitarbeiter müssen wissen, welche Ziele zu erfüllen sind, auf welchen Wegen sie diese Ziele erreichen können, und sie müssen glauben, dass sie die Ressourcen ha-

ben, die Aufgabe erledigen zu können und ihre Zielerfüllung nicht von anderen Personen in der Organisation oder von Umweltbedingungen verhindert wird" (Evans 1995: 1081). Diese Aussage macht deutlich, dass die Anstrengung-Leistungs-Erwartung eine wichtige Funktion hat und gleichzeitig eine ganze Reihe von Bedingungen diese Erwartung, die als Überzeugung in den Mitarbeitenden vorhanden sein soll, negativ beeinflussen können. Die Definition und Kommunikation der Ziele, die Wege der Zielerreichung, die Bewertung, dass in ausreichendem Umfang persönliche (und materielle) Ressourcen vorhanden sind sowie das Ausbleiben von Störungsfaktoren aus dem Inneren der Organisation bzw. der Umwelt sind eine ganze Reihe umfassender Bedingungen, die nicht einfach herzustellen sind. Der Führungskraft kommt die wichtige Aufgabe zu, die Überzeugung in den Mitarbeitenden entstehen zu lassen, dass Anstrengung zu Leistungsergebnissen führt. Sie kann durch ihr Führungsverhalten, bspw. durch unterstützendes oder leistungsorientiertes Verhalten das Vertrauen stärken oder durch andere, im Sinne der Theorie kontraproduktive Verhaltensweisen, dieses schwächen (vgl. Evans 1995: 1077-1082, Hentze 2005: 320f).

Folgt man dem Modell bis hier her, zeigt sich Führung, sehr vereinfacht zusammengefasst, als Umgehen einer Führungskraft mit den Motivationsstrukturen der Mitarbeitenden unter spezifischen Führungsmaximen. Die Führungskraft, so das Modell, entwickelt ihr Führungsverhalten entsprechend ihrer Kenntnis und Analyse der Motivationsstruktur der Mitarbeitenden und setzt entsprechende Verhaltensweisen ein.

Nun kommen in der Erweiterung der Theorie Kontingenzvariablen hinzu[83]. Drei Faktoren gelten als besonders zentral: die Art der Arbeitsaufgabe (1), die Organisation (zu der auch die Arbeitsgruppe gezählt wird) (2) und die Individualität der Mitarbeitenden (3).

(1) Die Arbeitsaufgabe hat Auswirkungen auf Motivation und Zufriedenheit der Mitarbeitenden. Bei stark strukturierten Aufgaben wird von einer geringen Zufriedenheit durch die Aufgabe selbst und damit einer geringen Motivation und Leistungsbereitschaft ausgegangen und empfohlen, entweder Personen mit geringen Wachstumsbedürfnissen damit zu betrauen oder eine Qualitätsanreicherung in der Aufgabe zu ermöglichen oder, wenn dies nicht möglich ist, ein stark mitarbeiterbezogenes Führungsverhalten zu praktizieren. Dadurch treten dem Konzept nach motivations- und leistungssteigernde Effekte ein. In mehrdeutigen, wenig

83 Im Zuge der Auseinandersetzung mit den Situationstheorien der Führung wurde bereits auf die Weg-Ziel-Theorie der Führung zurückgegriffen. Hier erfolgt die Darstellung auch der Situationsfaktoren unter dem Blickwinkel der Motivationsforschung.

strukturierten Situationen wird eine hohe Zufriedenheit aus der Aufgabe selbst und damit Motivation erwartet. In diesen Situationen wird von einer schwachen Anstrengung – Leistungs – Erwartung ausgegangen (da aufgrund der Mehrdeutigkeit der Situation der direkte Zusammenhang von Anstrengung und Leistung nicht erkennbar ist), so dass das Führungsverhalten das Vertrauen in die Leistungsfähigkeit steigern soll. Dazu gehört auch ein Führungsverhalten, das (partizipativ oder direktiv) den Leistungsweg klärt (daher: Weg-Ziel-Theorie).

(2) Auch der Faktor ‚Organisation' hat Konsequenzen für Motivation und Zufriedenheit, da das Belohnungssystem und die Organisationsstruktur von Bedeutung sind. Hinsichtlich der Belohnung ist zu unterscheiden, ob diese in objektiven Leistungskriterien (z.B. Stückzahlenmessungen) geschieht oder durch subjektive Leistungsbeurteilung. Im ersten Fall ist mit einer hohen Leistungs – Belohnung – Erwartung zu rechnen, im zweiten Fall besteht das Risiko, dass eine motivations- und leistungsmindernde Willkürerwartung eintritt. Die Organisationsstruktur kann gering oder stark formalisiert und standardisiert sein. Ein geringer Formalisierungsgrad bringt häufig Rollenunklarheiten mit sich und verlangt ein strukturierendes Führungsverhalten. Hohe Formalisierung kann eine niedrigere Motivation zur Folge haben, jedoch mit einer hohen Erfolgserwartung bezogen auf die Erfüllung der Aufgabe verbunden sein.

(3) Die Variable ‚Individualität der Mitarbeitenden' beinhaltet die Stärke der Wachstumsbedürfnisse, worunter insbesondere das Interesse an anfordernden Aufgaben verstanden wird, die Fähigkeit, mit Unklarheiten und Unsicherheiten umzugehen, das Bedürfnis nach Autonomie, Selbstvertrauen und Leistungsmotivation. Auf jede dieser individuellen Faktoren soll die Führungskraft je nach dem Grad der Gegebenheiten adäquat reagieren (vgl. Evans 1995: 1082-1085, Hentze 2005: 321-323).

Wenn Führungskräfte die Motivation von Mitarbeitenden in der genannten Weise beeinflussen und die Situationsfaktoren beachten, können sie ein Führungsverhalten praktizieren, das die gegebenen Bedingungen aufgreift und damit der Situation entspricht. Dieses Führungsverhalten wird auf der Basis der Theorie in den 1970er Jahren in vier Ausprägungen beschrieben (vgl. Hentze 2005: 323):

- Aufgabenorientierte Führung
  Darunter werden die Organisation, Koordination, Kontrolle und ähnliches bezogen auf die Tätigkeiten der Geführten verstanden. Bei stark strukturierten Aufgaben, so die Theorie, wirken Einflussnahmen negativ auf die Mitarbeitenden.

- Unterstützende Führung
  Dieses Führungsverhalten ist angezeigt bei eher frustrierenden Tätigkeiten, die von Mitarbeitenden mit Wachstumsbedürfnissen ausgeführt werden. Gekennzeichnet ist dieses Führungsverhalten durch das Eingehen auf die Bedürfnisse der Geführten und durch das Herstellen einer guten Atmosphäre.

- Leistungsmotivierende Führung
  Dieses Führungsverhalten zeichnet sich aus durch das Formulieren einer hohen Leistungserwartung, die Vermittlung von anspruchsvollen Zielen und dem Zutrauen in die Leistungsfähigkeit der Geführten. Leistungsmotivierende Führung hat ihren Ort in komplexen, wenig strukturierten Aufgabenkonstellationen.

- Partizipative Führung
  Unter der Situation von Rollenunklarheit ist ein partizipatives Führungsverhalten, worunter gemeinsame Beratungen und Entscheidungen von Führungskraft und Mitarbeitenden verstanden werden, erfolgsrelevant.

Deutlich ist der Bezug auf die zwei grundlegenden Führungsdimensionen Aufgaben- und Mitarbeiterorientierung aus den Ohio-Forschungen.
Dieser Zugang lässt sich auch für die hier vorgeschlagene Sicht von Führung erweitern. Wurde deutlich, das insbesondere unter Einbeziehung der dilemmatischen Führungskonstellationen eine Führungsausübung erforderlich ist, die personen- und aufgabenbezogenes, innovatorisches und regulatives Führungsverhalten realisiert, so lässt sich dies in Beziehung zur Motivation setzen. In Tätigkeitsbezügen, die hohen Anforderungen an Innovation bezogen auf Produkte oder Dienstleistungen unterliegen, ist möglicherweise gerade die Erwartung an Stabilität in den inneren Abläufen der Arbeitsgruppe gegeben. Ein Führungsverhalten, das dieser Erwartung entspricht, kann die Motivation, sich den Veränderungen zu stellen, unterstützen. Dagegen kann ein innovatorisches Führungsverhalten motivierend wirken, wenn in einer Organisation Abläufe verändert werden müssen und die Mitarbeitenden die Erwartung haben, durch eigene Anregungen die Veränderungen mitgestalten zu können.
In Fortschreibungen der Führungsvorstellungen der Weg-Ziel-Theorie sind die oben genannten vier Verhaltensweisen zu einem breiteren Verhaltensspektrum weiterentwickelt worden. Demnach sind die Führungsverhaltensweisen auf die zu beeinflussenden Faktoren zu richten, also auf Motivation, Fähigkeiten, Steuerung, Hindernisse oder Ressourcen (vgl.

Neuberger 2002: 543). Dies führt im Konzept von House aus dem Jahre 1996 zu einem Führungsverhalten, das u. a. gruppenorientierte Entscheidungsprozesse, Interaktion, Unterstützung oder Repräsentation und Beziehungsarbeit realisiert (vgl. Neuberger 2002: 541).

Auch die Erweiterung macht deutlich, dass die grundlegenden Führungsverhaltensweisen einer personen- und aufgabenbezogenen wie einer regulativen und innovatorischen Führung sich hier, wenngleich in anderen Formulierungen, widerspiegeln. Die Basisanforderung der Integration nach innen ist bspw. in einem Entscheidungsprozess der Gruppe aufgegriffen. Die Gewährleistung von Interaktion durch zuverlässige Kommunikationsstrukturen ermöglicht Stabilität der Gruppe. Repräsentation setzt sich mit der Umwelt der Arbeitsgruppe auseinander und schafft möglicherweise Akzeptanz für Veränderungen.

Zur Kritik an der Theorie ist zunächst anzumerken, das Evans selbst feststellt, dass die Theorie keine „hinreichende Überprüfung" (Evans 1995: 1087) gefunden hat und auch die Ergebnisse einer Metaanalyse „enttäuschend für Proponenten der Theorie" (Evans 1995: 1087) sind, macht dafür allerdings notwendige „anspruchsvolle analytische Fähigkeiten" (Evans 1995: 1087) verantwortlich und verweist somit auf die Komplexität, die die empirische Überprüfung mit sich bringt (vgl. Evans 1995: 1086-1088).

Als Stärke dieses Ansatzes wird die Erweiterung der zwei Faktoren (Consideration und Initiating Structure) um weitere angegeben, die Betrachtung der dyadischen Beziehung zwischen Führungskräften und Geführten, die Öffnung der Motivationstheorie zu den situativen Ansätzen, die Tatsache, dass Führungswirksamkeit erklärt wird sowie die Einarbeitung von motivationstheoretischen Faktoren und damit der Motivationen von Geführten in die Führungsbeziehung (vgl. Neuberger 2002: 544f und Hentze 2005: 328f). Dagegen stehen erhebliche Kritikpunkte, die sich auf folgende zentrale Argumente konzentrieren:

- Die in dieser Theorie angenommene Rationalität der Kalküle und die Konzentration allein darauf führt zu einer Vorstellung von rationalen Motivationskalkülen bei Führungskräften wie Geführten, was der Komplexität und Widersprüchlichkeit von Motivationen nicht gerecht wird.
- Mitarbeitende werden als Objekte der Einflussnahme von Vorgesetzten gesehen, die Führungskraft entscheidet für die Geführten und dies auf der Basis von Einschätzungen der Führungskraft, nicht aufgrund von Kommunikation.
- Das Modell ist wegen der mechanistisch-rationalen Kombinationen von Informationen praxisfremd und überfordert Führungskräfte.

- Probleme bei der Messung der Parameter sowie das Fehlen geeigneter Messinstrumente zur Erfassung der Faktoren und überhaupt die fehlende empirische Überprüfbarkeit des Modells

(vgl. Neuberger 2002: 538; 545, Hentze 2005: 329f).

Mit dieser deutlich kritischen Bewertung verbindet Neuberger zusätzlich den Hinweis, dass dieser Ansatz weder in der Praxis noch in der Theorie weiterverfolgt wurde (vgl. Neuberger 2002: 545).
Dennoch enthält die Weg-Ziel-Theorie wichtige Aspekte, die im Führungsgeschehen von Bedeutung sind, auch wenn die in dem Modell unterstellte Rationalität der Motivation weder empirisch noch erfahrungsgestützt belegt werden kann. Doch im Führungsverhalten die Motivation von Geführten in den Blick zu nehmen und Führungsverhalten (auch) systematisch darauf auszurichten, ist ein wertvoller und weiterführender Aspekt in der Führungsforschung. Dabei ist einzubeziehen, dass es um den Eindruck geht, den Geführte vom Führungsverhalten haben, somit deren Valenzen, Erwartungen und Instrumentalitäten für die Ausübung von Führung eine wichtige Rolle spielen. Gerade hier liegt der weiterführende Aspekt des Weg-Ziel-Modells für die Führungsforschung.
Auf die bestehenden Bezüge zur Zweidimensionalität der Führung und deren Erweiterungen wurde bereits eingegangen.
Ebenso zeigt sich, das die Erkenntnisse der Situationstheorien einzubeziehen sind. Die Arbeitsaufgabe, die Person des Mitarbeitenden oder die Organisation wirken auf die Motivation von Geführten. Hinsichtlich der Arbeitsaufgabe ist dies an den Unterscheidungen von stark und schwach strukturierten Situationen gut nachvollziehbar. Die Persönlichkeit des Geführten kommt insbeson-dere durch ihre Bedürfnisstruktur in das Blickfeld. Personen mit Wachstums-bedürfnissen, so wurde deutlich, können kaum durch Aufgaben motiviert werden, die sehr stark strukturiert sind. Die Organisation hat Einfluss auf die Belohnungserwartung, auf die Erwartung, ob Hindernisse und Brücken für das Erreichen von Ergebnissen erstellt werden oder darauf, ob ein Vorgesetzter ausreichend Einfluss hat, für seine Arbeitsgruppe und deren einzelne Mitglieder in Sinne der dort vorhandenen Valenzen Belohnungen zu eröffnen.

2.5.5 Die Elemente des Motivationsprozesses und ihre Beeinflussung durch die Führungskraft

Bereits bislang ist deutlich geworden, dass der Weg vom Motiv zum Ergebnis verschiedene Elemente hat. Im Führungsgeschehen sind diese

Bestandteile von unterschiedlicher Bedeutung. Präziser: sie sind unterschiedlich durch Führungshandeln beeinflussbar.
Diese Darstellung beruht vor allem auf den entsprechenden Artikeln von Reber sowie Reber und Meyer (vgl. Reber 1995, Reber & Meyer 1995). Im Rekurs darauf werden „die Grundbestandteile der Motivation auf ihrem Weg vom Motiv bis zum Verhalten und seine Konsequenzen" (Reber 1995: 1590) aufgezeigt. Dabei lassen sich Korrespondenzen zwischen den genannten ‚Grundbestandteilen' zu den verschiedenen Motivationsmodellen aufzeigen. Somit stellt der nachfolgende Schritt eine Systematisierung der verschiedenen Bestandteile der Motivation dar, um die für den Führungsprozess relevanten Aspekte aus den Motivationsvorstellungen zu sichern.
Folgende ‚Grundbestandteile' gibt Reber (vgl. Reber 1995: 1591) an:

- Motive
- Fähigkeiten
- Erwartungen
- Wille
- Verhalten und Ergebnisse
- Bewertung der Ergebnisse

Eingebettet sind die Elemente entsprechend der grundlegenden Annahme zum Verhalten in die Bedingungen oder Vorgaben, die durch die Person und die Situation gegeben sind.
Begrifflich ist darauf hinzuweisen, dass unter ‚Motivation' die genannten ‚Grundbestandteile' verstanden werden, die einen Prozess abbilden. Daher sind ‚Motivation' und ‚Motivationsprozess' synonym zu verstehen.

2.5.5.1 Motive

Die Bedeutung der Motive für die Motivation ist insbesondere in den Inhaltstheorien der Motivation gezeigt geworden. Merkmale von Motiven sind Energetisierung, Gerichtetheit, Stabilität (vgl. Reber 1995: 1590f).
Für den Führungsprozess und die Führungsperson bedeuten diese Feststellungen und Annahmen zu den Motiven von Individuen, dass lediglich ein geringer Einfluss auf die Motivausprägungen von Mitarbeitenden besteht und die Führungskraft „eher indirekt als direkt" (Reber 1995: 1600) gestaltend auf sie einwirken kann.
Dadurch sind die Motivinhalte jedoch für den Führungsprozess und das Führungsverhalten der Führungskraft bei weitem nicht irrelevant. Die Kenntnis der Motive von Mitarbeitenden, ihre Berücksichtigung bei der Auswahl von Mitarbeitenden und die entsprechende Anpassung der Arbeitssituation stellen Möglichkeiten der Führungskraft dar, im Führungsprozess auf Motive zu reagieren. Insbesondere die drei von McClelland

angenommenen Bedürfnisse von Leistung, Macht und Zugehörigkeit machen deutlich, dass diese Motive Wirkung entfalten.Werden sie von der Führungsperson wahrgenommen, besteht die Möglichkeit der Steuerung ihrer Wirkungen.

Mit der Kenntnis der Motive ist auch die Kenntnis der Gewichtung einzelner Motive, der Motivdominanzen, von Bedeutung, da sie das Verhalten ebenfalls beeinflussen. So können dominierende Motive andere überlagern und Verhalten entsprechend beeinflussen (vgl. Reber 1995: 1600).

Auch die Führungskraft selbst nimmt ihre Führungsaktivitäten motivgespeist wahr. Die von McClelland formulierten drei zentralen Motive können in diesem Zusammenhang eine Analyseperspektive bieten, Führungsmotivation zu charakterisieren. Hier findet sich eine Verbindung zur Zweidimensionalität der Ohio-Forschungen, insofern das Leistungsmotiv im aufgabenbezogenen Führen und das Beziehungsmotiv im mitarbeiterbezogenem Führen eine Entsprechung findet. Das Machtmotiv wird in der Zweidimensionalität ausgeklammert[84].

Gebert (vgl. Gebert 2002: 45) macht auf der Grundlage einer Studie aus dem Jahr 1986 darauf aufmerksam, dass eine hohe Leistungsmotivation der entsprechenden Führungskraft in einer Organisation deutlich positiv mit einer Tendenz zur bürokratischen Organisation eines Unternehmens verbunden ist. Dies steht in Verbindung mit dem nach McClelland behaupteten Zusammenhang des Leitungsmotivs und dem Bedürfnis, sich zu messen und zu vergleichen. In der Konsequenz bedeutet dies entsprechend der Studie, dass solche Führungskräfte „dazu tendieren, alle betrieblichen Abläufe möglichst vollständig und permanent unter Kontrolle haben zu wollen, um die für sie entscheidenden Soll-Ist-Abgleiche durchführen zu können“ (Gebert 2002: 45), was Bürokratie und Zentralismus fördert. In dieser Feststellung zeigt sich auch, dass eine Verbindung zwischen Motiven (hier dem Leistungsmotiv) und der gegebenen Organisationsstruktur besteht und damit ein Persönlichkeitsmerkmal wie die Stärke des Leistungsmotivs auf die Gesamtorganisation einwirkt.

2.5.5.2 Fähigkeiten

Die Grundlagen für das Ausbilden von Fähigkeiten, den Begabungen, sind im Führungsgeschehen kaum zu beeinflussen. Das oben genannte Modell zum Verhalten zeigt, dass die dem ‚persönlichen Können' zugeordneten

---

84 Reber und Meyer weisen überhaupt auf das Defizit hin, dass das Machtmotiv als Führungsmotiv wenig reflektiert ist (vgl. Reber & Meyer 1995: 773-775). Dennoch „bleibt die Hypothese übrig, daß alle drei angesprochenen Motivinhalte – Macht, Leistung, soziale Beziehungen – eine wichtige Rolle im Führungsverhalten spielen“ (Reber & Meyer 1995: 774).

überdauernden Fähigkeiten (wie bspw. Intelligenz) wenig Einflussmöglichkeiten bieten. Vielmehr gilt es, die Begabungen und ‚überdauernden Fähigkeiten' von Mitarbeitenden zu kennen und die Arbeitssituation (z. B. der Einsatz in jeweils adäquaten Aufgabenfeldern) daran orientiert zu gestalten.

Dagegen hat eine Führungskraft große Möglichkeiten, aufbauend auf vorhandenen Begabungen und den vorhandenen überdauernden Fähigkeiten durch entsprechende Qualifizierungsmaßnahmen einen Ausbau von Kompetenzen zu erreichen (vgl. Reber 1995: 1601). Die ‚erlernbaren Fähigkeiten' sind durch Personalentwicklungsmaßnahmen zu erweitern und bieten eine Grundlage, die Kompetenzen eines Mitarbeitenden auszubauen.

Bezogen auf die Führungskraft sind deren Fähigkeiten für die Wahrnehmung von Führung relevant. Zu unterscheiden sind Fach- bzw. Expertenkompetenz und die spezifische Führungskompetenz, die für die Ausübung von Führung erforderlich ist. Diese beiden Kompetenzen sind zwar zu unterscheiden, jedoch nicht zu trennen. Eine Führungskraft bedarf der entsprechenden Fachkompetenzen, um Führung auszuüben, gleichzeitig darf sie sich jedoch nicht darin verlieren, sondern hat stets entsprechend der Führungsaufgabe die Klärung der Ziele, der Wege etc. im Blick zu behalten. Unter Führungskompetenz sind die verschiedenen Aspekte erfasst, die einer Führungsperson das adäquate Führungsverhalten ermöglichen. Zur Illustration sei an dieser Stelle nur auf einige Facetten hingewiesen. Die Möglichkeit, auf die verschiedenen Basisanforderungen durch personenbezogene, aufgabenbezogene, innovatorische und regulative Führung reagieren zu können ist ebenso darunter verstanden wie die kognitive und verhaltensbezogene Komplexitätskompetenz, die es ermöglicht, in den divergierenden, dilemmatischen Führungskonstellationen zu agieren. Hinzu kommt aus der Perspektive der Motivationstheorien der Umgang mit Motiven und die Beeinflussung des Motivationsprozesses.

Reber und Meyer weisen darauf hin, dass Führungsentscheidungen durch die Mitarbeitenden zum einen unter dem Blickwinkel der Sachgerechtheit (also der fachlichen Dimension) und gleichzeitig unter dem Gesichtspunkt der (entsprechend der Situation) angemessenen Berücksichtigung der Mitarbeitenden bemessen werden (vgl. Reber & Meyer 1995: 775). Auch wenn die beiden Autoren die Bewertung des Führungsverhaltens durch die Mitarbeitenden im zweiten Faktor an der Partizipation messen, was in der hier vertretenen Vorstellung lediglich eine Perspektive ist, die der personenbezogenen Führungs-funktion zugeordnet wird, so ist dieser Hinweis doch insofern relevant, als deutlich wird, dass erstens Führung nicht ohne Fachkompetenz wahrgenommen werden kann und zweitens spezifische Führungskompetenzen erforderlich sind. Es ist leicht nachvollziehbar, dass ohne die Kenntnis von Abläufen und Prozessen in einem Arbeitsfeld die Konsequenzen von Führungsentscheidungen nicht adäquat beurteilt werden können. Ebenso sind fachspezifische Sprachspiele, kulturelle Aspekte in einem Fachgebiet (bspw. der Medizin oder der Theologie) und weitere Faktoren von Bedeutung, so dass ohne Fachkompetenz eine Führungsaufgabe nicht bewältigt werden kann. Gleichzeitig ist dies jedoch nicht die einzige Voraussetzung. Der Gang dieser Abhandlung zeigt bislang, dass die Ausübung von Führung zahlreiche Kenntnisse über Führungsanforderungen, Situationsbedingungen, Motivationsprozesse und weiteres verlangt, so dass von spezifischen Führungskompetenzen zu sprechen ist, die zudem, was sich von selbst versteht, durch entsprechendes Führungsverhalten in konkrete Führung umzusetzen sind. Die Brücke zur Eigenschaftstheorie ist zu schlagen, da entsprechende Voraussetzungen in der Führungsperson vorhanden sein müssen.

2.5.5.3 Erwartungen

Erwartungen sind das zentrale Element im Motivationsprozess, auf das die Führungskraft einwirken kann. Sie haben im Führungsgeschehen, unter dem Motivationsaspekt betrachtet, eine große Wirksamkeit.
Da Erwartungen zwar auf die Zukunft gerichtet sind, jedoch aus den Erfahrungen der Vergangenheit gebildet werden, ist eine Reflexion eines Handlungs-Ergebnis-Prozesses von hoher Bedeutung. Die Führungskraft kann auf die Erwartungen intensiv Einfluss nehmen, in die sie bspw. durch ihr Verhalten zur Korrektur bestimmter, durch Erfahrungen geprägter Erwartungen beiträgt. (vgl. Reber & Meyer 1995: 775f, Reber 1995: 1601f). Die Weg-Ziel-Theorie hatte ausdrücklich darauf verwiesen und deutlich gemacht, dass die Leistungs-Belohnung-Erwartung und die Anstrengung-Leistungs-Erwartung durch Führungsverhalten beeinflussbar ist.
Reber und Meyer weisen darauf hin, dass Führungskräfte in der Regel zwischen ihren Geführten und eigenen Vorgesetzten stehen und daher einen hohen Selbststand entwickeln müssen, um sich in diesem Beziehungsgeflecht zu behaupten. Ebenso entstehen in diesen Mittel- und Mittlerfunktionen Kreisläufe: erweist sich eine Führungskraft als ‚führungsstark' hinsichtlich der Mitarbeitenden, führt dies bei den Vorgesetzten der Führungskraft zu Anerkennung und schafft wiederum Voraussetzungen, den Mitarbeitenden bspw. gewünschte Belohnungen (wie die Weg-Ziel-Theorie als bedeutsam annimmt) zu eröffnen, was wiederum die Akzep-

tanz und damit die ‚Führungsstärke' bei den Mitarbeitenden erhöht (vgl. Reber & Meyer 1995: 778-780).

2.5.5.4 Volition

Unter den Bestandteilen der Motivation kommt dem Willen, in der deutschsprachigen Psychologie auch als ‚Volition' bezeichnet, eine besondere Bedeutung zu. Auf die Volition kommt es an, wenn mehre Motive gleichzeitig vorhanden sind und die gleichzeitige Befriedigung sich gegenseitig ausschließt. In diesen Situationen sind Willensentscheidungen erforderlich. Reber nennt in diesem Zusammenhang auch den Begriff ‚Commitment'[85] (Verpflichtung, Festlegung) und greift damit die Konfliktsituation auf, in der bei Bestehen von mehreren Möglichkeiten die Person sich auf Ziele verpflichtet fühlen muss. In diesem Konflikt treffen allerdings internale und externale Motivationen aufeinander. So können „externale (Über-)Beeinflussungsversuche den Motiva-tionsprozess" (Reber 1995: 1604) beeinträchtigen oder beenden. Extrinsische und intrinsische Motivation fließen im individuellen Verhalten zusammen (vgl. Reber 1995: 1604f). Zu Beginn dieses Kapitels wurde auf die Wechselwirkung internaler und externaler Motivation hingewiesen. So besteht eine Wirkung von extrinsischen Anreizen auf die intrinsischen Motive.

2.5.5.5 Verhalten und Ergebnisse

Das Verhalten erfährt in den Motivationstheorien kaum detaillierte Beschreibungen (vgl. bspw. Reber 1995: 1595). Dies ist verständlich, da Verhalten stets konkret und spezifisch auf bestimmte Situationen, Ergebnisse und Folgen bezogen ist und insofern lediglich beispielhaft zur Erklärung des Gemeinten herangezogen wird.
Ebenso kann das Verhalten der Führungsperson hier ausgespart werden, da sich auch dieses auf konkrete Führungsgegebenheiten bezieht.
Ähnlich verhält es sich bezüglich der Ergebnisse. Wird im Prozess von Motiv, Einsatz von Fähigkeiten, Erwartung und Willensentscheidung ein bestimmtes Verhalten ausgeübt, kommt es auf die Wirksamkeit dieses Verhaltens, also das Ergebnis an. Auch die Ergebnisse lassen sich stets nur in Bezug auf konkrete Situationen und Handlungen beschreiben.
Bedeutsam ist allerdings, dass nicht externe Faktoren die Wirksamkeit stören. Die von Herzberg entworfenen Überlegungen zu den Hygiene-Faktoren haben hier ihren Stellenwert: Organisationskultur und Führungsstil, Gehalt oder Arbeitsbedingungen müssen sich als förderlich er-

---

85 Der Commitmentbegriff wird im Rahmen der Bearbeitung der charismatischen Führung ausführlich erläutert (vgl. Kap. 2.6).

weisen, damit Ergebnisse entstehen können. Die Führungskraft hat hier die Möglichkeit der Einwirkung, die je nach Einfluss in der Organisation unterschiedlich gestaltet sind.
Die Führungskraft selbst wird die Ergebnisse des Führungsverhaltens daran messen, ob sie die Aufgabe mit Erfolg gemeistert hat (s.u.).

2.5.5.6 Bewertung der Ergebnisse

Hat das Verhalten Ergebnisse hervorgebracht, folgt eine Bewertung von Erfolg bzw. Misserfolg. Diese Bewertung ist verbunden mit der Person bzw. den Personen, die das Ergebnis erbracht haben: „Bei Erfolgsfeststellungen geht es um die Beurteilung des Zusammenhangs eines objektiven Ergebnisses mit dem individuellen Selbst, seinen Motiven/Werten und seinem Anteil am Entstehen dieses Ergebnisses“ (Reber 1995: 1603). Die Bewertung von Ergebnissen steht im Horizont von Erwartungen, Erfahrungen und Zielen.
Die Führungskraft hat erhebliche Möglichkeiten, Einfluss auf die Einschätzung der Mitarbeitenden hinsichtlich der jeweils eigenen Anteile an der Ergebnisherstellung zu nehmen. Die Führungskraft kann insbesondere durch Feedback-Prozesse in der Phase des Verhaltens und der Bewertung von Ergebnissen Mitarbeitenden Bewertungskriterien vermitteln. Damit bei Mitarbeitenden nicht der Eindruck von Willkür (was die Motivation hemmt) entsteht, ist eine Verbindung zu zuvor gesetzten bzw. entwickelten Zielen von großer Bedeutung (vgl. Reber 1995: 1603f). Später wird im Rahmen der charismatischen Führungsvorstellungen auf Führungsverhaltensweisen verwiesen, die sich insbesondere auf diesen Aspekt beziehen.
Auch die Führungskraft bewertet die Ergebnisse ihrer Führungsarbeit auf der Basis der Motive und deren Ausprägung. Eine am Machtmotiv orientierte Persönlichkeit wird Erfolg bzw. Misserfolg daran bewerten, ob die Geführten dem Führungsanspruch entsprechen. Eine am Leistungsmotiv orientierte Führungsperson wird dagegen nach den Leistungsergebnissen fragen und eine an den sozialen Beziehungen interessierte Person wird Ergebnisse auf dieser Grundlage bewerten (vgl. Reber & Meyer 1995: 778).

2.5.5.7 Konsequenzen und Wechselwirkungen zur Umwelt

Unter ‚Konsequenzen' werden die Rückwirkungen des gesamten Motivationsprozesses auf die Person verstanden. Befriedigung der Motive, die Wirkung der Fähigkeiten bzw. der Umgang mit den Fähigkeiten, die Ausbildung von Erwartungen, die Erfahrungen mit Willensentscheidungen, die Konsequenzen des Verhaltens und die Bewertung der Ergebnisse sind

Folgen eines Motivationsprozesses. Sie lösen in Personen etwas aus, lassen möglicherweise unbe-friedigte Motive, erfüllte Erwartungen, eine Kompetenzerweiterung im instrumentellen Verhalten und anderes zurück.
Damit bilden die Konsequenzen den Brückenschlag zu den Erwartungen eines neuen Motivationsprozesses, da die ,Vergangenheit des Motivationsprozesses' die Grundlagen für die ,Erwartungen in der Zukunft' bildet. Insofern erfassen die ,Konsequenzen' den gesamten Ablauf der Motivation, nicht nur die Erfahrungen für das Verhalten (vgl. Reber 1995: 1597f).

Mit diesem Erläuterungen zeigt sich, dass Motivation im Führungsgeschehen von erheblicher Bedeutung ist und sowohl für das Führungsverhalten des Vorgesetzten als auch für die ihn bestimmende Motivation eine große Bedeutung hat. Der Führungskraft kommt die wichtige Funktion zu, die Motivationsprozesse bei Mitarbeitenden zu verstehen, Führungsverhalten darauf abstellen zu können und Motivation zu beeinflussen. Nach Reber ist dies die „wohl wichtigste Führungsqualität" (Reber 1995: 1604).

2.5.6 Ergebnisse der Befassung mit der motivationstheoretischen Führungsforschung

Die Erkenntnisse der motivationstheoretischen Führungsforschung enthalten Perspektiven für konkretes Führungsverhalten. Für den weiteren Fortgang werden drei wesentliche Ergebnisse gesichert.
1. Motivation ist ein Prozess, dessen Prozesselemente im Führungsverhalten wahrzunehmen, zu berücksichtigen und zu beeinflussen sind.
Die Motivation von Mitarbeitenden und Führungskräften ist auf der Grundlage der Motivationspsychologie als Prozesskette zu begreifen. Die Elemente der Prozesskette sind Motive, Fähigkeiten, Erwartungen, Wille, Verhalten und Ergebnisse sowie die Bewertung der Ergebnisse. Mit dieser Betrachtung von Motivation ist es möglich, die Motivation der Mitarbeitenden wahrzunehmen, im Führungsverhalten zu berücksichtigen bzw. Führungsverhalten darauf auszurichten und somit das Verhalten der Mitarbeitenden zu beeinflussen.
Die hier vertretene Auffassung ermöglicht es, zwischen beeinflussbaren und kaum bzw. nicht beeinflussbaren Bestandteilen zu unterscheiden und die Auswirkungen von beeinflussbaren Faktoren zu erkennen.
2. Das Führungsverhalten ist auf die Motivationsprozesse der Mitarbeitenden zu beziehen.
Die bislang herausgearbeitete Ausrichtung des Führungsverhaltens auf die Basisanforderungen wirkt auch auf Motivationsprozesse. So bezieht

personenbezogene Führung die Persönlichkeit des Mitarbeitenden ein und gewinnt über diese Ausrichtung Zugang zu den Motiven, nimmt Erwartungen wahr und kann darauf bspw. durch die Aufgabenzuteilung oder Thematisierung der Erwartungen reagieren. Aufgabenbezogene Führung berührt ebenfalls die Erwartungen und kann Klarheit und Eindeutigkeit gewährleisten, um bspw. Leistungserfolge wahrscheinlich werden zu lassen. Innovatorisches Führungsverhalten lässt zu, intrinsische Motive für die Bewältigung komplexer und Kreativität erfordernder Aufgaben zu stimulieren. Regulative Führung sichert, dass Organisationsfaktoren nicht dysfunktional in die Leistungserbringung einwirken und dementsprechend Motivation negativ beeinflussen.
Neben die Relevanz des bislang erarbeiteten Führungsverhaltens für die Motivation von Mitarbeitenden bieten die charismatischen Führungskonzepte ein aus den Motivationstheorien abgeleitetes konkretisiertes Führungsverhalten an.
3. Extrinsische und intrinsische Motive sind vorhanden und bedürfen der Beachtung. Sie stehen in einer Wechselwirkung und haben Kon-sequenzen für das Führungsverhalten einer Führungskraft wie für die Organisation.
Die Unterscheidung von intrinsischen und extrinsischen Motiven ist für den Führungsprozess von Bedeutung, ebenso die zwischen beiden Motiven bestehenden Wechselwirkungen.
Intrinsische Motive sind mit positiv erlebten Herausforderungen (‚challenge' und ‚enjoyment') sowie mit individuellen Wertvorstellungen verbunden. Ein Führungsverhalten, das intrinsische Motive stimulieren und aufrechterhalten will, hat sich darauf zu beziehen und entsprechende Rahmenbedingungen sowie Voraussetzungen zu schaffen. Die Übereinstimmung der Aufgabe mit eigenen Wertvorstellungen sowie eine mit der Aufgabenbewältigung verbundene positiv erlebte Herausforderung kann, in Kenntnis der Persönlichkeit des Mitarbeitenden, durch Führungsverhalten ermöglicht werden. Die Ausrichtung einer Aufgabe oder Organisation kann wertorientiert gestaltet sein und die Zuweisung von Aufgaben kann die intrinsischen Motive der Mitarbeitenden einbeziehen.
Bezogen auf die Wechselwirkungen von intrinsischen und extrinsischen Motiven ist ein diesen Wirkungen adäquates Führungsverhalten erforderlich. Bei gleichzeitigem Vorliegen einer hohen intrinsischen und extrinsischen Motivation wirken extrinsische Anreize stimulierend für die intrinsischen Motive, so dass eine Leistungssteigerung eintritt. Ebenso ist jedoch auch eine negative Korrelation möglich, wenn Mitarbeitende gesteigerte extrinsische Anreize als Fremdbestimmung, Misstrauen oder Aufkündigung des gegenseitigen Nutzens verstehen bzw. wenn sie von

der Führungsperson in dieser Weise verstanden und vermittelt wird. Führungskräfte haben somit die Ausgestaltung extrinsischer Anreize auf die Wirkungen für die intrinsischen Motive zu beziehen.

2.5.7 Ertrag für die Weiterarbeit

Unter der hier bearbeiteten Fragestellung, Aussagen für erfolgsrelevantes Führungsverhalten von Führungskräften zu treffen, ist in den weiteren Gang der Abhandlung aufzunehmen, dass erstens das Führungsverhalten auf die Motivation einwirkt und die Art der Einwirkung steuerbar ist. Zweitens zeigt sich, dass die bereits herausgearbeiteten Ausrichtungen des Führungsverhaltens einen positiven Effekt für die Motivation haben. Darüber hinaus bieten drittens die Vorschläge der charismatischen Führungskonzeptionen die Konkretion eines die Motivation zielgerichtet beeinflussenden Führungsverhaltens an. Dies wird in den anschließenden Darlegungen aufgewiesen.

2.6 Charismatische Führung

Überdurchschnittliche, außergewöhnliche Führungsleistungen bzw. Führungserfolge üben scheinbar eine Faszination aus. Die eigenschaftstheoretischen Ansätze suchen die Gründe solcher Erfolge in Personen und ihren Eigenschaften. Unter dem Stichwort ‚Charisma'[86] sucht die nun zu bearbeitende Richtung der Führungsforschung Antworten auf die Fragen nach den Gründen be-sonderer Führungsfähigkeiten. Charismatische, visionäre und transformierende Führung sind Bezeichnungen, die diesen Ansatz markieren.

---

86 Das griechische Wort ‚Charisma' findet sich vor allem in im ersten christlichen Jahrhundert verfassten Briefen des Apostels Paulus sowie in Paulus zugeschriebenen, jedoch von anderen Verfassern stammenden Pastoralbriefen des Neuen Testamentes. Außerhalb dieser Schriften ist das Wort zuvor kaum bezeugt. Die Grundbedeutung des Wortes ist in der paulinischen Theologie ‚Gnadengabe'. Es weist auf den Zusammenhang einerseits von nicht verfügbarer, herstellbarer „Gabe" (ma) und „Gnade" (charis), wo-runter die Gunst Gottes gegenüber Menschen verstanden ist. ‚Charisma' bzw. ‚Gnadengabe' ist somit zunächst ein theologischer Begriff, der im christlichen Verständnis das von Menschen nicht verfügbare, nicht durch Werke oder Leistungen zu verdienende Handeln Gottes (vor allem die Sendung Jesu Christi) meint (vgl. Dautzenberg 1994: 1014f und Neuberger 2002: 143).

Die Begriffe werden in diesem Zweig der Führungsforschung unterschiedlich verwendet. Es ist von charismatischer, visionärer und visionär-charismatischer Führung ebenso die Rede wie von transformationaler Führung. Teilweise werden die Begriffe ‚charismatische', ‚visionäre' bzw. visionär-charismatische und ‚transformationale' Führung synonym verwendet, in anderen Publikationen unterscheiden sich die Bedeutungen. Einige Autoren wie Burns zielen auf die Ablösung der Bezeichnung ‚charismatische Führung' durch ‚transformationale Führung' ab. Wird zwischen den Begriffen unterschieden, liegt die Differenz darin, charismatische Führung deutlich an die Person des Führenden zu binden und transformationale Führung eher auf die Organisation zu beziehen.
Hier wird der gesamte Komplex dieser Führungsansätze unter dem Terminus ‚charismatische Führung' erfasst, da es in dieser Führungsvorstellung insgesamt darum geht, grundlegende Veränderungen auszulösen und Mitarbeitende zu einem hohen Engagement für ein die Gegenwart veränderndes Handeln zu führen. Um dieses Ziel zu erreichen, kommt dem Führungsverhalten und der Person des Führenden eine zentrale Bedeutung zu (vgl. Neuberger 2002: 201, House & Shamir 1995: 878).
Diese Ansätze der Führung haben etwa seit Mitte der 1970er Jahre unter der Fragestellung außergewöhnlicher Führungsleistungen und seit Mitte der 1980er Jahre unter dem Terminus ‚transformationale Führung', insbesondere in den USA, einen bedeutenden Teil der Führungsdiskussion geprägt (vgl. House & Shamir 1995: 878, Hentze 2005: 341f, Neuberger 2002: 196).
In diesen Überlegungen finden sich vor allem die Erkenntnisse aus den Motivationsforschungen wieder. Charismatische Führung lässt sich daher als führungspraktische Umsetzung wesentlicher Überlegungen der Motivations-theorien verstehen. Aus diesem Grund wird in dieser Arbeit die Bearbeitung der charismatischen Führungsansätze an die Bearbeitung der Motivationstheorien angeschlossen und darauf bezogen.

2.6.1 Grundlagen: Herrschaft und Charisma (Weber)

Die Vorstellungen zur charismatischen Führung gehen auf Weber zurück. In der Publikation ‚Wirtschaft und Gesellschaft' wird in der Weberschen Herrschaftssoziologie zwischen Macht und Herrschaft unterschieden sowie darauf aufbauend die Differenzierung verschiedener Typen legitimer Herrschaft vorgenommen.
Macht ist bei Weber verstanden als Möglichkeit, auch gegen Widerstände etwas durchzusetzen: „Macht bedeutet jede Chance, innerhalb einer sozi-

alen Beziehung den eigenen Willen auch gegen Widerstreben durchzusetzen, gleichviel worauf diese Chance beruht“ (Weber 1980: 28). Herrschaft dagegen ist mit Gehorsam verbunden, also einer gegebenen Anerkennung von Anweisungen: „Herrschaft soll heißen die Chance, für einen Befehl bestimmten Inhalts bei angebbaren Personen Gehorsam zu finden“ (Weber 1980: 28). Der zentrale Unterschied zwischen Macht und Herrschaft ist somit, ob die Durchsetzung einer Absicht oder eines Willens auch gegen mögliche Widerstände erfolgen kann oder aber, ob die Durchsetzung auf Akzeptanz bei Personen stößt.
Weber unterscheidet weiter zwischen drei Formen von Herrschaft, die im Gegensatz zu ‚Macht' per definitionem legitim sind. Sie werden jeweils nach dem Legitimitätsgrund (‚Charakter') benannt:

- Der rationale Charakter von Herrschaft (legale Herrschaft) wird durch den Glauben an legitime Ordnungen wie Satzungen und formale Legitimität bestimmt. Der „reinste Typus“ (Weber 1980: 126) dieser Herrschaft ist die bürokratische Organisation, die sich u. a. durch hierarchische Strukturen, definierte Amtskompetenzen, fachliche Qualifikationen oder Beamten- bzw. Laufbahnsysteme auszeichnet.
- Der traditionale Charakter von Herrschaft (traditionale Herrschaft) besteht im Glauben an die Heiligkeit von Traditionen. Das Beziehungsverhältnis von ‚Herrscher' und ‚Beherrschtem' ist gekennzeichnet durch Untertanengeist. Anordnungen erhalten ihre Legitimität durch die Anbindung an bestimmte Traditionen oder der „freien Willkür des Herrn“ (Weber 1980: 130), die über Traditionen legitimiert ist. Diese Form der Herrschaft findet sich in einer gerontokratisch angelegten Struktur, womit die Herrschaft des Ältesten gemeint ist oder in einer patriarchalen Struktur, in der ein „nach fester Erbregel bestimmter Einzelner die Herrschaft ausübt“ (Weber 1980: 133).
- Der charismatische Charakter von Herrschaft (charismatische Herrschaft) beruht auf einer besonderen Hingabe an die Führungsperson und an die mit dieser Person verbundene Ordnung. Dazu bedarf es des Charismas der Führungsperson und einer entsprechenden Reaktion von Individuen. Unter ‚Charisma' ist hier „eine als außeralltäglich [...] geltende Qualität einer Persönlichkeit“ (Weber 1980: 140) verstanden. Die daraus und dadurch begründete Herrschaft stammt aus „der außeralltäglichen Hingabe an die Heiligkeit oder die Heldenkraft oder die Vorbildlichkeit einer Person und der durch sie offenbarten oder geschaffenen Ordnungen“ (Weber 1980: 124).

Charisma ist bei Weber, wie gesehen, ein besonderes Merkmal der Persönlichkeit. Ein solches Charisma stellt bestehende Ordnungen in Frage

und erlaubt der charismatischen Person, sich darüber hinwegzusetzen. Dieses Verhalten findet die Akzeptanz der Geführten.
Charisma wird zu- und anerkannt und ‚wirkt', dann und solange, wie die charismatische Person auf Dauer das „Wohlergehen" (Weber 1980: 140) der in dieser Struktur Beherrschten sichern kann. Charisma ist nicht auf ökonomische Verwertbarkeit orientiert, daher „wirtschaftsfremd" (Weber 1980: 142). Der spezifische Ort charismatischer Herrschaft ist dem Konzept nach die Krise, in der eine Führungsperson mit (von den Untergebenen anerkannten) besonderen Fähigkeiten radikale Lösungen verspricht. Dadurch bekommen Krisen und komplexe Situationen eine Struktur und Menschen Orientierung. Charismatische Führungspersonen geraten in Konflikt mit bürokratischen Organisationsstrukturen und stellen diese zugunsten neuer Formen in Frage. Da solche Infragestellungen auch und gerade grundsätzlicher Natur sein können, kann charismatische Herrschaft radikal (im Sinne ihrer Bezogenheit auf die Wurzel) sein, da in diesem Fall Gegebenheiten als grundlegend zu verändernd betrachtet werden.
Das Herrschaftskonzept bei Weber und somit auch die Aspekte zur charismatischen Herrschaft sind idealtypisch verstanden und keine empirische Beschreibung (vgl. Weber 1980: 122-148, Hentze 2005: 183-185, Neuberger 2002: 146-148).
Neuberger führt zur Kritik am Charismakonzept einige Punkte an, die hier in Kürze wiedergegeben werden:

- die dualistische Anlage des Konzeptes, das in Gegensatzpolen denkt (z. B. Erstarrung und Innovation, Rationalität und Emotionalität)
- das Konzept setzt gegen eine bürokratisierte Welt auf geniale Individuen und beinhaltet somit einen elitären Individualismus
- die Überlegungen sind vormodern und deshalb nicht einfach hin auf moderne Gesellschaften zu übertragen
- historische, soziale, kulturelle Bedingungen werden aufgrund der individualistischen Orientierung nicht untersucht

(vgl. Neuberger 2002: 149-156).

Hentze u. a. weisen darauf hin, dass Weber bereits „ alle drei zentralen Aspekte des Führungsprozesses (Führer, Geführte, Situation)" (Hentze 2005: 184) erkannt hat, die in der Führungsforschung erst später gesehen wurden.
Aufbauend auf dem Charismakonzept von Weber haben verschiedene Ansätze Eingang in die Führungsforschung gefunden.

2.6.2 Konzepte Charismatischer Führung

Nachfolgend werden maßgeblich diskutierte Ansätze charismatischer Führung dargestellt (vgl. Hentze 2005, Gebert 2002, Kieser u. a. 1995a). Da in den Konzepten (wenngleich in unterschiedlicher Ausprägung) die ‚Vision'[87] eine wichtige Rolle spielt, werden diese Ansätze zum Teil auch als visionär-charismatische Ansätze (z. B. Gebert 2002: 201) bezeichnet. Hier wird in der Absicht der klareren Kategorisierung der Terminus ‚charismatisch' verwandt.
Auf eine kritische Würdigung am jeweiligen Ende einer Darstellung wird verzichtet zugunsten einer Gesamtauswertung am Ende dieses Kapitels.

2.6.2.1 Die Weiterentwicklung der Weg-Ziel-Theorie zu einem charismatischen Führungsansatz (House)

Der charismatische Führungsansatz von House basiert auf der motivationstheoretischen Führungsforschung. House greift die Erwartungstheorien der Motivation auf und arbeitet die von ihm mitentwickelte Weg-Ziel-Konzeption der Führung aus. Dort wird angenommen, dass Führungskräfte im Motivationsprozess bei den Geführten die Erwar-

87 Der Begriff ‚Vision' stammt vom lateinischen Wort ‚visio' – Gesicht oder Schau. Psychologisch ist eine Vision zunächst eine als wirklich erlebte Sinneswahrnehmung, als Halluzination verstanden. Religionen kennen das Phänomen der Vision. Menschen erleben bspw. Gott oder andere Wesen der religiösen Welt in ihrer Wahrnehmung (vgl. Bucher 2001). Darüber hinaus kennt das Christentum die Vision einer durch Gott erneuerten und vollendeten Zukunft, die an die Botschaft vom Reich Gottes gebunden ist (vgl. Kap. 4).
In anderen Bedeutungen wird der Begriff ‚Vision' in der Führungsforschung verstanden. Eine einheitliche Verwendung liegt nicht vor. Insgesamt aber geht es in einer Vision um ein Bild oder eine Vorstellung, wohin eine Organisation sich entwickeln soll. Visionen haben hier einen Zukunftsbezug und sollen die Brücke von der Gegenwart in die Zukunft bilden. Die Vision hat dabei den Anspruch, Menschen zu entsprechendem Handeln anzuleiten und von einer als zu verändern beschriebenen Gegenwart in die angestrebte Zukunft durch entsprechende Aktivitäten zu führen. Im Rahmen von Strategieentwicklung bspw. bildet die Vision den Abschluss der Reihe Handeln – Taktik – Strategie – Vision (vgl. Neuberger 2002: 205-208).

tungen hinsichtlich des Eintreffens von Ergebnissen durch Handlungen beeinflussen können.
Grundlage charismatischer Führung im Sinne dieses Konzeptes ist das Vorhandensein bestimmter Eigenschaften in über dem Durchschnitt liegenden Ausprägungen. Als solche werden Dominanz, Selbstvertrauen, Einflusstreben sowie eine hohe Überzeugung von der Richtigkeit der eigenen Wertvorstellungen angenommen. Darauf aufbauend kann charismatisches Führungsverhalten ausgeübt werden, das in der Artikulation von Werten, Zielen und Visionen besteht und gleichzeitig mit einer Selbstdarstellung als kompetenter und erfolgreicher (Führungs-) Person verbunden ist. Ebenfalls gehören zum charismatischen Führungsverhalten das Vorleben formulierter Werte, die Vermittlung von hohen Erwartungen an und hohes Vertrauen in die Geführten sowie die Weckung von Bedürfnissen und Motiven bei den Mitarbeitenden.
Bei den Geführten löst dieses Verhalten Reaktionen aus. Sie entwickeln Vertrauen in die Richtigkeit der von der Führungskraft artikulierten Werte und sind von der Übereinstimmung mit den eigenen Werten überzeugt[88]. Es entsteht Loyalität zur Führungsperson und hohes Engagement für das Gelingen des geplanten Vorhabens. Darüber hinaus tritt eine hohe bzw. bedingungslose Akzeptanz der Führungsperson und ihrer Botschaften ein. Auf die Vorbildfunktion reagieren die Geführten, die in diesem Prozess zu ‚Anhängern' werden können, in dem sie den Werten nacheifern. Diese Mechanismen sowie die hohen Anforderungen an und das hohe Zutrauen in die Geführten führen zur Steigerung der Selbstachtung und zu einem erhöhten Zutrauen in die eigene Leistungsfähigkeit. Ebenso entwickelt sich die Akzeptanz für die hohen Zielsetzungen.
Charismatische Führung ist somit ein Prozess. Ergebnis ist ein entsprechendes Leistungsverhalten bei den Geführten. Situationsbedingung ist vor allem eine wenig strukturierte Situation (vgl. Hentze 2005: 185-188).

2.6.2.2 Charisma als Attributionsphänomen (Conger und Kanungo)

Auf attributionstheoretischen Grundlagen beruht die Vorstellung von Conger und Kanugo. Sie gehen davon aus, das ‚Charisma' ein Attributionsphänomen ist: „Die Geführten ordnen hierbei einer Führungsperson charismatische Qualitäten aufgrund ihrer Beobachtung des Führungsverhaltens und der damit erzielten Erfolge zu" (Hentze 2005: 188). Charisma ist demnach (oder anders: Charisma ‚entsteht'), wenn einerseits ein Bündel von Verhaltensweisen (Sets) der Führungsperson ausgeübt wird und

88 Intrinsische Motivation ist u. a. an die Übereinstimmung von Aufgaben mit individuellen Wertvorstellungen gebunden (vgl. Kap. 2.5.1.2).

andererseits bestimmte Attributionen von Geführten auf die Führungsperson vorgenommen werden.
Dieser Ansatz nimmt bestimmte Verhaltensweisen und Eigenschaften an, deren Ausübung bzw. Vorhandensein die Zuschreibung eines Charismas auf die Führungsperson durch die Geführten wahrscheinlicher werden lassen.
Folgende drei Verhaltensweisen, die sich allesamt auf eine Vision bzw. Visionen beziehen, werden hinsichtlich einer erhöhten Wahrscheinlichkeit für eine Attribution von Charisma behauptet.
Zunächst ein engagiertes Vertreten von solchen Visionen, deren Inhalte deutlich der gegebenen Situation widerstreben und gleichzeitig von den Geführten geteilt werden können. Dann die Bereitschaft der Führungskraft, persönlich in wahrnehmbarem Umfang einen Einsatz (z. B. Geld, Status) für diese Vision zu riskieren. Drittens ungewöhnliches Agieren, um die Vision zu realisieren.
Neben diesen Verhaltensweisen werden Eigenschaften der Führungsperson benannt, die ebenfalls die Attribution von Charisma erhöhen. Diese Eigenschaften sind erstens Selbstvertrauen, zweitens die Fähigkeit, Wirkungen erzielen zu können (Impression Management), drittens kognitive Fähigkeiten der Situationsanalyse und der Umsetzung von Strategien sowie viertens Einfühlungsvermögen in die Geführten zum Verständnis ihrer Bedürfnisse und Werte.
Weiterhin wird angenommen, dass Führungskräften dann mit einer höheren Wahrscheinlichkeit Charisma attribuiert wird, wenn sie auf Expertenmacht statt auf Autorität und Partizipation setzen. Die Situation von Charismaattribuierungen ist die Krise oder die durch die Führungsperson ‚erzeugte Krise' (z. B. durch entsprechend dramatische Szenarien von Gegenwart und Zukunft). Dieses bietet der Führungsperson die Möglichkeit, sich als unkonventionelle (Rettungs-) Kraft zu profilieren.
In einem Vergleich von charismatischen und nicht-charismatischen Führungspersonen beschreiben die Autoren Unterschiede wie Ablehnung des Status quo versus Akzeptanz des Status quo oder unkonventionelles versus konventionelles Verhalten. Als Reaktion der Geführten wird eine starke Identifikation mit der Führungsperson sowie die Übernahme der Werte und Visionen der Führungsperson aufgezeigt (vgl. Hentze 2005: 188-191).

2.6.2.3 Der Selbstkonzept-Ansatz (Shamir, House und Arthur)

Dieser Ansatz basiert auf einem psychologischen Verständnis des Selbstkonzeptes und führt den Ansatz von House weiter.

Der Terminus ‚Selbstkonzept' wird nicht univok verwandt. Andere Begriffe sind Selbstbild, Selbsttheorie, Selbstbeschreibung. Trotz der Ambiguität des Begriffs kann allgemein unter ‚Selbstkonzept' zum einen die Vorstellung eines Individuums über sich selbst und zum anderen die Bewertung dieser Vorstellungen verstanden werden[89].
Bezugspunkt für charismatische Führung nach dem Selbstkonzept-Ansatz ist die Gruppe, nicht die dyadische Beziehung. Insgesamt baut auch dieser Zugang auf Forschungen zur Motivationspsychologie auf.
Die zentrale Aussage dieser Führungsvorstellung ist, dass Führungspersonen durch ihr Führungsverhalten „den Geführten Selbstwert, Selbstachtung und Selbstvertrauen" (Neuberger 2002: 165) vermitteln und damit das Bedürfnis von Menschen aufgreifen, ihr eigenes Selbstbild zu realisieren und ihren Selbstwert zu erhöhen. Es geht somit um Verhaltensweisen von Führungspersonen, die bestimmte Wirkungen bei den Geführten entfalten. Im Mittelpunkt steht dabei eine von der Führungskraft formulierte Vision, die in den Geführten bestimmte Verhaltensweisen bzw. Verhaltenstendenzen aktiviert. Diese Vision spricht bestimmte Werte an, hat Sinngebungsfunktion, da sie die Erfahrungen der Geführten aus Vergangenheit und Gegenwart zu interpretieren vermag und gegenwärtige Strategien als Wege zu einer positiven Zukunft bspw. einer Organisation erkennbar werden lässt. Verbunden mit der Vision sind eine hohe Leistungserwartung und das Vertrauen der charismatischen Führungsperson in die Geführten, diesen hohen Erwartungen entsprechen zu können. Diese Prozesse erhöhen den Selbstwert und die Selbstachtung der Geführten. Ebenso zentral ist die kollektive Dimension, die dann erreicht wird, wenn die Vision die Identifikation mit der sozialen Gruppe, bspw. einer Organisation eröffnet und daraus zu einem kollektiven Selbstvertrauen der Gruppe in die Sinnhaftigkeit und Realisierbarkeit des Vorhabens (das auch als ‚Mission'[90] zu bezeichnen ist), eröffnet.

---

89 In einem weiter präzisiertem Verständnis ist unter Selbstkonzept das Real-Bild und Ideal-Bild einer Person zu verstehen. Im Ideal-Bild sind auch gewünschte, potentiell mögliche Identitäten erfasst. Wertvorstellungen sind wichtige Bestandteile des Selbstkonzeptes.
Von Relevanz ist für das Selbstkonzept weiterhin, dass das ‚Ich' sich auch über Reflexionsprozesse formt, da das Bild anderer über die Person Rückwirkungen auf das Ich dieser Person hat. Mead unterscheidet daher zwischen dem ‚I' als dem Selbstbild und dem ‚Me' als dem von der Person erschlossenem Bild, das andere über sie haben. Somit ist das ‚Selbst' auch eine soziale Kategorie (vgl. Gebert 2002: 212f, Neuberger 2002: 371f).

90 Begriff ‚Mission' stammt vom lateinischen ‚missio' und bedeutet ‚Sendung'. Mission ist ein spezifisch christlicher Begriff, der sich auf die im Neuen Testament grundgelegte Auffassung bezieht, nach der die Anhänger Jesu verpflichtet sind, allen Menschen den christlichen Glauben zu verkünden und zu bezeugen (vgl. Bürkle 1998).

Charismatische Führung entfaltet in diesem Ansatz somit dann ihre Wirkung, wenn es der Führungskraft gelingt, eine spezifische Vision zu einem Bestandteil des Selbstbildes von Geführten werden zu lassen. Oder aus der Sicht der Geführten formuliert: wenn eine Vision internalisiert wird und in das eigene Selbstkonzept eingeht, werden Verhaltenstendenzen freigesetzt, die die Mitwirkung an der Realisierung der Vision zum Ziel haben. Dabei ist die auf das Kollektiv angelegte Zielrichtung von hoher Bedeutung: „Charismatische Führer erhöhen diese soziale Identifikation, indem sie das Selbstkonzept eines jeden Geführten mit den von der Gruppe geteilten Werten und Identitäten verbinden" (Hentze 2005: 194). Die Konsequenz dieser Prozesse ist, „dass das Gruppenmitglied bereit ist, die Gruppenbedürfnisse über seine individuellen Bedürfnisse zu stellen und für die Gruppe Opfer zu bringen" (Hentze 2005: 194). Weiterhin gehört zu diesem Konzept, extrinsische Anreize zugunsten intrinsischer zu verschieben. Insgesamt werden intrapsychische Prozesse angesprochen, die eine Rücknahme extrinsischer Motive zugunsten einer Verstärkung intrinsischer zur Folge haben: „Es geht also nicht um die Vermittlung äußerer Belohnungen, sondern um die Transformation von Selbstbild, Motiven und Werten" (Neuberger 2002: 166).

Die Autoren gehen davon aus, dass bestimmte Führungsverhaltensweisen einer Führungskraft über Motivationsmechanismen Wirkungen auf das Selbstbild der Geführten auslösen und über weitere Motivationsmechanismen zu zusätzlichen Wirkungen führen. Als Führungsverhaltensweisen werden genannt: Versorgung mit ideologischen Erklärungen, Betonung kollektiver Identitäten, Bezugnahme auf Geschichte, auf den Wert und die Wirksamkeit der Geführten, auf die kollektive Wirksamkeit der Gruppe sowie der Ausdruck von Vertrauen in die Geführten. Diese Führungsverhaltensweisen führen zu erhöhter Selbstachtung und erhöhtem Selbstwert, zu gestiegener Selbstwirksamkeit und kollektiver Wirksamkeit, zu persönlicher Identifikation mit der Führungskraft und sozialer Identifikation sowie Verinnerlichung der vermittelten Werte. Zusätzliche Wirkungen daraus sind die persönliche Verpflichtung auf die ‚Mission' und auf die Person der Führungskraft, selbstaufopferndes und organisationskonformes Verhalten und das Überzeugtsein vom Sinn der Aufgabe (vgl. Hentze 2005: 193f, Neuberger 2002: 167).

In die Führungsliteratur fand der Begriff vor allem durch die charismatischen Ansätze Eingang. Neuberger nimmt in seinem Band des öfteren darauf Bezug (vgl. z.B. Neuberger 2002: 186) und gibt die Autoren Tichy und Devanna wieder, die unter Mission die Weiterentwicklung der Vision in konkrete Prozessschritte verstehen (vgl. Neuberger 2002: 204). Die jeweils genaue Bedeutung von ‚Mission' ist nicht allgemeingültig zu benennen, sondern aus den einzelnen Konzeptionen zu eruieren.

Damit diese Art von Führung ausgeübt werden kann und entsprechende Führungsverhaltensweisen realisiert werden können, „müssen charismatische Führungspersonen in der Lage sein, die ***Bedürfnisse, Werte und Identitäten der Geführten*** zu verstehen und auf sie einzugehen“ (Hentze 2005: 195).
Der Ansatz nimmt nicht die Krise als unbedingt notwendige Voraussetzung für charismatische Führung an, sondern geht von einer Wahrscheinlichkeit charismatischer Führung dann aus, wenn unstrukturierte, schwache Situationen mit unklaren Leistungsmaßstäben und vielfältigen Handlungsmöglichkeiten bestehen (vgl. Hentze 2005: 191-195, Neuberger 2002: 165-169).

2.6.2.4 Der Ansatz transformationaler Führung (Burns)

Unter der Bezeichnung ‚transformationale Führung' finden sich Ansätze, die sich als eine Weiterführung der charismatischen Führungsvorstellungen verstehen. Wie bereits dargelegt, werden diese Ansätze hier unter den charismatischen Führungsvorstellungen subsumiert, da sie eindeutig in dieser Tradition stehen.
Unter der Annahme, dass Führung ein Beziehungsgeschehen ist, in dem Führungspersonen Geführte beeinflussen und wiederum ihrerseits durch die Reaktionen von Geführten beeinflusst werden, hat Burns die Grundlage für die Vorstellungen transformationaler Führung geschaffen und den Begriff ‚transformationale Führung' erstmals verwandt (vgl. Bass & Steyrer 1995: 2053). Seine Publikation greift auf „deskriptive Studien über politische Führer“ (Hentze 1997: 361) zurück und leitet daraus eine Führungsvorstellung ab, die auf der Anhebung von Niveaus beruht. Im Konzept der transformationalen Führung gelingt es der Führungsperson, das Niveau der Ansprüche, Werte und Bedürfnisse von Geführten anzuheben und gleichzeitig über die in der Führungsbeziehung gegebene wechselseitige Verpflichtung das eigene Motivations- und Moralitätsniveau der Führungsperson ebenfalls zu heben: „Diese Führung erfolgt, wenn eine oder mehr Personen sich so miteinander verbinden, dass Führer und Gefolgsleute einander zu höheren Niveaus von Motivation und Moralität emporheben“ (Burns 1978: 20 zitiert nach Neuberger 2002: 196). Es geht um die Transformation von Einstellungen, Zielen, Bedürfnissen oder Wünschen bei Geführten hin zu einem Mehr an Selbstverpflichtung gegenüber der Organisation, bspw. einem Staat, einem Unternehmen, einer Kirche. Dies bedeutet die Reduktion von eigennützigen Absichten zugunsten der gemeinsamen Vorteile in einem sozialen System wie bspw. einem Staat. Ziel transformationaler Führung ist die (ggf. radikale) Veränderung sozialer Systeme und Institutionen. Da Burns sich in der Entwicklung des

Führungsansatzes an politischen Führungspersonen orientiert, geht es auch um die Umsetzung (unpopulärer) grundlegender Veränderungen in Gesellschaften. Transformationale Führung geschieht dabei nicht allein als Beeinflussungsprozess zwischen Individuen, sondern auch zwischen Machtgruppen, die sich für gemeinsame Ziele vernetzen und zu diesem Zweck eigene Gruppeninteressen zurückstellen.
Der Ansatz von Burns hat die Führungsdiskussion insbesondere in den USA seit Mitte der 1980er Jahre deutlich beeinflusst und eine zumindest terminologische Wende eingeleitet: „Was früher charismatische Führung war, wurde nun meist transformierend (oder transformational) genannt" (Neuberger 2002: 196).
Burns entwickelte eine Verbindung von transaktionaler und transformationaler Führung[91], die hier jedoch nicht weiter besprochen wird (vgl. Hentze 2005: 343; Hentze 1997: 359-363, Neuberger 2002: 195-200, Bass & Steyrer 1995: 2053f).

2.6.2.5 Der Multifactor Leadership Questionnaire (Bass und Avolio)

Zunächst hat Bass den Ansatz transformationaler Führung für den Bereich von Organisationen weiterentwickelt, wobei „zwischen transformationaler, charismatischer und transaktionaler Führung differenziert" (Hentze 2005: 343) wird. Charisma, geistige Anregung und individuelle Beachtung sind die drei zentralen Merkmale transformationaler Führung. Diese Merkmale beeinflussen sich wechselseitig und rufen beabsichtigte Entwicklungen bei Geführten hervor (vgl. Hentze 2005: 344).
Zur empirischen Analyse von transformationaler und transaktionaler Führung wurde von Bass der Multifactor Leadership Questionnaire (MLQ)

---

91 Burns sowie Bass und Avolio haben Konzeptionen von Führung entwickelt, die aus einem Zueinander von transformationaler und transaktionaler Führung bestehen. Transaktionale Führung beruht auf Tausch. Ausgehend von der Zweidimensionalität der Führung mit einem aufgaben- und mitarbeiterorientierten Führungsverhalten erreicht transaktionale Führung die Aufgabenerfüllung im Tausch gegen von den Mitarbeitenden erwünschten Anreizen (was der Mitarbeiterorientierung entspricht). Die Vorstellung ist abgeleitet vom Weg-Ziel-Ansatz der Führung. Um ein Verhalten der Mitarbeitenden zu erreichen, das über die Transaktion von Leistung gegen erwartete Nützlichkeit hinausgeht, soll transformationales Führungsverhalten angewandt werden (vgl. Hentze 2005: 334-340, Gebert 2002: 206f, Neuberger 2002: 198-200, Bass & Steyerer 1995).
Die Argumentation von Hentze u. a., nach der beide Ansätze komplementär sind und nicht isoliert betrachtet werden können (vgl. Hentze 2005: 341), gilt unter der Fragestellung der Interaktionsansätze der Führung (vgl. Hentze 2005: 332-340). Hier geht es jedoch darum, das aus den Ansätzen charismatischer Führung resultierende Führungsverhalten herauszuarbeiten, weshalb auf eine intensivere Bearbeitung der transaktionalen Führung verzichtet wird.

entwickelt, der in entsprechenden Items das Verhalten von Vorgesetzten beschreibt und eine Zuordnung des Führungsverhaltens als transformational und transaktional ermöglicht (vgl. Hentze 2005: 345, Bass & Steyrer 1995: 2054-2056).

In verschiedenen Publikationen haben Bass und Avolio diesen Führungsansatz und den MLQ weiterentwickelt. Gebert geht davon aus, dass die Überlegungen von Bass und Avolio im Themenfeld der transformationalen und visionär-charismatischen Führung „die empirische Forschung am nachhaltigsten beeinflusst hat“ (Gebert 2002: 201)[92].

Die in einer Faktorenanalyse gewonnenen Skalen erfassen verschiedene Items, durch die Inhalte transformationaler Führung beschrieben werden. Es werden drei bzw. vier Faktoren angenommen, durch die transformationale Führung erfasst wird:

- Charisma: die darunter gesammelten Aussagen erfassen den Grad des Vertrauens und des Respekts gegenüber der Führungskraft und ihren Fähigkeiten (insbesondere der Fähigkeit, aufkommende Probleme zu bewältigen), den Stolz, mit der Führungsperson zusammenzuarbeiten, die Begeisterungsfähigkeit der Führungskraft und die Vermittlungsfähigkeit, die Geführte der ‚Berufung' folgen lassen.
- Inspiration oder inspirierende Vision: hier wird die vom Führenden vermittelte Zukunftsvision hinsichtlich ihrer anspornenden Wirkung erfasst, ebenso die Vermittlung von Zielen und die Aktivierung von Mitarbeitenden durch die Formulierung hoher Erwartungen.
- Intellektuelle Stimulation oder geistige Anregung: hier erfolgt eine Aus-einandersetzung damit, ob Führungspersonen das Durchbrechen eingefahrener Denkmuster erreichen, neue Einsichten vermitteln und zu einer sorgfältigen Problembearbeitung anleiten.
- Individualisierte Fürsorge oder individuelle Wertschätzung: dieser Faktor umfasst Aussagen, mit denen der Grad des Eingehens auf den einzelnen Mitarbeitenden erfasst wird. Feedback, die Berücksichtigung individueller Bedürfnisse und die Unterstützung und Anleitung im Tätigkeitsfeld werden beurteilt.

(vgl. Bass & Steyrer 1995: 2055, Neuberger 2002: 199, Wegge & Rosenstiel 2004: 529-531, Hentze 1997: 365)

---

92 Trotz der Bedeutung, die Gebert diesem Forschungsansatz beimisst, kritisiert er den MLQ hinsichtlich seiner Konstruktgültigkeit und stellt dahingehend Einigkeit in der Bewertung fest, „dass die Konstruktgültigkeit des MLQ nach wie vor verbesserungsbedürftig ist, zumal immer wieder auffällt, dass der MLQ signifikant positiv – wenngleich in verschiedenen Untersuchungen in variierender Höhe – mit den klassischen Ohio-Dimensionen initiating structure und consideration verbunden ist und insofern die Spezifik des MLQ unklar ist“ (Gebert 2002: 205).

Gebert nimmt unter Berufung auf eine Publikation von Avolio und weiteren Autoren aus dem Jahr 1999 lediglich „drei (hoch positiv interkorrelierte) Subskalen“ (Gebert 2002: 201) an und verzichtet auf den vierten Faktor ‚Individualisierte Fürsorge’ (vgl. Gebert 2002: 201).
Dem folgend wird transformationale Führung dann ausgeübt, wenn erstens eine Führungsperson selbst und die Nähe zu ihr emotional attraktiv wahrgenommen werden, zweitens Führungskräfte durch eine Vision Sinn und Orientierung geben und drittens es der Führungskraft gelingt, bei Mitarbeitenden alte Sichtweisen durch neue ersetzen zu können (vgl. Gebert 2002: 201). Diese drei Aspekte stellen „offenbar einen hohen homogenen Kern der transformationalen Führung“ (Gebert 2002: 205) dar und ermöglichen es, empirische Forschungen zum Führungserfolg dieser Ausrichtung von Führung durchzuführen.
In diesem Zusammenhang ist auf die im Rahmen des ‚Global Leadership and Organizational Behaviour Effectness research program’ (GLOBE-Projekt)[93] gefundenen Daten hinzuweisen. Dort erreichte die transformationale Führung „im Vergleich zu anderen Führungsmustern den höchsten Mittelwert“ (Gebert 2002: 204). Gleichzeitig kritisiert Gebert, dass es nicht um reale, sondern um angenommene und erwünschte Vorstellungen von Führung geht (vgl. Gebert 2002: 204).
Gebert macht deutlich, dass unter Innovationsgesichtspunkten transformationale Führung eine wichtige Erfolgsbedeutung hat. Auf der Grundlage zweier Metaanalysen aus dem Jahr 1996 zeigt sich, dass eine signifikante Erfolgsbedeutung der Aspekte ‚Charisma’, inspirierende Vision’ und ‚intellektuelle Stimulation’ gegeben ist. Allerdings sind die Korrelationen zwischen den drei Aspekten und dem Erfolg nicht besonders hoch und

---

93 Unter Anstoß und Koordination von House ist ein 60 Länder umfassendes virtuelles Projekt zur Erfassung und Generierung herausragender und erfolgreicher bzw. erfolgsfördernder Führung bzw. Führungseigenschaften oder -verhaltensweisen durchgeführt worden. Blickwinkel des Projektes ist „die Entwicklung einer empirisch gestützten Theorie über den Zusammenhang von Landeskultur, Unternehmenskultur und Führung“ (Hentze 2005: 531). Ein zentrales Ergebnis ist, dass weltweit die Wahrnehmung von Führung auf fünf Dimensionen zu konzentrieren ist: charismatische Führung, Teamorientierung, humane Führung, narzisstische Führung und autonome Führung (vgl. Hentze 2005: 533). Die einer charismatischen Führung zuzuordnenden Attribute werden eher als erfolgreich bewertet als die aus der Zweidimensionalität der Führung resultierende Mitarbeiterorientierung, die einen Mittelwert erreicht. Eher negativ bewertet werden egoistische und individualistische Führungskräfte.
Dieses Projekt orientiert sich an der eigenschaftstheoretischen Führungsforschung. Neuberger kritisiert an dem Projekt, dass „nicht Attribute empirisch produktiver oder erfolgreicher Führungskräfte ermittelt wurden, sondern dass idealisierte Erwartungen abgefragt wurden“ (Neuberger 2002: 257) und inhaltlich eine „Art ‚Ich-will-alles-&-sofort’-Modell“ (Neuberger 2002: 257) einer Führungsperson entworfen wird (vgl. Hentze 2005: 531-535, Gebert 2002: 204; Neuberger 2002: 253-257).

weisen darüber hinaus zusätzlich eine hohe Streuung auf. Dies veranlasst Gebert dazu, die Erfolgsbedeutung transformationaler Führung an spezifische Ziele und/oder spezifische Situationen zu binden: „Im Hinblick auf bestimmte Zielkriterien und/oder spezifische situative Kontexte dürfte die transformationale Führung von erheblicher Erfolgsrelevanz sein" (Gebert 2002: 206), was insbesondere für den Kontext der Innovationsanforderung aufgezeigt wird. In der Weiterbearbeitung charismatischer und transformationaler Führung wird auf die diesbezügliche Erfolgsbedeutung eingegangen.

2.6.2.6 Der integrierende Ansatz (House und Shamir)

House und Shamir fassen in einem Aufsatz (vgl. House & Shamir 1995) die verschiedenen Linien charismatischer, visionärer und transformationaler Führung zusammen. Sie haben damit die Absicht, „eine reformulierte Führungsverhaltenstheorie" (House & Shamir 1995: 879) vorzulegen, die „die bestehenden charismatischen, transformationalen und visionären Theorien [...] integrieren und Bedingungen ungewöhnlich erfolgreicher Führung darstellen und erklären" (House & Shamir 1995: 879) können. Sie betrachten charismatische Führung, unabhängig ob sie sich motivations- oder attributionstheoretisch begründet, visionäre und transformationale Führung als einen Komplex der Führungsforschung: „Wir bezeichnen diese Klasse der Theorien als den neocharismatischen Führungsansatz" (House & Shamir 1995: 878)[94]. Das Präfix ‚neo' zeigt an, dass die Ansätze sich auf Weber zurückführen lassen und die dortige Ursprungsform eines charismatischen ‚Charakters' legitimer Herrschaft aufgreifen und daraus die jeweiligen Vorstellungen von Führung entwickeln.
Ihren Überlegungen stellen die Verfasser ein Verständnis von Führung voran, das zwischen Management und Führung unterscheidet. ‚Management' basiert nach ihrem Verständnis auf die mit einer bestimmten Position verbundene formale Autorität, durch die es erreicht wird, dass Mitarbeitende sich den daraus formulierten Anforderungen fügen. ‚Führung' dagegen zielt auf die Beeinflussung von Werten, Motiven und dem Selbstverständnis der Mitarbeitenden mit dem Resultat, dass diese sich für das Erreichen des gemeinsamen Zieles überdurchschnittlich einsetzen und eigene Interessen zu diesem Zweck (ggf.) zurückstellen[95]. Der Führungs-

94 Aus dieser Sichtweise ist es konsequent, dass die Autoren fast durchgängig in den Formulierungen den Terminus ‚charismatisch' aufgreifen und weitgehend auf die Bezeichnung ‚transformationale Führung' verzichten.

95 Mit dieser Unterscheidung besteht eine Nähe zum Ansatz von Burns, der erstens auch zwischen beiden Begriffen unterscheidet und sie zweitens ähnlich inhaltlich füllt (vgl. Hentze 1997: 361-363).

person gelingt es, „die Internalisierung der Werte einer gemeinsamen Vision und die Identifizierung mit der Gemeinschaft“ (House & Shamir 1995: 879) zu erreichen. In der Tradition der eigenschaftstheoretischen Sicht der Führung formulieren die Autoren: „Führer beeinflussen durch die Kraft einzigartiger Eigenschaften und unvergleichbaren Verhaltens“ (House & Shamir 1995: 879). Managern dagegen folgen Untergebene aufgrund der Managern gegebenen Sanktionsmöglichkeiten.
Allerdings, so die Autoren, fallen die Managerposition und die Fähigkeit, als Führungsperson zu agieren, häufig zusammen (vgl. House & Shamir 1995: 879f).
Wie in der weiteren Beschreibung dieses Ansatzes deutlich werden wird, gehen die Verfasser von der Annahme aus, dass „die Existenz eines Satzes spezifizierbarer Führungsverhaltensweisen, die der Führerschaft inhärent sind und sich auf Menschen, Gruppen, Organisationen oder sonstige soziale Gebilde wie Parteien oder Staaten beziehen“ (House & Shamir 1995: 881) zur Ausübung charismatischer Führung erforderlich sind. Diese Sicht ist bereits in der Definition von Führung angelegt und bestimmt den weiteren Gedankengang.
Die Autoren gehen unter diesem Führungsverständnis davon aus, dass durch drei motivationale Prozesse „Führer Wirkungen auf den psychischen Haushalt der Geführten erzielen“ (House & Shamir 1995: 860). Diese sind:

- Anerkennung wechselseitig geschätzter Werte: darunter wird verstanden, dass es charismatischen Führungspersonen gelingt, Mitarbeitende zur Achtung von bestimmten Grundwerten zu bewegen, die dann das individuelle und kollektive Verhalten bestimmen. Wichtig ist dabei, dass solche Grundwerte sowohl von der Führungsperson als auch von den Geführten als bedeutend betrachtet werden.
- Weckung wichtiger Motive: hier geht es darum, solche Motive anzusprechen, die für die Realisierung einer Vision bedeutsam sind (bspw. das Leistungsmotiv, wie bei McClelland formuliert).
- Steigerung des Selbstwertes der Geführten: Dieser motivationale Prozess bezieht sich auf das Vertrauen der Geführten, die anstehenden Aufgaben bewältigen zu können.

Um diese motivationalen Prozesse an konkrete Führungsverhaltensweisen zu binden, wird zwischen ‚generischem‘ und ‚instrumentellem‘ Führungsverhalten unterschieden. Unter generischem Führungsverhalten werden solche Führungsverhaltensweisen ausgewählt, die auf die drei motivationalen Prozesse wirken und dadurch zusätzlich erreichen, dass Geführte sich unter Zurückstellung eigener Interessen in außerordentlichem Umfang engagieren. Anders formuliert: in diesem Konzept besteht charismatische Führung darin, die Anerkennung wechselseitig geschätzter Werte, Weckung wichtiger Motive und die Steigerung des Selbstwertes der Geführten zu erreichen. Dazu bedarf es eines Führungsverhaltens, das genau dieses ermöglicht. Dies wird unter ‚generisches Führungsverhalten' gefasst. Dabei ist die Perspektive der Beschreibung eines generischen Führungsverhaltens die des „idealtypischen Führerverhaltens" (House & Shamir 1995: 894), nicht die Beschreibung einer realen Führungskraft, die kaum alle Führungsverhaltensweisen umsetzen könnte. Damit zeigen die Verfasser ihr methodisches Vorgehen, das anhand einer idealtypischen Beschreibung die von ihnen vertretene Theorie charismatischer Führung darstellt.

Unterschieden von ‚generischem' ist ‚instrumentelles' Führungsverhalten, das sich nicht relevant auf die motivationalen Prozesse auswirkt.

Zunächst wird unter generischem, die motivationalen Prozesse auslösendem Führungsverhalten die ‚Vision' genannt. Die Vision bildet die Brücke von der Gegenwart in die Zukunft. Diese Funktion erfüllt sie dann, wenn sie eine moralische Qualität hat, indem sie Werte anspricht und die gemeinsam geteilten Grundwerte von Führungskraft und Mitarbeitenden beinhaltet. Die Vision kann von Führungskräften eigenständig entwickelt und eingebracht werden oder aber unter ihrer Anleitung oder Begleitung gemeinsam mit Geführten ent-wickelt werden (vgl. House & Shamir 1995: 880 und 882f). Sind politische Visionen eher auf große Projekte angelegt, können in Organisationen Visionen auf Aspekte wie Qualität der Dienstleistungen oder Produkte, Fairness im Umgang und ähnliche, den Alltag betreffende Abläufe zielen. Allerdings sind die Autoren der Auffassung, dass charismatische Führung ein weltanschauliches Ziel benennen muss, das von den Geführten geteilt wird. Dies nehmen sie als Konsens charismatischer Führungsvorstellungen an: „Alle mit charismatischer Führung befaßten Forscher sind sich einig, dass sie grundgelegt sein muß in der Artikulation eines weltanschaulichen Ziels" (House & Shamir 1995: 891). Mit der Vision verbunden ist das Engagement der Führungskraft für die Vision. Dies macht sich insbesondere daran fest, inwieweit sie sich selber für die Verwirklichung der Vision einsetzt und bereit ist, dafür Nachteile hinzunehmen oder Opfer zu erbringen. Ebenfalls gehört zur Realisierung der Vision Selbstvertrauen. Da Visionen den Status quo in Frage stellen, rufen sie Widerstände hervor. Darauf hat die Führungskraft mit Entschlossenheit, Ausdauer und Selbstvertrauen zu reagieren. House und Shamir verweisen auf Studien, die hinsichtlich des Selbstvertrauens einen signifikanten Unterschied zwischen außergewöhnlichen und anderen Führungskräften zeigen.

Weiterhin nennen die Verfasser die Fähigkeit charismatischer Führungspersonen, die für die Realisierung der Vision relevanten Motive zu wecken. Im Gefolge von McClelland verweisen sie auf das Gesellungs-, Macht-, oder Leistungsmotiv.
Charismatisches Führungsverhalten zeichnet sich durch Risikobereitschaft aus, was sich auch auf die persönliche Opferbereitschaft der Führungskraft bezieht.
Wie auch in anderen Entwürfen zur charismatischen Führung sprechen House und Shamir die Fähigkeit charismatisch führender Personen an, hohe Erwartungen an Mitarbeitende zu formulieren, verbunden mit dem kommunizierten Vertrauen in die Mitarbeitenden, diesen Ansprüchen gerecht werden zu können. Dieses Führungsverhalten versetzt Menschen dem Konzept nach in die Lage, hohe Leistungen zu vollbringen. Damit verbunden ist das Interesse der Führungskraft an den Kompetenzen der Mitarbeitenden. Dies bedeutet die Kenntnis der Kompetenzen der Mitarbeitenden und den Einsatz entsprechender Unterstützungssysteme (z.B. Coaching, Training). Im Verweis auf Untersuchungen gehen House und Shamir davon aus, dass „sehr erfolgreiche Führer höheres Augenmerk auf die Entwicklung von Kompetenz bei von ihnen Geführten legen" (House & Shamir 1995: 885).
Ein weiterer Ausdruck charismatischer Führung ist symbolisches Führungsverhalten. Durch symbolische Führung soll die Identifikation der Geführten mit der Vision und der Gemeinschaft erreicht werden. Im Einzelnen nennen House und Shamir:

- die positive Einschätzung der Geführten, in dem Führende bspw. ihren Stolz auf die Gruppe oder die Gemeinschaft formulieren;
- die positive Selbstdarstellung der Führungsperson als bspw. kompetent oder entschlossen, um so die Identifikation der Geführten mit der Person des Führenden zu erreichen;
- das Vorbildverhalten der Führungskraft, um so das Lernen der Mitarbeitenden zu ermöglichen;
- den Ausweis von Integrität des Führenden durch bspw. faires, verantwortungsbewusstes Verhalten;
- die Übernahme der Sprecherfunktion für die Gruppe oder Gemeinschaft
- die Rahmenbildung, worunter die Kommunikation von Interpretationsmustern und Deutungsschemata verstanden ist, die den Geführten Sinndeutung ermöglicht;
- die Ausübung außergewöhnlichen, innovativen Verhaltens;
- ein anregendes kommunikatives Verhalten (Rhetorik, Gestik, ...)

(vgl. House & Shamir 1995: 881-887).

Diese ‚generischen' Verhaltensweisen, die das Ziel haben, die genannten motivationalen Prozesse anzuregen, werden ergänzt durch instrumentelles Führungsverhalten. Diese Verhaltensweisen tragen der Tatsache Rechnung, dass charismatische Führungspersonen auch ‚Manager' mit formaler Autorität sind, sich damit innerhalb von Organisationskontexten bewegen. Sie müssen insbesondere in ihr Verhalten einbeziehen, dass Mitarbeitende durch Erwerbsarbeit ihre Subsistenz sichern und damit von Vorgesetzten abhängig sind. Für den Regelfall, dass es einen häufigen persönlichen Kontakt zwischen Vorgesetzten und Mitarbeitenden gibt, bedarf es aufgrund dieser Gegebenheiten entsprechender Führungsverhaltensweisen. Die Verfasser gehen davon aus, dass das instrumentelle Führungsverhalten zwar nicht signifikant auf die drei motivationalen Prozesse wirkt, aber dennoch von Bedeutung ist.
Instrumentelles Führungsverhalten wird demnach zuerst ausgeübt durch Unterstützung, sodann durch ‚intellektuelle Stimulation', durch die Beobachtung der Umwelt, durch Strategieformulierung und durch Management der Infrastruktur (vgl. House & Shamir 1995: 887f).
Wurde bisher charismatische Führung aus der Sicht der Führungsperson charakterisiert, setzen sich House und Shamir auch mit den Wirkungen auf die Motivation der Mitarbeitenden auseinander. Sie nehmen „eine Reihe von motivationalen Wirkungen an, die ungewöhnlich erfolgreiche Führer auf die Geführten haben – als Resultat der oben beschrieben motivationalen Prozesse" (House & Shamir 1995: 889). Diese bezeichnen sie als ‚Motivationssyndrom'. Der Begriff ‚Motivationssyndrom' soll erfassen, dass die ‚motivationalen Wirkungen' wechselseitig voneinander abhängig sind und gemeinsam auftreten. Zu den wichtigen Komponenten des Motivationssyndroms werden gezählt: eine steigende Bedeutung der Werte, eine erhöhte internale Wertschätzung derjenigen Anstrengungen, die für die Zielerreichung eingesetzt werden sowie für die Zielerreichung selbst, ein zunehmendes Bewusstsein für die eigene Leistungsfähigkeit, erhöhtes Selbstwertgefühl, Zunahme des Vertrauens in eine bessere Zukunft, zunehmende Selbstverpflichtung und wachsendes Vertrauen in die Führungsperson. Das Motivationssyndrom selbst ist nicht beobachtbar, jedoch aus dem Verhalten der Personen ableitbar (z. B. durch die Übernahme zusätzlicher, ggf. auch unangenehmer Aufgaben). Die Autoren gehen davon aus, dass das genannte generische Führungsverhalten das Motivationssyndrom auslöst und diesem wiederum das Bindungssyndrom entstammt, unter dem die Verhaltenseffekte der Mitarbeitenden zusammengefasst sind (vgl. House & Shamir 1995: 889-891).
Auch zum spezifischen Ort charismatischer Führung äußern sich die Verfasser. Bedingungen für charismatisches Führungsverhalten sind dann

gegeben, wenn „streßhafte Situationen“ (House & Shamir 1995: 891) für Geführte vorliegen. Sie sind der Auffassung, dass „Krisen die Entstehung charismatischer Führung erleichtern“ (House & Shamir 1995: 891), setzen sie jedoch nicht voraus. Insgesamt gehen House und Shamir davon aus, dass bei psychischen Belastungen von Geführten und bei hoher Unsicherheit von Organisationen oder bei Verunsicherung der in ihr tätigen Menschen charismatische Führung wahrscheinlicher ist, da unter diesen Situationen das Auftreten entsprechender Personen und die Wahrnehmung ihres Erfolges eher anzunehmen ist (vgl. House & Shamir 1995: 891-893).

2.6.3 Zur Kritik an den Ansätzen charismatischer Führung

Zentraler Kritikpunkt an den charismatischen Führungskonzepten ist die ideologische, entmündigende Funktion, die charismatische Führung haben kann (vgl. Hentze 2005: 197f, Gebert 2002: 221, Neuberger 2002: 215-221). Unter dem Anspruch von Freiheit und Emanzipation, oder mit Kant gesprochen der Befreiung des Subjekts aus ‚selbstverschuldeter Unmündigkeit’[96] trägt charismatische Führung den Kern des Verbleibens in Unmündigkeit in sich: Die Unterwerfung unter eine Person oder Organisation, die Lösungen und Zukunftsorientierungen entwirft und sich dazu der Gefolgschaft von Menschen bedient, steht in Spannung zu solchen Werten, die mit Autonomie und Individualität verbunden sind[97].
Charismatische Führung kann interpretiert und entsprechend dahingehend ausgestaltet werden, dass sie als Unterwerfung unter vermeintliche (Führungs-) Größen oder Organisationsziele wirkt, dass sie insbesondere in Krisenzeiten einfache Lösungen als gangbare Wege suggeriert, sodann Sinndeutung durch einfache und vereinfachende Interpretationsmuster

96 Kant hat in dem Aufsatz „Beantwortung der Frage: Was ist Aufklärung?“ formuliert: „Aufklärung ist der Ausgang des Menschen aus seiner selbst verschuldeten Unmündigkeit. Unmündigkeit ist das Unvermögen, sich seines Verstandes ohne Leitung eines anderen zu bedienen. Selbstverschuldet ist diese Unmündigkeit, wenn die Ursache derselben nicht am Mangel des Verstandes, sondern der Entschließung und des Mutes liegt, sich seiner ohne Leitung eines andern zu bedienen. Sapere aude! Habe Mut dich deines eigenen Verstandes zu bedienen! ist also der Wahlspruch der Aufklärung.“ (Kant 1783: 53)

97 Wunderer formuliert unter dem Stichwort ‚Wertewandel’ Konsequenzen für die Wahrnehmung von Führung: „Dabei erhalten im Führungsprozess Werte wie Unabhängigkeit, Gleichberechtigung, Überzeugungsfähigkeit wachsendes Gewicht. Dagegen nimmt die Bedeutung von Gehorsam, formaler Autorität und Einordnung ab“ (Wunderer 2003: 306f).

vornimmt, dass sie Emotionalität freisetzt, um Rationalität zu überdecken oder auszublenden, dass sie ein Gemeinschaftsgefühl herstellt, in dem der Einzelne sich selbst aufzugeben hat und dass sie zum unkritischen, die eigene Identität ausblendenden Nacheifern von (Führungs-) Vorbildern aufruft (vgl. Neuberger 2002: 215-221). Die Gefahr besteht, durch die Unterwerfung unter eine charismatische oder eine als charismatisch idealisierte Person die eigene Identität zu verlieren oder gar nicht erst auszubilden. Ebenfalls besteht die Gefahr, durch die Identifikation mit solchen Personen bzw. deren Visionen und Werten inhumane Verhaltensweisen zu praktizieren und anderen Schaden zuzufügen.

Somit ist festzuhalten: ein zentrales Problem charismatischer Führung ist ihre potentielle ideologische Funktion, die mögliche Entmündigung des Einzelnen und die in den Konzepten liegende Unterwerfung unter (charismatische) Personen und/oder unter (visionäre) Organisationsziele. Charismatische Führung kann zur Manipulation missbraucht werden. In Anwendung der Unterscheidung von offenen und geschlossenen Mustern besteht „eine Affinität zur geschlossenen Gesellschaft und damit zwar eine Nähe zu ihren Vorzügen, aber auch zu ihren Gefahren“ (Gebert 2002: 221), die in der extremen Ausprägung durch Dogmatismus und Ideologisierung gegeben sind.

Ein weiterer Kritikpunkt besteht in der Problematik, dass auch bei charismatischer Führung nicht auf Strukturen verzichtet werden kann, um die Wirkungen in Organisationen nutzbringend zu kanalisieren (vgl. Hentze 2005: 196f). Gleichzeitig müssen charismatische Persönlichkeiten nicht zwangsläufig auch kompetent im Umgang mit Strukturen sein. Hentze u. a. fassen dies treffend zusammen: „Es besteht die mit erheblichen Kosten für die Organisation verbundene Gefahr, dass charismatische ‚Blender’ zwar das ‚Impression Management’ virtuos beherrschen, aber keine darüber hinausgehenden Führungs- und Managementqualitäten aufweisen“ (Hentze 2005: 196). Hier zeigt sich die Problematik charismatischer Führung in Organisationskontexten.

Gebert (vgl. Gebert 2002: 222f) macht auf die Gefahr von wechselseitigen Abhängigkeiten und Homogenisierung als weitere Problemstellung aufmerksam. Da charismatische Führung die Identifikation der gesamten Gruppe oder aller Organisationsmitglieder mit bestimmten Visionen, Werten und Zielen anstrebt und auf das Selbstkonzept der Personen zielt, besteht die Möglichkeit der Vereinheitlichung in Denken und Handeln. Bilden aber gerade Wandel und Umbruch den spezifischen Ort charis-

matischer Führung, dann bedarf es der „Heterogenität der Perspektiven" (Gebert 2002: 222), um Innovation zu generieren[98].
Aus diesen Kritikpunkten folgt zunächst, dass charismatische Führung erhebliche Gefahren und dysfunktionales Potential in sich birgt. Dies ist bei Anwendung charismatischen Führungsverhaltens und der Aufnahme charismatischen Führungsverhaltens in Führungskonzeptionen mitzubedenken.
Gleichzeitig ist jedoch auch gezeigt worden, dass charismatisches Führungsverhalten Energien mobilisieren und Kräfte stimulieren kann, die sinnvolle, hochwertige und ethisch legitime Ziele anstreben. Charismatische Führung bietet Orientierung und beseitigt Unsicherheit, wodurch insbesondere in Veränderungsanforderungen entsprechende Leistungspotentiale freigesetzt werden können. Daher sprechen eine ganze Reihe von Gründen dafür, charismatische Führung als einen Bestandteil von Führungsverhalten zu behaupten und Führungsverhalten entsprechend zu gestalten. Damit dies allerdings weitgehend ohne die Risikopotentiale und Dysfunktionalitäten geschehen kann, wird hier ausgehend von den Konzepten charismatischer Führung eine Weiterentwicklung vorgeschlagen.

2.6.4 Weiterentwicklung der charismatischen Führung

Nachfolgend wird auf der Grundlage der vorstellten Konzepte eine Weiterentwicklung charismatischer Führung vorgenommen. In Korrespondenz mit der eigenschaftstheoretischen Führungsforschung ergeben sich Hinweise zu den Persönlichkeitsmerkmalen, die Führungskräfte auszeichnen, wollen sie erfolgreich charismatisches Führungsverhalten einsetzen. Bezogen auf das Führungsverhalten zeigt sich Vermittlungsarbeit mit den entsprechenden Konsequenzen im Führungsverhalten (bspw. die Wahrnehmung symbolischen Führungsverhaltens) als zentrale Anforderung. Die Wirkung auf die Geführten zeigt, dass wesentliche Annahmen aus der Motivationsforschung zum Tragen kommen. Die Vision als zentrales Element charismatischen Führens wird an Werte und Ziele gebunden. Schließlich erweisen sich Wandel und Umbruch sowie Innovationsanforderungen als wesentliche Situationsbedingungen.

---

98 Auf die ASA-Theorie wurde bereits hingewiesen (vgl. Kap. 2.2.6). Die Möglichkeit, dass eine entsprechend der Theorie verlaufende Abfolge von Anpassungen eintritt, ist insofern bei charismatischer Führung auch gegeben, da hier die charismatische Person und/oder die ‚Idee' in Form der Vision das Profil bestimmen, sodann Personen mit Affinitäten dazu anziehen und entsprechende negative Wirkungen auslösen.

Ziel dieses Vorgehens ist es, die Stärke charismatischer Führung für die Ausübung von Führungsverhalten zu nutzen und charismatisches Führungsverhalten in eine Führungskonzeption einzubeziehen, dabei jedoch die spezifischen Schwächen, insbesondere potentiell ideologische Funktionen strukturell auszuschließen. Daher wird charismatische Führung mit den Ergebnissen aus den bislang erarbeiteten Zugängen zur Führungsforschung verbunden und mit einem deutlich ‚rationalen Zug' ausgestattet.

2.6.4.1 Führungsperson und charismatische Führung

Die Konzeptionen von House, von Conger und Kanungo, sowie von House und Shamir gehen explizit davon aus, dass bestimmte Eigenschaften in Personen gegeben sein müssen, um charismatisches Führungsverhalten auszuüben. In zusammengefasster Form lassen sich folgende Eigenschaften nennen:

- Dominanz, Einflussstreben
- Selbstvertrauen, Überzeugung von der Richtigkeit der eigenen Werte
- Risikobereitschaft
- kognitive Fähigkeiten
- Einfühlungsvermögen.

Dabei wird insbesondere im ersten Ansatz von House beschrieben, dass diese Eigenschaften ‚überdurchschnittlich' vorhanden sein müssen. Den anderen Ansätzen ist ebenfalls zu entnehmen, dass sie bei ‚Charisma' auf außergewöhnliche Ausprägungen rekurrieren[99]. Die Annahme von Per-

---

99 Die Frage, ob und wie ein ‚Charisma' unter übliche Eigenschaftslisten zu subsumieren ist, lässt sich mit den Hinweis auf Personeneigenschaften als Kontinuum lösen. So kann eine prototypische Eigenschaft sich stets in zwei Richtungen entwickeln: einmal in Richtung ihrer Verstärkung (Hyper-Repräsentativität), zum anderen in Richtung der Abschwächung (Anti-Repräsentativität). Werden Personeneigenschaften sozusagen als Zwischenschritt zwischen der prototypischen Klassifizierung und ihren beiden Extremen als ‚charismatisch' beschrieben, führt dies zu einer Sichtweise von ‚Charisma', bei dem eine höhere Intensität als in der Prototypikalität anzunehmen ist, jedoch eine geringere als in der extremen Form. So kann die Persönlichkeitseigenschaft ‚engagiert' zum charismatischen Verhalten entweder von ‚leidenschaftlich' oder ‚gelassen' führen, in den Extremen jedoch zu ‚fanatischem' oder ‚teilnahmslosem' Verhalten (vgl. Neuberger 2002: 157-159). Da auch die Faktoren des ‚Fünf-Faktoren-Modells der Persönlichkeit' als Kontinuum zu verstehen sind, lässt sich hier ein schlüssiger Umgang mit ‚charismatischen' Eigenschaften finden, da sie dann durchaus beschreibbar und messbar sind und sich nicht wegen ihrer ‚außeralltäglichen' Orientierung diesem entziehen.
Dieses Denkmodell findet sich bereits bei Aristoteles. In der ‚Nikomachischen Ethik' wird die Frage der Intensität von Werten beleuchtet und damit auf deren Spannungen hingewiesen. Zuviel und Zuwenig, Rigorismus und Opportunismus sind andere Vokabeln, die die Fragestellung erfassen (vgl. Berkel 2006: im Druck).

soneneigenschaften als Voraussetzung für die Ausübung charismatischen Führungsverhaltens weist in die Forschungen zur Eigenschaftstheorie. Dort wurde die Auffassung gewonnen, dass mit dem ‚Fünf-Faktoren Modell der Persönlichkeit' eine mögliche und sinnvolle Kategorisierung von Eigenschaften gefunden wurde, in die auch die Eigenschaften für erfolgreiches Führen einzuordnen sind.

Dies gilt dann auch für Eigenschaften, die dem charismatischen Führungsverhalten zuzuordnen sind. Risikobereitschaft, Dominanz und Einflussstreben sind dementsprechend dem Faktor ‚Extraversion' zu zurechnen. Selbstvertrauen und Überzeugung von den eigenen Werten dem Bereich der ‚emotionalen Stabilität'. Die Forderungen nach ‚Inspiration' und ‚intellektueller Stimulation' setzen Kreativität und Phantasie voraus und sind ein Aspekt des Faktors ‚Offenheit'. Kommunikationsfähigkeit und Vermittlungskompetenz (z.B. von Visionen) setzen Personeneigenschaften voraus, die ebenfalls die Faktoren Ex-traversion, emotionale Stabilität und Offenheit berühren. Es ist somit anzunehmen, dass zur Wahrnehmung charismatischer Führung in den Faktoren ‚Extraversion', ‚emotionale Stabilität' und ‚Offenheit' entsprechend deutliche Ausprägungen vorhanden sein müssen.

Hinsichtlich der Faktoren Verträglichkeit und Gewissenhaftigkeit ergibt sich ein offeneres Bild. Auf die Erfolgsrelevanz des Faktors ‚Verträglichkeit' für erfolgreiches Führen für größere Organisationen, nicht aber für kleinere wurde bereits hingewiesen (vgl. Kap. 2.2). In Bezug auf charismatisches Führungsverhalten ist denkbar, dass eine weniger starke Ausprägung erfolgsbedeutend ist, wenn die abgrenzenden Anteile für bspw. die Gegenwart in Frage stellende Visionen stärker gewichtet werden. Ähnliches gilt für den Faktor ‚Gewissenhaftigkeit'. Es ist denkbar, dass der Umgang mit Visionen erlaubt, in Organisationsfragen nachlässiger zu sein. Umgekehrt wurde allerdings deutlich, dass auch organisationsbezogene Kompetenzen erforderlich sind, um die Wirkungen charismatischer Führung nutzbringend aufgreifen zu können. Daher sind situative Bedingungen einzubeziehen, um hinsichtlich der mit den Faktoren ‚Gewissenhaftigkeit' und ‚Verträglichkeit' verbundenen Eigenschaften Aussagen über erfolgreiches bzw. nicht erfolgreiches charismatisches Führungsverhalten treffen zu können.

Festzuhalten ist, dass in den Faktoren ‚Extraversion', ‚emotionale Stabilität' und ‚Offenheit' positive Ausprägungen in den Personeneigenschaften vorausgesetzt sind, um charismatisches Führungsverhalten anzuwenden.

Auf dieser Basis können „durch Selektion und Entwicklung Führungspersonen mit erwünschten Charismaeigenschaften identifiziert und gefördert

werden“ (Hentze 2005: 199). Als solche ‚erwünschte' Eigenschaften werden unter Berufung auf House und Howell sowie Howell und Avolio benannt, dass charismatische Führung und die darin enthaltene Macht nicht zum eigenen Nutzen, sondern zum Vorteil anderer ausgeübt wird. Kritik ist zu berücksichtigen und daraus sind Konsequenzen zu ziehen. Auch und gerade im Rahmen charismatischer Führung ist zu unabhängigem Denken und zum Hinterfragen der Führungskräfte anzuleiten. Kommunikation ist dialogisch zu orientieren und nicht einseitig von der Führungsperson zum Geführten. Geführte sind zu fördern und ihre Entwicklungspotentiale anzusprechen. Insgesamt sind hohe moralische Anforderungen an die Führungskräfte zu stellen (vgl. Hentze 2005: 199).
Damit kommen Werte in den Führungszusammenhang, die sich inhaltlich auf das gemeinsame Wohl und die Sozialität beziehen. Festzuhalten ist, dass charismatische Führung, wie die hier besprochene Führung überhaupt sich in Organisationskontexten realisiert und daher sich eine Organisation als Gesamt mit der Einordnung charismatischer Führung in ihren Wertehorizont zu beschäftigen hat. Dies gilt sowohl für das Führungskollektiv als auch für andere Kontroll- und Mitbestimmungsgremien.

2.6.4.2 Führungsverhalten und charismatische Führung

Charismatische Führung wird durch bestimmte Verhaltensweisen ausgeübt. Komprimiert ergeben sich aus den Ansätzen folgende Führungsverhaltenweisen:

- Artikulation und Vermittlung von Visionen, Werten und Zielen
- Sinnstiftung, Betonung kollektiver Identitäten, Versorgung mit deutenden Erklärungen, Einordnung in historische Kontexte
- Vermittlung von hohen Erwartungen, Inspiration, Weckung von Motiven und Bedürfnissen
- Vermittlung von hohem Zutrauen in die Geführten, Anerkennung von Wert und Wirksamkeit der Geführten sowie der Gemeinschaft, Kompetenzförderung, individuelle Beachtung
- Vorbildfunktion, ungewöhnliches und innovatives Verhalten, Engagement für die Vision bis hin zu persönlicher Opferbereitschaft, Fairness, Übernahme der Sprecherfunktion
- kommunikative Kompetenz, symbolisches Führungsverhalten, Impression Management.

Charismatisches Führungsverhalten, so zeigt sich, ist im wesentlichen durch Vermittlungsaufgaben geprägt. Die Vision, die hohen Erwartungen und das Zutrauen in die Leistungsfähigkeit müssen durch die Führungskraft ‚vermittelt' werden. Damit korrespondieren einerseits kommunikative Kompetenz, symbolisches Führungsverhalten und Impression Management. Anderseits bedarf charismatisches Führungsverhalten einer durch die Geführten wahrzunehmenden Kongruenz mit den vermittelten Inhalten. Dies wird durch die erwartete ‚Vorbildfunktion', Risikobereitschaft oder ‚Opferbereitschaft' formuliert und kann mit den Begriffen ‚Kongruenz' und ‚Glaubwürdigkeit' zu-sammengefasst werden. Um zu verdeutlichen, dass allein die Kommunikation von Vision und Zutrauen usw. nicht ausreicht, wird der Terminus ‚Vermittlung' gewählt. Damit wird erfasst, dass Glaubwürdigkeit und Kongruenz an die Kommunikation gebunden sind, um Geführte entsprechend einzubinden. Empirisch findet sich dies bestätigt durch verschiedene Studien, deren Ergebnisse sich wie folgt zusammenfassen lassen: „Die Kommunikation einer Idee an sich ist für die Zuschreibung transformational-charismatischer Führung nicht hinreichend. Die Kommunikation muss vielmehr glaubwürdig erscheinen und diese Glaubwürdigkeit wird an *spezifischen* Zeichen (u. a.: Opfer erbringen) abgelesen" (Gebert 2002: 219).

Damit verbunden ist ein zweiter Aspekt. Die Ausübung charismatischen Führens basiert sehr stark auf einer Beziehung zu den Mitarbeitenden: „Eine charismatische Führung stellt im Kern eine spezifische Führer-Geführten-*Beziehung* dar" (Gebert 2002: 215). Das Spezifische der Beziehung lässt sich mit dem Begriff „vertrauensvoll" (Gebert 2002: 217) charakterisieren. Die Gestaltung von Beziehungen als vertrauensvoll erlebte Beziehungen ist eine Anforderung an Führungspersonen, die charismatische Führung wahrnehmen. Diese Beziehungsgestaltung kann nur dann glaubwürdig gelingen, wenn erstens die Führungsperson sich entsprechend verhält und zweitens die gesamte Organisation entsprechend ausgerichtet ist. Damit ist auch hingewiesen, dass charismatische Führung nicht allein durch einzelne Personen ausgeübt werden kann, sondern durch entsprechende Maßnahmen in die Gesamtorganisation einzubinden ist.

Unter diesen Voraussetzungen werden die genannten Verhaltensweisen als charismatisches Führungsverhalten wahrgenommen und entfalten die beabsichtigte Wirksamkeit. Allerdings stellt sich gleichzeitig mit den Verhaltensweisen die Frage nach den Inhalten, die kommunikativ vermittelt werden und für die Kongruenz oder Risikobereitschaft erforderlich sind. Diese sind wiederum an Werte zu binden und bedürfen einer Abstimmung mit dem Gesamt der Organisation.

Zu den Eigenschaftstheorien besteht die Verbindung, dass solches Führungsverhalten auf Eigenschaftsausprägungen beruht, die unter emotionaler Stabilität, Offenheit und Extraversion zu fassen sind.

Eine weitere Verbindung besteht zu den Ergebnissen der motivationstheoretischen Führungsforschung. Dazu sind zunächst die Wirkungen dieses Führungsverhaltens auf die Geführten einzubeziehen und sodann eine Weiterentwicklung vorzunehmen, die ein weiteres Mal charismatische Führung in Kontexte einbindet und dadurch die Gefährdungen strukturell minimiert.

2.6.4.3 Wirkung charismatischer Führung auf die Geführten

Die verschiedenen Ansätze gehen davon aus, dass charismatische Führung in den Geführten Wirkungen auslöst. Folgendes Bild ergibt sich:

- Identifikation mit der Führungskraft und der Organisation; Vertrauen in die Richtigkeit der Vorgaben, Werte, Visionen bzw. Identifikation mit den Visionen, Werten und Zielen; Identifikation mit der Gemeinschaft und den Organisationszielen
- Verpflichtung und Loyalität gegenüber der Führungsperson bzw. der Gemeinschaft oder Organisation; Rücknahme individueller Bedürfnisse zugunsten des Verpflichtungscharakters
- Steigerung des Selbstwertes und der Selbstachtung
- Zutrauen in die Leistungsfähigkeit
- Leistungsbereitschaft, Opferbereitschaft und Engagement.

Zwei zentrale Pole zeichnen die Wirkungen charismatischer Führung aus: Identifikation und Commitment sowie Steigerung des Selbstwertes und Zutrauen in die Leistungsfähigkeit.

Der eine Pol besteht in der Identifikation mit der Führungsperson und ihren Visionen und Werten oder in den charismatisch-transformationalen Ansätzen mit der Vision und den Zielen der Organisation, verbunden mit Commitment und Loyalität. Die klassisch charismatischen Ansätze setzen eher auf die Identifikation mit der Führungsperson, die charismatisch – transformationalen eher auf die Identifikation mit der Vision. Wichtig ist bei beiden das Commitment, die Verpflichtung oder Loyalität.

Empirische Studien zeigen, dass eine Abfolge in der Bindung zur Führungsperson und zur Organisation besteht. Demnach „setzt die Bereitschaft, sich für das Kollektiv einzusetzen, offenbar zunächst einmal voraus, sich für den Führenden einzusetzen" (Gebert 2002: 217). Commitment und Loyalität sind als zweistufiger Prozess zu verstehen, in dem aus der Verpflichtung gegenüber der Führungskraft das Commitment gegenüber der Gemeinschaft erwächst (vgl. Gerbert 2002: 217).

Unter ‚Commitment' ist allgemein eine ausgeprägte emotionale Bindung von Individuen zu verstehen, die insbesondere in Organisationskontexten bezogen auf Organisationsmitglieder gegeben sein kann (vgl. Kieser 1995:

1442)[100]. Commitment gegenüber der Führungsperson oder Organisation ermöglicht überdurchschnittliches Engagement, da Commitment die Funktion hat, individuelle Bedürfnisse zugunsten der Anforderungen der Führungskraft bzw. der Organisationzurückzustellen[101].
Der zweite Pol ist gekennzeichnet durch die Steigerung des Selbstwertes und der Selbstachtung in Verbindung mit dem Zutrauen in die Leistungsfähigkeit. Sichtbare Wirkung sind Leistungsbereitschaft und Engagement. Charismatisches Führungsverhalten zielt demnach darauf ab, Menschen vom Sinn der Aufgabe (Mission) zu überzeugen und ihnen Selbstachtung

---

100 In amerikanischen Kontexten wird zwischen verschiedenen Commitment-Konzepten unterschieden. Ein aus der Einstellung resultierendes Commitment (einstellungsorientiertes Konzept) hat die Übereinstimmung zwischen der Person und den Werten und Zielen einer Organisation zur Grundlage. Aus dieser Übereinstimmung erwächst das Engagement für die Organisationsziele. Ein aus dem Verhalten resultierendes Commitment (verhaltensorientiertes Konzept) basiert auf dem faktischen Engagement für eine Organisation (dabei ist unerheblich, wodurch der Einsatz zunächst ausgelöst wird) und dem Bedürfnis von Individuen, für dieses Verhalten Rechtfertigungen zu finden. Diese Rechtfertigungen haben eine prägende Wirkung auf die Einstellungen der Person. In einem dritten Konzept wird Commitment als Resultat einer moralischen Verpflichtung gegenüber der Organisation begriffen.
Kieser weist überdies darauf hin, dass Commitment sich nicht nur auf Organisationen beziehen kann, sondern auch gegenüber einer Aufgabe, bestimmten Werten oder einem Beruf bestehen kann (vgl. Kieser 1995: 1442f).
Die Begriffe ‚Commitment' und ‚Loyalität' meinen zwar ähnliches, sind jedoch zu unterscheiden. Loyalität erfasst einen Zustand, bei dem „eine Bindung aus Pflicht und Berechnung mitschwingt" (Kieser 1995: 1442). Die ‚Bindung' ist das Gemeinsame von Loyalität und Commitment, das Unterscheidende ist der Grund dieser Bindung. Loyalität hat eher eine rationale Note, nach der es bspw. trotz Unzufriedenheiten sinnvoll sein kann, sich in hohem Maße für eine Organisation einzusetzen. Commitment hingegen beruht stärker auf einer emotionalen Bindung an die Organisation (vgl. Kieser 1995).
Eine Weiterführung und Präzisierung der Arbeiten am Commitmentbegriff stellen die Auseinandersetzungen mit zugrundeliegenden Einstellungen und Werten dar sowie die Hinweise auf gezielte Programme zum Umgang mit Werten (vgl. Six & Felfe 2004).

101 Dieser Sachverhalt ist unter der Bezeichnung ‚Organizational Citizenship' oder ‚Organization Citizenship Behaviour' (OCB) zu fassen, hierzulande auch mit „Organisationsbürger" ‚bürgerschaftlichem Engagement' oder ‚übervertraglichem Verhalten' bezeichnet. Gemeint ist ein zusätzliches Engagement von Individuen, das über durch Verträge und Regelungen einzuforderndes Engagement hinaus geht. Dieses Verhalten wird im Einzelfall relevant, ist nicht in Zielvereinbarungen festzuhalten und ist nicht zwangsläufig mit Freude verbunden. Begriffe wie Altruismus, Gewissenhaftigkeit, Rücksichtnahme, Einsatz für die Gemeinschaft oder Belastbarkeit beschreiben dieses Verhalten. Studien belegen, dass ein hohes ‚übervertragliches Verhalten' ein signifikanter Erfolgsfaktor einer Organisation ist (vgl. Nerdinger 2004, Gebert 2002: 105f).
OCB-Verhalten ist „für innovatorische Prozesse unersetzlich" (Gebert 2002: 217) und an den genannten Prozess der Verpflichtung gegenüber der Führungskraft und daraus folgend an die Organisation gebunden (vgl. Gebert 2002: 217).

und Selbstvertrauen ebenso zu vermitteln wie das Vertrauen, über diejenigen Potentiale zu verfügen, die zur Realisierung der Vision erforderlich sind.

Diese beiden Pole weisen vier wesentliche Bezüge zu den Motivationstheorien auf. Erstens der Umgang mit den Fähigkeiten, zweitens die Beeinflussung der Erwartungen, drittens die Beeinflussung des Willens und viertens die Stimulierung intrinsischer Motive.

2.6.4.3.1 Charismatische Führung und Fähigkeiten

Charismatische Führung will das Vertrauen in die Fähigkeiten der Geführten zur Bewältigung der Aufgaben stärken und entsprechendes Selbstwertgefühl vermitteln. Fähigkeiten und Erwartungen sind im Motivationsprozess von Bedeutung. Es war hingewiesen worden, dass zwischen überdauernden, nicht erweiterbaren und erweiterbaren Fähigkeiten zu unterscheiden ist. Hinsichtlich der Fähigkeiten besteht eine Verbindung zwischen dem Motiva-tionsprozess und charismatischer Führung, da eine Führungskraft durch entsprechende Maßnahmen die (erweiterbaren) Fähigkeiten der Mitarbeitenden ausweiten kann. Damit steigert sie das Vertrauen der Geführten, die Visionen realisieren zu können. Einsicht in die nicht erweiterbaren Fähigkeiten bindet die Vision an die Wirklichkeit.

2.6.4.3.2 Charismatische Führung und Erwartung

Charismatische Führung erreicht, dass in den Mitarbeitenden das Vertrauen entsteht, über die zur Realisierung der Vision erforderlichen Potentiale zu verfügen. Damit setzt charismatische Führung bei den Erwartungen als Bestandteil des Motivationsprozesses an. Die Erwartungen haben im Motiva-tionsprozess eine zentrale Funktion. Die Erwartung, Aufgaben bewältigen zu können, ist darin enthalten. Hingewiesen wurde bereits auf den von Bandura übernommenen Begriff der Wirksamkeitserwartung (self-efficacy-expect-ation). Damit ist erfasst, eine Erwartung der Wirksamkeit eigenen Handelns zu haben, also die für das Erreichen eines Ergebnisses erforderliche Handlung auch ausüben zu können (vgl. Rheinberg 2004: 138-141). Insofern es der charismatisch führenden Person gelingt, die Erwartung der Mitarbeitenden dahin-gehend zu beeinflussen, sich die Bewältigung derjenigen Aufgaben zuzutrauen, die zur Realisierung der Vision erforderlich sind, wirkt sie zielgerichtet auf den Motivationsprozess ein und erreicht, ein zentrales Element charismatischer Führung, die Steigerung des Selbstwertes umzusetzen.

2.6.4.3.3 Charismatische Führung und Volition

Charismatische Führung bewirkt die Bindung an die Führungsperson, die Organisation und die Vision. Charismatische Führung wird damit zu einem Führungsverhalten, das Mitarbeitende zum Engagement für eine von ihnen akzeptierte Vision bewegt, ggf. auch, wenn andere Bedürfnisse dafür zurückgestellt werden müssen. Wie gesehen kommt dabei dem Willen oder der Volition eine wichtige Bedeutung im Motivationsprozess dann zu, wenn und insoweit widerstreitende Motivationsprozesse vorliegen. Charismatisches Führungsverhalten will eine Willensentscheidung für die Realisierung der Vision erreichen.
Damit dies gelingen kann, ist, wie im Rahmen der Bearbeitung der Motivationstheorien ausgeführt, der ‚subjektiv erlebte Freiheitsspielraum' erforder-lich. Das Individuum muss einen Freiheitsspielraum wahrnehmen können, um eine Entscheidung für die Realisierung der Vision zu treffen. Commitment kann nur dann entstehen, wenn die Person die Freiheit wahrnimmt, sich entscheiden zu können.

2.6.4.3.4 Charismatische Führung und intrinsische Motive

Charismatische Führung ist auf intrinsische Anreize angewiesen, wenn Leistungsbereitschaft und Engagement bis hin zur Opferbereitschaft bei den Geführten realisiert werden sollen. Intrinsische Motive liegen dann vor, wenn eine Handlung um ihrer selbst willen geschieht. Damit die Bewertung vorgenommen werden kann, eine Handlung um ihrer selbst willen auszuüben, sind das Erleben einer positiven Herausforderung durch die Bewältigung einer Aufgabe sowie die Übereinstimmung mit eigenen Wertvorstellungen oder dem Selbstkonzept erforderlich. Daher muss die Aufgabe in Bezug auf die Persönlichkeit der einzelnen Mitarbeitenden so beschaffen sein, das diese sie als positiv stimulierende Herausforderung wahrnehmen. Gleichzeitig sind Inhalte von Visionen oder die Organisationsziele so zu konturieren, dass sie den Wertvorstellungen der Geführten entsprechen. Dadurch findet eine weitere Einbindung charismatischen Führungsverhaltens in Reflexionskontexte von Organisationen statt.

2.6.4.4. Vermittlung von Visionen, Werten und Zielen durch charismatische Führung

Es wurde aufgezeigt, dass die Vision und die Kommunikation der Vision eine zentrale Bedeutung in der Ausübung charismatischer Führung haben. Charismatische Führung setzt darauf, die Perspektive auf die Zukunft zu lenken und dadurch bspw. Lähmungen, die sich aus den Problemen der Gegenwart ergeben, zu überwinden. Hier liegt eine wesentliche Stärke dieses Führungszugangs.

Mit der Vision verbunden sind einerseits die damit einhergehenden Werte. Legt man eine allgemeine Definition von ‚Werten' zugrunde, handelt es sich dabei um etwas als wünschenswert Erachtetes, das von einer Gruppe von Menschen (bspw. den Mitgliedern einer Organisation oder einer Gesellschaft) entsprechend gewertet und wertgeschätzt wird[102]. So kann bspw. mit einer Vision der Wert der Gerechtigkeit verbunden sein. Durch diesen Schritt soll erreicht werden, die Moralität und Legitimität einer Vision zu sichern oder zumindest die mit der Vision verbundenen Werte transparent zu machen.

Andererseits besteht die Notwendigkeit der Verbindung der Vision mit Zielen. Mit Gebert liegt nahe, Visionen und Ziele aufeinander zu beziehen, allerdings zu unterscheiden. Demnach sind Visionen dadurch gekennzeichnet, dass sie qualitativ ausgerichtet sind. Sie stellen eine längerfristige Perspektive dar mit dem damit verbundenen Vorzug, Stabilität

---

102 Der Begriff ‚Wert' hat keine eindeutige Definition. So unterscheidet bspw. Kant zwischen absoluten und relativen Werten, billigt dabei der als Zweck an sich existierenden Person einen absoluten Wert zu. Nietzsche wendet sich gegen einen objektiven, ontologischen Wertbegriff und verweist darauf, dass Werte ‚geschaffen' werden, in dem Menschen an ‚Dingen' Bestimmtes ‚schätzen'. Dagegen sieht Lotze Werte als etwas Unbedingtes an. In der Wertethik Schelers sind Werte durch die Intuition zugängliche Phänomene, die sodann in eine vierstufige Hierarchie aufgeteilt werden. Andere Vorstellungen gehen von irrationalen Anteilen bei der Bestimmung von Werten aus. Der Streit um die Werturteilsfreiheit der Wissenschaften mit der Annahme, dass Werturteile sich nicht durch objektive oder intersubjektive Kriterien begründen lassen, geht auf Weber zurück. In der Kritischen Theorie beschreibt Habermas dagegen die Vorstellung einer Diskursethik, durch die verbindlicher Wertekonsens möglich ist (vgl. Pieper 2001).

In der Ökonomie wird zwischen dem Gebrauchswert, der sich auf die Fähigkeit einer Ware zur Bedürfnisbefriedigung bezieht und dem Tauschwert unterschieden, der den Marktpreis einer Ware erfasst (vgl. Nutzinger 2001).

Hier soll in einem allgemeinen Verständnis mit v. Rosenstiel Wert wie folgt verstanden werden: „Werte sind die in einer Gesellschaft geteilten Auffassungen von Wünschenswerten […]; sie liegen an der Schnittstelle zwischen der Gesellschaft und dem Individuum. Ihre Repräsentanz beim einzelnen wird als Werthaltung oder –orientierung bezeichnet" (v. Rosenstiel 1995b: 2175).

Der Einsatz von Werten, insbesondere in Führungs- und Organisationskontexten ist grundlegend von der Problematik bestimmt, eine ‚Tyrannei' spezifischer Werte zu fördern zu lasten einer nachrangigen Orientierung anderer, komplementärer Werte. Berkel schlägt zur Bearbeitung dieses Dilemmas ein ‚Wertequadrat' mit Eckpunkten vor, das eine Wertsynthese ermöglicht. Zur Vermittlung zwischen den Eckpunkten lässt diese Vorstellung eine Synthese zu, die die ‚Domestizierung' des jeweiligen Wertes gewährleistet. Bspw. lassen sich Erfolg und Moral aneinander binden, da Erfolgsstreben ohne Moral sich bis zur Inhumanität verselbständigen kann. Moral ohne Erfolgsorientierung jedoch bedeutet Verharren in ‚reiner Lehre' mit der Folge von Destruktion. Berkel nennt diese Wertsynthese ‚Tugend'. Die Arbeit mit dem ‚Wertequadrat' ermöglicht es, unterschiedliche und widerstrebende Werte auf ihre sich gegenseitig bedingenden und beeinflussenden Konsequenzen zu analysieren (vgl. Berkel 2006: im Druck).

aufzuweisen. Dies bedeutet jedoch, dass sie schwer messbar und gleichzeitig eher abstrakt sind und eher auf der emotionalen Ebene ansprechen. Damit zeigt sich, dass Visionen der Konkretion bedürfen. Die erforderlichen Konkretionen werden durch Ziele erfasst. Diese haben quantitative, kurzfristige Ausprägungen und sind messbar, konkret und berühren die kognitive Ebene (vgl. Gebert 2002: 208).
Mit der Bindung der Vision an Werte und Ziele wird eine Weiterentwicklung charismatischen Führungsverhaltens vorgeschlagen. Dies dient vor allem auch dazu, dem charismatischen Führungsverhalten einen wertorientierten und rationalen Zug zuzuordnen. Dieser entsteht, wenn erstens die mit den Visionen verbundenen Werte offen zu legen und zweitens Visionen durch Ziele zu konkretisieren sind.

2.6.4.5 Situationsbedingungen charismatischer Führung

In der Kritik wurde bereits deutlich, dass Situationsfaktoren einen entscheidenden Einfluss ausüben, ob charismatische Führung funktional oder dysfunktional ist.
Nachfolgend wird die Verbindung zu den Situationstheorien hergestellt, die -wie gesehen – als Ergebnis hervorgebracht haben, dass die Situation die Auswahl und Wirkung von Führungsverhalten beeinflusst.

2.6.4.5.1 Wandel und Umbruch

Die verschiedenen Konzepte machen unterschiedliche Aussagen zur Situationsgegebenheit charismatischer Führung. Einerseits gilt die Krise als Ort, anderseits die schwache, unstrukturierte Situation. Insgesamt ergibt sich kein einheitliches Bild.
Hier wird die Auffassung vertreten, dass charismatische Führung sich in der Situation von Wandel und Umbruch als erfolgsrelevant erweist und dies implizit und explizit aus den Konzepten zu folgern ist. Wandel und Umbruch markieren Veränderungserfordernisse, die in dem einen Fall, dem des Wandels, kontinuierlich sein können und im anderen Fall, dem des Umbruchs, abrupt und tiefgreifend. Nimmt man Wandel und Umbruch als spezifische Situationsbedingungen charismatischer Führung, kann offen bleiben, ob diese Anforderung durch eine Krise oder eine eher evolutionäre Veränderung bspw. einer Organisation hervorgerufen wird.
Die Ableitung von Wandel und Umbruch als Situationsbedingung charismatischer Führung ist aus den dargestellten Ansätzen zunächst deshalb zu folgern, da diese die ‚Vision' als zentrales Element charismatischer Führung behaupten. Damit wird angezeigt, dass es in der Ausübung von charismatischer Führung um Entwicklung und Veränderung geht. Die Vision lenkt die Erwartungen auf die Zukunft. Die Vision markiert einen

Weg, der von einem Status quo zu einem anderen Zustand führen soll. Somit kann für charismatische Führung angenommen werden, dass Veränderungssituationen charismatische Führung bzw. die Attribution charismatischer Verhaltensweisen fördern.
Nimmt man Wandel und Umbruch als Situation charismatischer Führung an, ergeben sich weiterhin Verbindungen zu den expliziten Annahmen der Konzepte. Dies gilt sowohl für die Annahme der Krise als Situationsbedingung als auch für die schwache, unstrukturierte Situation als entsprechenden Bezugspunkt charismatischen Führens. Denn eine bestehende Krise erfordert zur Bewältigung den Wandel bestehender Abläufe oder den Umbruch gewohnter organisationaler Verhaltensweisen. Wie stark oder radikal Wandel und Umbruch sein sollen, steht in Verbindung mit dem Ausmaß der Krise.
Auch die Vorstellungen, die die unstrukturierte Situation als Situationsbedingung charismatischer Führung ansehen, lassen sich der Situation von Wandel und Umbruch zuordnen. Veränderungen bedürfen insbesondere dann der charismatischen Führung, wenn die Richtung der Veränderung offen und nicht aus der Sache oder Situation evident ableitbar ist. Wäre die Bewegungsrichtung und der Maßnahmenkatalog, mit denen auf die Veränderungsanforderung zu reagieren ist, eindeutig und unbestritten, reichte eine einfache Kennzeichnung der zu unternehmenden Aktivitäten aus und die Situation wäre als ‚stark' zu kennzeichnen. Dies aber genau ist nicht der Fall, weshalb charismatische Führung erforderlich ist, um durch die vermittelte Perspektive Denkwelten und Verhaltensweisen zu verändern. Es ist ein Merkmal schwach strukturierter Situationen, dass sie auch hinsichtlich ihrer Entwicklungen offen sind und durch charismatisches Führungshandeln, zu dem die Artikulation und Kommunikation einer Vision gehört, Orientierung erhalten.

2.6.4.5.2 Innovation

Mit diesem Zugang zur charismatischen Führung korrespondiert der folgende: Wandel und Umbruch stellen an Organisation die Anforderung von Innovation[103]. Der Ansatzpunkt charismatischer Führung in der Innovati-

---

103 Innovation ist aktuell eine der entscheidenden Anforderungen an Unternehmen und Organisationen: „Durch mehr Innovation in allen betrieblichen Funktionsbereichen sollen Organisationen in Wirtschaft und Verwaltung in die Lage versetzt werden, in einer hyperkompetitiven Umwelt wettbewerbsfähig zu werden und zu bleiben" (Gebert 2002: 9). Gebert (vgl. Gebert 2002: 19f) benennt einige zentrale Faktoren, die ‚Innovation' in momentanen Gegebenheiten kennzeichnen. Innovation ist demnach zu verstehen als Produkt, das aus der Zusammenarbeit vieler Organisationsmitglieder entsteht (weniger aus der Genialität einzelner Personen), sodann als ständige, stets wachsende Entwicklung (weniger als plötzliche Veränderungs- bzw. Verbesserungs-

onsperspektive ist die Wahrnehmung einer Situation als veränderungsbedürftig und veränderungsfähig. Innovatives Handeln erfolgt demnach, wenn ein Mitarbeitender die Situation erstens als veränderungsbedürftig und zweitens als veränderungsfähig erkennt.

Veränderungsbedürftigkeit wird dann erkannt, wenn eine Situationsbewertung eine Soll-Ist-Abweichung erkennt: „Als veränderungsbedürftig wird eine Situation dann eingestuft, wenn der Geführte eine Diskrepanz zwischen einem Soll-Zustand und einem Ist-Zustand der betrieblichen Situation wahrnimmt. Die Höhe dieser Soll-Ist-Diskrepanz bestimmt dabei das Ausmaß der Veränderungsbedürftigkeit und damit den wahrgenommenen Bedarf an innovationsbezogenen Initiativen" (Gebert 2002: 88). Es wird deutlich: Innovation wird dann möglich, wenn Mitarbeitende in einer Situation ein Soll-Ist-Gefälle bewerten.

Allerdings ist die Wahrnehmung einer Veränderungsanforderung allein noch nicht hinreichend. Erst wenn ein Mitarbeitender die Situation gleichzeitig auch als veränderungsfähig einstuft, wird innovatives Handeln angezielt. Dieser „Prozess der zweiten Bewertung" (Gebert 2002: 88) setzt sich mit der Frage nach der Kontrollierbarkeit der Situation auseinander: „Die Situationskontrolle der Geführten ist durch den Grad der wahrgenommenen Veränderungsfähigkeit der Situation definiert; sie beschreibt das Ausmaß, in dem der Geführte meint, direkt durch eigenes Handeln oder indirekt über die Aktualisierung der Ressourcen anderer zur innovationsbezogenen Verbesserung der Situation beitragen zu können" (Gebert 2002: 88). Somit zeigt sich, dass die Bewertung der Veränderungsfähigkeit, damit die bewerteten Einflussmöglichkeiten des Individuum auf eine Situation (die Situationskontrolle) entscheidend mitbestimmt, ob innovationsrelevante Aktivitäten erfolgen oder nicht[104].

sprünge). Innovation wird demnach überall in der Organisation generiert (nicht nur in bestimmten Bereichen wie klassisch den Forschungs- und Entwicklungsabteilungen oder den ‚Denkzentralen' von Organisationen). Insgesamt ist Innovation „einerseits Antwort auf den Wandel der Umwelt, anderseits aber auch Beschleuniger dieses Wandels" (Gebert 2002: 19), mit der Folge von erheblicher Dynamik und hohem Zeitdruck. Führungskräfte stehen in der Aufgabe, durch ihr Führungsverhalten Innovation sowohl hinsichtlich Produkte oder Dienstleistungen als auch bezogen auf Verfahren und Prozesse zu erreichen.

104 Im dem Fall, dass eine Situation zwar als veränderungsbedürftig, nicht aber als veränderungsfähig angesehen wird, kann darauf reagiert werden, sich der Situation zu entziehen. Ist dies nicht möglich, wird die Soll-Ist-Diskrepanz durch Absenken des Soll-Niveaus oder durch Beschönigung des Ist-Zustandes subjektiv aufgehoben. Ergebnis ist, dass eine Situation nicht mehr als veränderungsbedürftig eingeschätzt wird. Solchen ‚resignativen Anpassungsprozessen' wohnt die Gefahr inne, auf weitere Situationen generalisiert zu werden (vgl. Gebert 2002: 88).

Empirische Untersuchungen zeigen, dass bei Vorliegen einer Situationsbewertung als veränderungsbedürftig und veränderungsfähig innovative Ideen generiert werden (vgl. Gebert 2002: 88f).
Wie gesehen reicht jedoch die Einschätzung einer Situation als veränderungsbedürftig nicht aus. Sondern es muss gleichzeitig erreicht werden, dass die Situation auch als veränderungsfähig eingeschätzt wird. Um dies zu erreichen, verfügt charismatische Führung über die weitere Möglichkeit, das Selbstwertgefühl der Geführten zu steigern und so dazu beizutragen, dass ihre Potentiale als relevant für Veränderungsprozesse bewertet werden (die Verbindungen zu den Motivationstheorien wurde oben schon aufgezeigt). Jene charismatischen Führungsverhaltensweisen, die die Steigerung des Selbstwertes und der Selbstachtung, des Zutrauens in die eigene Leistungsfähigkeit sowie die Leistungsbereitschaft und das Engagement bei Geführten ansprechen, sind in Bezug auf die Gestaltbarkeit von Situationen von Bedeutung (vgl. Gebert 2002: 219f). Unter Hinweis auf die kognitiven Aspekte in Innovationsprozessen unterstreicht Gebert, dass insbesondere „der Aspekt der intellektuellen Stimulierung innovationsbedeutsam“ (Gebert 2002: 220) sein dürfte. Dies wurde empirisch in einer entsprechenden Studie insofern aufgewiesen, als eine vorhandene Bereitschaft und Fähigkeit, Probleme grundlegend neu zu bearbeiten mit einem charismatischen Führungsstil positiv korrelieren (vgl. Gebert 2002: 220f).
Gebert spricht darüber hinaus an, dass Faktoren in der Persönlichkeit des Mitarbeitenden eine Rolle spielen, welches Führungsverhalten Individuen bevorzugen und charismatisches Führungsverhalten dementsprechend überladend oder aber kreativ stimulierend und ermutigend empfinden (vgl. Gebert 2002: 223). Auch dieser Aspekt ist für die Auswahl des Führungsverhaltens einzubeziehen.

2.6.5 Ergebnis der Befassung mit den Ansätzen charismatischer Führung

Charismatisches Führungsverhalten wird, bei Vorliegen der genannten Situationsbedingungen von Wandel und Umbruch mit daraus resultierenden Innovationsanforderungen, als erfolgsrelevantes Führungsverhalten behauptet. Der zentrale Wert liegt in der Gewährleistung von Orientierung und damit verbunden der Reduzierung oder Beseitigung von Unsicherheiten. Drei Vermittlungsprozesse sind durch entsprechendes Führungsverhalten zu leisten. Darüber hinaus spricht charismatisches Führungsverhalten intrinsische Motive an.

1. Charismatisches Führungsverhalten schafft Orientierung und reduziert Unsicherheit.

Für diese These gibt es deutliche Anhaltspunkte. Schwache Situationen sind gemäß der Definition dadurch gekennzeichnet, dass sie wenig Orientierung bieten. Ein weiterer Aspekt schwacher Situationen ist ihre Komplexität[105], wodurch die Unüberschaubarkeit groß und die Eindeutigkeit von Entscheidungen und deren Folgen gering sind. Ebenso ist dadurch eine gegebene hohe Umweltunsicherheit erfasst[106]. Daher lässt sich formulieren: „Eine transformational-visionäre Führung absorbiert Unsicherheit [...] und den mit der Unsicherheit verbundenen Stress, der die Kreativität behindern kann“ (Gebert 2002: 208).

Die Leistung charismatischer Führung, Orientierung zu bieten und Unsicherheit zu reduzieren begründet sich aus den Konzeptionen charismatischer Führung, insbesondere aus den dort beschriebenen spezifischen charismatischen Führungsverhaltensweisen selbst und deren Wirkungen in den Geführten. Gestützt sind die Annahmen durch empirische Untersuchungen.

Charismatisches Führungsverhalten realisiert sich u. a. durch die Vermittlung einer Vision und durch das Zutrauen in die Mitarbeitenden. Greift man diese Elemente charismatischen Führungsverhaltens heraus, zeigt sich bereits die orientierende Funktion. Die Vision gibt Orientierung. Sie

105 Um zu beschreiben, welche Bedingungen ein Problem zu einem komplexen Problem werden lassen, kann zwischen Situationsmerkmalen und Operatorenmerkmalen unterschieden werden.
Situationsmerkmale für ein komplexes Problem sind die Vielschichtigkeit der bedeutenden Variablen, die Dynamik der Veränderung durch äußere Faktoren, die Vernetztheit und Wechselwirkung zwischen den Problemvariablen, Intransparenz der Prozesse, vage Ziele sowie nicht lineare Zusammenhänge. Unter Operatorenmerkmalen sind die Merkmale verstanden, die mit den Handlungen in Verbindung stehen. Als solche werden genannt: die Wirkungsbreite von Maßnahmen, die Sekundäreffekte haben können, die geringe Umkehrbarkeit von Maßnahmen, die Unsicherheit, Effekte und Wirkungen vorhersagen zu können und die hohen Kosten von Entscheidungen (vgl. Gebert 2002: 33). Dies bedeutet, dass ein ‚komplexes Problem' dann vorliegt, wenn die Situation vielschichtig ist, somit viele Facetten hinsichtlich der bedeutenden Aspekte aufweist, äußere Faktoren eine hohe Veränderungsrate bewirken und zahlreiche, damit nur schwer zu überschauende Wechselwirkungen mit anderen Fragestellungen bestehen. Wenn gleichzeitig die Abläufe noch schwer zu durchschauen sind und die Ziele nicht klar definierbar sind, ist es sehr schwer, adäquat und zielorientiert zu reagieren. Darauf bezieht sich der zweite Aspekt der Definition. Die Folgen der Handlungen sind teilweise nicht absehbar und wirken sich in Bereiche aus, die nicht abschätzbar sind. Wenn Handlungen möglicherweise unumkehrbar und in ihren Wirkungen nicht zu beschreiben sind sowie hohe Kosten verursachen, ist Agieren mit einem hohen Risiko verbunden.

106 Umweltunsicherheit ist in wirtschaftlichen Bezügen dann gegeben, wenn „die Veränderungsrate sehr hoch ist, alte Märkte expandieren und neue Märkte entstehen“ (Gebert 2002: 209).

beinhaltet anzustrebende Perspektiven und gibt Handlungen Sinn. Sie beinhaltet Werte und ableitbare Ziele. Dadurch bekommen Mitarbeitende Orientierungspunkte, die sie anstreben und auf die sie sich beziehen können. Gleichzeitig hat die Vermittlung von Zutrauen in die Mitarbeitenden den Effekt, deren Kräfte und Kompetenzen zur Bewältigung der Situation zu stärken. Dass auf diesem Weg das Zutrauen in die Leistungsfähigkeit der Mitarbeitenden gesteigert wird, weist ebenfalls darauf, dass Orientierung entsteht: wenn schon die Lage komplex und die Aufgabe unübersichtlich ist, dann bietet die Erwartung, durch eigenes Handeln darin gestalten zu können, einen wichtigen Orientierungspunkt.
Der Erfolg charismatischer Führung in solchen Situationen zeigt sich auch empirisch. In einer 2001 veröffentlichten Studie, die im wesentlichen nach dem Vorhandensein von ‚Charisma' und ‚Vision' im Führungsverhalten von CEOs fragte, zeigte sich, dass charismatische Führung in diesen Situationen erfolgsrelevant ist: „Damit ist die These bestätigt, dass der ökonomische Erfolg besonders dann hoch ist, wenn der CEO bei hoher Umweltunsicherheit als transformational-visionär führend wahrgenommen wird. In der Umweltunsicherheit liegt der spezifische Situationskontext" (Gebert 2002: 210).
Im Umkehrschluss bedeutet dies, dass der Verzicht auf charismatische Führung in Situationen der Veränderung und des Umbruch „deutlich nachteilig" (Gebert 2002: 210) ist. Darauf weist auch eine Studie aus dem Jahr 1998 hin, die sich mit der Frage befasste, ob das Vorhandensein einer Vision hinsichtlich des Wachstums (gemessen an Umsatz, Gewinn und Anzahl der Beschäftigten) von Unternehmen von Bedeutung ist. Ergebnis ist, dass solche Unternehmen, die über eine Vision verfügten ein deutlich höheres Wachstum aufwiesen als solche, die keine Vision erarbeitet hatten (vgl. Gebert 2002: 210f).
Charismatische Führung ist unter Bedingungen von Wandel und Umbruch erfolgsrelevant. Die Vision, die Vermittlung von Zutrauen in die Leistungsfähigkeit der Mitarbeitenden und die daraus resultierende Wirkung, der eigenen Kompetenz zu vertrauen, gibt Mitarbeitenden Orientierung und reduziert Unsicherheiten.

2. Charismatisches Führungsverhalten ist Vermittlung. Vermittlung erfasst die Kommunikation von Inhalten in Bindung an die Glaubwürdigkeit und Kongruenz der Führungsperson.
Charismatisches Führen ist wesentlich Vermittlung. Der Terminus ‚Vermittlung' erfasst, dass es über die Kommunikation hinaus um die Glaubwürdigkeit der Führungsperson in Bezug auf die kommunizierten Inhalte geht. Dies bedarf der kommunikativen Vermittlung. Symbolische Führung

und Impression Management sind Formen der Vermittlung. Sie sind an die Bereitschaft zu hohem persönlichen Engagement bis hin zum Eingehen von persönlichen Risiken und Opferbereitschaft zur Unterstützung der Glaubwürdigkeit gebunden.

3. Charismatisches Führungsverhalten realisiert sich durch die Vermittlung von Visionen, Werten und Zielen, durch die Steigerung des Selbstwertes und Leistungszutrauen, durch die Schaffung von Commitment und Identifikation und durch das Ansprechen intrinsischer Motive.
Charismatisches Führungsverhalten besteht aus den vier Elementen der Vermittlung der Vision, der Steigerung des Selbstwertes der Mitarbeitenden sowie deren Leistungszutrauen, es schafft Commitment und Identifikation und spricht intrinsische Motive an.
Der zentrale Stellenwert der Vision ist außerordentlich deutlich. Daher kommt der Vision unter den vier Elementen eine herausragende Bedeutung zu, gleichwohl wird sie hier als ein Element zu den anderen geordnet und nicht als ein Prä den anderen Elementen vorausgestellt. Dies begründet sich darin, dass hier Aussagen zum Führungsverhalten und die Strukturierung von Führungsverhalten von Führungskräften angezielt sind. In dieser Perspektive ist es ein Element des Führungsverhaltens, Aktivitäten für die Vermittlung der Vision sowie der zugehörigen Werte und Ziele vorzunehmen.
Die Steigerung des Selbstwertes und des Leistungszutrauen waren als der eine Pol der wesentlichen Wirkungen bei den Geführten beschrieben worden. Aus der Sicht der Führungskraft bedeutet dies, dass ihr Führungsverhalten so ausgerichtet sein muss, diese Wirkungen zu ermöglichen. Dies geschieht über die Beeinflussung des Motivationsprozesses. Die Fähigkeiten der Mitarbeitenden und deren Erweiterung bilden dabei ebenso einen Aspekt wie die Beeinflussung der Erwartungen und der Willensentscheidungen.
Der andere Pol der Wirkungen charismatischen Führungsverhaltens ist durch die Identifikation mit der Führungskraft sowie der vermittelten Vision und darauf aufbauend die Identifikation mit der Organisation und ihren Zielen gekennzeichnet. Gleichzeitig ist das Ausbilden eines Verpflichtungscharakters gegenüber der Führungskraft und der Organisation erfasst. Für das Führungsverhalten bedeutet dies, dass es einer vertrauensvollen Beziehung zwischen Führungskraft und Geführten bedarf und das Führungsverhalten entsprechend ausgerichtet sein muss. Auch dieses Führungsverhalten beeinflusst den Motivationsprozess, in dem es Willensentscheidungen zugunsten von Aktivitäten für die Führungsperson und auch zugunsten der Vision sowie der Organisationsziele erreicht.

Das vierte Element charismatischen Führungsverhaltens realisiert sich durch das Ansprechen intrinsischer Motive. Dazu sind positiv erlebte Herausforderungen und der Wertekontext von besonderer Bedeutung. Führungsverhalten muss gewährleisten, dass Aufgaben zur Verfügung stehen, die von den Mitarbeitenden als anregende und stimulierende Herausforderungen erlebt werden. Gleichzeitig müssen das Verhalten der Führungsperson und die vermittelten Inhalte mit den Wertehorizonten der Geführten übereinstimmen. Die Werte wahrzunehmen und die Inhalte charismatischer Führung damit zu verbinden ist erforderlich, um dieses Führungsverhalten erfolgsrelevant einzusetzen.

2.6.6. Ertrag für die Weiterarbeit

Unter den Situationsbedingungen von Wandel und Umbruch mit den darin enthaltenen Anforderungen an Innovation ist charismatisches Führungsverhalten erfolgsrelevant. Charismatisches Führungsverhalten ist erstens konkretisiert durch die Vermittlung von Visionen und den daran geknüpften Werten und Zielen verbunden mit der Anforderung an Glaubwürdigkeit und Kongruenz in der Kommunikation, zweitens durch die Steigerung des Selbstwertes und dem Leistungszutrauen der Geführten sowie drittens dem Herstellen von Identifikation und Commitment. Charismatische Führung spricht viertens intrinsische Motive an.

Abbildung 14: Charismatisches Führungsverhalten

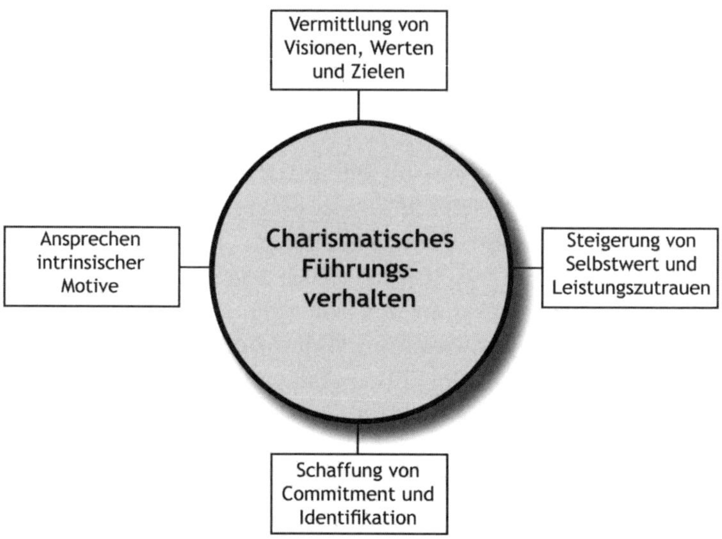

3 Darstellung der Führungskonzeption

Nachfolgend wird eine Führungskonzeption vorgeschlagen, die aus den dargestellten und in Teilen weiterentwickelten Forschungsansätzen der Führungsforschung hergeleitet ist. Im zweiten Schritt wird gezeigt, dass diese Führungskonzeption deutliche Affinitäten zum kirchlichen Selbstverständnis aufweist und in den aktuellen Führungsanforderungen der Kirche adäquates Führungsverhalten ermöglicht. Abschließend wird auf Rückflüsse dieser Überlegungen in die Führungsforschung hingewiesen.

3.1 Entwicklung der Führungskonzeption

Zunächst wird die Führungskonzeption in ihren grundlegenden Elementen vorgestellt und daran anschließend die Herleitung aus den Ergebnissen der verschiedenen Zugänge zur Führungsforschung gezeigt. Weiterhin wird verdeutlicht, dass die beiden Ebenen des Führungsverhaltens aufeinander bezogen sind.

3.1.1 Elemente der Führungskonzeption

Den Ergebnissen der einzelnen Teile folgend ergeben sich für die hier entworfene Führungskonzeption vier zentrale Elemente:
- Führungsperson
- Situation
- ausbalancierendes Führungsverhalten
- orientierendes Führungsverhalten.

Im Zentrum der Führungskonzeption steht das Führungsverhalten. Bedingungen und Ursache für Führungsverhalten sind die Führungsperson sowie die Situation. Beide stehen nicht unverbunden nebeneinander, sondern sind interaktiv verschränkt. Die Führungsperson analysiert und interpretiert die Situation. Möglicherweise gestaltet sie in einer zeitlichen Perspektive die Situation. Gleichzeitig wirken die Gegebenheiten der Situation auf die Führungsperson ein und führen zu einem bestimmten Führungsverhalten. In diesen wechselseitigen Beziehungen werden Führungsperson und Situation zur Ursache für Führungsverhalten. Dieser

Zugang zum Führungsverhalten folgt der klassischen, bereits vorgestellten Sicht, nach der Verhalten eine Funktion aus Person und Situation ist. Das Führungsverhalten selbst wird in zwei Dimensionen differenziert: Es hat die vier gezeigten Basisanforderungen an Führung zu gewährleisten und ist demzufolge personen- und aufgabenbezogen, innovatorisch und regulativ auszurichten. Dies wird hier als ‚ausbalancierendes Führungsverhalten' bezeichnet, da es sich aus den genannten Basisanforderungen an Führung ableitet und auf die daraus resultierende dilemmatische Konstellation eine Balance zu gewährleisten hat, um erfolgsrelevant zu führen.
Das ausbalancierende Führungsverhalten wird ‚ummantelt' mit einem Führungsverhalten, das eine grundlegende Ausrichtung ausbalancierender Führung unter den Bedingungen von Wandel und Innovationsanforderung gewährleistet. In dieses hier ‚orientierendes Führungsverhalten' genannte Führen fließen die Erkenntnisse aus der Motivationsforschung und, da in enger Verbindung stehend, die Ergebnisse aus den Ansätzen charismatischer Führungsforschung ein: die Vermittlung von Visionen, Werten und Zielen, die Steigerung von Selbstwert und Leistungszutrauen, die Herstellung von Commitment und Identifikation sowie das Ansprechen intrinsischer Motive. Diese vier Elemente bilden das ‚orientierende Führungsverhalten'.
Ausbalancierendes und orientierendes Führungsverhalten stehen nicht unverbunden nebeneinander, sondern weisen zahlreiche und enge Korrespondenzen auf.

3.1.2 Herleitung der Führungskonzeption

3.1.2.1 Führungsperson

Aus der Eigenschaftstheorie wurde aufgezeigt, dass der Person des Führenden eine wichtige Funktion im Führungsprozess zukommt. Unter Heranziehung des ‚Fünf-Faktoren-Modells der Persönlichkeitsdiagnostik' wurde gezeigt, dass eine positive Ausprägung in den vier Faktoren

- emotionale Stabilität
- Extraversion
- Offenheit
- Gewissenhaftigkeit

die Voraussetzung dafür bietet, erfolgsrelevant Führung wahrnehmen zu können. Der fünfte Faktor

- Verträglichkeit

ist in seiner Relevanz stark von Rahmenbedingungen, insbesondere der Organisationsgröße abhängig.
Unter Anwendung des ‚Fünf-Faktoren-Modells der Persönlichkeitsdiagnostik' sind alle vorhandenen Eigenschaften einzuteilen. Daraus folgt sodann auch, dass von spezifischen Führungseigenschaften nicht ausgegangen wird, sondern die Ausübung von Führung auf der Grundlage der Ausprägungen in den Persönlichkeitsfaktoren möglich ist.
Die Art und Weise, wie die Führungsperson aufgrund ihrer Personmerkmale Führung ausüben kann, bedingt das Führungsverhalten. Hier wird davon ausgegangen, dass die Ausprägungen in den Faktoren ‚emotionale Stabilität', ‚Extraversion', ‚Offenheit', und ‚Gewissenhaftigkeit' erforderlich sind, um erfolgsrelevantes Führungsverhalten ausüben zu können. Hinsichtlich des Faktors ‚Verträglichkeit' sind die gezeigten Situationsbedingungen, insbesondere die Organisationsgröße von Bedeutung. Gleichwohl wird dieser Faktor einbezogen, allerdings in seiner relativierten Bedeutung. Liegen entsprechende Ausprägungen nicht vor, ist die Ausübung von Führung nicht adäquat möglich und dementsprechend kommt es sowohl bezogen auf das praktizierte Führungsverhalten als auch in der Wirkung dieses Führungsverhaltens zu Dysfunktionen hinsichtlich des Führungserfolges.

3.1.2.2 Führungssituation

Situationsbedingungen rufen bestimmtes Führungsverhalten hervor. Die Situationstheorien schaffen die Möglichkeit, eine Führungssituation zu differenzieren und systematisieren und setzen sich mit dem Einfluss der Situationsfaktoren auf die Wirkungen von Führungsverhalten auseinander. Vier wesentliche Faktoren werden angenommen, die die Führungssituation kennzeichnen: die Person des Mitarbeitenden, die Beziehung zwischen Führungs-person und Mitarbeitenden, die Struktur der Aufgabe und die Organisation. Diese vier Faktoren sind von einem Zielhorizont umgeben, der die Rücksichten markiert, unter denen die Beschreibung und Analyse der Faktoren erfolgt.

3.1.2.3 Ausbalancierendes Führungsverhalten

Die Befassung mit dem auf der Zweidimensionalität beruhenden Führungsverhalten weist zunächst auf die aus den Ohio-Forschungen hervorgegangenen Dimensionen ‚Consideration' und ‚Initiating Structure'. Diese beiden Dimensionen bilden einen noch immer gültigen Zugang zum Führungsverhalten. Dem entspricht die aus der Gruppenforschung stammende Unterscheidung von Kohäsion und Lokomotion als Anforderungen an die Führung in Gruppen.

Die Weiterentwicklungen der Zweidimensionalität der Führung haben gezeigt, dass Führung in dilemmatischen Konstellationen stattfindet und je zwei bipolare Basisanforderungen an Führung bestehen. Sie bilden die Anforderungen an Führung ab. Zum einen muss Führungsverhalten Flexibilität und Stabilität ermöglichen. Zum anderen ist die Integration in den Innenbereich einer Organisation oder Organisationseinheit bzw. einer Arbeitsgruppe durch Führungsverhalten ebenso zu gewährleisten wie die Adaption in die Umwelt einer Organisation oder Arbeitsgruppe.
Aus diesen Anforderungen resultieren vier Führungsverhaltensweisen, die als personenbezogen, aufgabenbezogen, innovatorisch und regulativ beschrieben wurden. Dabei reagiert personenbezogenes Führen auf die Anforderung an Flexibilität und Integration und erreicht Zufriedenheit und Entwicklung bei dem Mitarbeitenden bzw. der Arbeitsgruppe. Aufgabenbezogenes Führen ist der Anforderung an Stabilität und Adaption geschuldet. Es erreicht Produktivität und Effektivität in der Leistungserbringung. Innovatorisches Führungsverhalten sichert die Flexibilität und die Adaption an die Umwelt. Es erreicht Wandel und Innovation. Regulatives Führungsverhalten antwortet auf die Anforderung an Stabilität und Integration in das Innere der Organisation bzw. der Arbeitsgruppe und erreicht stabile Prozesse und zuverlässige Abläufe. Da dieses Führungsverhalten die dilemmatischen Anforderungen an Führung ausgleicht, wird es ‚ausbalancierendes Führungsverhalten' genannt.

3.1.2.4 Orientierendes Führungsverhalten

Die Befassung mit den Motivationstheorien hat als Ergebnis erbracht, Motivation als Prozess aus den Elementen ‚Motive', ‚Fähigkeiten', ‚Erwartungen', ‚Wille', ‚Verhalten', ‚Ergebnisse' und ‚Bewertung' zu verstehen. Führungsverhalten kann auf diesen Prozess steuernd einwirken.
Zweiter Aspekt aus den Motivationstheorien ist die Unterscheidung von intrinsischen und extrinsischen Motiven sowie die Befassung mit dem Zueinander beider Quellen der Motivbefriedigung. Daraus wurde für das Führungsverhalten die Annahme gewonnen, dass die Beachtung beider Motivformen im Führungsverhalten erforderlich ist, um erfolgsrelevant zu sein. Gleichwohl kommt dem Ansprechen intrinsischer Motive eine besondere Bedeutung zu, da aus intrinsischen Antrieben erbrachte Tätigkeiten insbesondere unter Innovationsanforderungen eine Steigerung der Effektivität bedeuten.
Zahlreiche Verbindungslinien bestehen zwischen den aus den Motivationstheorien entwickelten Erkenntnissen und den charismatischen Führungskon-zeptionen. Die charismatischen Führungsvorstellungen wen-

den wesentliche Erkenntnisse aus den Motivationstheorien an und setzen diese in Führungsverhalten um.
Charismatisches Führungsverhalten einer Führungsperson zeichnet sich aus durch die Vermittlung von Visionen, Werten und Zielen, die Steigerung des Selbstwertes und Leistungszutrauen, die Herstellung von Commitment und Identifikation sowie das Ansprechen intrinsischer Motive. Verbunden mit charismatischem Führungsverhalten, das wesentlich Vermittlungsarbeit ist, ist die Glaubwürdigkeit und Kongruenz von Führungsperson und den vermittelten Inhalten. Dazu gehört auch die Kompatibilität von charismatischem Führungsverhalten mit den Organisationskontexten.
Charismatische Führung erweist sich angesichts von Wandel und Umbruch als erfolgsrelevant, da die Mitarbeitenden so ihr Potential für die Generierung von Innovation einbringen.

Abbildung 15: Die Führungskonzeption im Schaubild

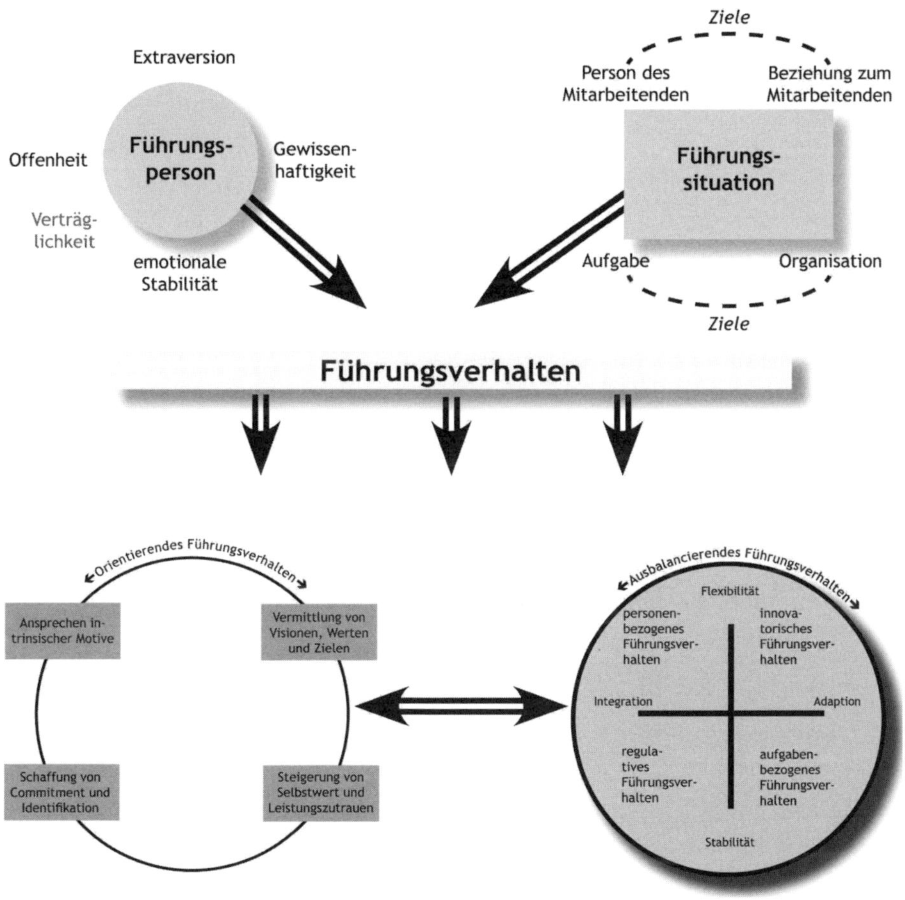

Erläuterung des Schaubildes:
Die Führungsperson und die Situation sind jeweils Bedingung für Führungsverhalten und in ihrer Interaktion Ursache des Führungsverhaltens. Der Führungsperson kommt dabei die Aufgabe der Interpretation der Situation und der Entscheidung für ein bestimmtes Führungsverhalten zu. Diese Entscheidung erfolgt auf der Grundlage der ihr inhärenten Personeneigenschaften, die durch das ‚Fünf-Faktoren-Modell der Persönlichkeitsdiagnostik' zu klassifizieren ist.
Die Situation, so wird hier in Folge der Befassung mit aktuellen Führungsanforderungen angenommen, ist in nahezu allen Bereichen wesentlich geprägt durch die Aufgabe, Wandel und/oder Umbrüche zu gestalten. Führung steht damit unter dem Anspruch, Innovation hervorzubringen. Dies wurde sowohl als zentrale Anforderung in Unternehmen und Organisationen deutlich als auch im Kontext der Kirche.
Das Führungsverhalten besteht aus zwei wechselseitig aufeinander bezogenen Ausrichtungen, die jeweils vierfach strukturiert sind: orientierendes und ausbalancierendes Führungsverhalten.
Orientierendes Führungsverhalten ist gekennzeichnet durch die Vermittlung von Visionen, Werten und Zielen, um die Steigerung von Selbstwert und Leistungszutrauen, um die Schaffung von Commitment und Identifikation sowie um das Ansprechen intrinsischer Motivation. Die einzelnen Elemente sind aufeinander bezogen. Der Vermittlung der Vision sowie der mit der Vision verbundenen Werte und Ziele kommt allerdings eine herausragende Funktion zu. Dieses Führungsverhalten wird aus zwei eng miteinander verbundenen Gründen ‚orientierendes Führungsverhalten' genannt: Erstens bietet es grundlegende Orientierungen für das ausbalancierende Führungsverhalten an. Zweitens vermittelt es den Mitarbeitenden Orientierung. Es ‚orientiert' deren Tätigkeiten und Aktivitäten innerhalb der Organisation oder des Arbeitszuschnittes und liefert somit eine ‚Erklärung' für die Wahrnehmung des ausbalancierenden Führungsverhaltens.
Ausbalancierendes Führungsverhalten ist gegliedert durch personenbezogenes, aufgabenbezogenes, innovatorisches und regulatives Führungsverhalten. Es wird als ‚ausbalancierendes Führungsverhalten' bezeichnet, da es auf die Basisanforderungen an Führung reagiert. Demnach muss Führung Flexibilität und Stabilität sowie Integration nach innen und Adaption nach außen gewährleisten. Diese Anforderungen stehen in einem dilemmatischen Verhältnis. Um den Basisanforderungen an Führung gerecht werden zu können, sich damit gleichzeitig in der damit gegebenen dilemmatischen Konstellation von Führung erfolgsrelevant bewegen zu kön-

nen, ist die Realisierung eines personenbezogenen, aufgabenbezogenen, innovatorischen und regulativen Führungsverhaltens erforderlich.
Zwischen beiden Ausrichtungen des Führungsverhaltens besteht Reziprozität. Funktion des orientierenden Führungsverhaltens ist es, das ausbalancierende Führungsverhalten zu ‚orientieren'. Unter ‚Orientierung' ist verstanden, dass das ausbalancierende Führungsverhalten in den Gesamtkontext einer Organisation, eines Unternehmens oder der Kirche eingeordnet wird und sich nicht selbstgenügend mit bereits zwar anspruchsvollem, möglicherweise jedoch nicht mit ‚Sinn' erfülltem Führungsverhalten, das auf die Basisanforderungen an Stabilität und Flexibilität, Integration und Adaption reagiert, zufrieden gibt. Es richtet das ausbalancierende Führungsverhalten an grundlegende Orientierungen' aus. Umgekehrt erreicht ein ausbalancierendes Führungsverhalten, dass orientierende Führungsverhalten zu konkretisieren und auf die Anforderungen an Führungsverhalten zu beziehen. Ein Führungsverhalten, das Orientierung und Sinn vermittelt, jedoch nicht den Basisanforderungen gerecht wird, wäre nicht erfolgreich. Daher sind aufgaben- und personenbezogene Führung ebenso zu realisieren wie innovatorische und regulative Führung.
Zwischen dem orientierenden und ausbalancierenden Führungsverhalten bestehen Korrespondenzen, die in allen Kombinationen denkbar sind. Dies wird nachfolgend vorgestellt.

3.1.3 Verbindungen zwischen orientierendem und ausbalancierendem Führungsverhalten

Ausbalancierendes und orientierendes Führungsverhalten stehen nicht unverbunden nebeneinander, sondern lassen sich wechselseitig aufeinander beziehen. Die Matrix auf der nächsten Seite verdeutlicht dies:

3.1.4 Die Führungskonzeption und die Strukturierung von Führungsverhalten

Hingewiesen sei ausdrücklich, dass es hier (wie in anderen Führungskonzeptionen auch, etwa House und Shamir – vgl. House & Shamir 1995) nicht um die Beschreibung einer idealen Führungspersönlichkeit geht, sondern um die Beschreibung, Systematisierung und Strukturierung von Führungsverhalten. Führungspersonen erhalten damit eine Systematik,

Abbildung 16: Beziehungen zwischen orientierendem und ausbalancierendem Führungsverhalten

ausbalancierendes Führungsverhalten / orientierendes Führungsverhalten	**Personenbezogene Führung**	**Aufgabenbezogene Führung**	**Innovatorische Führung**	**Regulative Führung**
Vermittlung von Visionen, Werten und Zielen	- Die Vision wird den GF vermittelt und die damit verbundenen Werte spiegeln sich im FV wieder. - Die Bedeutung des einzelnen GF bzw. der AG für die Realisierung der Vision wird erfahrbar durch Partizipation, Achtung und vertrauensvolle Zusammenarbeit.	- Die GF erkennen die Bedeutung ihrer Leistung für die Vision. - ‚Task' bekommt ‚Sinn' durch die Vision. Die Absicht klärenden FV wird verständlich.	- Die Vision zeigt auf, dass Veränderungen möglich sind. - Innovation realisiert die Vision.	- Die Absicht, die Vision zu realisieren, erklärt die eingesetzten regulativen Verfahren. - Die Gewährleistung von Informationen und die zuverlässige Bereitstellung von Ressourcen verdeutlich die Ernsthaftigkeit der Realisierung der Vision.
Steigerung von Selbstwert und Leistungszutrauen	- Der Selbstwert wird gesteigert durch das artikulierte Zutrauen in die Leistungsfähigkeit der GF/AG. - Die Anerkennung von Kompetenzen oder die Steigerung der Kompetenzen bspw. durch Fortbildung steigert das Leistungszutrauen.	- Hohe Anforderungen werden durch Vertrauen in die Leistungsfähigkeit begründet. - Vorgaben und Leistungserwartungen schaffen Zutrauen in die Leistungsfähigkeit.	- Der Verweis auf kreative Potentiale stimuliert die Bereitschaft, Experimentierfelder zu nutzen. - Innovatorisches FV schafft Raum, in dem sich Kreativität und Erfindergeist entfalten können. So wächst das Zutrauen, neue Produkte oder Prozesse entwickeln zu können.	- Das Leistungszutrauenwird in Strukturen kommuniziert. - Die insbesondere in Veränderungsprozessen gewährleisteten Strukturen verdeutlichen, dass Aktivitäten zu konstruktiven Ergebnissen führen.
Schaffung von Commitment und Identifikation	- Die Bindung an die FK bzw. die Organisation findet durch die Gestaltung einer transparenten und partizipativen Beziehung statt. - Die Wahrnehmung personenbezogenen FV mit bspw. Achtung und Anerkennung machen erfahrbar, dass die Organisation ein solches FV fördert. Dies lässt Identifikation und Commitment zu.	- Qualitativ hochwertige Leistungen ermöglichen die Identifikation mit den Ergebnissen sowie mit der Organisation bzw. FK, die die Ergebnisse herstellt bzw. verantwortet. - Die Klärung einzelner Leistungsschritte ordnet sich in die Gesamtorganisation ein.	- Commitment lässt zu, dass gewährter Freiraum verantwortungsvoll genutzt wird. - Eine auf Veränderung reagierende Organisation lässt Identifikation zu.	- Identifikation lässt Engagement für zuverlässige Prozesse zu. - Stabile und zuverlässige Abläufe ermöglichen Commitment.
Ansprechen intrinsischer Motive	- Personenbezogenes FV ermöglicht, den GF in seiner Personalität zu sehen, Motivinhalte wahrzunehmen und intrinsische Motive anzusprechen. - Das Ansprechen intrinsischer Motive verdeutlicht, dass der GF als Person gesehen und anerkannt wird.	- Die Klärung der Aufgaben durch aufgabenbezogenes FV ermöglicht, vorhandene intrinsische Antriebe produktiv einzubringen. - Intrinsische Energie lässt eine Qualitätssteigerung zu.	- Intrinsische Antriebe lassen die Nutzung des durch innovatorisches FV entstandenen Freiraums zu. - Innovatorisches FV öffnet einen Freiraum, in dem sich intrinsische Motive realisieren können.	- Gesteuerte Abläufe bieten Sicherheit für die Effektivität intrinsischen Verhaltens. - Intrinsische Motive lassen ein Verhalten der GF zu, sich produktiv an der Ablaufsteuerung zu beteiligen.

Abkürzungen: AG = Arbeitsgruppe, FK = Führungskraft, FV = Führungsverhalten, GF = Geführte

mit der sie ihr Führungsverhalten analysieren, qualifizieren und auf eine spezifische Führungsanforderung bezogen auswählen können. Hingewiesen sei ausdrücklich, dass es hier (wie in anderen Führungskonzeptionen auch, etwa House und Shamir – vgl. House & Shamir 1995) nicht um die Beschreibung einer idealen Führungspersönlichkeit geht, sondern um die Beschreibung, Systematisierung und Strukturierung von Führungsverhalten. Führungspersonen erhalten damit eine Systematik, mit der sie ihr Führungsverhalten analysieren, qualifizieren und auf eine spezifische Führungsanforderung bezogen auswählen können. Unter Anwendung dieser Konzeption in einer spezifischen Situation die Entscheidung für das konkrete Führungs-verhalten zu treffen, ist somit der Wert dieses Zugangs zur Führung. Diese Konzeption stellt eine Strukturierung von Führungsverhalten dar und gibt als Konzeption Kriterien für die Auswahl eines konkreten Führungsverhaltens an, das sowohl die Anforderungen an Führung unter grundsätzlich dilemmatischen Konstellationen erfasst als auch die Einbeziehung von Elementen gewährleistet, die angesichts von Innovation und Wandel Orientierung bieten.
Folgen Führungskräfte für die Ausübung ihres Führungsverhaltens dieser Konzeption, lässt sich die bereits häufiger in dieser Arbeit angesprochene Trennung von Führung und Management auflösen. Auf Bennis und Nanus geht der Satz zurück: ‚We are overmanaged but underled' (vgl. Gebert 2004: 203f). Von der Tendenz her geht es wie gesehen darum, ein Führungsverhalten, das die Abläufe strukturiert als Management und jenes, das der Einordnung der Organisation und der Abläufe in einen größeren Kontext dient, als Leadership zu verstehen. Leadership und Management zu trennen, wurde bereits im hinführenden Teil zur Führungsforschung abgelehnt und stattdessen der Terminus ‚Führung' als Oberbegriff eingeführt, unter dem sich unterschiedliche Bezüge und Anforderungen des Führungsprozesses zuordnen lassen.
Der hier vorgelegte Ansatz nimmt für sich in Anspruch, die verschiedenen Anforderungen an das Führungsverhalten in einem Entwurf darstellen zu können. Bereits House und Shamir weisen in ihrer Unterscheidung von Management und Leadership darauf hin, dass die Anforderungen an die Managerposition und Leaderposition sich häufig in einer Person verdichten (vgl. Kap. 2.6.2.6). Daraus wird die Konsequenz gezogen, eine Konzeption zu entwerfen, die die unterschiedlichen Anforderungen an Führung abbildet und ein in sich konsistentes Führungsverhalten vorschlagen kann, das den verschiedenen Anforderungen gerecht wird.
Ob in einem Führungskontext mehrere Führungspersonen ein Führungsverhalten gemäß dieser Konzeption ausüben, kann zunächst offen bleiben. Erinnert sei daran, dass die aus der Rollen- und Gruppentheorie

rührende Befassung mit Führungsdualen und Führungspluralen selbstverständlich auch hier einen Anknüpfungspunkt findet und es möglicherweise sinnvoll ist, das Gesamt des Führungsverhaltens zwar stets als ‚Gesamt' zu sehen, dieses jedoch auf verschiedene Personen aufzuteilen. Dabei wird ausdrücklich nicht die Aufteilung zwischen orientierendem und ausbalancierendem Führungsverhalten als erstes und einziges Differenzierungskriterium angenommen, sondern wenn Führung auf mehrere Personen aufgeteilt wird, bieten sich dazu die möglichen Kombinationen der Konzeption an. Allerdings ist es erforderlich, dass alle Führungspersonen Führung gemäß dieser Vorstellung begreifen und das Gesamt des Führungsverhaltens alle Elemente realisiert.

3.2 Bezugspunkte der Führungskonzeption zum kirchlichen Selbstverständnis und zu kirchlichen Führungsanforderungen

Die folgenden Ausführungen ordnen die vorgeschlagene Führungskonzeption in kirchliche Kontexte ein. Zunächst werden Verbindungen dieser Führungsvorstellung zu zentralen Begriffen und Vorstellungen der kirchlichen Lehre aufgezeigt. Dies geschieht zunächst für das orientierende Führungsverhalten, dann für die Basisanforderungen und daran anschließend für das ausbalancierende Führungsverhalten.
Die Übereinstimmung der aus den Eigenschaftsansätzen hergeleiteten Bedeutung der Führungsperson mit kirchlichen Überzeugungen wird abschließend ebenso gezeigt wie die Bezugspunkte zur Bedeutung der Führungssituation.
Dabei geht es nicht darum, eine geschlossene kirchliche Lehre vorzulegen, sondern aufzuzeigen, dass die Führungskonzeption für kirchliches Führungsverhalten anwendbar ist.

3.2.1 Kirchliches Selbstverständnis und orientierendes Führungs-verhalten

Das hier entwickelte ‚orientierende Führungsverhalten' weist starke und eindeutige Bezugspunkte zum kirchlichen Selbstverständnis auf. Dies wird nachfolgend gezeigt.

3.2.1.1 Die Vermittlung von Vision, Werten und Zielen und das Reich Gottes als Vision des Christentums

Im Christentum geht es um das Reich Gottes und seine Verwirklichung. Dieses Reich Gottes hat mit der Sendung Jesu Christi als Sohn Gottes begonnen, verwirklicht sich anfanghaft im Handeln und Leben der Kirche und sieht seiner Vollendung in der Wiederkunft Christi am Ende der Zeiten entgegen. Diesem Reich Gottes als Zustand der versöhnten und erlösten Welt immer näher zu kommen, ist Auftrag der Kirche und damit der Gemeinschaft der Glaubenden: „Für den christlichen Glauben, der sich konsequent an Jesus von Nazaret und dessen Botschaft und Praxis orientiert, ist *Reich Gottes* ohne Zweifel *der* fundamentale Schlüsselbegriff" (Eigenmann 1998: 7). Oder im Konzilstext: „Denn der Herr Jesus macht den Anfang seiner Kirche, indem er frohe Botschaft verkündete, die Ankunft nämlich des Reiches Gottes" (LG 5)[107].

Das Reich Gottes als ‚Schlüsselbegriff' des Christentums ist als dessen Vision zu verstehen, in die hinein sich das Handeln der Kirche einordnet. „Gottes Vision für die Vollendung der Menschheit ist der Kirche vorgegeben, gehört zu den unveräußerlichen Grundsätzen" (Hilberath 1999: 14). Verbunden mit der Vision des Reiches Gottes sind Gerechtigkeit und Frieden. Es ist ein Reich, „in dem allen die für ein Leben in Würde notwendige menschliche Zuwendung und soziale Anerkennung gewährt wird" (Eigenmann 1998: 71). Somit finden sich an die Vision gebundene Werte. An die Vision geknüpfte Ziele sind etwa, im alltäglichen Leben und Handeln von Kirche und Christen dieser Vision ihre Konkretion zu geben und Detailfragen des Alltags in diesen Horizont einzuordnen und Probleme und Konflikte in dieser Perspektive zu lösen.

Damit zeigt sich: die hier vorgeschlagene Führungskonzeption ermöglicht es, kirchliches Führungshandeln an zentrale, theologische und spirituelle Grundaussagen des Christentums zu binden. Der Reich-Gottes-Begriff des Christentums umfasst eine solche Vision, die nicht eine Chimäre einer entfernten Zukunft ist, sondern im Leben Jesu bereits begonnen hat und sich seitdem fortsetzt in jedem Handeln, das dieser Vision zur Konkretion verhilft. Kirchliches Führungsverhalten jedenfalls kann diese Vision thematisieren, an konkrete Werte binden und Ziele dazu formulieren. So

---

107 Abgeleitet wird die zentrale Stellung des Reiches Gottes im Christentum aus dem Inhalt der Verkündigung Jesu, wie sie in den Evangelien des Neuen Testamentes wiedergegeben ist (vgl. etwa Bovon 1989: 24-26 und Eigenmann 1998: 14-19). Die Bezeichnung ‚Reich Gottes' wird bei anderen Autoren mit dem Terminus ‚Herrschaft Gottes' wiedergegeben. Eine Unterscheidung besteht demnach darin, dass ‚Herrschaft' eher ein Geschehen markiert und ‚Reich' eher einen zeitlichen und räumlichen Status umfasst (vgl. Knapp 1996: 34-37). Gleichwohl ist der Begriff ‚Reich Gottes' der gebräuchlichere.

orientiert die Vermittlung und Kommunikation der Vision das ausbalancierende Führungshandeln, das bspw. stabile Abläufe zu gewährleisten hat.

3.2.1.2 Steigerung von Selbstwert und Leistungszutrauen und sakramentale Attribution

Christ wird man nicht zuerst durch eigene Entscheidung, sondern durch einer dieser Entscheidung vorgängigen Berufung. Die Antwort auf die wahrgenommene Berufung ist die Glaubensentscheidung. Doch geht der Ruf Gottes dem eigenen Entscheid voraus (vgl. LG 32-38)[108]. Mit dieser Berufung ist der Auftrag und das Zutrauen verbunden, die Verantwortung als Christ wahrzunehmen: „Jeder Laie muß vor der Welt Zeuge der Auferstehung und des Lebens Jesu [...] sein. Alle zusammen und jeder Einzelne zu seinem Teil müssen die Welt mit den Früchten des Geistes nähren" (LG 38). Die Sakramente, insbesondere Taufe und Firmung ‚ratifizieren' die Berufung und stärken den Christen für seinen Auftrag, indem sie ihm im sichtbaren Zeichen der Sakramente die Kraft und Gegenwart Gottes für sein Wirken zusagen: „Pflicht und Recht zum Apostolat haben Laien kraft ihrer Vereinigung mit Christus dem Haupt. Denn durch die Taufe dem mystischen Leib eingegliedert und durch die Firmung mit der Kraft des Heiligen Geistes gestärkt, werden sie vom Herrn selbst mit dem Apostolat betraut" (AA 3)[109]. Im Sakrament des Ordo geschieht gleiches für die Berufung zu einem besonderen kirchlichen Amt, insbesondere dem Bischofs- und Priesteramt. Auf dieser Grundlage sind Christen berufen, somit auch verpflichtet und in der Lage, da mit dem Sakrament gestärkt, der Vision vom Reich Gottes und den damit verbundenen Werten und Zielen eine konkrete Gestalt zu geben. Diese ‚sakramentale Attribution' gilt auch für die Mitarbeitenden in den Einrichtungen der Institution Kirche.
Eng mit diesem Zugang verbunden ist der Hinweis auf die kirchliche Charismenlehre. In allen Christen wirkt der „der gleiche Geist Jesu Christi" (Kehl 1994: 1016). Daraus ergibt sich eine Pluralität der unverfügbaren, da durch den Geist Gottes bewirkten Charismen, die als vielfache Begabungen der Christen konkretisiert werden (vgl. Kehl 1994). Um eine sich auf Charismen berufende Willkür zur vermeiden, haben Charismen eine „Dienstfunktion am Humanum" (Hausmanninger 1994: 1016) einzulösen

108 Die Konzilstexte machen in Abgrenzung zu zahlreichen vorherigen Auffassungen deutlich, dass der Begriff ‚Berufung' nicht allein und nicht zuerst exklusiv für die ‚Berufung' zu einem kirchlichen Amt wie dem Priesteramt steht, sondern ‚Berufung' allen Christen gilt (vgl. Deselaers 1994: 304f).

109 Unter ‚Apostolat' wird alles verstanden, was der im Sinne des Evangeliums glaubwürdigen Glaubensverkündigung dient (vgl. AA 2).

und sich dem Diskurs zu stellen (vgl. Hausmanninger 1994). Ein Führungsverhalten, das die Steigerung von Selbstwert und Leistungszutrauen beabsichtigt, kann in kirchlichen Kontexten auf diese Sicht zurückgreifen und die ‚geschenkten' Chrarismen in den Geführten ansprechen.

Ein Führungsverhalten, das die Berufung sowie das Getauft- und Gefirmtsein von Mitarbeitenden anspricht und stimuliert und gleichzeitig auf die Charismen verweist, entspricht einem charismatischen Führungsverhalten. Dieses zeichnet sich u. a. aus durch die Artikulation hoher Erwartungen, das Ausformulieren von Zutrauen und das Ansprechen vorhandener Kräfte und Energien. Somit zeigt sich, dass dieser Teil des orientierenden Führungsverhaltens einen klaren Bezug zum christlichen Glauben und kirchlichen Selbstverständnis aufweist.

3.2.1.3 Schaffung von Commitment und Identifikation und ‚Sentire cum Ecclesia'

‚Sentire cum Ecclesia'[110] heißt ein markanter Satz kirchlicher Identität, der nichts anderes ausdrückt als die Identifikation und das Commitment der Gläubigen mit der Kirche, auch und gerade in ihrer jeweils zeitbedingten realen Gestalt. Diese Formulierung, die eine Grundhaltung des katholischen Christen gegenüber der Kirche in ihrer geistlichen und institutionellen Gestalt formuliert, bildet einen stets gegebenen und durch die Geschichte von Theologie und Kirche bedeutsamen Zugang. Es geht um das persönliche Mittragen der Vollzüge kirchlichen Lebens, die Mitwirkung an ihrer Gestaltung und auch um die Ausbildung einer ‚Frustrationstoleranz' gegenüber ihren Schwachstellen, Brüchen und Ambivalenzen.

Die hier vorgeschlagene Führungskonzeption kann mit ihrem Element ‚Schaffung von Commitment und Identifikation' ein wichtiges Grundverständnis christlichen Glaubens einbeziehen und mit dieser Orientierung die ausbalancierenden Führungsverhaltensweisen in einen Gesamtzusammenhang stellen.

---

110 Die Formulierung ‚Sentire cum Eccleasia', in anderer Wiedergabe ‚Sentire in Ecclesia' entstammt den 18 Regeln des Ignatius von Loyola (1491-1556) zur kirchlichen Gesinnung und bedeutet ‚fühlen' oder ‚mitfühlen' (einige formulieren auch ‚mitdenken') mit der Kirche. Absicht dieser Regeln ist es, eine positive Einstellung zur konkreten Praxis und zum kirchlichen Leben, auch zu kirchlichen Vorgesetzten zu erreichen. Eine Diskussion der Problematiken einiger Formulierungen bei Ignatius, die auch als Tendenz zum ‚Kadavergehorsam' gelesen werden können, kann hier nicht erfolgen und bedürfte insbesondere der Befassung mit der konkreten Situation zur Zeit der Abfassung der Regeln um 1535 (vgl. Kehl 1992: 19-23 und Faber 2000: 471f).
Insgesamt sei hinsichtlich der Problematik jeglichen möglichen ideologischen Missbrauchs von Identifikation und Commitment mit Organisation und Personen auf die grundlegende Kritik im Rahmen der Bearbeitung der charismatischen Führungsvorstellungen verwiesen.

3.2.1.4 Ansprechen intrinsischer Motive und die Berufung zu Gottes- und Nächstenliebe

Christliches Handeln geschieht aus religiöser Überzeugung. Weil der Christ sich als von Gott angenommener Mensch weiß, handelt er aus dieser Überzeugung und Erfahrung. Gottes- und Nächstenliebe bestimmen sein Handeln, so die christliche Grundüberzeugung. Insbesondere Rahner weist auf die Einheit von Gottesliebe und Nächstenliebe hin (vgl. Rahner 1965). Beispielhaft sei an die biblische Parabel vom barmherzigen Samariter (Lk 10,25-37)[111] erinnert, durch die Jesus das Liebesgebot erläutert. Auf der Grundlage dieses Gebotes als Christ zu leben bedarf keiner anderen Anreize und geschieht ‚um der Berufung willen'. Mit diesem Zugang ist erfasst, was als ‚intrinsisches Motiv' beschrieben wurde: intrinsische Motive sind dadurch gekennzeichnet, dass Handlungen ‚um ihrer selbst willen' vollzogen werden.
Intrinsische Motive sind im Führungsverhalten im Kontext der Kirche anzusprechen, in dem das Liebesgebot des Glaubens vermittelt und kommuniziert wird. Die Offenlegung des erfüllenden Charakters solchen Handelns ermöglicht auch im über Entgeltzahlungen strukturierten Organisationskontext der Kirche, die stets mitgegebene andere Perspektive mitzusehen und solche Motive und ihre Energie in die Bewältigung von Aufgaben einzubeziehen.

Sichtbar wird: Führungsverhalten, das aus den Forschungen zu den Motivationstheorien sowie dem charismatischen Führungsverhalten abgeleitet ist, weist deutliche Bezüge zum christlichen Grundverständnis auf. Führungsverhalten, das diese Ebenen anspricht, erfüllt für kirchliche Kontexte die unverzichtbare Vorraussetzung, alles Tun an die Kernidentität als Volk Gottes zu binden.

3.2.2 Kirchliches Selbstverständnis und die Basisanforderungen an Führung

Bislang wurden die Bezüge des orientierenden Führungsverhaltens zum christlichen und kirchlichen Selbstverständnis aufgewiesen und herausgearbeitet, das dadurch Führungsverhalten sich an die Inhalte des christlichen Glaubens bindet. Nun soll gezeigt werden, dass die Basisanforderungen an Führung, die im nächsten Schritt zur Beschreibung ent-

---

111 Die Auslegung dieses Schrifttextes macht deutlich, dass es im Kern darum geht, „sich zum Nächsten zu machen“ (Bovon 1996: 99).

sprechenden Führungsverhaltens führen, eine deutliche Nähe zu christlichen Überzeugungen aufweisen.

3.2.2.1 Flexibilität und Aggiornamento

Flexibilität bildet den einen Pol der bipolaren Basisanforderungen an Führung ab. Die Kirche kennt aus ihrem Selbstverständnis heraus diese Orientierung. Grundlage ist eine Christologie[112], die die Inkarnation (wörtlich: Fleischwerdung) des Wortes Gottes in Jesus von Nazareth thematisiert. Konsequenz dieser Inkarnation ist eine radikale Hinwendung der Kirche und der Christen zur pluralen, sich verändernden, konkreten Welt, durch die Kirche und Christen im Glauben an das in Jesus Christus fleischgewordene Wort Gottes ihre Identität finden (vgl. Hünermann 1996, Schmälzle 1996). Konkret bedeutet dies, dass die Kirche die Zeichen der Zeit versteht und sich in ihrer Gestalt und ihren Vollzügen unter den Bedingungen der jeweiligen Gegenwart weiter entwickelt.
Der Begriff des ‚Aggiornamento', von Papst Johannes XXIII. vor allem in Bezug auf das II. Vatikanische Konzil geprägt, kennzeichnet schlaglichtartig diese Vorstellung, nach der die Kirche in ihrer Gestalt und Arbeitsweise die Offenbarung in die Gegenwart zu inkulturieren hat. ‚Aggiornare' bedeutet, Bücher oder Register auf den aktuellsten Stand zu bringen. Im Begriff des ‚Aggiornamento' hat der damalige Papst auszudrücken versucht, dass die Kirche sich zu aktualisieren, sich auf den neuesten Stand zu bringen habe, um mit der Botschaft des Evangeliums die Menschen der Gegenwart zu erreichen. Diese Programmatik ist im Begriff des ‚Aggiornamento' enthalten, der ohne Übersetzung in den kirchlichen Sprachgebrauch eingegangen ist. In der Pastoralkonstitution über die Kirche wird diese Programmatik theologisch reflektiert und eine entsprechende Perspektive entworfen: „Das hat zur Folge, dass es nicht länger die eigenen Vorstellungen sind, die den Weg der Kirche bestimmen, sondern die Menschen mit ihrer Freude und Hoffnung, mit ihrer Trauer und ihren Ängsten" (Mette 2006: 3). Die Übernahme dieser Haltung, die durch den Begriff des ‚Aggiornamento' markiert ist, beinhaltet die Auflösung von Verkrustungen und die Durchführung von Reformen, stets verstanden als Entwicklungen, die der Glaubensverkündigung des geoffenbarten und überlieferten Glaubens dienen (vgl. Mette 2006, Alberigo 1993).
Unter der Formulierung, ‚die Zeichen der Zeit verstehen', ist dieser Gedanke ebenfalls erfasst: „Zur Erfüllung ihres Auftrags obliegt der Kirche

112 ‚Christologie' bezeichnet die Lehre von Jesus Christus in seiner göttlichen und menschlichen Existenz. Verbunden damit ist die Auslegung der Heilsbedeutung der Person und des Werkes Jesu Christi (vgl. Schilson 1994).

allzeit die Pflicht, nach den Zeichen der Zeit zu forschen und sie im Licht des Evangeliums zu deuten" (GS 4).
Eine andere Formulierung fasst die Anforderung an die Gewährleistung von Flexibilität unter dem Stichwort ‚ecclesia semper reformanda'. Diese Formulierung stammt ursprünglich aus der calvinistischen Theologie und wurde im II. Vatikanischen Konzil (vorsichtig) katholisch rezipiert, wenn es in der dogmatischen Konstitution über die Kirche heißt, dass die Kirche „sich selbst zu erneuern" (LG 9) habe.
Diese Belege weisen auf, dass die Kirche in ihrem Selbstverständnis die Anforderung an Flexibilität kennt. Führungsverhalten in der Kirche hat somit auch Flexibilität zu ermöglichen.

3.2.2.2 Stabilität und die Verpflichtung auf das Evangelium

Stabilität wurde als der komplementäre Pol zur Flexibilitätsanforderung aufgezeigt. Dem entspricht im Feld der Religion zunächst eine sehr grundlegende Sicht, nach der jede Religion als Orientierungssystem zu verstehen ist. Religionen vermitteln Orientierung über die Gesamtheit der Lebenswelt (vgl. Zirker 1999). Daher weist jede Religion eine Nähe zum Stabilitätspol auf.
Darauf aufbauend gehört es zum Kern der Kirche, sich auf ihre Grundlagen und somit auf das Evangelium Jesu Christi zu beziehen. Aus der Entfaltung der Offenbarung Gottes in Jesus Christus hat sie sich zu gestalten und ihren Auftrag in sich ändernden Zeiten und Bedingungen zu erfüllen. Es ist der Kirche somit nicht freigestellt, ihr Selbstverständnis und ihre Identität zu entwickeln, sondern sie ist darin an die biblische Grundlage und die Tradition der Auslegungsgeschichte gebunden[113]. In der Tradition der Auslegungsgeschichte spielt das Lehramt, insbesondere in seinen Dogmen und Konzilsentscheidungen eine entscheidende Rolle. Auf dieser Basis entwickelt die Kirche in der systematischen Theologie Antworten auf die Fragen der Gegenwart.

---

113 Die Dogmatik und die systematische Theologie gehen methodisch üblicherweise so vor, dass sie zum Verständnis der Glaubenslehre sowie zur Bearbeitung aktueller theologischer Fragestellungen die biblischen Grundlagen aus dem Alten und Neuen Testament, die Interpretationen in Kirchen- und Dogmengeschichte, insbesondere unter Berücksichtigung der Dogmen und der Konzilsentscheidungen einschließlich ihrer Kontextbedingungen heranziehen, um auf dieser Grundlage Aussagen für Gegenwartsfragen zu entwickeln. Insbesondere im letzten Schritt erhält die Frage nach den praktisch-theologischen (pastoraltheologischen) Bedeutungen ein deutliches Gewicht (vgl. Walter 1995).

Verbindliche Regelungen trifft die Kirche durch das Kirchenrecht, das als Lebensordnung der Kirche verstanden wird[114].
Darüber hinaus verfügt die Kirche sowohl auf der Ebene der Kirchenleitung durch den Papst im Vatikan als auch in den Diözesen und Pfarreien über zahlreiche Einrichtungen, bspw. Bischöfliche Ordinariate bzw. Generalvikariate. Auch hierdurch wird die kirchliche Arbeit reguliert.
Bereits an diesen drei Markierungen wird deutlich, dass Stabilität nicht nur eine Anforderung an die Kirche ist, sondern sie in ihrer Geschichte Formen gefunden hat, diese Stabilität zu sichern. Deutlichste Form der inhaltlichen Stabilität, also ihrer Lehre, ist das Lehramt mit der Definitionshoheit. Die Stabilität für das Zusammenleben und die innere Ordnung sichern das Kirchenrecht sowie zahlreiche Einrichtungen.
Daher muss sich kirchliches Führungsverhalten dem genuinen Selbstverständnis von Christentum und Kirche entsprechend auf Stabilität beziehen[115].

3.2.2.3 Integration nach innen und Kirche als Gemeinschaft

Religion hat neben der bereits angesprochenen Funktion der Singebung auch die Aufgabe, Gemeinschaft zu konstituieren. Grundlegend ist dabei, dass durch die Zugehörigkeitsformen zu einer Religionsgemeinschaft eine Integration des einzelnen Subjekts in Gemeinschaft gewährleistet wird. Gleichzeitig geschieht eine Abgrenzung zu anderen Gemeinschaften und Personen (vgl. Zirker 1999).

---

114 Das Kirchenrecht, codifiziert als Codex Iuris Canonici (CIC) – Codex des kanonischen Rechts, basiert auf der Offenbarung, in der der Heilswille Gottes durch die Kirche in die Geschichte getragen und dort präsent wird. Das Kirchenrecht bezieht seine Legitimation aus der (philosophischen) Sichtweise, nach der Recht ein grundlegendes Phänomen aller Sozialität ist und bereits vor staatlichen Erfordernissen eine Gegebenheit existiert, nach der jede menschliche Gemeinschaft einer verbindlichen Ordnung bedarf, der der Anspruch auf umfassende Verwirklichung zugebilligt wird. Das Kirchenrecht unterscheidet zwischen göttlichem Recht (ius divinum), das sich aus der Offenbarung bzw. der Schöpfung herleitet und menschlichem Recht (ius humanum), das der Verwirklichung des ius divinum dient (vgl. Aymans 1997: 41-43).

115 Selbstverständlich stellen die Mechanismen zur Sicherung der Stabilität in der Kirche weitreichende Fragen. Der im I. Vatikanischen Konzil (1869-1870) dogmatisch festgelegte Anspruch des Lehramtes, das letztlich in der verbindlichen Autorität des Papstes zusammengefasst ist, auf Irrtumsfreiheit in Aussagen der Interpretation der Offenbarung sowie der Jurisdiktionsprimat zeigt darin eine besonders markante Entwicklung (vgl. Kehl 1992: 354-366).
Grundsätzlich gelten auch hier die Hinweise auf offene und geschlossene Formationen, die je ihre spezifischen Stärken haben und gleichzeitig stets in der Gefahr stehen, sich in die eine oder andere Richtung zu extremisieren. Dieser Gefahr muss sich auch die Kirche immer bewusst sein.

Die Kirche versteht sich selbst als die Gemeinschaft der Glaubenden. Diese Gemeinschaft hat innere Strukturen, geregelte kirchliche Vollzüge, eine identitätsstiftende Liturgie, das kirchliche Amt, das Kirchenrecht, Institutionen und vieles andere mehr. Dadurch hält sich die Kirche als Gemeinschaft aufrecht. Dies zeigt, dass die Kirche selbst in ihrer Entwicklung und in der Ausgestaltung ihrer Lebenspraxis die Integration nach innen realisiert hat.

3.2.2.4 Adaption nach außen und missionarischer Auftrag

Die Kirche ist nicht Selbstzweck. Sie hat gemäß biblischer Überlieferung von Jesus Christus selbst den Auftrag erhalten, zu allen Völkern zu gehen und die Menschen zu taufen (vgl. etwa Mt 28,19). Ihre Aufgabe besteht darin, alle Menschen zum Glauben an den von Christus geoffenbarten Gott zu führen: „Die Kirche existiert, um das Evangelium zu verkünden“ (John 2004: 53).

Dieser Auftrag zeigt den Außenbezug der Kirche an, der sich unter dem Stichwort der ‚missionarischen Verpflichtung’ oder ‚missionarischen Option’ beschreiben lässt.

Kirchliches Führungsverhalten muss somit auch dieser Anforderung gerecht werden. Adaptionsprozesse in Umweltkontexte sind nicht nur aus einer allgemeinen Gegebenheit oder Notwendigkeit abgeleitet, sondern bildet den Kern des eigenen Selbstverständnisses.

Die Basisanforderungen an Flexibilität und Stabilität sowie an Integration und Adaption bestehen auch in der Kirche. Dabei folgen diese Basisanforderungen nicht zuerst und ausschließlich den unvermeidlich vorhandenen Voraussetzungen einer Organisation, sondern diese Anforderungen resultieren aus dem eigenen Selbstverständnis der Kirche, das sich aus dem Offenbarungsgeschehen ableitet.

Wie im Rahmen der Entwicklung der Führungskonzeption gezeigt, hat das Bestehen der Basisanforderungen Konsequenzen. Dies gilt auch für den kirchlichen Kontext. Zentral ist, dass sich damit auch hier dilemmatische Führungskonstellationen ergeben, da die Anforderungen per se in Spannungen stehen und Führungsverhalten sich in diesen Spannungen konkretisieren muss. So bewegt sich Führung in der Kirche in dem Spannungsfeld, wie viel Energie für die Integration nach innen und wie viel für die Adaption nach außen aufzubringen ist. Eine andere Divergenz besteht in der Treue zur Tradition mit der Gefahr der Erstarrung einerseits und einem Aggiornamento mit der Gefahr der Auflösung andererseits. Auf die tendenziell zyklischen Abfolgen solcher Phasen wurde bereits hingewiesen (vgl. Kap. 2.3.5).

In der aus diesen Basisanforderungen resultierende dilemmatische Grundstruktur ist mithin auch für kirchlichen Führungskräfte existent. Ausbalancierendes Führungsverhalten ist daher auch in der Kirche durch die bestehenden Anforderungen begründet. Die hier entworfene Führungsvorstellung ermöglicht, Führungsverhalten in der Kirche unter diesen Bedingungen auszuüben und den Basisanforderungen an Führung gerecht zu werden. Denn es ist gezeigt worden, dass die Führungsanforderungen zwar dilemmatisch, gleichzeitig aber komplementär sind und sich somit nicht ausschließen, sondern ergänzen. Führungsverhalten in der Kirche, so das Fazit an dieser Stelle, bekommt in der hier entworfenen Konzeption die Möglichkeit, die verschiedenen Anforderungen auszugleichen und gerade nicht auf eine einseitige Ausübung von Führung zu setzen. Damit werden Reflexionen und Erkenntnisse der Führungsforschung als Bezugswissenschaft für Theologie und Kirche nutzbringend in ihre Kontexte eingebracht. Dies soll auch für die Ausübung des ausbalancierenden Führungsverhaltens im Einzelnen erläutert werden.

3.2.3 Ausbalancierendes Führungsverhalten in der Kirche

Bislang wurde dargelegt, dass das orientierende Führungsverhalten auf der Grundlage kirchlichen Selbstverständnisses rezipierbar ist. Ebenso wurde gezeigt, dass sich die Basisanforderungen an Führung auch in der Kirche stellen. Nun geht es darum, das ausbalancierende Führungsverhalten in seinen vier Ausrichtungen in Beziehung zum kirchlichen Selbstverständnis zu setzen.

3.2.3.1 Personenbezogene Führung in der Kirche

Personenbezogene Führung, so war deutlich geworden, antwortet dem Modell nach auf die Anforderung der Integration nach innen und der Flexibilität. Es stimuliert die Entwicklungspotentiale der Mitarbeitenden und stellt Zufriedenheit her. Auch Führungsverhalten in der Kirche hat diese Anforderungen zu erfüllen und muss sich entsprechend ausrichten.

Über die Einlösung dieser Basisanforderung an Führung hinaus gibt es einen bedeutenden weiteren Grund, personenbezogene Führung in der Kirche als adäquat zu behaupten. Die Bedeutung der Person und ihre Personalität bilden ein Zentrum christlichen Denkens. Mit dem christlichen Verständnis der Person ist die Aussage verbunden, dass das Individuum als Person die Fähigkeit und Verantwortung zum Handeln hat und sich dieses Handeln in Freiheit an einer der göttlichen Berufung gemäßen Moralität ausrichten kann und soll. Verbunden mit dem Person-Begriff ist

die Verschränkung von Eigenstand und die Beziehung zu anderen. Das eigene Personsein realisiert sich in Interaktion mit anderen Personen, denen das gleiche Personsein zuerkannt wird. Damit hat die Zuschreibung von Personalität stets einen (anthropologisch begründeten) Reziprozitätscharakter. Verbunden mit dieser Auffassung ist das Verständnis, dass Personalität und Sozialität gleichursprünglich sind. Daraus resultiert das Verbot der Verdinglichung der Person und die Forderung der unbedingten Achtung der Menschenwürde und des Schutzes des Lebens. Dies gilt auch für die Gestaltung von Strukturen in Gesellschaften und deren Organisationen, die sich daran zu messen haben, der Personalität des Individuums zu entsprechen. Dieser Zugang ist insbesondere ein Feld der katholischen Soziallehre. Kern der katholischen Sozialverkündigung ist die Behauptung und Einforderung der Personenwürde (vgl. Hilpert 1999, Greshake 1999a, Höhn 1999, Kerber 1996). In der Pastoralkonstitution des letzten Konzils findet sich eine prägnante Formulierung: „Wurzelgrund nämlich, Träger und Ziel aller gesellschaftlichen Institutionen ist und muß auch sein die menschliche Person, die ja von selbst her des gesellschaftlichen Lebens durchaus bedarf" (GS 25). Dieses Zitat fasst das katholische Grundverständnis prägnant zusammen.
In Verbindung zu den Erkenntnissen der Führungsforschung lässt sich somit sagen, dass die über die Faktorenanalyse der Ohio-Studien gewonnene Unterscheidung von personen- und aufgabenbezogenem Führen, die aufgewiesene Basisanforderung des Führens, Flexibilität und Integration nach innen zu gewährleisten, aus christlichem Selbstverständnis eine weitere Begründung findet: die Personalität des Menschen. Diese muss sich auch und gerade in Organisationskontexten wieder finden und stellt daher an Organisationsabläufe, wozu Führungsverhalten gehört, die Anforderung, der Würde des Menschen zu entsprechen. Über die empirische Herleitung hinaus und ebenso über die Anforderungen hinaus, in einer Organisation Flexibilität und Integration zu sichern, begründet sich ein Führungsverhalten, das ‚Consideration' realisiert aus dem Personalitätsprinzip katholischer Verkündigung. Diese Einsicht ist grundlegend für alles Führungshandeln auszusagen, gilt jedoch selbstverständlich auch im Kontext kirchlichen Führungsverhaltens.

3.2.3.2 Aufgabenbezogene Führung in der Kirche

Aufgabenbezogene Führung entspricht der Basisanforderung an das Führungsverhalten, Stabilität und Adaption nach außen anzustreben. Aufga-

ben-bezogenes Führen weist in den Bereich der Rollenklärung, Leistungserbringung und Zielerreichung, dient also der Effektivität[116].
Auch für die Kirche gibt es einen ihrem Selbstverständnis entsprechenden Grund, ‚Initiating structure' als Führungsverhalten anzunehmen. Denn es wurde bereits deutlich, dass die Kirche kein Selbstzweck ist, sondern ihr Auftrag und ihre Existenzberechtigung darin bestehen, das Evangelium Jesu Christi zu verkünden.
Dies gilt zunächst im Blick auf die, die bereits Christen bzw. Katholiken sind. Sie sind insofern in diesem Verständnis ein ‚Außen', als alle stets des weiteren, lebenslangen Wachstums im Glauben bedürfen[117]. Einbezogen darin ist die Vermittlung des Glaubens an Kinder und Jugendliche sowie Menschen, die bis zu einem bestimmten Zeitpunkt den christlichen Glauben nicht kennen gelernt haben bzw. einen vertieften Zugang gewinnen wollen. Dies zu gewährleisten, sind die Amtsträger der Kirche sowie die weiteren pastoralen Berufsgruppen beauftragt. Die Begründung der Existenz des kirchlichen Amtes besteht insbesondere darin, das dieses Sorge trägt für die Verkündigung des Evangeliums, die Feier der Liturgie und damit der Spendung der Sakramente sowie dem Einlösen des diakonischen Auftrag des Christentums. In diese Aufgaben sind sodann auch insbesondere die weiteren nicht ordinierten Mitarbeiterinnen und Mitarbeiter einbezogen. Damit diese Anforderungen erfüllt werden, bedarf es eines Führungsverhaltens von kirchlichen Führungskräften, das auf die Qualität und Quantität von Aktivitäten hinwirkt, um dieses Ziel zu erreichen.
Eine zweite Begründung für aufgabenbezogenes Führungsverhalten in der Kirche resultiert aus dem Auftrag, über ihre eigenen Grenzen hinaus

116 Der Leistungsanteil und die Leistungserbringung sind hier so verstanden, dass für einen pastoralen Zusammenhang entsprechende Aktivitäten qualitativ und quantitativ anspruchsvoll durchgeführt werden. Das Resultat dieser Aktivitäten, eine Entscheidung zum Glauben oder ein Wachstum im Glauben zu bewirken, liegt nach theologischem Verständnis nicht in der ‚Machbarkeit' von Menschen, hier der Mitarbeitenden, sondern ist der Wirkung des Heiligen Geistes überlassen: Glauben können Menschen nicht ‚machen', sondern Glaube ist Geschenk Gottes. Gleichwohl können kirchliche Aktivitäten in der Weise effektiv ausgerichtet werden, dass Gottesdienste angemessen vorbereitet und gestaltet sind, Maßnahmen der Jugend- oder Erwachsenenbildung hohe Qualitätsstandards in bspw. methodischer und inhaltlicher Hinsicht erfüllen oder aber Termine zuverlässig eingehalten werden und Materialien ansprechend gestaltet sind.

117 Die Aussage bezieht sich sowohl auf die Glaubenspraxis mit ihren Vollzügen (wie etwa diakonisches Handeln und die Mitfeier der Liturgie) als auch auf das Glaubenswissen, das über eine allein kognitive Kenntnis hinausgeht und mit dem Begriff der ‚Aneignung' von Glaubenswissen verbunden ist, womit insbesondere (lebensgeschichtliche) Zugänge erfasst werden, die den Christen in seiner gesamten Existenz berühren wollen (vgl. Seckler 1995, Feifel & Werbick 1995).

zu gehen. Die Kirche kann sich aus ihrem Selbstverständnis heraus nicht damit zufrieden geben, (weltweit) bereits eine große Anzahl von Gläubigen und Mitgliedern zu haben und deren Glauben durch Verkündigung, Liturgie und Diakonie zu stärken. Auch kann sie sich nicht damit zufrieden geben, auf den kulturellen Transport des christlichen Glaubens zu setzen und davon auszugehen, dass über Sozialisation, insbesondere in der Familie, der christliche Glaube in seiner katholischen-kirchlichen Vermittlung sich in einem Kulturraum ‚fortpflanzt'. Sondern es ist ihre Aufgabe, ‚allen' Menschen einen Zugang zum christlichen Glauben zu eröffnen und – im Respekt vor der Freiheit und damit auch der Glaubensfreiheit der Person – entsprechend zu wirken. Dies ist eine Anforderung, die in Deutschland, wie eingangs gezeigt, sich mehr und mehr stellt. Durch Führung Aktivitäten zu generieren, die diesen Auftrag umsetzen, ist für die Kirche, und damit auch für die Kirche in Deutschland zuerst aufgrund ihres eigenen Selbstverständnisses erforderlich. Dass damit im deutschen System der Kirchensteuerfinanzierung eine nachhaltige Sicherung der Finanzierung der Arbeit verbunden ist, ist eher ein Bezugspunkt, der sich aus den auch in anderen Organisationen gegebenen Anforderungen an leistungsbezogenem Außenbezug ergibt.
Kirchliches Führungsverhalten also hat sich nicht nur aufgrund der Erkenntnisse der Führungsforschung aufgabenbezogen auszurichten, sondern ist gemäß dem Selbstverständnis der Kirche erforderlich, um dem universalen Verkündigungsauftrag gerecht zu werden.

3.2.3.3 Innovatorische Führung in der Kirche

Innovatorische Führung wird den Anforderungen an Flexibilität und Adaption nach außen gerecht. Sie erreicht Wandel und Erneuerung. Es wurde bereits deutlich, dass Führung in der Kirche auch entsprechend dem eigenen Selbstverständnis nicht umhin kann, Flexibilität und Adaption zu gewährleisten. Begriffe wie ‚Aggiornamento' und auch ‚Inkulturation'[118]

118 ‚Inkulturation' in katholischem Verständnis erfasst, dass der christliche Glaube immer in einer bestimmten sozialen, politischen, religiösen und kulturellen Situation verkündet wird und der christliche Glaube diese Situation prägen soll wie umgedreht die kulturellen Kontexte die Ausdrucksformen des Glaubens beeinflussen. Historisch besteht in der kirchlichen Missionsgeschichte die Problematik, dass Evangelisierung in anderen Kulturen in eins gesetzt wurde mit der gleichzeitigen Übertragung der europäischen Kultur in Missionsgebiete. Aktuell gewinnt der Begriff der ‚Inkulturation' auch insofern Bedeutung, als das Christentum in Deutschland und (Nord)Europa sich (neu) in die dortige Kultur (bspw. eines weitgehend nicht christlich geprägten Ost-Deutschlands) ‚inkulturieren' muss und es daher einer Kenntnis und eines Umgangs mit solchen nichtchristlichen Kulturen bedarf (vgl. Collet: 1996, Schatz 1996, Schreiter 1996, Groome 1996).

weisen darauf hin. Aus dem grundlegenden Selbstverständnis einer sich stets erneuernden Kirche heraus und insofern sie sich in verändernden kulturellen Kontexten bewegt, was für die Kirche in Deutschland eine gegebene Bedingung ist, sind innovatorische Führungsverhaltensweisen in kirchlichen Kontexten erforderlich.
Theologisch weist dieser Zugang in die Pneumatologie als der Lehre vom Heiligen Geist. In christlichem Verständnis ist es der Geist Gottes, der die Gläubigen und die Kirche leitet. Dieser Geist steht für Inspiration und Neuschöpfung und wird als Lebensspender verstanden, der dann insbesondere auch dann wirkt, wenn Lebenszusammenhänge, wie auch Institutions- bzw. Organisationsverhältnisse ‚erstorben' sind, sich also verkrustet oder lähmend zeigen (vgl. Freitag 1999).

3.2.3.4 Regulative Führung in der Kirche

Regulatives Führungsverhalten reagiert auf die Anforderung nach Integration und Stabilität. Es bewirkt Steuerung, Regulierung und Ablaufsicherheit. Auch dieses Führungsverhalten in kirchlichen Kontexten ist nicht ausschließlich aus der Tatsache abzuleiten, dass die Kirche auch ihre institutionelle Seite hat und folglich für die innere Stabilität Verantwortung trägt. Vielmehr begründet sich regulatives Führungsverhalten aus einem tieferliegenden Anspruch.
Der Arbeitsgruppe Orientierung und Sicherheit zu geben, Messwerte zu vergleichen und bei Abweichungen zu steuern, so war u. a. dieses Führungsverhalten beschrieben worden. Die Kirche hat sich mit ihrem inneren Zusammenhalt befasst und stellt diesen wesentlich über das hierarchisch strukturierte kirchliche Amt her, dem die inhaltliche und organisatorische Führung der Kirche entsprechend der Hierarchiestufen obliegt. Eng verbunden damit ist das umfangreich in der Kirche formulierte Hirtenbild. Die Hirtenfunktion wird dem Papst in seiner Primatsfunktion, dem Bischof sowie den Priestern, insbesondere wenn sie ‚Pastöre' (Hirten), also Pfarrer von Pfarreien sind, zugesprochen. Die Hirtenmetapher, die in

---

Der Terminus ‚Adaptation' findet sich ebenfalls im theologischen Sprachgebrauch und ist mit dem Begriff ‚Inkulturation' verbunden, wenngleich davon zu unterscheiden. Unter ‚Adaptation' ist missionswissenschaftlich verstanden eine Anpassung und Übertragung der christlichen Botschaft in Vorstellungswelten und Sprachen der entsprechenden Völker vorzunehmen. Insbesondere in der katholischen Liturgie besteht die Möglichkeit, Anpassungen an bestimmte Situationen bspw. bezogen auf die Aufnahmefähigkeiten und Ausdrucksmöglichkeiten zu entwickeln. Die Verhältnisbestimmung zu ‚Inkulturation' besteht darin, dass ‚Adaptation' eine Möglichkeit der ‚Inkulturation' darstellt und dementsprechend einen Aspekt des umfassenden Begriffes der ‚Inkulturation' erfasst (vgl. Collet 1993, Meyer 1993).

unzähligen Formulierungen kirchlicher Texte verwandt wird, kann hier nicht ausführlich bearbeitet werden. Einige Hinweise seien genannt.
Das Konzilsdokument über die Bischöfe trägt den Titel ‚Dekret über die Hirtenaufgabe der Bischöfe der Kirche' und enthält sowohl auf den Papst bezogen als auch für die Bischöfe der Ortskirchen an zahlreichen Textstellen den Hinweis auf die Hirtenfunktion (vgl. bspw. CD 2 oder CD 11). Der CIC formuliert: „Dem Diözesanbischof kommt in der ihm anvertrauten Diözese alle ordentliche, eigenberechtigte und unmittelbare Gewalt zu, die zur Ausübung des Hirtendienstes erforderlich ist" (c. 381 § 1 CIC). Im 1994 veröffentlichen ‚Direktorium für Dienst und Leben der Priester' heißt es: „Als Hirte der Gemeinde existiert und lebt der Priester für sie [...]. Diese bräutliche Dimension des Priesterlebens als Hirte wird bewirken, dass er seine Gemeinde leiten wird, [...] mit Vollmacht Sorge trägt für die evangelische Authentizität des christlichen Lebens, Irrtümer korrigiert [...] und die Brüderlichkeit fördert" (Verlautbarungen des Apostolischen Stuhls 113 – 1994: 49). Eine sich ebenfalls mit den Aufgaben der Priester, insbesondere der Pfarrer befassende Instruktion trägt den Titel: ‚Der Priester, Hirte und Leiter der Pfarrgemeinde' (vgl. Verlautbarungen des Apostolischen Stuhls 157 – 2002) und formuliert: „Auf den Pfarrer lastet [...] aus einer wirklichen Hirtenliebe heraus die Pflicht zur aufmerksamen und zuvorkommenden Aufsicht" (Verlautbarungen des Apostolischen Stuhls 157 – 2002: 36). Sorge tragen für die Authentizität, Aufsicht üben oder Irrtümer korrigieren sind in einem anderen Sprachgebrauch als ‚Steuerung', oder ‚Soll-Ist-Abgleich' zu beschreiben. Deutlich wird damit, dass die Kirche aus ihrem Selbstverständnis heraus, insbesondere gebunden an das kirchliche Amt und beschrieben im Hirtenbild, sich regulative Führung zu eigen macht und diese Funktion kennt, wahrnimmt und einfordert[119].
Der Terminus ‚regulatives Führungsverhalten' legt darüber hinaus einen Hinweis auf die ‚Regeln des heiligen Benedikt' (vgl. Salzburger Äbtekonferenz 1990) nahe. Benedikt von Nursia (um 480 bis um 547 n. Chr.) verfasste bis heute prägende Regeln für das Mönchstum. Die ‚Regula Benedicti' enthält in ihrem ersten Teil spezifische Verhaltensweisen für den

---

119 Die Befassung mit dem Hirtenbild in der Kirche weckt verständlicherweise vielfache Assoziationen, die die Verwendung eines altorientalischen Bildes für modere Situationen in Frage stellen. Insbesondere das Pendant des Hirten, das Schaf, lässt nach dem Verhältnis und dem Selbststand des Individuums, auch des Gläubigen fragen. Dazu legt Stenger eine Ausarbeitung vor, die u. a. eine grundlegende Wechselseitigkeit von Hirte- und Schafsein annimmt, diese Bilder im Lichte psychologischer Zugänge deutet und als Weg angesehen werden kann, dieses alte und vielfach in der Kirche und Theologie verwendete Bild auch für die Gegenwart als brauchbar und sinnvoll einzubeziehen (vgl. Stenger 2000).

Abt als Vorsteher eines Klosters. Eine zentrale Linie ist darin, dem Abt die Aufgabe zuzuweisen, das Zusammenleben im Kloster gemäß christlicher Lehre auszurichten. Um dieses zu erreichen sind Tadel, Ermutigung, Zurechtweisung und vergleichbare Verhaltensweisen vorgesehen (vgl. Salzburger Äbtekonferenz 1990: 34-40). Ein solches Führungsverhalten des Abtes kann somit auch als ‚regulatives Führungsverhalten' bezeichnet werden, da es erreichen will, das Verhalten der einzelnen Mönche und der Mönchsgemeinschaft in bestimmter Weise zu steuern[120].

3.2.4 Trinitätsverständnis und die vierfache Ausrichtung im ausbalancierenden Führungsverhalten

Im christlichen Verständnis existiert Gott als das eine Wesen in den drei Personen von Vater, Sohn und Geist. Die kirchliche Trinitätslehre zeigt den Weg auf, im christlichen Monotheismus im einen Gott diese drei Personen zu beschreiben (vgl. Werbick 2001a). Das trinitarische Gottesbild formuliert Gott als das „ewigvollkommene Leben der Liebe" (Werbick 2001b: 247). Die Sendung des Sohnes Jesus Christus durch den Vater im Heiligen Geist ist Selbstmitteilung und Kommunikation. Die liebende Selbstentäußerung des Vaters bewirkt oder ‚zeugt' den Sohn, der sich im Heiligen Geist dem Vater gegenüber in seiner Selbstentäußerung bis zum Kreuz gehorsam verhält. Die Treue des Vaters wird durch den Heiligen Geist in der Auferweckung Jesu vom Tod am Kreuz verwirklicht (vgl. Werbick 2001b).

Mit diesen kurzen Hinweisen zur Trinitätslehre sei auf einige Anknüpfungspunkte zur Führungsfrage verwiesen, die sich als Anregungen verstehen, diese Führungskonzeption in einen weiter zu vertiefenden theologischen Diskurs einzubringen.

Im Blick auf die hier vertretene Auffassung, das ausbalancierende Führungsverhalten durch die vier Ausrichtungen von personen- und aufgabenbezogenem sowie innovatorischem und regulativem Führungsverhalten zu beschreiben, ergeben sich Bezugspunkte zur Trinitätslehre.

Der ersten trinitarischen Person, dem Vater, kommt in diesem Sinne eine regulative Orientierung zu: sein Schöpfersein bestimmt den Beginn der Schöpfung (creatio ex nihilo) und das kontinuierliche schöpferische Wirken zum Erhalt der Schöpfung (creatio continua). Seiner Schöpferautori-

---

120 Nur am Rande sei bemerkt, dass diese Regeln eine eindeutig personenbezogene Ausrichtung enthalten, insofern sie den Abt verpflichten, dem Verhalten des Einzelnen entsprechend adäquat zu reagieren.

tät unterliegt die Entscheidung der Sendung des Sohnes. Die Verbindung zwischen dem Vater und seiner Schöpfung lässt sich als eine ‚regulative Beziehungsgestaltung' beschreiben.
Die zweite trinitarische Person, der Sohn Jesus Christus, steht für Person und Aufgabe. Das Werk des Vaters wird durch die Person Jesu Christi und der durch ihn gelebten und erfüllten Aufgabe der Menschwerdung und der Selbstentäußerung, in seiner radikalen Form des Kreuzestodes, realisiert. Das Heilswerk Gottes konkretisiert sich in der Person und dem Auftrag des Sohnes.
Die dritte trinitarische Person, der Heilige Geist, hat innovatorische Konnotationen. Der Heilige Geist ist die Person, die den Gekreuzigten mit neuem Leben ‚inspiriert'. Seit seiner Sendung begleitet diese dritte ‚Person der Inspiration' die Kirche und die Gläubigen. Der Heilige Geist verleiht die Kraft zur Bewegung und zum immer neuen Aufbruch. Im Sinne ‚innovatorischen Führungsverhaltens' nimmt der wesenseine Gott durch diese Person diese Ausrichtung wahr.
Im Sinne eines ‚Handlungsgefüges' oder ‚Beziehungsgeschehens' (der theologische Begriff der ‚Perichorese' erfasst diesen Zusammenhang und bedeutet ‚gegenseitige Durchdringung – vgl. Greshake 1999b) ist das eine göttliche Wesen als das kommunikative Geschehen der drei Personen zu verstehen. Somit sind die jeweiligen Ausrichtungen der drei Personen des einen göttlichen Wesens nicht unverbunden nebeneinander stehend, sondern beziehen sich aufeinander und erreichen eine Einheit. Eine Verbindung zur Führungskonzeption besteht in der durch das ‚ausbalancierende Führungsverhalten' zu erreichenden Balance. Diese Balance des Führungsverhaltens will eine Einheit erreichen, in der die verschiedenen und divergierenden Anforderungen an Führung ausgeglichen werden.
Die hier aufgezeigten Anmerkungen zeigen auf die Verbindungslinien zwischen dem trinitarischen Gottesbild und den Ausrichtungen des ausbalancierenden Führungsverhaltens.

3.2.5 Verbindungen von orientierendem und ausbalancierendem Führungsverhalten in der Kirche

Auch für den kirchlichen Führungskontext ordnet orientierendes Führungsverhalten das ausbalancierende Führungsverhalten in größere Kontexte ein und vermittelt den Mitarbeitenden den Orientierungsrahmen für die ihnen entgegengebrachten Erwartungen sowie für ihre Aktivitäten. Ausbalancierendes Führungsverhalten wiederum gibt dem orientierenden Führungsverhalten Struktur und Wirkung.

Nachfolgend werden die Beziehungen zwischen beiden Elementen des Führungsverhaltens aufgezeigt und in einer abschließenden Matrix noch einmal konzentriert wiedergegeben.

Abbildung 17: Beziehungen zwischen orientierendem und ausbalancierendem Führungsverhalten in der Kirche

ausbalancierendes Führungsverhalten / orientierendes Führungsverhalten	Personenbezogene Führung	Aufgabenbezogene Führung	Innovatorische Führung	Regulative Führung
Vermittlung von Visionen, Werten und Zielen	- Personenbezogenes FV zeigt, dass die Vision vom RG dem Einzelnen gilt und durch Partizipation, Wachstum und Zufriedenheit ansatzweise in Arbeitsprozessen gilt. - Die Vision vom RG ist auch Verantwortung des GF/der AG und bedarf eines entsprechenden Verhaltens.	- Die Vision vom RG erklärt, wozu Leistung und Anstrengung eingesetzt werden. - Die Arbeit am RG bedarf der Effektivität und Produktivität.	- Innovatorisches FV lässt zu, an der Vision vom RG unter sich verändernden Bedingungen zu arbeiten. - Die Vision vom RG fordert Innovation angesichts von Wandel.	- Die Vision vom RG zeigt auf, dass Stabilität und stabile Abläufe nicht Selbstzweck sind, sondern eine Funktion für die Vision haben. - Die Vision vom RG ist auf stabile Abläufe angewiesen, um Wirksamkeit zu entfalten.
Steigerung von Selbstwert und Leistungszutrauen	- Personenbezogenes FV verdeutlicht, dass den GF die Bewältigung anspruchsvoller Aufgaben zugetraut wird. - Die Anerkennung von sakramental begründeten Kompetenzen und von Charismen stärken den Selbstwert und das Leistungszutrauen.	- Aufgabenbezogenes FV mit einem Hinweis auf Charismen und einer durch Berufung gegebenen Verantwortung erhöhen den Selbstwert. - Die Einforderung von Leistung nimmt Charismen ernst und entwickelt das Vertrauen in die Leistungsfähigkeit.	- Innovatorisches FV verdeutlicht, dass in kirchlichen Kontexten Wandel und Veränderung durch entsprechende Leistungen konstruktiv zu gestalten sind. - Kreative Potentiale sind angesichts sich verändernder kirchlicher Bedingungen als relevant darzustellen.	- Die gegebenen Strukturen schaffen Voraussetzungen, den Selbstwert als Christ anzusprechen. - Zuverlässige Abläufe sichern den Potentialen einer auf Berufung und Charisma beruhenden Aktivität ihre Wirksamkeitsentfaltung.
Schaffung von Commitment und Identifikation	- Das FV spiegelt die christliche Personalitätsvorstellung wieder und lässt durch die Realisierung die Identifikation mit dem konkreten kirchlichen Arbeitszusammenhang zu. - Commitment und Identifikation werden als Anspruch an die GF/AG verdeutlicht.	- Erbrachte Leistung lässt Identifikation zu und kann spezifische Leistungen in die Gesamtleistung der Kirche einordnen. - Aufgabenbezogenes FV schafft Ergebnisse, mit denen sich GF identifizieren können.	- Innovatorisches FV vermittelt die Erfahrung, dass GF durch Innovation die Anpassungsfähigkeit der Kirche bzw. der konkreten kirchlichen Einrichtung erreichen können. - Identifikation ermöglicht, Veränderungsprozesse in Übereinstimmung mit dem kirchlichen Selbstverständnis zu gestalten.	- Zuverlässige Abläufe lassen die Identifikation im kirchlichen Arbeitszusammenhang zu. - Identifikation lässt eine Mitarbeit an der Prozessgestaltung in kirchlichen Kontexten zu.
Ansprechen intrinsischer Motive	- Personenbezogenes FV schafft durch die Beziehungsgestaltung den Rahmen, die grundlegend im Christentum verankerten intrinsischen Motive anzusprechen. - Das Ansprechen intrinsischer Motive erklärt die Bedeutung personenbezogenen FV.	- Aufgabenbezogenes FV schafft den Rahmen, intrinsische Motive im Blick auf eine erwünschte Leistung einzubringen. - Intrinsische Motive lassen einen Qualitätszuwachs in der kirchlichen Arbeit zu.	- Intrinsische Motive lassen eine dem Selbstverständnis von Kirche und Christentum entsprechende Nutzung von Freiräumen zu. - Innovatorisches FV eröffnet die Möglichkeit, intrinsische Motive zur Entfaltung kommen zu lassen.	- Die Energie intrinsischer Motive wird durch zuverlässige Prozesse wirksam. - Intrinsische Motive stellen ein Potential für die Gestaltung kirchlicher Abläufe dar.

Abkürzungen: AG = Arbeitsgruppe, FK = Führungskraft, FV = Führungsverhalten, GF = Geführte, RG =Reich Gottes

Aus diesen Hinweisen wird deutlich, dass das wechselseitige Bezogensein beider Führungsdimensionen einerseits Orientierung gibt und anderseits die Basisanforderungen realisiert. Damit können auch immer wieder eingebrachte und berechtigte Forderungen aufgegriffen werden, Führung in der Kirche nicht allein organisations- und managementbezogen auszuüben, sondern an das eigene Selbstverständnis anzubinden. So kritisiert Zulehner zu Recht, dass ein aus allein betriebswirtschaftlichen Zwängen und mit üblichen Methoden der Unternehmensberatung heraus stattfindendes Downsizing oder Redesigning erstens enormen Schaden bei den Mitarbeitenden hinterlässt und zweitens nicht erreicht, ein Bistum zukunftsfähig und missionarisch auszurichten (vgl. Zulehner 2004b-: 34-39). Hilberath weist darauf hin, dass Organisationstheorien die Strukturierung einer Organisation an die Leitidee oder Vision binden und fordert daher die Gestaltung kirchlicher Strukturen in Anbindung an die Vision vom Reich Gottes (vgl. Hilberath 1999: 12-15). Unter solchen Voraussetzungen kann in der Spannung von „'Anknüpfung im Widerspruch'" (Nitsche & Hilberath 2002: 18) dann durchaus eine Verbindung von theologisch-ekklesiologischen Optionen wie dem Communio-Verständnis mit klassischen Formen der Organisationsentwicklung, zu denen Begriffe wie Unternehmen, Markt und Kunde gehören, geschaffen werden (vgl. Nitsche & Hilberath 2002: 9-20). Diese Denkmuster zeigen, dass einerseits in der gegenwärtigen Lage der Kirche nach Erkenntnissen aus anderen Forschungsrichtungen wie der Organisations- und Personalentwicklung gesucht wird und anderseits die Spannung zum kirchlichen Selbstverständnis gesehen wird. Darin wird eine Verbindung gesucht, eine theologisch verantwortete kirchliche Arbeit und Entwicklung unter Anwendung der entsprechenden Erkenntnisse aus anderen Forschungs- und Arbeitsgebieten zu qualifizieren. Die hier vorgelegte Führungskonzeption will erreichen, dass Erkenntnisse der Führungsforschung gemäß dem kirchlichen Selbstverständnis einbezogen und angewandt werden können. Dies wird hier gesichert im Zueinander von orientierendem und ausbalancierendem Führungsverhalten.

3.2.6 Der Stellenwert der Person im Führungsprozess in Verbindung zum kirchlichen Selbstverständnis

Der aus dem eigenschaftstheoretischen Zugang der Führungsforschung abgeleitete hohe Stellenwert der Führungsperson im Führungsprozess weist einen erkennbaren Bezug zu kirchlichen Vorstellungen zur Person auf.

Dies gilt zunächst grundsätzlich für das Führungshandeln überhaupt. Wie bereits deutlich wurde, kommt der Person und ihrer Personalität im christlichen Denken höchste Aufmerksamkeit zu, da die Person in Freiheit und Verantwortung auch die Gesellschaft und ihre Institutionen und Organisationen gestaltet. Diese Freiheit und Verantwortung gilt dann auch für Führungsverhalten, das trotz aller einflussnehmenden Faktoren wie Situationsbedingungen und Führungssubstitute stets auch die zu verantwortende Entscheidung der Führungsperson ist.

Gilt diese Sichtweise in christlicher Perspektive grundlegend für jedwede Führung, so sieht die Kirche die personale Verantwortung auch für Führungskräfte, die innerhalb der Kirche Führungsaufgaben übernehmen. Die Kriterien für die Eignung zum Bischofsamt sind im Kanon 378 des CIC geregelt. Neben formalen Kriterien wie dem Lebensalter (35 Jahre) wird gefordert, dass ein Bischofskandidat „sich auszeichnet durch festen Glauben, gute Sitte, Frömmigkeit, Seeleneifer, Lebensweisheit, Klugheit sowie menschliche Tugenden und die übrigen Eigenschaften besitzt, die ihn für die Wahrnehmung des Amtes, um das es geht, geeignet machen" (c. 378 CIC). Es zeigt sich, dass hier ein Persönlichkeitsprofil für einen Bischof entworfen wird, das in seinen Schwerpunkten durch ein sich ‚auszeichnendes' Glaubensleben und entsprechende Tugenden bestimmt ist. Im aktuellen Direktorium für die Bischöfe werden Eigenschaften wie Selbstkontrolle, Freundlichkeit, Geduld, Zurückhaltung oder Einfühlsamkeit als Eignungskriterien formuliert (vgl. Verlautbarungen des Apstolischen Stuhls 173 – 2004: 80). Diese Anforderungen weisen einen eindeutigen Bezug zum Fünf-Faktoren-Modell der Persönlichkeitsdiagnostik auf und lassen sich entsprechend zuordnen.

Um das Vorhandensein der Kriterien im einzelnen auf eine bestimmte Person zu prüfen, existiert ein Fragebogen, der vom päpstlichen Beauftragten an Personen versandt wird, die über den Kandidaten für das Bischofsamt Aussagen machen können. In diesem Fragebogen wird bspw. nach dem Überzeugtsein von der kirchlichen Lehre, auch in ihren Einzelheiten gefragt (vgl. Bier 2001: 86-96)[121].

Die Ausbildung der Priester, die als Diözesanpriester in der Regel nach ersten Berufseinführungsjahren mit einer Aufgabe als Pfarrer von Pfarreien beauftragt werden, unterscheidet in der Ordnung für die Priesterbildung zwischen drei grundlegenden Ausbildungszielen, die jedoch aufeinander

121 Auf die Problematik, einen Fragenbogen zu einer bestimmten Person zu versenden und die Daten ohne weitere Beteiligung der betroffenen Person auszuwerten, kann hier nicht eingegangen werden. Auszüge aus dem Fragebogen, der ansonsten von Seiten der Kirchenverantwortlichen nicht veröffentlicht wird, sind bei Bier (vgl. Bier 2001) veröffentlicht.

bezogen sind. Demnach will die Priesterausbildung bzw. Priesterbildung erstens eine Entwicklung im spirituellen Leben und der menschlichen Reifung erreichen, sodann zweitens die theologische Bildung und drittens die pastorale Befähigung (vgl. Die deutschen Bischöfe 73 – 2003: 17-26). Diese Konzeption zielt eine Entwicklung der Persönlichkeit in Verbindung mit der Entwicklung im christlichen Glauben an, die verbunden ist mit Fachkompetenz in der Theologie und praktischer Kompetenz in der pastoralen Arbeit. Für die Bildungsphase, die der Berufseinführung folgt, wird ausdrücklich auf die Führungskompetenz verwiesen (vgl. Die deutschen Bischöfe 73 – 2003: 98).
Auch für die nicht-ordinierten pastoralen Berufsgruppen der Pastoral- und Gemeindereferenten bzw. –Referentinnen wird die geistliche und persönliche Befähigung sowie die theologische und pastorale Kompetenz angestrebt (vgl. Die deutschen Bischöfe 41 – 1987).
Mit der Ausübung einer Führungsaufgabe ist in der Kirche stets die christlich-spirituelle Ausrichtung verbunden. Dies findet sich daher in allen diesbezüglichen Texten. Exemplarisch sei auf entsprechende Aussagen für den Bischof und den Pfarrer verwiesen: „Angelpunkt der besonderen Spiritualität des Bischofs ist die Ausübung seines Amtes, das innerlich vom Glauben, von der Hoffnung und insbesondere von der Hirtenliebe inspiriert wird" (Verlautbarungen des Apostolischen Stuhls 151 – 2001: 40). Die Ausübung des Amtes als Bischof ist somit ‚innerlich', also an die Persönlichkeit des Bischofs gebunden, der als Christ und ordinierter Amtsträger aus dem christlichen Glauben sein Amt ausüben und seine Aufgaben erfüllen soll. Für den Priester, insbesondere den Pfarrer, wird formuliert: „Auch die Aufgabe, als Hirte die Gemeinschaft zu leiten, die besondere Aufgabe des Pfarrers, erwächst aus seiner besonderen Beziehung zu Christus, dem Haupt und Hirten" (Verlautbarungen des Apostolischen Stuhls 157 – 2002: 9). Auch hier findet sich wieder der Hinweis, dass die Führungsaufgabe an ‚die besondere Beziehung zu Christus', also an eine entsprechende Spiritualität rückgebunden ist.
Wenngleich diese Aussagen sich ausdrücklich auf ordinierte Amtsträger beziehen, so ist für jedes Führungsverhalten in der Kirche daraus abzuleiten, dass es sich stets auf der Grundlage des Glaubens realisieren muss. Zum einen trägt jeder Christ durch Taufe und Firmung Anteil am Glauben und der entsprechenden Mitgestaltung am Sendungsauftrag der Kirche. Zum anderen werden zahlreiche herausgehobene Führungsaufgaben in Diözesen in mehr oder weniger direkter Anbindung an den Bischof übertragen, so dass auch diese Führungskräfte als Mitarbeitende des Bischofs aus einer Haltung heraus die Aufgaben zu erfüllen haben, die der für den Bischof formulierten Erwartung entspricht.

Die Verbindung zur eigenschaftstheoretisch ermittelten Bedeutung der Person im Führungsprozess besteht zuerst darin, dass aus christlichem Selbstverständnis heraus die Person des Führenden einen hohen Stellenwert hat. Dann wird deutlich, dass eine Verankerung im christlichen Glauben bzw. in der sakramentalen Übertragung eines Amtes die Grundlage für das Führungsverhalten kirchlicher Führungskräfte bilden soll.
In der Beschreibung der Eigenschaftsausprägungen war auf das ‚Fünf-Faktoren-Modell der Persönlichkeitsdiagnostik' zurückgegriffen worden. Es war angenommen worden, dass die Ausprägungen in den Faktoren Extraversion, Gewissenhaftigkeit, emotionale Stabilität und Offenheit gegeben sein müssen, um Führung erfolgsrelevant ausüben zu können. Die für kirchliche Führungspersonen formulierten Erwartungen ihrer Bindung an den christlichen Glauben lassen sich mit diesen Personmerkmalen ohne Probleme verbinden, da die Ausprägungen in den vier Faktoren auch eine Basis bilden, christliche Haltungen umzusetzen. Bspw. ist eine positive Ausprägung im Faktor Gewissenhaftigkeit auch eine gute Voraussetzung, den Verpflichtungen als Christ und kirchlicher Amtsträger nachzukommen.
Als Fazit wird hier festgestellt, dass der Stellenwert, der der Führungsperson für den Führungsprozess auf der Grundlage der Erkenntnisse der Eigenschaftstheorien in dieser Führungskonzeption zuerkannt wird, dem kirchlichen Verständnis von Führungspersonen entspricht.

3.2.7 Der Stellenwert der Situation im Führungsprozess in Verbindung zum kirchlichen Selbstverständnis

Unter Berufung auf die Situationstheorien war für die hier entwickelte Führungskonzeption angenommen worden, dass die Situation die Wirkung und somit die Auswahl von Führungsverhalten mitbestimmt und die Situationstheorien die erforderlichen Erkenntnisse liefern, um eine Situation beschreiben zu können. Hier wurde angenommen, dass die Führungssituation gekennzeichnet ist durch die vier Elemente ‚Person des Mitarbeitenden', ‚Beziehung zwischen Führungskraft und Mitarbeitenden', ‚Aufgabe' sowie ‚Organisation'. Diese vier Elemente sind auf Ziele zu beziehen.
Hinsichtlich Bedeutung der Situation kann nachgewiesen werden, dass eine Entsprechung zum kirchlichen Selbstverständnis vorliegt.
Zunächst ist allgemein darauf hinzuweisen, dass die Einbeziehung von Rahmenbedingungen in die Bewertung einer Lage einfließt. In der Formulierung, ‚die Zeichen der Zeit erkennen', ist bereits ausgesagt, dass kirchliches Handeln nicht jenseits von Zeitgegebenheit, somit Situationsgegebenheiten ausgeübt wird, sondern unter deren ausdrücklichem Einbezug.

Der Begriff ‚Kairologie' fasst dies im theologischen Sprachgebrauch zusammen[122]. Darunter ist verstanden, auch und gerade unter Einbeziehung der Sozial- und Humanwissenschaften, Erkenntnisse über die Gegenwart zu gewinnen, diese theologisch zu reflektieren und daraus sowohl einerseits Methoden zur Wahrnehmung der Wirklichkeit abzuleiten als auch anderseits die inhaltlichen Erkenntnisse in die theologische und pastorale Weiterentwicklung einzubeziehen (vgl. Zulehner & Fuchs 1996).
Neben diesem grundlegenden Zugang zu kirchlichem und theologischem Denken sind auch die einzelnen Elemente der Führungssituation in kirchlichem Kontext relevant.
Hinsichtlich der ‚Person des Mitarbeitenden' wurde bereits deutlich, das dieser ein hoher Stellenwert zukommt. Mit den benannten Anforderungen an persönlicher Reifung und geistliche Identität sowie theologischer und pastoraler Kompetenz sind einer kirchlichen Führungskraft bereits Kriterien an die Hand gegeben, durch die die Person des Mitarbeitenden bezogen auf eine Aufgabe einzuschätzen ist. Bemerkenswert ist, dass das Reifegradmodell von Hersey und Blanchard ausdrücklich über ‚Reife' spricht und der Reifegrad des Mitarbeitenden das entscheidende Kriterium für den Einsatz des entsprechenden Führungsstils ist (vgl. Kap. 2.3.3.3).
Die ‚Beziehung zwischen Führungskräften und Mitarbeitenden' ist ebenso implizit wie explizit thematisiert. Insbesondere die Hirtenmetapher beinhaltet eine Beziehung, insofern dieses Bild den Hirten in seiner Funktion für die Schafe meint. Da die Hirtenmetapher eine grundlegende Sicht kirchlichen Handelns widergibt, ist die Weiterführung dieses Bildes als Hinweis für die explizite Anwendung auf die Beziehung zwischen Führenden und Mitarbeitenden geeignet. Daneben finden sich in zahlreichen kirchlichen Texten Formulierungen, die auf die Beziehung zwischen (häufig ordiniertem) Vorgesetzten und Mitarbeitenden hinweisen. Exemplarisch sei ein Zitat aus dem Konzilsdekret über die Bischöfe genannt: „Daher bilden sie [die Diözesanpriester – Verf.] ein einziges Presbyterium und eine einzige Familie, deren Vater der Bischof ist" (CD 28). Deutlicher ist die Beziehungserwartung kaum zu formulieren! Ohne die mit dieser Erwartung verbundenen Problematiken diskutieren zu können, lässt sich aber eindeutig sagen, dass auch das kirchliche Selbstverständnis die Sicht zulässt und sogar fordert, dass Vorgesetzte zu den Mitarbeitenden eine Beziehung gestalten.

---

122 ‚Kairologie' ist vom griechischen Wort ‚kairos' abgeleitet. ‚Kairos' ist eine Figur der griechischen Mythologie. Verstanden ist unter ‚Kairos' der richtige, rechte, situationsgerechte Zeitpunkt für insbesondere verantwortliches, also moralisches Handeln. ‚Kairos' wird von ‚chronos', dem griechischen Wort für ein quantitatives Zeitmaß, abgegrenzt (vgl. Scholtissek 1996: 1129f, Gründel 1996: 1130f).

Wie gesehen, bindet die Kirche die institutionelle, weltliche Seite ‚unvermischt' und ‚ungetrennt' an ihre geistliche, transzendente Seite. Daher ist der Situationsfaktor ‚Organisation' der Kirche stets präsent, da ihre inhaltlich-geistlichen Bezüge und Aktivitäten stets an die Institution gebunden sind sowie umgekehrt die gleiche Beziehung gilt. Kirchliches Handeln ist ohne Verweis und Einbezug ihrer ‚Organisation' nach ihrem Selbstverständnis nicht zu denken.
Die Bedeutung einer Aufgabe wird in kirchlichen Kontexten ebenfalls gesehen. So enthalten die bereits herangezogenen Dokumente über die Bischöfe und Priester bzw. Pfarrer solche Hinweise: „Die religiöse Situation am Jahrtausendanfang ist sehr komplex und erleichtert die Sendung der Kirche nicht" (vgl. Verlautbarungen des Apostolischen Stuhls 151 – 2001: 106). Dies kann ebenso als Beleg gelten wie die Aussage: „Sicher fehlen den Pfarrern und anderen Priestern, die verschiedenen Gemeinden dienen, nicht pastorale Schwierigkeiten, innere und physische Müdigkeit auf Grund von Arbeitsüberlastung" (vgl. Verlautbarungen des Apostolischen Stuhls 157 – 2002: 51). Die Formulierungen der situativen Führungsansätze sprechen von schwach strukturierten oder (wie auch hier genannt) von komplexen Situationen. Jedenfalls zeigt sich, dass die Struktur der Aufgabe gesehen wird und verbunden wird mit dem Kern des ‚Sendungsauftrags' der Kirche.

3.2.8 Zusammenfassung

Die genannten vier Elemente ausbalancierenden Führungsverhaltens im kirchlichen Kontext zu realisieren, begründet sich einerseits aus dem entsprechenden Zweig der Führungsforschung. Aus den grundlegenden Dimensionen von ‚Consideration' und ‚Initiating Structure' wurde unter Berücksichtigung der Erkenntnis einer durch die Basisanforderungen gegebenen dilemmatischen Situation in der Ausübung von Führung die personenbezogene und aufgabenbezogene sowie die innovatorische und regulative Führung entwickelt. Diese Anforderungen an Führung finden sich andererseits im Selbstverständnis der Kirche wieder.
Kirchliche Führungskräfte, die die Mitarbeitenden so führen, dass stabile Abläufe gewährleistet und Aufgaben sachgerecht bewältigt werden, die die Beziehung zu den Mitarbeitenden als Bestandteil ihres Führungsverhaltens einbeziehen und Anpassungsprozesse an die Umwelt sicherstellen, haben erstens ein Konzept zur Systematisierung ihres Führungsverhaltens und bilden zweitens die grundlegenden, wenngleich dilemmatischen Anforderungen an Führung in Organisationen ab. Doch diese Sicht allein

würde nicht ausreichen, ein entsprechendes Führungskonzept in Konvergenz mit kirchlichen Anforderungen zu sehen. Gleichzeitig verantwortet sich dieses Führungsverhalten und muss sich verantworten vor dem kirchlichen Selbstverständnis. Es wurde gezeigt, dass ausbalancierendes Führen, wie es hier entwickelt wurde, aus genuin kirchlichem Verständnis heraus adäquat ist.

Die gleichzeitige Anwendung des orientierenden Führungsverhaltens stellt sicher, dass die Inhalte des Christentums dem ausbalancierendem Führungsverhalten eine Ausrichtung geben und damit den Mitarbeitenden Orientierung ermöglichen. Es bedarf dieses Zueinanders, um die beiden Pole des kirchlichen Selbstverständnisses, die institutionelle und geistgewirkte Gemeinschaft in einer konkreten Führungssituation zu verdeutlichen.

An die Person der Führungskräfte stellt eine solche Führungsausübung die Anforderungen an deren kognitive und führungspraktische Komplexitätskompe-tenz. Doch die Führung von gut ausgebildeten, vielfach akademischen Mitarbeitenden lässt ohnehin nicht zu, ohne solche Komplexitätskompetenz eine Führungsaufgabe adäquat bewältigen zu können. Auf dieser Grundlage ist es ggf. sinnvoll, in Führungsdualen oder Führungspluralen Führung zu organisieren. In der Kirche ist dazu vor allem die Aufteilung der Führung auf den Bischof und den Generalvikar eine lange praktizierte Teilung, auf die beispielhaft hingewiesen sei. Ist dem Bischof eher die grundlegende Ausrichtung des gesamten kirchlichen Handelns in einem Bistum übertragen, somit der hiesigen Konzeption entsprechend das orientierende Führungsverhalten, hat der Generalvikar eher die Aufgabe, stabile Prozesse abzusichern und die Aufgabenerledigung in den Vordergrund zu stellen, die Arbeitsbeziehungen zu Mitarbeitenden zu gestalten und die Bischöfliche Kurie an Veränderungen anzupassen[123]. Doch auch, wenn Führung in Führungsdualen organisiert wird, muss sie als einheitliches Ganzes sichtbar werden, weshalb beide Personen, hier Bischof und Generalvikar, ein grundlegendes Verständnis von Führung mit den entsprechenden Komplexitätskompetenzen benötigen.

123 Die Formulierung hat die Absicht zu verdeutlichen, dass die klar erscheinende Aufteilung auch ihre Grenzen hat: ein Bischof, der ausschließlich orientierendes Führungsverhalten praktizieren würde, käme schnell in eine Situation, die Wirkungen nicht zu erfassen und die Konkretionen nicht herstellen zu können. Ein Generalvikar, der keinen Zugang zur orientierenden Ausrichtung der Führung hätte, würde erstens seiner Verantwortung als Priester und Theologe nicht gerecht und stünde zweitens in der Gefahr, ausbalancierendes Führungsverhalten ohne theologischen und geistlichen Sinn zu praktizieren. Damit würde das jeweilige Führungsverhalten ‚Sinn-los'.

Sichtbar ist auch, dass diese Verteilung der Aufgaben bei Einhaltung und Akzeptanz bestehender hierarchischer Verantwortungen möglich ist: Der Bischof verbleibt auch und gerade im Zusammenspiel mit dem von ihm ernannten Generalvikar in seiner Verantwortung und hierarchischen Stellung. Solcherart Konstruktionen lassen sich auch auf andere kirchliche Ebenen übertragen bzw. sich in Einrichtungen der Pastoral umsetzen. Die Führung einer Hauptabteilung bspw. kann auch in dieser Weise gestaltet werden.

3.2.9 Die Bedeutung ‚Symbolischer Führung'

Bereits in der Hinführung zur Führungsforschung erfolgte ein Hinweis auf den Komplex der symbolischen Führung, die verbal, interaktional oder artifiziell ausgeübt werden kann (vgl. Kap. 2.1.3.5). Charismatische Führung, so war gezeigt worden, wird unter anderem durch symbolische Führungsverhaltensweisen wahrgenommen.
Kirchliches Führungsverhalten setzt schon immer Symbole ein und hat eine besondere Affinität zu symbolischer Führung. Die Insignien eines Bischofs, eine feierliche Bischofsweihe, Übertragung von Führungsämtern in feierlichen Gottesdiensten, Predigten und Ansprachen und allgemein kirchliche Rituale haben Wirkungen auf die Geführten, selbst dann, wenn sie zur üblichen Praxis der Kirche gehören und nicht spezifisch im Führungskontext eingesetzt werden. So ‚wirkt' die Predigt eines Bischofs oder anderer ordinierter Führungskräfte auf die Mitarbeitenden ebenso wie entsprechendes Verhalten nicht ordinierter Führungskräfte bspw. in Wortgottesdiensten. Diese Wirkungen werden auch dann erreicht, wenn dies intentional von den handelnden Personen in keiner Weise als Führungssubstitut eingesetzt wird, sondern es sich um übliche kirchliche Vollzüge bspw. zu kirchlichen Feiertagen handelt. Da im kirchlichen Selbstverständnis der Gottesdienst keinen anderen Zweck haben kann, als den christlichen Glauben zu feiern, widerspräche es diesem Selbstverständnis, solche Vollzüge zielgerichtet als Führungssubstitute einzusetzen. Gleichwohl ist mitzubedenken, dass solche Rituale oder Feiern Wirkungen haben, auch wenn eine andere Intention beabsichtigt ist.
Allerdings kann im Sinne der orientierenden Führung beabsichtigt und legitim auch bspw. eine Predigt genutzt werden, Mitarbeitende an zentrale christliche Inhalte wie die Vision vom Reich Gottes oder ihre sakramentale Attribution mit dem entsprechenden Selbstzutrauen zu binden. Ebenso hat der Gottesdienst seinen Platz, wenn er in dem Gesamt das kirchlichen

Handelns als Ermutigung im christlichen Glauben für die Arbeit in bspw. missionarischer Perspektive gefeiert wird.
Symbolisches Handeln jedenfalls ist der Kirche als religiöse Institution zutiefst eigen. Es bindet die Mitglieder, somit auch die Mitarbeitenden, an christliche Inhalte und vermittelt ihnen entsprechende ‚Orientierung'.

3.2.10 Adäquat in Wandel und Umbruch

Eine Brücke zwischen den Beschreibungen der Rahmenbedingungen kirchlichen Führungshandelns, der aus der Führungsforschung entwickelten Führungskonzeption und der kirchlichen Anwendbarkeit ist noch zu schlagen.
Im entsprechenden Teil dieser Arbeit wurde gezeigt, dass die Kirche in Deutschland zur Zeit in der Situation von Wandel und Umbruch steht (vgl. Kap. 1). Die Ursachen und Hintergründe wurden dargestellt. Die Befassung mit den charismatischen Führungsvorstellungen hat gezeigt, dass charismatisches Führungsverhalten insbesondere unter der Situationsbedingung von Wandel und Umbruch erfolgsrelevant ist, da sie die Orientierung bietet, die in solchen Bedingungen nicht per se anzunehmen ist und gleichzeitig erreicht, das erforderliche Innovationspotential bei den Mitarbeitenden zu stimulieren. Die Vermittlung der Vision und der damit verbundenen Werte und Ziele, die Steigerung des Leistungszutrauens und die Schaffung von Commitment und Identifikation bewirken diese Effekte.
Daher ist gemäß der Situation, in der sich die Kirche befindet, ein Führungsverhalten erforderlich, das Orientierung bietet, Leistungszutrauen schafft, Identifikation erreicht und intrinsische Motive anspricht, um entsprechende Potentiale bei den Mitarbeitenden freizusetzen. Dem dient das hier vorgestellte ‚orientierende Führungsverhalten'. Entsprechend der Situationsbe-hauptung der charismatischen Ansätze besteht ein ‚Fit' zwischen diesem Führungsverhalten und der sich verändernden Situation in der Kirche.

3.2.11 Rückflüsse der kirchlichen Qualifizierung der Führungskonzeption in die Führungsforschung

Bislang wurden die Anleihen aus der Führungsforschung zur Entwicklung einer Führungskonzeption verwandt und deren Relevanz für kirchliche Kontexte aufgewiesen. Nach diesem Gang stellt sich nun die Frage, ob und wieweit die Führungsforschung aus der kirchlichen Qualifizierung der Führungskonzeption ihrerseits Rückflüsse gewinnen kann.

Grundlegender Zugang ist zunächst die Passung von Führungskonzeption und Selbstverständnis einer Organisation. Die Überprüfung der vorgeschlagenen, aus den Reflexionen der Führungsforschung entwickelten Führungskonzeption auf ihre Anwendbarkeit für den kirchlichen Kontext zeigt, dass das Selbstverständnis der Organisation oder Institution mit einer Führungskonzeption sinnvoll und nachvollziehbar verbunden sein kann und verbunden werden können muss. Dabei ist nicht nur die Frage der situativen Bedingungen relevant – dies bringen bereits die Situationstheorien ein, sondern die Frage nach der Übereinstimmung einer Konzeption mit den grundlegenden Ausrichtungen und Vorgegebenheiten einer Organisation. Dazu ist die Kenntnis des Identitätskernes einer Organisation erforderlich, um die Passung zu erreichen.

Auf dieser Basis zeigt sich ein zweites: die Werte und Normen einer Organisation, ihre Geschichte und historisch gewachsenen Vorstellungen oder genauer: Identitäten, somit ihre Kultur, prägen sehr stark die Anforderungen an Führung und die Sicht auf Führung. Die Hirtenmetapher der Kirche macht dies besonders deutlich. Die in diesem Bild enthaltenden Werte bezogen auf die Person und ihre Personalität, auf wechselseitige Beziehung, auf Fürsorgeanspruch durch Führung, auf Autorität und Akzeptanzerwartung haben sich so tief eingegraben, dass sowohl alte (Konzils-) Texte als auch aktuelle Dokumente mit diesem Bild arbeiten und verständlich sind. Daran lässt sich die Wirksamkeit ‚starker Bilder' ablesen, die lange transportiert werden und so die Identität einer Organisation nachhaltig prägen.

Ein nächster Aspekt berührt die Einsicht in Bescheidenheit oder die Grenzen von Führung. So wie hier Führung entworfen wird, und wie sie kirchlichem Selbstverständnis entspricht, geht sie von den Ansprüchen der Institution her davon aus, dass Führung verschiedene, widerstrebende Anforderungen zu erfüllen hat. Dies ist aus Konzepten der Führungsforschung heraus aufgezeigt und ein Weg entwickelt worden, mit dilemmatischen Konstellationen in der Führung und durch Führungsverhalten umzugehen. Jedoch sieht die Kirche diese divergierenden Anforderungen aus sich selbst und ihrem Selbstverständnis heraus. Dass Führung auch ‚durchwursteln' ist (vgl. Neuberger 2002: 476), ist hier nicht nur Schwäche oder Gegebenheit, sondern folgt der Konzeption der geistgewirkten Gemeinschaft und der Institution als ‚unvermischte' und ‚ungetrennte' Pole der einen Kirche. Damit wird die Relativität von Führung und dem, was sie erreichen, pointierter: ‚machen kann', deutlich. Aus dieser Perspektive Führung zu gestalten und in ihrer Konzeption selbst die Begrenztheit in der Wirkung anzunehmen, ist ein Hinweis für Führungskonzeptionen und dazu ein Argument gegen Great-Man-Vorstellungen. Nicht nur und nicht zuerst aus menschlicher oder sonstiger Schwäche heraus wird dann argumentiert, sondern es werden jenseits aller Machbarkeiten nicht einholbare, herstellbare Wirkungen und Grenzen gesehen. Dies relativiert Machbarkeitsvorstellungen von Führung, wie sie in Great-Man-Vorstellungen zu finden ist.

Bezogen auf die Führungsperson, die Person des Mitarbeitenden und der personenbezogenen Führung ist der Gedanke der Personalität eine Linie, die die Führungsforschung aufgreifen kann und sollte. Denn so werden Führungsmodelle davor bewahrt, erstens die Führungsperson als einen bedeutenden und gestaltenden Teil des Führungsgeschehens abzuwerten und zweitens die Person des Mitarbeitenden und das auf ihn bezogene Führungsverhalten ausschließlich unter dem Aspekt der Leistungssteigerung und Gewinnmaximierung zu sehen. In diesem Verständnis kommt der Person des Mitarbeitenden aufgrund seines Personsein ein Stellenwert zu, der es erfordert, die Personalität zu respektieren und in der Gestaltung von Führung und der Gestaltung der Organisation, in der geführt wird, daran zu messen, ob und in welchem Ausmaß diese Dimensionen realisiert werden. Damit wird Organisationsgestaltung und Führungsausübung an Werte gebunden, durch die der Mitarbeitende als Person anerkannt wird.

Dieser Zugang hat insbesondere für die Ausübung charismatischen Führungsverhaltens eine besondere Bedeutung. In der Kritik an diesen Ansätzen wurde bereits deutlich, dass die Gefahr des ideologischen Missbrauchs gegeben ist. Eine missbräuchlich angewandte charismatische Führung respektiert das Individuum in seiner Personalität nicht, sondern beraubt es dieser. Wenn der Anspruch an Personalität akzeptiert und umgesetzt wird, ist diese Gefahr nicht mehr gegeben.

Mit diesem Gedanken ist ein weiterer verbunden: der Anspruch an Glaubwürdigkeit und Kongruenz der Führungsperson in Beziehung zur Vision. Kirchliches Selbstverständnis konzipiert Führung so, dass sich im Führungsverhalten abbilden muss, was durch die Tätigkeit erreicht werden soll: ein Stück weitere Verwirklichung des Reiches Gottes oder die Transparenz auf die Offenbarung. Daran können die Mitarbeitenden grundsätzlich eine kirchliche Führungsperson messen. Dies bedeutet zwar nicht, dass es in der Geschichte der Kirche nicht Machtmissbrauch gegeben hätte (und gibt). Doch ist dieser Anspruch an die Glaubwürdigkeit strukturell so mit dem kirchlichen Selbstverständnis verbunden, dass ein Missbrauch als solcher enttarnt werden kann. Für die Führungsforschung bedeutet dies, das sie die Werte, die jenseits der Gewinnmaximierung von Unternehmen und Organisationen liegen, strukturell so in diese einfügt, dass möglicher Missbrauch schnell dechiffriert werden kann.

Ein letzter Punkt bezieht sich auf die Qualität der Vision. Es wurde schon hingewiesen, dass die Vision vom Kommen oder Anbruch des Reiches Gottes keine Vorstellung ist, die ausschließlich in eine zukünftige, gar jenseitige Zeit verlegt ist, sondern bereits dort erfahrbar ist, wo mit dieser Vision verbundene Werte und Ziele realisiert werden. Dies ‚erdet' die Vision, auch und gerade wenn es eine ‚göttliche' Vision ist, da sie diese an reale Erfahrungen bindet. Für Visionen in Organisationskontexten ist dies ein wichtiger Hinweis. Denn diese Visionen müssen sich befragen lassen, ob sie allein Chimären oder bereits mit Realitäten verbunden sind. Es scheint die Qualität zu steigern, wenn ein Gegenwartsbezug kommuniziert wird und zwar so, dass dazu Erfahrungen vermittelt werden können. Gleichzeitig hat die Vision vom Reich Gottes ihre (paradoxe) Qualität darin, dass sie bei allem Bemühen von Menschen und Kirche nicht durch dieses Handeln verwirklicht werden muss und werden kann, sondern als vollendendes Wirken Gottes am Ende der Zeit verstanden wird. Diesen Anteil an nicht zu leistender Visionsrealisierung ist auch im Kontext von Führungsmodellen hilfreich, da damit eine Entlastungsfunktion sowohl für die Führungskraft als auch für den Mitarbeitenden strukturell eingefügt ist.

4 Die Praxisrelevanz der Führungskonzeption im kirchlichen Kontext am Beispiel einer diözesanen Haushaltsreduzierung

Nachdem aus den Erkenntnissen der Führungsforschung eine Führungskonzeption abgeleitet und die Konvergenz dieser Konzeption mit dem kirchlichen Selbstverständnis aufgezeigt wurde, geht es nun darum, exemplarisch die Relevanz der vorgeschlagenen Führungskonzeption für die kirchliche Praxis aufzuzeigen.

Anliegen dieser Arbeit ist es, Aussagen über erfolgsrelevantes Führungsverhalten von Führungspersonen in kirchlichen Kontexten zu treffen. Dabei ist vor allem die Diözesanebene der Kirche im Blick, ohne jedoch die Anwendbarkeit dieser Konzeption ausschließlich auf diese Ebene zu beschränken. Die Diözesanebene in der Kirche hat eine zentrale Bedeutung, da die Universalkirche sich wesentlich in die Ortskirchen, die Diözesen, aufgliedert, die unter der Verantwortung des Bischofs in vollem Sinne Kirche sind (vgl. Kap. 1.1.4).

Daher wird die hier entworfene Führungskonzeption nun auf einen Prozess zur Reduzierung eines Diözesanhaushaltes bezogen.

Hinsichtlich der Methodik und dem Vorgehen ergibt sich insofern eine Problematik, als die Überprüfung der Führungskonzeption sinnvoll durch ein empirisches Verfahren durchzuführen wäre. Dies kann jedoch in dieser Arbeit nicht geleistet werden.

Daher wird folgender Weg gewählt: die verschiedenen Elemente der Führungskonzeption werden auf Prozesse im Rahmen der Kürzung eines Bistumshaushaltes bezogen. ‚Beziehen' bedeutet, dass die Ausübung eines der Führungskonzeption folgenden Führungsverhaltens in der Prozessdurchführung als mögliches und sinnvolles Führungsverhalten aufgezeigt wird. Damit wird darauf reagiert, dass die Anwendung der Führungskonzeption nicht in einem konkret durchzuführenden Projekt mit entsprechenden Dokumentationen und Evaluationen erfolgt.

Gemäß der Anlage der Arbeit, einerseits Führungsverhalten aus den Erkenntnissen der Führungsforschung abzuleiten und andererseits die Übereinstimmung mit dem kirchlichen Selbstverständnis zu überprüfen, werden auch diese Kriterien nachfolgend angelegt.

Der aufgegriffene Prozess kann als exemplarisch für kirchliche Führungsanforderungen gelten. Aufgrund der allgemeinen kirchlichen Finanzsituation stehen viele Diözesen Deutschlands vor der Notwendigkeit, ihre Diözesanhaushalte an die Einnahmesituation anzupassen und ihre Ausgaben zu reduzieren (vgl. Kap. 1.2.3).

4.1 Der Projektrahmen

Im hier zugrundegelegten exemplarischen Beispiel besteht die Anforderung darin, eine deutliche prozentuale Kürzung der Ausgaben des Bistumshaushaltes vorzunehmen, da die mittelfristige Finanzplanung davon ausgeht, dass die Haupteinnahmequelle, die Kirchensteuer, um dieses Quorum im Fünfjahreszeitraum sinken wird. Diese Kürzungsrunde erfolgt, nachdem bereits zuvor erhebliche Reduzierungen der Personalstellen und Kürzungen der Sachkosten vorgenommen worden sind[124].
Zu Beginn des Prozesses wird geklärt, dass die Umsetzung der Kürzungsentscheidungen erst in fünf Jahren in vollem Umfang realisiert sein soll.
Die Gestaltung des Prozesses übernimmt das diözesane Führungsgremium. Es setzt sich zusammen aus dem Bischof, dem Generalvikar sowie aus den Bereichsleitern für die einzelnen Arbeitsbereiche[125]. Ein Mitglied des Kreises, ebenfalls verantwortlich für einen Bereich der kirchlichen Arbeit, wird vom Bischof mit der Koordination und Leitung des Kürzungsprozesses beauftragt und mit den entsprechenden Kompetenzen ausgestattet.
Das Führungsgremium übernimmt somit die Steuerung des Projektes. Der aus dem Kreis dieser Personen berufene Koordinator ist verantwortlich für die Prozesssteuerung. Absicht ist es, dem Bistum einen gemeinsamen Entwurf für die Kürzungen vorzulegen.
Die Grobgliederung des Prozesses sieht drei Schritte vor: das Führungsgremium, stets unter der Leitungsverantwortung des Bischofs, erarbeitet zunächst einen umfassenden Kürzungsentwurf, der im nächsten Schritt der Mitarbeiterschaft, den zuständigen Gremien und der kirchlichen Öffentlichkeit zur Diskussion vorgelegt wird. Nach dieser Diskussion wird das Führungsgremium im dritten Schritt erneut über das Konzept beraten, gegebenenfalls Veränderungen vornehmen und abschließend den

124 Exemplarische Fakten und Bezugspunkte für einen Kürzungsprozess finden sich in den entsprechenden Ausgaben von ‚Texte aktuell' aus dem Bistum Limburg (vgl. Informations- und Öffentlichkeitsarbeit im Bistum Limburg 2003a und 2003 b).

125 Es wurde bereits darauf hingewiesen, dass unter einer solchen ‚Kerngruppe' die Personen verstanden werden, die „regelmäßig zusammen mit dem Direktor wesentliche Entscheidungen trifft" (Gebert 2002: 48). Analog wird dies in vorliegendem Kontext verstanden.

erstellten Entwurf dem letztentscheidenden Finanzgremium des Bistums zur Beschlussfassung vorlegen.
Ziel des Projektes ist es, eine dauerhaft stabile Finanzlage des Bistums zu gewährleisten.

4.2 Führungsverhalten

Die Anwendung der Führungskonzeption beginnt mit dem Führungsverhalten. Dabei ist, gemäß der Anlage des Projektes, zwischen dem Führungsverhalten gegenüber den Führungskräften, die für die Durchführung des Projektes verantwortlich sind und dem Führungsverhalten gegenüber der Mitarbeiterschaft, der kircheninternen und kirchenexternen Öffentlichkeit zu unterscheiden.

4.2.1. Führungsverhalten bezogen auf das Führungsgremium

Damit das Führungsgremium diesen Prozess durchführen kann, bedarf es eines entsprechenden Führungsverhaltens. Eine zentrale Schwierigkeit und Anforderung besteht darin, dass jeder anwesende Bereichsleiter Kürzungen für seinen Bereich zu entwickeln hat. Wie zu zeigen sein wird, ist die Anwendung eines orientierenden wie ausbalancierenden Führungsverhaltens gleichermaßen erforderlich. Gemäß der hier zugrundegelegten Prozessstruktur wird die Führung des Gremiums durch den Bischof und den für diesen Prozess beauftragten Koordinator wahrgenommen.

4.2.1.1 Orientierendes Führungsverhalten

Orientierendes Führungsverhalten erreicht gemäß der Führungskonzeption eine Einordnung des ausbalancierenden Führungsverhaltens in die grundlegende Ausrichtung der Organisation. Um die Kürzung eines Bistumshaushaltes durch die Bereichsleiter der Arbeitsbereiche vorzunehmen, ist die entsprechende Einbindung der Führungskräfte in den Gesamtkontext der Diözese und ihres Auftrags erforderlich. Dies gilt insbesondere, da in diesem Prozess auch tiefgreifende Einschnitte in die jeweils eigenen Arbeitsbereiche vorzunehmen sind.

4.2.1.1.1 Vermittlung von Visionen, Werten und Zielen

Zu Beginn des Prozesses verständigen sich die Mitglieder des Führungsgremiums darauf, durch die Kürzungsbeschlüsse inhaltlich-pastorale

Schwerpunktsetzungen vorzunehmen und eine Perspektive in die inhaltliche Arbeit des Bistums einzubringen. Die Vision lautet: unter sich verknappenden Ressourcen erfolgt eine Besinnung und Konzentration auf die zentralen Aufgaben der Kirche. Der Wandel der Sozialgestalt der Kirche wird als aktiver Prozess angegangen. Die Zukunftsfähigkeit der Kirche soll unter den gegebenen Voraussetzungen gestaltet werden. Aus den Quellen des Evangeliums werden Perspektiven entwickelt, die das Bistum für die Veränderungen qualifiziert und den kirchlichen Auftrag, die Verkündigung des Evangeliums in der Gegenwart, gewährleistet. Diese Vision wird in einem Leitwort verdichtet: ‚Sparen und Erneuern'.
Werte dieser Vision sind missionarisches Zugehen auf bislang nicht oder kaum erreichte Gruppen. Die kirchliche Arbeit mit Kindern, Jugendlichen und Familien sowie in der Schule soll qualifiziert werden. Die Förderung von Berufungen zum Christsein sowie zu einem kirchlichen Beruf, insbesondere dem Priesterberuf, soll eine hohe Relevanz bekommen. Insgesamt soll eine Qualitätssteigerung der Arbeit unter den Bedingungen der Ausgabenreduzierung erreicht werden.
Dementsprechend sind die Ziele, Einsparungen im Bistumshaushalt im erforderlichen Umfang vorzunehmen, einen nachhaltig ausgeglichenen Haushalt zu erreichen und gleichzeitig im Finanzzuschnitt ein Profil sichtbar werden zu lassen, das der Vision und den daran gebundenen Werten entspricht.
Die Vermittlung dieser Vision, der Werte und der daran gebundenen Ziele geschieht durch gemeinsame Diskussionen im Führungsgremium und durch die in diesem Rahmen eingebrachten Impulse und Reflexionen des Bischofs. Im Rahmen des Prozesses, insbesondere in kritischen Situationen, wird immer wieder auf diese Sichtweisen verwiesen.

4.2.1.1.2 Steigerung von Selbstwert und Leistungszutrauen

Sich einem Kürzungsprozess zu stellen, der den eigenen Arbeitsbereich betrifft und zu deutlichen Einschnitten führen wird, stellt hohe Anforderungen an die Führungskräfte.
Einerseits ist jede Führungskraft von der Notwendigkeit des eigenen Arbeitsbereiches überzeugt und sieht den unverzichtbaren Stellenwert der dort erbrachten Leistungen für die kirchliche Arbeit. Diese Identifikation mit dem Aufgabenbereich führt zu der Schwierigkeit, aktiv die Kürzungen von Ressourcen in nennenswertem Umfang für den eigenen Bereich einzubringen.
Andererseits reflektiert jede Führungskraft die Konsequenzen deutlicher oder gar massiver Einschnitte im eigenen Arbeitsbereich. So werden schnell die Probleme antizipiert, die durch den Wegfall bestimmter Ar-

beitsformen- und Arbeitsfelder entstehen. Konsequenz ist in jedem Fall, als erforderlich erkannte Aufgaben nicht mehr oder nur noch reduziert wahrnehmen zu können.
Einen anderen Problemkreis markiert die Frage nach der Akzeptanz der Führungskraft gegenüber ihren Mitarbeiterinnen und Mitarbeitern. Allen Führungskräften ist bewusst, dass eine drastische, möglicherweise im Vergleich zu anderen Bereichen einschneidendere Kürzungsauflage die Akzeptanz im eigenen Arbeitsbereich schwächen und zu erheblichen Problemen in der künftigen Führungsausübung führen kann. Mikropolitisch wird schnell bewusst, dass eine deutliche Verschiebung der Budgetrelationen auch eine Verschiebung der Einflusszonen und Einflussmöglichkeiten in der Führungsebene bedeuten kann. Somit treten Konkurrenz- und Machtphänomene in den Prozesskontext.
Daher ist zu vermitteln, dass die Führungskräfte über Erfahrungen und Kompetenzen verfügen, die eigenen Arbeitsbereiche verändern zu können. Die Kombination der vorhandenen kreativen und administrativen Kompetenzen ermöglicht es, Arbeitsfelder neu zu sortieren, Synergien zu finden, Mitarbeitende von Veränderungsnotwendigkeiten zu überzeugen und zu verdeutlichen, dass trotz möglicherweise erheblicher Kürzungen die Relevanz und Legitimation des Arbeitsbereiches nicht in Frage steht. Darüber hinaus wird verdeutlicht, dass die Kommunikation der Entwürfe als gemeinsame Konzeption die Handlungsfähigkeit des Führungsgremiums und damit auch der einzelnen Mitglieder zeigt.
Insbesondere wird den einzelnen Führungskräften vermittelt, dass ihnen zugetraut wird, diesen schwierigen Prozess gestalten und adäquate Vorschläge einbringen zu können.

4.2.1.1.3 Schaffung von Identifikation und Commitment

Um die Identifikation der Führungskräfte mit dem Projekt ‚Sparen und Erneuern' zu erreichen, wird auf die gemeinsame Verantwortung und die erforderliche gemeinsame Anstrengung verwiesen, im Dienst für das Bistum die Mühen der Erarbeitung von Kürzungsvorschlägen auf sich zu nehmen. Es wird die Tatsache anerkannt, dass die Maßnahmen zu Einschnitten in den Arbeitsbereichen führen werden. Gleichzeitig wird jedoch verdeutlicht, dass im Vergleich zu anderen Bistümern und anderen Teilen der Weltkirche noch immer erhebliche Ressourcen zur Verfügung stehen, die kirchliche Arbeit in der Diözese zu gestalten. Darüber hinaus wird auf die Stärke des Vorgehens verwiesen, nicht durch entsprechende Beratungsfirmen ein Konzept erarbeiten zu lassen, sondern die Kompetenzen der Führungskräfte dafür einzusetzen. Dadurch werden theologische Re-

flexionen, diözesane Besonderheiten und Detailkenntnisse in jeder Phase des Prozesses einbezogen.
Insgesamt wird daran appelliert, sich für das Ganze mehr verantwortlich zu fühlen als für den von den einzelnen Führungskräften geführten Teilbereich.

4.2.1.1.4 Ansprechen intrinsischer Motive

Das Ziel, die Einsparungen so zu realisieren, dass trotz möglicher Schließungen von Einrichtungen und dem Abbau von Personalstellen weiterhin erwünschte und notwendige Dienste ausgeführt werden, erfordert Phantasie und Kreativität. So wird appelliert, Alternativen zu bestehenden Abläufen einzubringen und auf diesem Weg Kosten zu reduzieren. Es werden die Erfahrungen und Kompetenzen angesprochen, aus Detailkenntnis in den Bereichen Vorschläge zur Effizienzsteigerung zu entwickeln und Konzepte vorzulegen, auch bei reduzierten Ressourcen Aufgaben weiterhin erfüllen zu können. Es wird darauf hingewiesen, dass die eigenen Beiträge zur Entwicklung im Bistum sich in die große Perspektive der Veränderung der Sozialgestalt der Kirche einordnen und somit die Chance besteht, Veränderungsprozesse zum gegenwärtigen Zeitpunkt verantwortlich zu gestalten. Gleichzeitig wird darauf verwiesen, dass ein Verzicht auf Gestaltung in der Gegenwart zu kaum noch steuerbaren Veränderungen in der Zukunft führen wird.

4.2.1.1.5 Reaktionen, Wirkungen und Probleme

Auf diesen Grundlagen, die in verschiedenen Formulierungen eingebracht und immer wieder erinnert und artikuliert werden, erarbeitet das Gremium unter Anleitung eines externen Moderators Vorstellungen für künftige Schwerpunkte. Im Rahmen einer zweitägigen Klausurtagung werden inhaltliche Konzeptionen und Ablaufoptimierungen erarbeitet. Grundlegende Fragen nach der Ausrichtung der diözesanen Arbeit werden, auch kontrovers, diskutiert. Konkrete Vorstellungen für eine veränderte Ausrichtung der Arbeit entstehen.
Allerdings stellt sich nach einer finanziellen Bewertung der Konzepte heraus, dass das Einsparergebnis gering und weit von der erforderlichen Kürzungssumme entfernt ist.
Die Führungskräfte haben, in großen Teilen auch im Konsens, Zukunftskonzepte in den Arbeitsbereichen skizziert. Die bestehenden Kontroversen aber sind nicht aufzulösen und finden in den Themenfeldern statt, die erhebliche Auswirkungen für die zukünftige Verteilung der Finanzmittel haben. So hat etwa eine starke Orientierung der Pastoral auf Kinder, Jugendliche und Familien zur Folge, dass für andere Gruppen weniger Mittel

verwendet werden können bzw. im Verwaltungsbereich die Einsparungen höher ausfallen müssen als im Bereich der pastoralen Arbeit.
In dieser Phase des Projektes fehlen wesentliche Elemente des ausbalancierenden Führungsverhaltens. Zwar ist ein Zeitplan vorhanden und es liegen die benötigten Unterlagen vor. Auch die Entscheidung, eine externe Moderation für Zusammenkünfte einzusetzen in der damit verknüpften Erwartung, ergebnisorientiert die Themen zu bearbeiten, wird getroffen. Dennoch fehlt ein Führungsverhalten, das zu dem orientierenden Führungsverhalten in der Spannung von Flexibilität und Stabilität wie Integration und Adaption agieren würde.
Dieses Defizit ist durch die Ausübung des ausbalancierenden Führungsverhaltens aufzuheben.

4.2.1.2 Ausbalancierendes Führungsverhalten

Zur Bewältigung der entstandenen Probleme wird zunächst für alle Bereiche eine Kürzung der Budgetmittel von etwa 10 % vorgegeben. Die einzelnen Führungskräfte werden aufgefordert, Kürzungsvorschläge in der entsprechenden Höhe zu entwickeln. Dieses Vorgehen ruft Widerstände hervor, da auf diesem Weg keine Schwerpunktsetzung erwartet, sondern eine lineare Kürzung in allen Bereichen befürchtet wird.
Dagegen wird allerdings aufgezeigt, dass erstens in den jeweiligen Bereichen Schwerpunktsetzungen vorgenommen werden können und sollen und gleichzeitig die Ausrichtung der Arbeit in diesen Bereichen entsprechend der formulierten Vision gestaltet werden kann. Zweitens erlaubt eine kritische Durchsicht der dann entwickelten Vorschläge, solche Kürzungsentscheidungen nicht zu treffen, die die erwünschten Schwerpunkte und Arbeitsfelder negativ tangieren. Gleichzeitig besteht die Möglichkeit, in der Diskussion andere Bereiche als disponibel zu identifizieren.
Unter diesen Voraussetzungen sind die ausbalancierenden Führungsverhaltenweisen im einzelnen zu beschreiben.

4.2.1.2.1 Personenbezogenes Führungsverhalten

Insbesondere in den Zwischenschritten zwischen den Treffen im Führungsgremium ist ein Zugehen auf die einzelnen Führungskräfte erforderlich. Alle haben große Probleme, die Kürzungen für ihre Bereiche zu entscheiden. Grund dafür ist vor allem, dass die Kürzungen im Wesentlichen über die Streichung von Personalstellen erreicht werden müssen. Dementsprechend besteht wenig Einsicht in die Schließung von Einrichtungen und damit Beendigung von Arbeitsbereichen im eigenen Bereich. Eher besteht die Tendenz, den eigenen Bereich vor zu deutlichen Einschnitten

zu schützen bzw. mindestens zu erreichen, dass der eigene Bereich nicht härter als andere bespart wird.
Diese Situation ist mit den Führungskräften zu besprechen. In verschiedenen Gesprächen, im Gesamtgremium, in Einzel- oder Gruppengesprächen werden die jeweils vorgetragenen Problematiken anerkannt. Es wird immer wieder die gleichermaßen schwierige wie alternativlose Aufgabe benannt sowie auch die Konkurrenzsituationen im Führungsgremium mit den mikropolitischen Aspekten angesprochen.
Den Führungskräften wird verdeutlicht, dass Möglichkeiten bestehen, die Veränderungen für die Mitarbeitenden einigermaßen erträglich zu gestalten. Insbesondere wird die Absicht erklärt, auf betriebsbedingte Kündigungen so weit wie möglich zu verzichten und andere Mechanismen wie Versetzungen, Altersteilzeitmodelle und Qualifikationsmaßnahmen in der Personalsteuerung einzusetzen. Darüber hinaus wird betont, dass alle Bereiche Kürzungen hinzunehmen haben und mögliche Unterschiede im Kürzungsumfang eine Begründung erfahren werden.

4.2.1.2.2 Aufgabenbezogenes Führungsverhalten

Die Führungskräfte bekommen errechnete Vorgaben, mit welcher Summe ihr Bereich zu besparen ist. Diese Vorgaben basieren auf der gegebenen jeweiligen Finanzausstattung und bedeuten eine entsprechende Reduzierung des Einzeletats.
Gleichzeitig wird ein Zeitplan vorgelegt, der jedem Bereichsleiter vorgibt, seine Vorschläge einzubringen und im Führungsgremium vorzulegen. Die inhaltliche Steuerung der Entwicklung findet im Führungsgremium statt, indem insbesondere der Bischof seiner Gesamtverantwortung gerecht wird und zu den Konzepten Stellung nimmt bzw. Entscheidungen trifft.
In verschiedenen Sitzungen des Führungsgremiums werden die einzelnen Prozessschritte durchgeführt. Die Vorschläge der Bereichsleiter werden eingebracht, diskutiert und auf der Grundlage der erarbeiteten inhaltlichen Aussagen bewertet. Auch werden zusätzliche Kürzungsvorschläge für einen Arbeitsbereich eingebracht und mit dem Bereichsleiter diskutiert.
Abschließend ist ein Konzept erstellt, das die vorgesehene Einsparsumme erreicht und als gemeinsamer Vorschlag des Führungsgremiums in die kirchliche Öffentlichkeit gegeben wird.

4.2.1.2.3 Innovatorisches Führungsverhalten

Im Laufe der Entwicklung wird deutlich, das bestimmte Bereiche, insbesondere weil sie sehr klein sind, nicht das erforderliche Quorum an Kürzungen erbringen können. Ebenso zeigt sich, dass sich bestimmte

Kürzungen kontraproduktiv auswirken, da sie zu Kostenerhöhungen in anderen Feldern führen. Darüber hinaus bestehen bei bestimmten Kürzungsvorschlägen inhaltliche Bedenken, da sie der Vision einer zukunftsfähigen Pastoral widersprechen.
Daher müssen im Laufe des Prozesses Entwicklungen angepasst und erneute Einsparpotentiale gefunden werden. Das Gremium macht auf die einzelnen Bereiche hin Alternativvorschläge bzw. die entsprechende Führungskraft bringt bei Ablehnung von Vorschlägen eigenständig Alternativen ein. Insbesondere wird eingebracht, über den Verzicht von Gehaltsbestandteilen bei den Mitarbeitenden (unter Einschluss der Gehälter der Führungskräfte) zu einem nennenswerten Betrag zu gelangen und dafür auf die Streichung weiterer Personalstellen zu verzichten.
Da einige Probleme immer wieder erst nach den gemeinsamen Sitzungen des Führungsgremiums auftauchen, werden mehrere Zwischentreffen mit einzelnen Personen erforderlich.

4.2.1.2.4 Regulatives Führungsverhalten
Eine entscheidende Aufgabe ist die Prozesssteuerung. Die Vorlage von Zeitplänen, die Einforderung ihrer Einhaltung, die konsequente Nachfrage nach dem Vorlegen der Daten und Zahlen, die Überprüfung der Vorschläge hinsichtlich ihrer sachlichen und rechnerischen Korrektheit müssen unmittelbar geschehen. Besprechungen sind anzusetzen und die jeweiligen Personen auf Termine festzulegen. Entsprechende Finanzfachleute des Bistums werden eingesetzt.
Auch die Anlage und Moderation der Sitzungen bedarf einer starken Strukturierung, um zum einen den bewusst eng gewählten Zeitplan einzuhalten und zum anderen die Versuche, sich dem Prozess zu entziehen, zu begrenzen. Die Vorgabe begrenzter und knapp bemessener Zeitkontingente erlaubt es, die einzelnen Führungskräfte auch in ihrem Zeitkontingent für die jeweiligen Erläuterungen zu begrenzen und auf die Kommunikation wesentlicher Daten festzulegen.

4.2.1.3 Fazit
Erst mit der Anwendung des ausbalancierenden Führungsverhaltens gelingt es, die im orientierenden Führungsverhalten vorgestellten Inhalte in konkrete Maßnahmen umzusetzen. Allein die Vorgabe einer Reduzierung der Ausgaben, der Formulierung einer Vision und dem Ansprechen von Leistungszutrauen, Commitment und intrinsischen Motiven reichen nicht aus, die Führungskräfte zu Ergebnissen zu bewegen.
Dieses Beispiel zeigt auf, was der Führungskonzeption inhärent ist: orientierendes und ausbalancierendes Führungsverhalten zusammen erreichen

erst einen Führungserfolg. Das Fehlen des ausbalancierenden Führungsverhaltens lässt zwar die Formulierung einer Vision und die Identifikation der fraglichen Führungspersonen damit zu, nicht jedoch die Umsetzung, die erkennbar unter schwierigen Bedingungen stattfindet.
Damit zeigt sich erneut, dass die entwickelte Führungskonzeption die Möglichkeit bietet, Führung in kirchlichen Kontexten wahrzunehmen und erfolgsrelevant zu handeln.

4.2.2 Führungsverhalten bezogen auf die Mitarbeitenden und die Diözese

Die durch das Führungsgremium erstellte Konzeption bedarf der Kommunikation sowohl in die Mitarbeiterschaft als auch in die entsprechenden Beratungsgremien sowie in die kirchliche Öffentlichkeit hinein. Denn die mit der Kürzung verbundene Streichung von Personalstellen bedeutet eine Verunsicherung der Mitarbeitenden und hat für zahlreiche Arbeitsbereiche Konsequenzen, von denen die Katholiken des Bistums sowie weitere Nutzer von Angeboten betroffen sind.

4.2.2.1 Orientierendes Führungsverhalten

Angesichts einer deutlichen Reduzierung von Ausgaben und damit von Personalstellen und Leistungen eine Vision zu formulieren sowie Selbstwert, Leistungszutrauen, Identifikation und Motivierung zu schaffen, ist eine Herausforderung, die in besonderer Weise der Ausübung eines orientierenden Führungsverhaltens bedarf.

4.2.2.1.1 Vermittlung von Visionen, Werten und Zielen

Auch für die Kommunikation in die Mitarbeiterschaft hinein sowie für die Debatten in den synodalen Gremien bedarf es einer Anbindung der konkret umzusetzenden Maßnahmen an eine grundlegende Orientierung. Dies gilt darüber hinaus ebenso für die Katholiken des Bistums und für einen Diskurs mit Personen, die die Dienstleistungen nutzen.
Es wird verdeutlicht, dass die Bezeichnung ‚Sparen und Erneuern' auf Reduzierung und gleichzeitig auf Aufbruch verweist. Es sind Kürzungen einzubringen und gleichzeitig Innovationen vorzunehmen. Es wird artikuliert, dass die Kürzungen negative Veränderungen bewirken, gleichzeitig wird jedoch auch darauf hingewiesen, dass Chancen zu nutzen sind. Nicht von der Hand zu weisende Erstarrungen und in der Vergangenheit kritisierte Abläufe können, auch aufgrund des Drucks, den die reduzierten Mittel auslösen, verändert und dynamisiert werden. Auch hier wird auf

die Notwendigkeit verwiesen, eine höhere Anziehungskraft gerade für diejenigen zu erreichen, die auf der Suche nach Sinn sind und bisher keinen kirchlichen Zugang finden konnten. Denn trotz der Kürzungen besteht auch zukünftig die Möglichkeit, die kirchliche Arbeit unter Einsatz erheblicher Ressourcen zu gestalten. Ebenfalls wird verdeutlicht, dass der jetzige Finanzstatus noch eine Steuerung von Entwicklungen erlaubt. Eine Nichtsteuerung zum jetzigen Zeitpunkt dagegen wird eine Zwangslage in der Zukunft schaffen.

Daran gebundene Werte sind missionarische Optionen und Akzentsetzungen, ein transparenter und fairer Umgang mit allen Beteiligten sowie ein verantwortungsvoller Umgang mit den Mitarbeitenden, wozu insbesondere die unbedingt angestrebte Vermeidung von betriebsbedingten Entlassungen gehört.

Die Ziele sind dementsprechend die Konkretion der Neuorientierung, die Realisierung des Personalabbaus durch Versetzungen, Qualifizierungen, Altersteilzeitmodelle sowie die Streckung des Prozesses auf fünf Jahre, um die natürliche Personalfluktuation zu nutzen.

Damit der Erneuerungsaspekt im ganzen Prozess entsprechend deutlich wird, kann auf ein neues, bislang nicht vorhandenes Projekt sowie auf den Aufbau von neuen Formen in der Jugendpastoral verwiesen werden.

4.2.2.1.2 Steigerung von Selbstwert und Leistungszutrauen

Die Streichung von Personalstellen bedeutet in einigen Bereichen Arbeitsverdichtung, stellt Anforderungen an die Umgestaltung von Abläufen und erfordert von Haupt- und Ehrenamtlichen zahlreiche Umgewöhnungen.

Um hier das Zutrauen in die Leistungsfähigkeit zu steigern und Einsicht in die eigenen Kräfte zu stärken, werden Hilfestellungen bspw. im Aufbau der Informationstechnologie gegeben, die Vorstellung von gelungenen Umstrukturierungen aufgezeigt und immer wieder das Ziel allen Arbeitens, die glaubwürdige Verkündigung des Evangeliums, formuliert.

4.2.2.1.3 Schaffung von Identifikation und Commitment

Um die Mitarbeitenden und die kirchliche Öffentlichkeit auch in einer problembeladenen und konfliktreichen Phase für einen Einsatz für das Bistum zu gewinnen, wird auf die Notwendigkeit gegenseitiger Unterstützung verwiesen. Werden Leistungen reduziert und Einrichtungen geschlossen, müssen einzelne Einrichtungen bzw. Pfarreien sich so koordinieren, dass das vorhandene hauptamtliche Personal bestimmte Aufgaben bspw. in der Erwachsenenbildung oder der Jugendarbeit erfüllen kann.

Gleichzeitig werden sowohl die Mitarbeitenden als auch die ehrenamtlich Aktiven in den Pfarreien eingeladen, sich mit dem veröffentlichten

Kürzungskonzept auseinander zu setzen, die Konsequenzen für den jeweiligen Arbeits-zusammenhang bzw. die Pfarreien zu bedenken und Vorschläge zu entwickeln, wie die Umsetzungen möglich sind. Es wird ebenfalls eingeladen, Alternativen einzubringen, um die Kürzungssumme auf anderen Wegen zu erreichen.

In einem Hearing, an dem der Bischof und das Führungsgremium teilnehmen, wird ein Raum geschaffen, Unmut und Verbesserungsvorschläge zu äußern und die Gelegenheit genutzt, Vision und Absichten zu vermitteln.

4.2.2.1.4 Ansprechen intrinsischer Motive

Da aus der zentralen Perspektive der Bistumsleitung die mit den Kürzungsabsichten verbundenen Detailfragen und Probleme nicht bearbeitet werden können, ist die Mitarbeit der Personen aus den konkreten Einrichtungen und Arbeitsfeldern unbedingt erforderlich. Ihnen wird vermittelt, dass ihre Energie und Kreativität benötigt wird, diesen schwierigen Prozess umzusetzen. Das Einbringen ihrer Fachkenntnis ist erforderlich, da nur so die Problemlösungen vor Ort erreicht werden können. Die Chancen, die solcherart Engagement eröffnet und gelungene diesbezügliche Aktivitäten werden aufgezeigt. Immer wieder wird darauf hingewiesen, dass die Mitarbeitenden die Entwicklungen mit beeinflussen können, wenn sie aus ihrer Kompetenz heraus Konzeptionen entwickeln.

4.2.2.1.5 Reaktionen, Wirkungen und Probleme

Auf die Mitarbeiterschaft und die kirchliche Öffentlichkeit bezogen bedarf es eines deutlichen und engagierten orientierenden Führungsverhaltens, um die Menschen für die Kürzungserfordernisse und für ihre Mitwirkung an der Umsetzung zu gewinnen. Eine unpopuläre und für den einzelnen Mitarbeiter bedrohliche Maßnahme bedarf der Einordnung in einen größeren Kontext, für den sich das Engagement auch für an sich ungeliebte Aufgaben lohnt. Führungsverhalten, das sich entsprechend der Führungskonzeption dieser Anforderung bewusst wird und entsprechend Zeit und Energie in die Ausübung orientierenden Führungsverhaltens investiert, kann auch unter ungünstigen Bedingungen die Voraussetzungen für Führungserfolge schaffen.

Dabei wird eine solche Phase stets konfliktreich bleiben, es wird nicht gelingen, alle Unzufriedenheiten aufzuheben und bestimmte Mitarbeitende oder Bistumsangehörige werden sich ungerecht behandelt sehen. Denn ein solcher Prozess bewirkt drastische Veränderungen, die sich auf einzelne Personen unterschiedlich stark verdichten. Dennoch bietet das orientierende Führungsverhalten Mitarbeitenden wie Kirchenmitgliedern Orientierung in einer sich verändernden Sozialgestalt der Kirche. Daher ist die Ausübung eines orientierenden Führungsverhaltens Aufgabe der Führungskräfte.

4.2.2.2 Ausbalancierendes Führungsverhalten

Die Steuerung eines Kürzungs- und Erneuerungsprozesses bedarf auch hinsichtlich der Mitarbeitenden und der Öffentlichkeit eines ausbalancierenden Führungsverhaltens.

4.2.2.2.1 Personenbezogenes Führungsverhalten

Die Beziehungsorientierung wird in diesem Prozess insbesondere realisiert, indem die zuständigen Bereichsleiter bei schwerwiegenden Konsequenzen für die Beschäftigten (bspw. die Schließung einer Einrichtung) die betroffenen Personen persönlich über das Konzept informieren. In diesen Gesprächen werden nicht nur die Fakten kommuniziert und die Begründungen erläutert, sondern es wird Verständnis für entstehende Betroffenheiten bei den Mitarbeitenden vermittelt, erste Perspektiven für die Mitarbeitenden besprochen und Raum geschaffen, weitere Schritte abzusprechen.

Absicht dieses Vorgehens ist es zu vermeiden, dass Mitarbeitende sie betreffende Pläne über Dritte oder aus den Medien erfahren. Dadurch wird die Wertschätzung verdeutlicht, die dem Einzelnen vom kirchlichen Dienstgeber entgegengebracht wird, selbst wenn der Tätigkeitsbereich reduziert oder geschlossen werden soll.

Während der Erarbeitung der Kürzungen gestaltet sich personenbezogenes Führungsverhalten dadurch, dass die Beunruhigungen bei den Mitarbeitenden im Arbeitsbereich durch die Führungskräfte angesprochen werden bzw. Räume für diesbezügliche Gespräche geschaffen werden.

4.2.2.2.2 Aufgabenbezogenes Führungsverhalten

Während der für die Mitarbeitenden nicht durchschaubaren und somit irritierenden Phase der Entwicklung von Kürzungskonzepten sichert die Konzentration auf die Regelaufgaben und das Einfordern entsprechender Verhaltensweisen die Leistungserbringung. Das Anknüpfen an die Vision und die anderen Facetten des orientierenden Führungsverhaltens verdeutlichen, dass es weiterhin darum geht, kirchliche Aktivitäten zu gestalten bzw. zu unterstützen. Ebenso realisiert sich aufgabenbezogenes Führungsverhalten in dieser Situation dadurch, dass an die Durchführung von Regelaktivitäten oder speziellen Vorhaben und Projekten die Leistungs- und Qualitätsstandards angelegt werden, die ansonsten auch eingefordert werden.

In der Phase der Diskussion der Kürzungsabsichten orientiert sich aufgabenbezogenes Führungsverhalten darauf, die Wege der Realisierbarkeit, die Konsequenzen und die erforderlichen Veränderungen in einem Arbeitsbereich zu entwickeln. Entsprechende Arbeitsaufgaben sind festzulegen und deren Durchführung zu gewährleisten.
Zwischen personen- und aufgabenbezogener Führung besteht eine dilemmatische Konstellation. Die Generierung von Leistung konkurriert, da Zeitbedarf entsteht, mit der Schaffung von Räumen zum Austausch über die Entwicklungen und die damit verbundenen Unsicherheiten. Dies lässt sich nicht auflösen, wohl aber eine Ausrichtung für das Führungsverhalten finden, die beide Aspekte anspricht.

4.2.2.2.3 Innovatorisches Führungsverhalten

Gerade solche Prozesse bedürfen bei aller Planung auch der Flexibilität. Vorzeitiges Bekanntwerden von Kürzungsvorschlägen, massive Widerstände, nicht absehbares Medieninteresse oder der Nachweis von sachlichen Fehlern erfordern ein Führungsverhalten, das in diesen Entwicklungen präsent ist und steuernd darauf reagiert.
Dabei kommt die dilemmatische Konstellation besonders zum Tragen. Einerseits schafft regulatives Führungsverhalten der Gesamtorganisation Sicherheit in der Bewältigung auch solcher komplexen Prozesse. Andererseits sind gleichzeitig Abweichungen von regulierenden Plänen erforderlich, um das Gesamtprojekt weiter durchführen zu können. Es ist für die Konzeption eines stabilen Prozesses deutlich nachteilig, vor den vereinbarten Zeitpunkten Veränderungen am Gesamtkonzept vorzunehmen. Gleichzeitig ist es im Blick auf die Reaktionen erforderlich, frühzeitig auf nicht in allen Konsequenzen durchdachte Einsparüberlegungen zu reagieren und zu signalisieren, dass Einwendungen verstanden werden und zu entsprechenden Konsequenzen führen.
Mikropolitik und Machtausübung finden im Freiraum innovatorischen Führungsverhaltens eine Bühne. Die Einladung zu Alternativvorschlägen ist innovatorisches Führungsverhalten. Gleichzeitig schafft dies den Rahmen, Gruppeninteressen massiv zu propagieren.

4.2.2.2.4 Regulatives Führungsverhalten

Zentrale Funktion kommt der Prozesssteuerung zu. Dies gilt nicht nur für die Phase der Erarbeitung der Kürzungsvorschläge, sondern auch für den Zeitraum der Veröffentlichung und der Phase der kirchenöffentlichen Diskussion bis zum abschließenden Entscheid.
Die daran anschließende Phase, in der die Reaktionen und Rückmeldungen zu sichten und aufzunehmen sind sowie die Diskussion in den

zuständigen Gremien zu koordinieren ist, dient ebenfalls der inneren Stabilität eines Bistums und erreicht, dass Diskurse bei aller Emotionalität solcher Prozesse ihre Struktur behalten und in geregelten Formen verlaufen. Dazu gehört unter anderem, dass Eingaben zeitnah beantwortet werden und Mitarbeitende und andere erfahren, was mit ihren Kritiken, Anregungen und Anmerkungen geschieht.

4.2.2.3 Fazit

Die Ausrichtung der Führungskonzeption auf dilemmatische Anforderungen wird an diesem Prozess besonders deutlich. Führungsverhalten kann divergierenden Anforderungen nicht ausweichen, sondern realisiert sich in diesen Konstellationen. Die Komplementarität der Anforderungen wird ebenfalls sichtbar. Innovatorisches Führungsverhalten benötigt komplementär eine klare und straffe Prozesssteuerung. Die Betroffenheiten und Ängste der Mitarbeitenden sind wahrzunehmen und zu thematisieren. Gleichzeitig ist die Erbringung von Leistung einzufordern. Damit erweist sich die Führungskonzeption ‚realitätsnah'. Sie verspricht weder allgemein noch für kirchliche Kontexte einfaches und vereinfachtes Führungsverhalten, sondern bietet in ihrer Struktur die Möglichkeit, die verschiedenen Anforderungen zu erkennen und das Führungsverhalten zu gliedern. Gleichzeitig zeigt der Kürzungsprozess, dass orientierendes und ausbalancierendes Führungsverhalten in gegenseitiger Ergänzung sich bedingen und aufeinander bezogen sind.

4.3 Die Führungspersonen

Die Führungspersonen haben (auch) in diesem Prozess eine große Bedeutung. Dies gilt sowohl für den Bischof als auch den Projektkoordinator wie für die Bereichsleiter.
Dem Bischof kommt die Aufgabe zu, mit den zur Verfügung stehenden Finanzmitteln die Pastoral des Bistums zu gewährleisten. In diesem Veränderungsprozess muss er seiner bischöflichen Letztverantwortung gerecht werden und solche Entscheidungen erreichen bzw. treffen, die dem kirchlichen Auftrag unter den Bedingungen der konkreten Diözese entsprechen. Er hat die Verantwortung, den Zusammenhalt der Diözese (Kohäsion) ebenso zu gewährleisten wie die Umsetzung der Veränderungen (Lokomotion). Die von ihm bestellten Führungskräfte haben sowohl im Kürzungsprozess als auch in den Regelaufgaben ihrer Bereichsleitung konstruktive Arbeitsergebnisse zu erbringen. Gleichzeitig ist eine auch

zukünftig in gegenseitigem Vertrauen mögliche Zusammenarbeit sicherzustellen. Dies verlangt vom Bischof die entsprechende kognitive Komplexitätskompetenz, die Anforderungen zu erkennen und die verhaltensbezogene Komplexitätskompetenz, sich in den Anforderungen zu bewegen. Entsprechende Ausprägungen in der Persönlichkeit bieten die Grundlage, diesen Anforderungen gerecht zu werden. Ausprägungen im Persönlichkeitsfaktor ‚Extraversion' etwa mit der Beschreibung von Aktivität sind ebenso bedeutend wie ‚Gewissenhaftigkeit' mit der Beschreibung von Sorgfalt und Ausdauer. Eine gegebene ‚emotionale Stabilität', gekennzeichnet durch Sicherheit im Auftreten, eine gegebene ‚Offenheit', charakterisiert mit Aufgeschlossenheit sowie ‚Verträglichkeit' im Sinne von Kooperation und Vertrauen, bieten personale Voraussetzungen, in einem solchen Prozess als die höchste Führungskraft zu agieren. Hinzu kommen die entsprechenden theologischen Kompetenzen und pastoralen Erfahrungen, um angesichts der Veränderungsprozesse solche Perspektiven zu entwerfen, die dem kirchlichen Auftrag unter sich ändernden Bedingungen gerecht werden.
Deutlich sei an dieser Stelle erneut darauf hingewiesen, dass es nicht um die Beschreibung einer ‚idealen' Führungsperson, also eines ‚idealen' Bischofs geht. Vielmehr verdeutlicht die Formulierung ‚Komplexitätskompetenz', dass es zunächst um ein Verständnis dieser Zusammenhänge geht. Bestimmte Elemente des Führungsverhaltens sind sinnvoll bspw. in einem Führungsdual durch eine andere Person auszuüben. Insgesamt ist der Bischof stärker in der Ausübung des orientierenden Führungsverhaltens zu verorten.
An den Prozesskoordinator ist ebenfalls die Anforderung zu richten, zwischen orientierendem und ausbalancierendem Führungsverhalten differenzieren zu können und zu wissen, in welcher Situation welches Führungsverhalten erforderlich ist. Seine Aufgabe ist es darüber hinaus, dafür zu sorgen, dass bestimmtes Führungsverhalten situationsspezifisch realisiert wird, damit ein ‚Fit' von Situation und Führungsverhalten erreicht wird. Ebenfalls gehört es in seinen Aufgabenkanon, die Personen zu identifizieren, die ein bestimmtes Führungsverhalten auszuüben haben. Darüber hinaus bedarf es beim Koordinator der Fähigkeit, ausbalancierendes Führungsverhalten konkret realisieren zu können. Es kann der Rollenklarheit dienen, wenn sich der Koordinator tendenziell zurückhaltend in der Ausübung des orientierenden Führungsverhaltens engagiert. Auch hier sind entsprechende Persönlichkeitsdispositionen erforderlich, die die Ausübung von Führung gemäß der Konzeption möglich machen.
Die Bereichsleiter benötigen für ihre Führungsarbeit im Regelbetrieb ohnehin die entsprechenden Fähigkeiten und Persönlichkeitsdispositionen.

In einem solchen Prozess zeigt sich aber noch deutlicher, dass es entsprechender Ausprägungen in der Persönlichkeit bedarf, um den Anforderungen eines solchen Prozesses gerecht zu werden. Ihre Offenheit und damit ihre Möglichkeiten, in belastenden Situationen mit den Mitarbeiterinnen und Mitarbeitern zu kommunizieren, ist ein wesentlicher Faktor in diesem Prozess. Ihre Gewissenhaftigkeit, bspw. nach adäquaten alternativen Beschäftigungen zu suchen, ist für die Zuschreibung von Glaubwürdigkeit durch die Mitarbeiterinnen und Mitarbeiter von hoher Bedeutung. Ihre emotionale Stabilität ist erforderlich, den Belastungen standzuhalten, die sie angesichts der Reduzierung in ihren Arbeitsbereichen auszuhalten haben. Die Ausprägung im Faktor ‚Extraversion', bspw. bestimmt bzw. scheu aufzutreten, hat Konsequenzen bei der im Führungskreis verhandelten Verteilung der Kürzungslasten. Ein energisches oder aber gehemmtes Auftreten gegenüber den Mitarbeitenden beeinflusst, ob Kürzungskonzepte aufgenommen und weiterbearbeitet werden oder aber als Ausverkauf des Bereiches verstanden werden. Für diesen Prozess ist ebenfalls eine Ausprägung im Faktor ‚Verträglichkeit' förderlich, da kooperative oder höfliche Umgangsformen mit Mitarbeitenden eine Möglichkeit darstellen, die ansonsten nachteiligen Beschlüsse zu vermitteln.
Da die Bereichsleiter in ihren Arbeitsbereichen die Kommunikation der einzelnen Maßnahmen durchführen und verantworten müssen, sind sie ebenso darauf angewiesen, orientierendes und ausbalancierendes Führungsverhalten auszuüben bzw. sicherzustellen, dass das gesamte Führungsverhalten praktiziert wird. Auf diesem Wege lassen sich die Maßnahmen in die Ebene der Bereiche und der Einrichtungen konkretisieren und umzusetzen.

4.4 Die Führungssituation

Eindeutig ist, dass es sich hier um einen Prozess des Wandels und des Umbruchs handelt. Daher ist eine wesentliche Situationsbedingung für die Ausübung orientierenden Führungsverhaltens gegeben.
Die ‚Person des Mitarbeitenden' ist in doppelter Hinsicht gesehen. Zum einen sind die Führungskräfte im Prozess Mitarbeitende. Sie sind erfahrene Mitarbeiter mit außerordentlich qualifizierten Ausbildungen. Gleichzeitig stehen sie mit ihrer Person für einen bestimmten Arbeitsbereich ein. Die besondere Belastung, Kürzungen im eigenen Arbeitsfeld vornehmen und diese den eigenen Mitarbeiterinnen und Mitarbeitern kommunizieren zu

müssen, ist eine Anforderung, die den handelnden Personen enorme Anstrengungen abverlangt.

In der zweiten Hinsicht sind die Mitarbeiterinnen und Mitarbeiter des Bistums zu sehen, die durch den Prozess beunruhigt und verunsichert sind. Insbesondere in der Art und Weise der Erläuterung der Kürzungsvorschläge werden sie in ein transparentes Verfahren eingebunden.

Die ‚Beziehung zwischen Vorgesetzten und Mitarbeitenden' ist ebenfalls in doppelter Hinsicht anzusprechen. Zum einen gilt dies in besonderer Weise für die Beziehung zwischen dem Bischof als höchster Führungskraft und den von ihm in diese Aufgaben berufenen Führungskräften. Das dadurch konstituierte besondere Vertrauens- und Loyalitätsverhältnis ist eine Basis, den Prozess gestalten zu können und die Mitarbeit und Identifikation der Führungskräfte einzufordern.

Die Beziehungen zwischen den Führungskräften und ihren Mitarbeiterinnen und Mitarbeitern stellen eine Komplexitätssteigerung im Prozess dar. Gute und vertrauensvolle Beziehungen enthalten Chancen wie Grenzen gleichermaßen. Die Chance besteht daran, dass Mitarbeitende dem Vorgesetzten vertrauen, sich an Lösungen beteiligen und bereit sind, Veränderungen und Kürzungsentscheidungen zu akzeptieren. Die Grenze ist dadurch gekennzeichnet, dass Führungskräfte sich im Blick auf bestehende vertrauensvolle Beziehungen nicht die an sich indizierten, jedoch für die entsprechenden Mitarbeiterinnen und Mitarbeiter nachteiligen Entscheidungen treffen.

Belastete Beziehungen können in Kürzungsprozessen dazu führen, dass Mitarbeiterinnen und Mitarbeiter durch entsprechende Entscheidungen abgestraft werden oder dies so interpretieren. Ebenso werden möglicherweise aus diesem Grunde erforderliche Kürzungsentscheidungen nicht getroffen werden, damit Führungspersonen sich nicht dem Verdacht der ‚Abstrafung' aussetzen.

Die Beziehungen jedenfalls haben Bedeutung und sind als Situationsfaktor zu erkennen und zu analysieren.

Die ‚Aufgabe' ist in diesem Prozesses zunächst als schwach strukturiert anzusehen. Sie bedarf jedoch einer starken Struktur, um Ergebnisse hervorzubringen. Eine definierte Einsparvorgabe erreicht ihren Effekt erst dann, wenn die handelnden Personen konkrete Ziele und Aufgaben für die zu leistenden Konkretionen erhalten. Damit wird deutlich, dass zunächst schwach strukturierte Situationen durch Führungsverhalten zum einen stärker zu strukturieren sind und zum anderen die Reflexion des Situationselementes ‚Aufgabe' verdeutlicht, welche Maßnahmen und damit welches Führungsverhalten auszuüben ist, um Ergebnisse zu erzielen.

Das Situationselement ,Organisation' ist in einem solchen Projekt stets einzubeziehen. Wirkungen von Entscheidungen bei den Mitarbeitenden, in der Bistumsöffentlichkeit, hervorgerufene Widerstände in der Öffentlichkeit, die Aktivitäten von Lobbygruppen, die Beteiligungsrechte der Arbeitnehmervertretungen und vieles andere wirkt direkt auf den Prozess ein. Mikropolitik und Machtfragen sind außerordentlich präsent und wirksam. Führungsverhalten muss dies einbeziehen und darauf reagieren.

4.5 Abschluss

Die Führungskonzeption lässt sich auf einen in der Realität der Kirche durchzuführenden Prozess beziehen. Dies gilt insbesondere auch für einen konfliktreichen und komplexen Prozess. Durch die Ausübung eines Führungsverhaltens entsprechend der Konzeption reduziert sich die Komplexität der Aufgabe nicht. Allerdings liegt mit der Führungskonzeption eine Systematisierung von Führungsverhalten vor, das Führungskräften ermöglicht, unter den gegebenen anspruchsvollen Bedingungen adäquat und somit erfolgsrelevant Führung ausüben zu können. Insbesondere in dem zu bearbeitenden Prozess der Kürzung eines Bistumshaushaltes zeigt die Führungskonzeption, dass sie einen Orientierungsrahmen bietet.
Darüber hinaus zeigt sich, dass zwar die gleichzeitige Anwendung des orientierenden und ausbalancierenden Führungsverhaltens erforderlich ist, um die Grundausrichtung des Prozesses zu vermitteln und Ergebnisse zu erreichen. Es zeigt sich aber auch, dass die Intensität des Einsatzes der zwei grundlegenden Ausrichtungen des Führungsverhaltens in Führungsprozessen unterschiedlich sein kann.
In der Phase der Vorbereitung der Kürzungsvorschläge sind die orientierenden Anteile am Führungsverhalten ausgeprägter als die ausbalancierenden. Der ,Umweg', also die zunächst geringe Effektivität in der Arbeit an einem Kürzungsplan ist einerseits eine ineffektive Phase. Anderseits hat dieser ,Umweg' jedoch auch die Voraussetzung geschaffen, die Akzeptanz eines im nächsten Schritt intensiven ausgeübten ausbalancierenden Führungsverhaltens zu erreichen. Denn in der Phase der Erstellung von Kürzungsvorschlägen liegt das Gewicht auf dem ausbalancierenden Führungsverhalten, insbesondere durch eine straffe Prozessgestaltung, jedoch auch auf aufgabenbezogenem, innovatorischem und personenbezogenem Führungsverhalten. Damit wird deutlich, dass die Konzeption es auch erreicht, auf unterschiedliche Anforderungen flexibel reagieren zu können und eine Ausübung von Führungsverhalten ermöglicht, das den

Anforderungen entsprechend eine unterschiedliche Intensität der zwei Grundausrichtungen des Führungsverhaltens zulässt.
Insgesamt zeigt der Prozess, dass die hier entworfene Führungskonzeption Führungsverhalten in der Kirche ermöglicht. Die Situationsbedingungen von Wandel und Umbruch, die einen Kürzungsprozess indizieren, erfordern den Einsatz eines orientierenden Führungsverhaltens. Die dilemmatischen Konstellationen in Führungssituationen erfordern ein Führungsverhalten, das darauf reagiert und gleichzeitig gestaltend agiert.
Auch zeigt sich, dass die Führungskonzeption dem kirchlichen Selbstverständnis gerecht wird, indem sie durch das orientierende Führungsverhalten an grundlegende Aussagen des Christentums und die wesentlichen Aufgaben der Kirche anknüpfen kann und gleichzeitig im Ausbalancieren der Dilemmata den eigenen Anforderungen in der Sicht auf die Person und die Leistung ebenso gerecht wird wie in der Absicherung der Stabilität eines Bistums und den nötigen Anpassungen an Veränderungen. Der Wert dieser Führungskonzeption besteht nicht darin, ein immer richtiges und nie falsches Führungsverhalten zu etablieren. Auch nicht darin, dass Fehler vermieden und stets alle Aktivitäten zum Erfolg geführt werden. Der Wert besteht darin, dass Führungsverhalten systematisiert wird, die verschiedenen Aspekte gesehen werden können und ein Verhaltenskanon entsteht, durch den auf bestehende Anforderungen reagiert werden kann. Diese Systematisierung klärt und schafft eine Vorstellung davon, welche Felder Führung abzudecken und zu erreichen hat. Dabei, das macht den Wert der Konzeption im kirchlichen Kontext aus, werden die eigenen Anforderungen und kirchlichen Selbstverständnisse nicht aufgegeben, sondern im Gegenteil einbezogen. Im Zueinander von orientierendem und ausbalancierendem Führungsverhalten wird erreicht, dass christliche Überzeugungen und kirchliche Identitäten in Führungsverhalten einbezogen werden und präsent sind und gleichzeitig die institutionell-organisationalen Anforderungen an Führung realisiert werden.

Ausblick

Aus den Erkenntnissen der wissenschaftlichen Führungsforschung eine Führungskonzeption zu entwickeln, die kirchlichen Führungskräften die Ausübung erfolgsrelevanten Führungsverhaltens angesichts der aktuellen Führungsanforderungen ermöglicht, war die Absicht dieser Abhandlung. Die vorgeschlagene Führungskonzeption nimmt in Anspruch, ‚Führung in der Kirche' als explizites und strukturiertes Agieren im aktuell bestehenden Führungsbedarf zu gewährleisten.
Auf der Grundlage dieser Konzeption sind praxisorientierte Verfahren zu entwickeln, die die Konkretionen im Führungsalltag erlauben. Einige Aspekte seien skizzenhaft genannt.

1. Führungsperson

Diese Führungskonzeption bietet die Entwicklung einer Eignungsdiagnostik für die Auswahl und Qualifizierung kirchlicher Führungskräfte an. Grundlegend ist, dass die Anforderungen an spirituelle und kirchliche Grundhaltungen mit den Anforderungen zu verbinden sind, die aus dem ‚Fünf-Faktoren-Modell der Persönlichkeitsdiagnostik' abgeleitet werden. Die Persönlichkeitsausprägungen in den Faktoren ‚Extraversion', ‚Gewissenhaftigkeit', ‚Offenheit', ‚emotionale Stabilität' und ‚Verträglichkeit' sind durch entsprechende Verfahren zu erkennen. Eine Beurteilung der kirchlichen und geistlichen Ausrichtung einer Führungsperson steht dem nicht entgegen. Sie bildet auch keinen zusätzlichen Faktor, sondern lässt sich unter diese Faktoren einbeziehen. So ist bspw. unter dem Faktor ‚Offenheit' zu fragen, ob eine Person einen Zugang zu verschiedenen spirituellen und kirchlichen Prägungen hat und gleichzeitig im Faktor ‚emotionale Stabilität' eine Sicherheit und Festigkeit für eine bestimmte eigene Haltung gefunden hat.

2. Führungssituation

Die verschiedenen Situationselemente können bezogen auf Ziele analysiert werden. Dazu lassen sich für die einzelnen Parameter Raster ent-

werfen, durch die in einer konkreten Einrichtung die relevanten Aspekte erfasst werden können.
Bezogen auf die ***Person des Mitarbeitenden*** sind Aspekte wie Ausbildung und Erfahrung, Konfliktfähigkeit, kommunikative Kompetenz, Belastbarkeit, Umgang mit Frustrationen oder Kreativität möglicherweise von Bedeutung. Die ***Beziehung zwischen Vorgesetztem und Mitarbeitenden*** lässt sich nach Kriterien wie gegenseitiges Vertrauen oder Nähe der Beziehung beschreiben. Die ***Aufgabe*** kann einfach oder komplex, eindeutig oder mehrdeutig oder großen und geringen Gestaltungsspielraum enthaltend sein. Die ***Organisation*** kann sehr starke Vorgaben eingeben oder ein weitgehend ungeregeltes Feld für eine Aufgabe bereithalten.
Auf der Grundlage eines solchen Rasters ist eine Analyse der Situation vorzunehmen. Daraus resultierend sind die Anforderungen und Auswirkungen für das Führungsverhalten zu beschreiben.

3. Führungsverhalten

Um den Umgang mit dem hier entwickelten Führungsverhalten zu praktizieren und gleichzeitig eine Vorstellung von der Arbeit mit der Konzeption anzubieten, wird nachfolgend ein Qualifizierungsprogramm skizziert. Wie in der Entwicklung solcher praxisorientierter Module üblich, sind diese durch ihre Anwendung im Detail zu präzisieren und zu verfeinern.

3.1 Qualifizierungsprogramm zum Führungsverhalten

Grundsätzlich wird für die Arbeit mit dieser Führungskonzeption eine Kombination einer arbeitsplatznahen Führungskräfteentwicklung in Verbindung mit Seminarmodulen vorgeschlagen[126]. Die so gewählte Anlage geht davon aus, dass solche kirchlichen Führungskräfte an entspre-

126 Führungskräftetraining ist als eine besondere Aufgabe der Personalentwicklung zu verstehen. Eine grundlegende Unterscheidung bietet die Differenzierung zwischen ‚Schulungsmaßnahmen' und einem ‚arbeitsplatznahen Führungskräftetraining' an. In entsprechenden Schulungen werden bspw. Trainings zum Führungsstil oder Führungsverhalten durchgeführt, die persönlichkeits- oder verhaltenorientiert ausgerichtet sein können oder die Anwendung bestimmter Führungskonzeptionen vermitteln. Unter einer arbeitsplatznahen Entwicklung von Führungskräften werden insbesondere Coaching und Mentoring oder die Arbeit mit Beurteilungsverfahren erfasst. Darüber hinaus sehen arbeitsplatznahe Trainings spezielle Entwicklungsprogramme für Führungskräfte vor, die mit Traineeprogrammen in Einstiegsphasen von Mitarbeitenden vergleichbar sind (vgl. Kaschube & v. Rosenstiel 2004).

chenden Qualifizierungsmaßnahmen teilnehmen, die entweder bereits eine mittlere Führungsaufgabe ausüben und über entsprechende Erfahrungen verfügen oder bereits eine anspruchsvolle Führungsaufgabe wahrnehmen und dadurch in ihrem Arbeitsfeld konkrete Führungsarbeit zu leisten haben.
Demnach sind Seminarblöcke mit integrierten Reflexions- und Austauschphasen sinnvoll. Gleichzeitig wird nach einer Einübungsphase mit einem Trainer eine Weiterführung durch periodisch stattfindende kollegiale Reflexionen, in denen Praxisfälle aus dem jeweiligen Führungskontext auf der Grundlage der hier entwickelten Führungskonzeption unter kirchlichen Führungskräften kollegial bearbeitet werden, als kontinuierliche Qualifizierung dieser Personen vorgeschlagen.

3.2 Seminarinhalte

Folgende Inhalte werden in Seminarblöcken bearbeitet:

3.2.1 Konzeptelement ‚Basisanforderungen':

Erläuterung der Basisanforderungen (unter Einschluss einer Bearbeitung der jeweiligen Stärken, den Gefährdungen der Extremisierungen und den herzustellenden Balancen) mit einer Reflexion der konkreten Basisanforderungen in den von den Teilnehmenden geführten kirchlichen Arbeitsfeldern.

Abbildung 18: Raster zur Bearbeitung von Basisanforderungen in einem kirchlichen Führungskontext

Basisanforderungen	Flexibilität	Stabilität	Integration	Adaption
Maßnahmen zur Realisierung der Basisanforderungen im eigenen Führungskontext				

3.2.2 Konzeptelement ‚Ausbalancierendes Führungsverhalten':

Vorstellung des ausbalancierenden Führungsverhalten mit seiner vierfachen Ausrichtung und einer Systematisierung eigenen Führungsverhaltens.

Abbildung 19: Raster zur Systematisierung ausbalancierenden Führungsverhaltens

Ausbalancierendes Führungsverhalten	Personenbezogenes Führungsverhalten	Aufgabenbezogenes Führungsverhalten	Innovator-isches Führungsverhalten	Regulatives Führungs-verhalten
Praktiziertes Führungsverhalten				

3.3.3 Konzeptelement ‚Orientierendes Führungsverhalten'
Erläuterung der motivationstheoretischen und charismatischen Führungsansätze und daraus abgeleitet die Konzeption der vierfachen Ausrichtung des orientierenden Führungsverhaltens sowie einer Selbstreflexion der eigenen Erfahrungen mit durch Vorgesetzte (bzw. andere Personen) vermittelten Visionen, gesteigertem Leistungszutrauen, Commitment und intrinsischen Motiven.

Abbildung 20: Raster zur Reflexion erlebten orientierenden Führungsverhaltens

Orientierendes Führungsverhalten	Vermittlung von Visionen, Werten und Zielen	Steigerung von Selbstwert und Leistungszutrauen	Schaffung von Commitment und Identifikation	Ansprechen intrinsischer Motive
Erlebtes Führungsverhalten in der eigenen Biographie bzw. Führungspraxis				

3.3.4 Theologische Reflexion
Um Vorstellungen für in einem Führungskontext einzubringendes orientierendes Führungsverhalten zu entwickeln, ist eine theologische Reflexion der Bedeutung des eigenen Aufgabenfeldes erforderlich. Die nachfolgenden Fragstellungen können einen ersten Zugang eröffnen.

Offen bleibt an dieser Stelle, ob eine Vision für bspw. eine kirchliche Einrichtung allein von der Führungskraft oder in einem Prozess von allen Mitarbeitenden entwickelt wird. Möglicherweise wird eine von der Führungskraft im Rahmen eines Seminars durchgeführte Reflexion zu entsprechenden Prozessen im Arbeitsfeld führen. Andererseits ist es keineswegs immer erforderlich, einen mit mehr oder weniger Zeitaufwand verbundenen umfassenden Prozess zur Bestimmung von Leitbildern und Visionen durchzuführen, wenn wesentliche Aspekte der Vorortung einer Einrichtung im Gesamtkontext der Kirche offensichtlich sind.

Abbildung 21: Frageraster zur theologischen Reflexion orientierenden Führungsverhaltens

- Auftrag oder ‚Leistung' der eigenen Einrichtung in der Vision vom Reich Gottes.
- Eigenes Zutrauen und eingeschätztes Zutrauen bezogen auf die Mitarbeitenden aufgrund von Berufung, sakramentaler Attribution und Charisma an diesen ‚Standort' am Reich Gottes mitzuarbeiten.
- Eigenes und eingeschätztes ‚sentire cum ecclesia' der Mitarbeitenden mit dem spezifischen ‚Standort' und seinen kirchlichen Rahmenbedingungen.
- Eigene und eingeschätzte Gottes- und Nächstenliebe der Mitarbeitenden als Quelle bzw. Bestandteil (Motiv) des Engagements.

3.3.5 Erarbeitung von Konkretionen eines orientierenden Führungsverhaltens im eigenen Führungskontext

Die Vorstellungen der Führungskraft bezüglich der Ausgestaltung eines orientierenden Führungsverhaltens sind zu erarbeiten.

Abbildung 22: Konkretionen orientierenden Führungsverhaltens

Orientierendes Führungsverhalten	Vermittlung von Visionen, Werten und Zielen	Steigerung von Selbstwert und Leistungszutrauen	Schaffung von Commitment und Identifikation	Ansprechen intrinsischer Motive
Konkretionen für den eigenen Führungskontext				

3.3.6 Erarbeitung eines konkreten orientierenden Führungsverhaltens in Bezug auf das praktizierte ausbalancierende Führungsverhalten

Abschließend sind die Bezüge zwischen dem ausbalancierenden und orientierenden Führungsverhalten im eigenen Führungskontext herzustellen.

Abbildung 23: Raster zur Beschreibung von Bezügen im Führungsverhalten

Ausbalancierendes Orientierendes FV	Personen-bezogene Führung	Aufgaben-bezogene Führung	Innovatorische Führung	Regulative Führung
Vermittlung von Visionen, Werten und Zielen				
Steigerung von Selbstwert und Leistungszutrauen				
Schaffung von Commitment und Identifikation				
Ansprechen intrinsischer Motive				

Ein in dieser Weise durchgeführtes Führungstraining, dass stets methodisch auch den Austausch mit anderen Führungskräften vorsieht, bietet eine Grundlage, Führungsverhalten nach diesem Schema zu gliedern und entsprechende Entscheidungen in der Auswahl des Führungsverhaltens zu treffen. Gleichzeitig bietet ein von mehreren kirchlichen Führungskräften durchgeführtes Training die Möglichkeit, in einem kollegialen Coaching unter Einsatz der Führungskonzeption, die auch ein entsprechendes ‚Sprachspiel' anbietet, Praxisfälle zu bearbeiten bzw. in einer kollegialen Beratung Lösungen für spezifische, möglicherweise konfliktive Führungssituationen zu erarbeiten.

In der Anwendung der Konzeption entstehen über die im Rahmen dieser Abhandlung hinaus bereits benannten konkreten Führungsverhaltensweisen im Laufe der Zeit Ausprägungen im Führungsverhalten, die aufzulisten und zu kategorisieren sind, so dass sich in einer Zeitperspektive eine Tabelle mit konkreten Verhaltensweisen entwickeln lässt.

Ein bedeutender weiterführender Schritt ist eine empirische Überprüfung der Relevanz und Erfolgsorientierung eines entsprechend dieser Führungskonzeption ausgeübten Führungsverhaltens.

Abstract

Angesichts der tiefgreifenden Veränderungsprozesse in der Kirche bedarf es eines Führungsverhaltens, das die Aktivitäten der Mitarbeitenden effektiv ausrichtet und gleichzeitig dem Auftrag der Kirche entspricht. Dabei muss sich das Führungsverhalten kirchlicher Führungskräfte vor dem eigenen christlichen Anspruch verantworten.
Um diesen Anforderungen gerecht zu werden, wird eine handlungsleitende Führungskonzeption vorgeschlagen, die ein zweigliedrig ausgerichtetes Führungsverhalten als erfolgsrelevant in der gegebenen Situation der Kirche behauptet. Weiterhin basiert die Führungskonzeption auf der Überzeugung, der Führungsperson und der Führungssituation als Wirkursache für Verhalten eine wesentliche Funktion in der Führungskonzeption zuzuschreiben.

Führungsverhalten
Das zweigliedrig ausgerichtete Führungsverhalten wird ‚ausbalancierendes' und ‚orientierendes' Führungsverhalten genannt. Jede Ausrichtung besteht aus vier Elementen.

Ausbalancierendes Führungsverhalten
Auf die Basisanforderungen an Führung in Organisationskontexten reagiert ‚ausbalancierendes Führungsverhalten'. Basisanforderungen an Führung sind die Gewährleistung von Stabilität und Flexibilität in einer Organisation oder Arbeitsgruppe sowie die Integration nach innen als auch die Adaption nach außen. Diese Basisanforderungen stehen sich jeweils bipolar und gleichzeitig komplementär gegenüber. Dadurch ist eine grundlegend dilemmatische Konstellation von Führung gegeben, da auf die divergenten und gleichzeitig komplementären Anforderungen zu reagieren ist. Aus diesen Basisanforderungen leiten sich vier Elemente des Führungsverhaltens ab:

1. Personenbezogenes Führungsverhalten reagiert auf die Anforderung an Flexibilität und Innenintegration. Es erreicht Zufriedenheit der Mitarbeitenden und ihre Fortentwicklung. Merkmale sind konstruktive Beziehungsgestaltung, Partizipation und Feedbackkultur.
   Die kirchliche Begründung dieses Führungsverhaltens findet sich in den christlichen Vorstellungen zur Personalität.
2. Aufgabenbezogenes Führungsverhalten steht dem gegenüber. Es reagiert auf die Anforderung an Stabilität und die Adaption an die Um-

welt. Bei den Mitarbeitenden werden dadurch Leistung und Effektivität erreicht. Aufgabenklärung, Entscheidung und Zielerreichung sind Ausdruckformen dieses Führungsverhaltens.
Verkündigungsauftrag, missionarische Ausrichtung und wirksames Engagement weisen in die theologische Legitimität dieses Führungsverhaltens.
3. Innovatorisches Führungsverhalten zielt ebenfalls auf die Adaptionsanforderungen an sich verändernde Umweltbedingungen und ermöglicht Mitarbeitenden, auf Wandlungsprozesse durch Innovation zu reagieren. Die Gewährung von Freiräumen, Experimentiermöglichkeiten und Absicherung von Veränderungen kennzeichnen innovatorisches Führungsverhalten.
Innovation und das Umgehen mit Veränderungen sind eine Konstante in der Kirchengeschichte.
4. Regulatives Führungsverhalten sichert eine verlässliche Steuerung sowie zuverlässige Abläufe, die Bereitstellung von Ressourcen und die Übersicht über Entwicklungsstände, damit die Mitarbeitenden den Status quo kennen und ihre Aktivitäten koordiniert verlaufen. Dadurch wird auf die Anforderungen nach Integration und Stabilität reagiert.
Die Bindung an den grundlegenden Auftrag der Kirche zeigt die kirchliche Relevanz dieser Ausübung von Führung.

Orientierendes Führungsverhalten

Orientierendes Führungsverhalten erreicht, dass Mitarbeitende eine grundlegende Orientierung ihrer Aktivitäten wahrnehmen und eine Orientierung der mit dem ausbalancierenden Führungsverhaltens angezielten Absichten erkennen. Diese Ausrichtung des Führungsverhalten hat ebenfalls vier Elemente:

1. Führungsverhalten bindet die Aktivitäten an eine Vision und damit verknüpfte Werte und Ziele. Die konkrete Vision einer kirchlichen Einrichtung hat die grundlegende Vision des Christentums auf die jeweilige Aufgabe und Intention bezogen auszubuchstabieren.
2. Führungsverhalten hat das Zutrauen in die Leistungsfähigkeit zu steigern und das Selbstwertgefühl der Mitarbeiterinnen und Mitarbeiter positiv anzusprechen. Dazu sind sowohl die Formulierung hoher Erwartungen geeignet als auch der Verweis auf vorhandene Fähigkeiten oder Potentiale.
Dies entspricht in theologischer Perspektive der durch Taufe und Firmung grundgelegten Befähigung aller Christen, gemäß ihrer Berufung zu handeln.

3. Ein Verhalten der Führungsperson, durch das diese für die Vision, die Werte und Ziele einsteht und gewährleistet, dass durch die institutionellen und organisatorischen Kontexte ebenfalls die Realisierung der Vision gefördert wird, erreicht Commitment und Identifikation.
   Die Formulierung ‚Sentire cum ecclesia' erfasst die theologischen Zugänge zur Identifikation und des Einsatzes für die Aufgaben der Kirche.
4. Ansprechen intrinsischer Motive: Durch Führungsverhalten sind intrinsische Motive anzusprechen, um Engagement, Innovation oder Vertrauen in den Erfolg zu erreichen.
   Dem entspricht die grundlegende Bindung des Christentums an intrinsische Antriebe.

Person und Situation als Ursachen des Führungsverhaltens, orientierendes und ausbalancierendes Führungsverhalten in seinen wechselseitigen Bezügen werden hier als erfolgsrelevantes, in der Situation von Wandel und Umbruch adäquates Führungsverhalten kirchlicher Führungskräfte vorgeschlagen.
Dabei ist nicht das Ziel, eine ideale kirchliche Führungsperson zu beschreiben, die gleichzeitig alle Facetten der Konzeption umsetzen könnte. Vielmehr erlaubt diese Konzeption, Führungsverhalten zu strukturieren, zu systematisieren und entsprechend spezifischer Situationen und Anforderungen einzusetzen.

Literaturverzeichnis

Alberigo, G. (1993): Aggiornamento. In: Kasper, W. (Hrsg.): Lexikon für Theologie und Kirche, 1. Band. Freiburg u. a., Sp. 231.

Antoni, C. (2003): Gruppenarbeitskonzepte. In: v. Rosenstiel, L. v., Regnet, E. & Domsch, M. E. (Hrsg.): Führung von Mitarbeitern. Handbuch für erfolgreiches Personalmanagement. 5., überarbeitete Auflage. Stuttgart, S. 387-395.

Arbeitshilfen 193 (2005): Katholische Kirche in Deutschland. Statistische Daten 2003. März 2005. Hrsg.: Sekretariat der Deutschen Bischofskonferenz. Bonn.

Arnold, H. & Kelsey, B. L. (1995): Empirische Führungsforschung, Methoden der. In: Kieser, A., Reber, G. & Wunderer, R. (Hrsg.): Handwörterbuch der Führung, Zweite, neu gestaltete und ergänzte Auflage. Stuttgart, Sp. 276-296.

Aymans, W. (1997): Kirchenrecht. In: Kasper, W. (Hrsg.): Lexikon für Theologie und Kirche, 6. Band. Freiburg u. a., Sp. 41-43.

Bate, P. (1997): Cultural Change. Strategien zur Änderung der Unternehmenskultur. Aus dem Englischen von G. Beckmann. München.

Bass, B. M. (1990): Bass & Stogdill's Handbook of Leadership. Theory, Research, and Managerial Applications. Third Edition. New York.

Bass, B. M. & Steyrer, J. (1995): Transaktionale und transformationale Führung. In: Kieser, A., Reber, G. & Wunderer, R. (Hrsg.): Handwörterbuch der Führung, Zweite, neu gestaltete und ergänzte Auflage. Stuttgart, Sp. 2053–2062.

Baumgartner, K. (2004): Pfarrgemeinde. In: Haering, S. & Schmitz, H. (Hrsg.): Lexikon des Kirchenrechts. Freiburg u. a., Sp. 756.

Bea, F. X. & Göbel, E. (2002): Organisation. Theorie und Gestaltung. 2., neu bearbeitete Auflage. Stuttgart.

Beck, U. (1986): Risikogesellschaft. Auf dem Weg in eine andere Moderne. Frankfurt.

Beck, U. (1993): Die Erfindung des Politischen. Zu einer Theorie reflexiver Modernisierung. Frankfurt.

Beck, U. & Beck-Gernsheim, E. (1994): Individualisierung in modernen Gesellschaften – Perspektiven und Kontroversen einer subjektorientierten Soziologie. In: Beck, U. & Beck-Gernsheim, E. (Hrsg.): Riskante Freiheiten. Individualisierung in modernen Gesellschaften. Frankfurt, S. 10-39.

Benninghaus, H. (1991): Einführung in die sozialwissenschaftliche Datenanalyse. 2., völlig überarbeitete Auflage. München.

Berkel, K. (1990): Organisationspsychologie der Gemeinde. In: Baumgartner, I. (Hrsg.): Handbuch der Pastoralpsychologie. Regensburg, S. 303-331.

Berkel, K. (2003): Konflikte in und zwischen Gruppen. In: v. Rosenstiel, L. v., Regnet, E. & Domsch, M. E. (Hrsg.): Führung von Mitarbeitern. Handbuch für erfolgreiches Personalmanagement. 5., überarbeitete Auflage. Stuttgart, S. 397-414.

Berkel, K. (2006): Integrativ Führen. Führung als Wertbalance. In: Westermann, F. (Hrsg.): Entwicklungsquadrat. Theoretische Fundierung und praktische Anwendung. Göttingen, S. 207-221.

Bier, G. (2001): Die Rechtsstellung des Diözesanbischofs nach dem Codex Iuris Canonici von 1983. Würzburg.

Bosetzky, H. (1995): Mikropolitik und Führung. In: Kieser, A., Reber, G. & Wunderer, R. (Hrsg.): Handwörterbuch der Führung, Zweite, neu gestaltete und ergänzte Auflage. Stuttgart, Sp. 1517-1526.

Bovon, F. (1989): Das Evangelium nach Lukas. 1. Teilband. Zürich/Neukirchen-Vyln.

Bovon, F. (1996): Das Evangelium nach Lukas. 2. Teilband. Zürich/Neukirchen-Vyln.

Braun, R., Gawlas, H., & Maywald, F. (2005): Führen ohne Drama. Die 8 größten Führungsirrtümer gelöst durch Trinergy-Strategien. Wien.

Breuning, W. (1994) Chalkedon – Das Konzil von Chalkedon. In: Kasper, W. (Hrsg.): Lexikon für Theologie und Kirche, 2. Band. Freiburg u. a., Sp. 999-1002.

Brunstein, I. (1995): Führung und Führungsforschung in romanischen Ländern. In: Kieser, A., Reber, G. & Wunderer, R. (Hrsg.): Handwörterbuch der Führung, Zweite, neu gestaltete und ergänzte Auflage. Stuttgart, Sp. 466–480.

Bucher, A. (2001): Vision – Psychologisch. In: Kasper, W. (Hrsg.): Lexikon für Theologie und Kirche, 10. Band. Freiburg u. a., Sp. 810–811.

Bucher, R. (2005a): Entmonopolisierung und Machtverlust. Wie kam die Kirche in die Krise? In: Bucher, R. (Hrsg.): Die Provokation der Krise. Zwölf Fragen und Antworten zur Lage der Kirche. 2., verbesserte Auflage. Würzburg, S. 11-29.

Bucher, R. (2005b): Die pastorale Konstitution der Kirche. Was soll die Kirche eigentlich? In: Bucher, R. (Hrsg.): Die Provokation der Krise. Zwölf Fragen und Antworten zur Lage der Kirche. 2., verbesserte Auflage. Würzburg, S. 30-44.

Bürkle, H. (1998): Mission – Religionsgeschichtlich. In: Kasper, W. (Hrsg.): Lexikon für Theologie und Kirche, 7. Band. Freiburg u. a., Sp. 288–289.

Child, L. & Lu, Y. (1995): Führungsforschung/ Führung in China. In: Kieser, A., Reber, G. & Wunderer, R. (Hrsg.): Handwörterbuch der Führung, Zweite, neu gestaltete und ergänzte Auflage. Stuttgart, Sp. 586-595.

Codex Iuris Canonici/Codex des kanonischen Rechtes. 5., neu gestaltete und verbesserte Auflage 2001. Kevelar.

Collet, G. (1993): Adaptation – In der Mission. In: Kasper, W. (Hrsg.): Lexikon für Theologie und Kirche, 1. Band. Freiburg u. a., Sp. 144.

Collet, G. (1996): Inkulturation – Begriff und Problemstellung. In: Kasper, W. (Hrsg.): Lexikon für Theologie und Kirche, 5. Band. Freiburg u. a., Sp. 504-505.

Cooper, C. L, Kirkcaldy, B. D. & Furnham, A. (1995): Psychische Belastung von Führungskräften. In: Kieser, A., Reber, G. & Wunderer, R. (Hrsg.): Handwörterbuch der Führung, Zweite, neu gestaltete und ergänzte Auflage. Stuttgart, Sp. 1794-1808.

Dainty, P. & Kakabadse, A. (1995): Führungsforschung/Führung in Großbritannien. In: Kieser, A., Reber, G. & Wunderer, R. (Hrsg.): Handwörterbuch der Führung, Zweite, neu gestaltete und ergänzte Auflage. Stuttgart, Sp. 595-609.

Dautzenberg, G. (1994): Charimsa. In: Kasper, W. (Hrsg.): Lexikon für Theologie und Kirche, 2. Band. Freiburg u. a, Sp. 1014-1015.

Delhess, K. H. (1995): Führungstheorien – Eigenschaftstheorie. In: Kieser, A., Reber, G. & Wunderer, R. (Hrsg.): Handwörterbuch der Führung, Zweite, neu gestaltete und ergänzte Auflage. Stuttgart, Sp. 897-906.

Deselaers P. (1994): Berufung – Systematisch-theologisch. In: Kasper, W. (Hrsg.): Lexikon für Theologie und Kirche, 2. Band. Freiburg u. a., Sp. 304-306.

Die Bibel. Altes und Neues Testament. Einheitsübersetzung (1980). Freiburg u. a.

Die deutschen Bischöfe 41 (1987): Rahmenstatuten und -Ordnungen für Gemeinde- und Pastoral-Referenten/Referentinnen. Hrsg.: Sekretariat der Deutschen Bischofskonferenz. Bonn.

Die deutschen Bischöfe 73 (2003): Rahmenordnung für die Priesterbildung. Hrsg.: Sekretariat der Deutschen Bischofskonferenz. Bonn.

Dietrich, T. (1994): Bellarmin. In: Kasper, W. (Hrsg.): Lexikon für Theologie und Kirche, 2. Band. Freiburg u. a, Sp. 189-191.

Ebertz, M. N. (1997): Kirche im Gegenwind. Zum Umbruch der religiösen Landschaft. Freiburg u. a.

Ebertz, M. N. (2003): Aufbruch in der Kirche. Anstöße für ein zukunftsfähiges Christentum. Freiburg u. a.

Ebertz, M. N. (2006a): Wie ticken Katholiken. Die Ergebnisse der Sinus-Studie. In: Herderkorrespondenz Spezial. Katholisches Deutschland heute (Mai/2006). Freiburg u. a., S. 2-6.

Ebertz, M. N. (2006b): Was sind soziale Milieus? In: Lebendige Seelsorge 57 (4/2006). Kirche in (aus) Milieus. Würzburg, S. 258-264.

Eigenmann, U. (1998): „Das Reich Gottes und seine Gerechtigkeit für die Erde“. Die andere Vision vom Leben. Luzern.

Eisenstein, G. M. (1994): Geistliche Begleitung. In: Kasper, W. (Hrsg.): Lexikon für Theologie und Kirche, 4. Band. Freiburg u. a., Sp. 385.

Evans, M. G. (1995): Führungstheorien – Weg-Ziel-Theorie. In: Kieser, A., Reber, G. & Wunderer, R. (Hrsg.): Handwörterbuch der Führung, Zweite, neu gestaltete und ergänzte Auflage. Stuttgart, Sp. 1075-1092.

Ebers, M. (1995): Organisationskultur und Führung. In: Kieser, A., Reber, G. & Wunderer, R. (Hrsg.): Handwörterbuch der Führung, Zweite, neu gestaltete und ergänzte Auflage. Stuttgart, Sp. 1664-1682.

Faber, E.-M. (2000): Sentire cum Ecclesia. In: Kasper, W. (Hrsg.): Lexikon für Theologie und Kirche, 9.Band. Freiburg u. a., Sp. 471-472.

Feifel, E. & Werbick, J. (1995): Glaubensunterweisung, Glaubensvermittlung. In: Kasper, W. (Hrsg.): Lexikon für Theologie und Kirche, 4. Band. Freiburg u. a., Sp. 723-724.

Feldhoff, N. (2004): ‚Pastoral geht nicht ohne Geld'. Ein Gespräch mit dem Kölner Generalvikar Norbert Feldhoff. In: Herderkorrespondenz 58 (1/2004). Freiburg u. a., S. 16-20.

Fetzer, J. (1999): Das Unternehmen, das keines sein will. Organisationstheoretische Aspekte der Methapher ‚Unternehmen Kirche'. In: Fetzer, J., Grabenstein, A., Müller, E. (Hrsg.): Kirche in der Marktgesellschaft. Gütersloh, S. 57-64.

Fetzer, J. (2004): Die Verantwortung der Unternehmung. Eine wirtschaftsethische Rekonstruktion. Gütersloh.

Feulner, H-J. (2001): Weihesakrament -Liturgisch. In: Kasper, W. (Hrsg.): Lexikon für Theologie und Kirche, 10. Band. Freiburg u. a., Sp. 1013-1015.

Fiedler, F. E. & Mai-Dalton, R. (1995): Führungstheorien – Situationstheorien. In: Kieser, A., Reber, G. & Wunderer, R. (Hrsg.): Handwörterbuch der Führung, Zweite, neu gestaltete und ergänzte Auflage. Stuttgart, Sp. 940–953.

Fischer-Appelt, B. (2005): Die Moses Methode. Führung zu bahnbrechendem Wandel. Hamburg.

Fontin, M. (1997): Das Management von Dilemmata. Ein Ansatz zur Erschließung neuer strategischer und organisationaler Potentiale. Wiesbaden.

Foucault, M. (1994): Omnes et singulatim. Zu einer Kritik der politischen Vernunft. In: Vogl, J. (Hrsg.): Gemeinschaften. Positionen zu einer Philosophie des Politischen. Frankfurt, S. 65-93.

Freitag, J. (1996): Hierarchie – Systematisch-theologisch. In: Kasper, W. (Hrsg.): Lexikon für Theologie und Kirche, 5. Band. Freiburg u. a., Sp. 85-87.

Freitag, J. (1999): Pneumatologie. In: Kasper, W. (Hrsg.): Lexikon für Theologie und Kirche, 8. Band. Freiburg u. a., Sp. 366-367.

Friedrich, M. (1997): Konfuzius, Konfuzianismus. In: Kasper, W. (Hrsg.): Lexikon für Theologie und Kirche, 6. Band. Freiburg u. a., Sp. 243-246.

Gabriel, K., (1992): Christentum zwischen Tradition und Postmoderne. Freiburg u. a.

Gabriel, K., (1996): Individualisierung. In: Kasper, W. (Hrsg.): Lexikon für Theologie und Kirche, 5. Band. Freiburg u. a., Sp. 470-471.

Gabriel, K., (1998): Modernisierung. In: Kasper, W. (Hrsg.): Lexikon für Theologie und Kirche, 7. Band. Freiburg u. a., Sp. 367.

Ganter, H.-D & Walgenbach, P. (1995): Arbeitsverhalten von Managern, empirische Untersuchungen zum. In: Kieser, A., Reber, G. & Wunderer, R. (Hrsg.): Handwörterbuch der Führung, Zweite, neu gestaltete und ergänzte Auflage. Stuttgart, Sp. 61-71.

Gebert, D. (2002): Führung und Innovation. Stuttgart.

Graen, G. B. & Uhl-Bien, M. (1995): Führungstheorien, von Dyaden zu Teams. In: Kieser, A., Reber, G. & Wunderer, R. (Hrsg.): Handwörterbuch der Führung, Zweite, neu gestaltete und ergänzte Auflage. Stuttgart, Sp. 1045–1058.

Greshake, G. (1991): Priestersein. Zur Theologie und Spiritualität des priesterlichen Amtes. Freiburg u. a.

Greshake, G. (1999a): Perichorese. In: Kasper, W. (Hrsg.): Lexikon für Theologie und Kirche, 8. Band. Freiburg u. a., Sp. 31-33.

Greshake, G. (1999b): Person – Theologiegeschichtlich und systematisch-theologisch. In: Kasper, W. (Hrsg.): Lexikon für Theologie und Kirche, 8. Band. Freiburg u. a., Sp. 46-50.

Greshake, G. (1995): Eschatologie – Systematisch-theologisch. In: Kasper, W. (Hrsg.): Lexikon für Theologie und Kirche, 3. Band. Freiburg u. a., Sp. 875-876.

Grohall, K.-H. (2005): Wieviel Kirche können wir uns noch leisten? In: Stimmen der Zeit 130 (12/2005). Freiburg u. a., S. 795-808.

Groome T. H. (1996): Inkulturation – Praktisch-theologisch. In: Kasper, W. (Hrsg.): Lexikon für Theologie und Kirche, 5. Band. Freiburg u. a., Sp. 509-510.

Gründel, J. (1996): Kairos – Theologisch-ethisch. In: Kasper, W. (Hrsg.): Lexikon für Theologie und Kirche, 5. Band. Freiburg u. a., Sp. 1130-1131.

Hausmanninger, T. (1994). Charisma – Theologisch-ethisch. In: Kasper, W. (Hrsg.): Lexikon für Theologie und Kirche, 2. Band. Freiburg u. a., Sp. 1016-1017.

Heckhausen, H. (1989): Motivation und Handeln. Zweite, völlig überarbeitete und ergänzte Auflage. Berlin u. a.

Hentze, J., Graf, A., Kammel, A. & Lindert, K. (2005): Personalführungs-lehre. Grundlagen, Funktionen und Modelle der Führung. 4., neu bearbeitete Auflage. Bern u. a.

Hentze, J., Kammel, A., & Lindert, K. (1997): Personalführungslehre. Grundlagen, Funktionen und Modelle der Führung. 3., vollständig überarbeitete Auflage. Bern u. a.

Hilberath, B. J. (1999): Zwischen Vision und Wirklichkeit. Fragen nach dem Weg der Kirche. Würzburg.

Hilberath, B. J. & Nitsche, B. (Hrsg.) (2002): Ist Kirche planbar. Organisationsentwicklung und Theologie in Interaktion. Mainz.

Hilberath, B. J. (2002): Corporate Identity für das Unternehmen Kirche. In: Hilberath, B. J. & Nitsche, B. (Hrsg.): Ist Kirche planbar. Organisationsentwicklung und Theologie in Interaktion. Mainz, S. 87-104.

Hildebrandt, R. (1995): Geschichte der Führung – Mittelalter und frühe Neuzeit. In: Kieser, A., Reber, G. & Wunderer, R. (Hrsg.): Handwörterbuch der Führung, Zweite, neu gestaltete und ergänzte Auflage. Stuttgart, Sp. 1111–1122.

Hilpert, K. (1999): Person – Theologisch-ethisch. In: Kasper, W. (Hrsg.): Lexikon für Theologie und Kirche, 8. Band. Freiburg u. a., Sp. 50-52.

Holling, H. & Lammers, F. (1995): Beeinflussung von Gruppenprozessen als Führungsaufgabe. In: Kieser, A., Reber, G. & Wunderer, R. (Hrsg.): Handwörterbuch der Führung, Zweite, neu gestaltete und ergänzte Auflage. Stuttgart, Sp. 129-137.

Höhn, H.-J. (1999): Personalitätsprinzip. In: Kasper, W. (Hrsg.): Lexikon für Theologie und Kirche, 8. Band. Freiburg u. a., Sp. 61-62.

Hollander, E. P. (1995): Führungstheorien – Idiosynkrasiekreditmodell. In: Kieser, A., Reber, G. & Wunderer, R. (Hrsg.): Handwörterbuch der Führung, Zweite, neu gestaltete und ergänzte Auflage. Stuttgart, Sp. 926-940.

House, R. J. & Shamir, B. (1995): Führungstheorien – Charismatische Führung. In: Kieser, A., Reber, G. & Wunderer, R. (Hrsg.): Handwörterbuch der Führung, Zweite, neu gestaltete und ergänzte Auflage. Stuttgart, Sp. 878–897.

Hünermann, P. (1996): Inkarnation – Begriffs- und Religionsgeschichte. In: Kasper, W. (Hrsg.): Lexikon für Theologie und Kirche, 5. Band. Freiburg u. a., Sp. 498-500.

Hünermann, P. (2004): Geld, Dienst und Gemeinden. Notwendige Weichenstellung für die Kirche in Deutschland. In: Herderkorrespondenz 58 (6/2004). Freiburg u. a., S. 281-285.

Informations- und Öffentlichkeitsarbeit im Bistum Limburg (2003a): Texte aktuell 5. Sparen und Erneuern. Informationen und Materialien zur Struktur- und Spardebatte im Bistum Limburg. Limburg.

Informations- und Öffentlichkeitsarbeit im Bistum Limburg (2003b): Texte aktuell 6. Sparen und Erneuern. Das Sparkonzept im Bistum Limburg. Limburg.

Jago, A. G. (1995a): Führungsforschung/Führung in Nordamerika. In: Kieser, A., Reber, G. & Wunderer, R. (Hrsg.): Handwörterbuch der Führung, Zweite, neu gestaltete und ergänzte Auflage. Stuttgart, Sp. 619–637.

Jago, A. G. (1995b): Führungstheorien – Vroom/Yetton-Modell. In: Kieser, A., Reber, G. & Wunderer, R. (Hrsg.): Handwörterbuch der Führung, Zweite, neu gestaltete und ergänzte Auflage. Stuttgart, Sp. 1058–1075.

John, O. (2004): Warum missionarisch Kirche sein? Argumente jenseits der Selbstauslieferung an soziologische Empirie. In: Sellmann, M. (Hrsg.): Deutschland – Missionsland. Zur Überwindung eines pastoralen Tabus. Freiburg u. a., S. 42-68.

Kaltenstadler, W. (1995): Geschichte der Führung – Altertum. In: Kieser, A., Reber, G. & Wunderer, R. (Hrsg.): Handwörterbuch der Führung, Zweite, neu gestaltete und ergänzte Auflage. Stuttgart, Sp. 1093-1102.

Kant, I. (1783): Beantwortung der Frage: Was ist Aufklärung? In: Weischedel, W. (Hrsg.) (1991): Immanuel Kant. Werkausgabe in 12 Bänden, Bd. 11: Schriften zur Anthropologie, Geschichtsphilosophie, Politik und Pädagogik. Frankfurt, S. 53-61.

Kaschube, J. & Rosenstiel, L.v. (2004): Training von Führungskräften. In: Schuler, H. (Hrsg.): Organisationspsychologie – Gruppe und Organisation. Göttingen u. a. [Birbaumer, N., Frey, D., Kuhl, J., Schneider, W. & Schwarzer, R. (Hrsg.): Enzyklopädie der Psychologie Band 4], S. 559-602.

Kasper, H. (1995): Kontrolle und Führung. In: Kieser, A., Reber, G. & Wunderer, R. (Hrsg.): Handwörterbuch der Führung, Zweite, neu gestaltete und ergänzte Auflage. Stuttgart, Sp. 1358-1369.

Kasper, W. (1996): Kirche – Systematisch-theologisch. In: Kasper, W. (Hrsg.): Lexikon für Theologie und Kirche, 5. Band. Freiburg u. a., Sp. 1465-1474.

Kasper, W. & Drumm, J. (1996): Kirche – Theologie- und dogmengeschichtlich. In: Kasper, W. (Hrsg.): Lexikon für Theologie und Kirche, 5. Band. Freiburg u. a., Sp. 1458-1465.

Kaufmann, F.-X. (2000): Wie überlebt das Christentum. Freiburg u. a.

Kehl, M. (1992): Die Kirche. Eine katholische Ekklesiologie. Würzburg.

Kehl, M. (1994): Charisama – Systematisch-theologisch. In: Kasper, W. (Hrsg.): Lexikon für Theologie und Kirche, 2. Band. Freiburg u. a., Sp. 1015-1016.

Kehl, M. (1995): Ekklesiologie – Begriff und Aufgabe. In: Kasper, W. (Hrsg.): Lexikon für Theologie und Kirche, 3. Band. Freiburg u. a., Sp. 568-573.

Kehl, M. (1996): Wohin geht die Kirche? Eine Zeitdiagnose. Freiburg u. a.

Kehl, M. (2000): Synode, Synodalität – Systematisch-theologisch. In: Kasper, W. (Hrsg.): Lexikon für Theologie und Kirche, 9. Band. Freiburg u. a., Sp. 1187-1188.

Keller, E. v. (1995): Kulturabhängigkeit der Führung. In: Kieser, A., Reber, G. & Wunderer, R. (Hrsg.): Handwörterbuch der Führung, Zweite, neu gestaltete und ergänzte Auflage. Stuttgart, Sp. 1397-1406.

Kerber, W. (1996): Katholische Soziallehre. In: Kasper, W. (Hrsg.): Lexikon für Theologie und Kirche, 5. Band. Freiburg u. a., Sp. 1362-1365.

Kerr, S. & Mathews, C. S. (1995): Führungstheorien – Theorie der Führungssubstitution. In: Kieser, A., Reber, G. & Wunderer, R. (Hrsg.): Handwörterbuch der Führung, Zweite, neu gestaltete und ergänzte Auflage. Stuttgart, Sp. 1021-1034.

Keupp, H. (1994): Ambivalenzen postmoderner Identität. In: Beck, U. & Beck-Gernsheim, E (Hrsg.): Riskante Freiheiten. Individualisierung in modernen Gesellschaften. Frankfurt, S. 336-350.

Kieser, A. (1995): Loyalität und Commitment. In: Kieser, A., Reber, G. & Wunderer, R. (Hrsg.): Handwörterbuch der Führung, Zweite, neu gestaltete und ergänzte Auflage. Stuttgart, Sp. 1442 –1456.

Kieser, A., Reber, G. & Wunderer, R. (Hrsg.) (1995a): Handwörterbuch der Führung, Zweite, neu gestaltete und ergänzte Auflage. Stuttgart.

Kieser, A., Reber, G. & Wunderer, R. (1995b): Vorwort der Herausgeber zur 1. Auflage. In: Kieser, A., Reber, G. & Wunderer, R. (Hrsg.): Handwörterbuch der Führung, Zweite, neu gestaltete und ergänzte Auflage. Stuttgart, S. X – XIV.

Kieser, A. & Walgenbach, P. (2003): Organisation. 4., überarbeitete und erweiterte Auflage. Stuttgart.

Knapp, M. (1996): Herrschaft Gottes – Systematisch-theologisch. In: Kasper, W. (Hrsg.): Lexikon für Theologie und Kirche, 5. Band. Freiburg u. a., Sp. 34-37.

Krämer, P. (2004): Pfarrei – Begriff und Geschichte. In : Haering, S. & Schmitz, H. (Hrsg.): Lexikon des Kirchenrechts. Freiburg u. a., Sp. 743-746.

Laufer, H. (2005): Grundlagen erfolgreicher Mitarbeiterführung. Führungspersönlichkeit. Führungsmethoden. Führungsinstrumente. Offenbach.

Lechner, M. (1992): Pastoraltheologie der Jugend. Geschichtliche, theologische und kairologische Bestimmung der Jugendpastoral einer evangelisierenden Kirche. München.

Leman, K., Pentak, W. (2005): Das Hirtenprinzip. Sieben Erfolgsrezepte guter Menschenführung. Gütersloh.

Lexikon der Psychologie in fünf Bänden (2000-2002): Projektleitung: Wenninger, G. Heidelberg u. a.

Listl, J. (1997): Kirchensteuer in Deutschland. In: Kasper, W. (Hrsg.): Lexikon für Theologie und Kirche, 6. Band. Freiburg u. a., Sp. 63-65.

Löhner, M. (2005): Führung neu denken. Das Drei-Stufen-Konzept für erfolgreiche Manager und Unternehmer. Frankfurt/NewYork.

Lux, E. (1995): Verhaltensgitter der Führung (Managerial Grid). In: Kieser, A., Reber, G. & Wunderer, R. (Hrsg.): Handwörterbuch der Führung, Zweite, neu gestaltete und ergänzte Auflage. Stuttgart, Sp. 2126-2139.

Luthans, F. & Rosenkranz S. A. (1995): Führungstheorien – Soziale Lern-theorie. In: Kieser, A., Reber, G. & Wunderer, R. (Hrsg.): Handwörterbuch der Führung, Zweite, neu gestaltete und ergänzte Auflage. Stuttgart, Sp. 1005–1021.

Mayer, K. U. & Müller, W (1994): Individualisierung und Standardisierung im Strukturwandel der Moderne. Lebensverläufe im Wohlfahrtsstaat. In: Beck, U. & Beck-Gernsheim, E. (Hrsg.): Riskante Freiheiten. Individualisierung in modernen Gesellschaften. Frankfurt, S. 265-295.

Mette, N. (2006): Aggiornamento der katholischen Kirche – überholt oder unerledigt? In: Diakonia 37 (1/2006). Mainz, S. 1-5.

Meyer, H. B. (1993): Adaptation – Liturgiewissenschaftlich. In: Kasper, W. (Hrsg.): Lexikon für Theologie und Kirche, 1. Band. Freiburg u. a., Sp. 144.

Mitchell, T. R (1995): Führungstheorien – Attributionstheorie. In: Kieser, A., Reber, G. & Wunderer, R. (Hrsg.): Handwörterbuch der Führung, Zweite, neu gestaltete und ergänzte Auflage. Stuttgart, Sp. 847-861.

Mitschke-Collande, T. v. (2003): ‚Sparen darf nicht zum Dauerthema werden. Ein Gespräch mit McKinsey-Direktor Thomas von Mitschke-Collande. In: Herderkorrespondenz 57 (7/2003). Freiburg u. a., S. 341-346.

Mitschke-Collande, T. v. (2004): Von der Volkskirche zur Kirche im Volk. Vorschläge für den anstehenden Erneuerungsprozess. In: Herderkorrespondenz 58 (7/2004). Freiburg u. a., S. 344-348.

Mitschke-Collande, T. v. (2006a): Nur das Profilierte beeindruckt. Wege aus der Krise der katholischen Kirche. In: Herderkorrespondenz Spezial. Katholisches Deutschland heute (Mai/2006). Freiburg u. a., S. 10-15.

Mitschke-Collande, T. v. (2006b): Perspektive Deutschland. Zwischen Papstbegeisterung und Reformdruck. Sonderauswertung zur katholischen Kirche. McKinsey & Company, Inc. Düsseldorf.

Morgan, G. (2000): Bilder der Organisation. Aus dem amerikanischen von Inge Olivia Wacker. Zweite Auflage. Stuttgart.

Moriyuki, T. (1995): Führungsforschung/Führung in Japan. In: Kieser, A., Reber, G. & Wunderer, R. (Hrsg.): Handwörterbuch der Führung, Zweite, neu gestaltete und ergänzte Auflage. Stuttgart, Sp. 610-619.

Muck, O. (1997): Kontingenz, Kontingenzerfahrung. In: Kasper, W. (Hrsg.): Lexikon für Theologie und Kirche, 6. Band. Freiburg u. a., Sp. 329-330.

Müller, W. R. (1995): Führungsforschung/Führung in der Bundesrepublik Deutschland, in Österreich und in der Schweiz. In: Kieser, A., Reber, G. & Wunderer, R. (Hrsg.): Handwörterbuch der Führung, Zweite, neu gestaltete und ergänzte Auflage. Stuttgart, Sp. 573-586.

Nachreiner, F. & Müller, G. F. (1995): Verhaltensdimensionen der Führung. In: Kieser, A., Reber, G. & Wunderer, R. (Hrsg.): Handwörterbuch der Führung, Zweite, neu gestaltete und ergänzte Auflage. Stuttgart, Sp. 2113-2126.

Nerdinger, F. W. (2004): Organizational Citizenship Behavior und Extra-Rollenverhalten. In: Schuler, H. (Hrsg.): Organisationspsychologie – Gruppe und Organisation. Göttingen u. a. [Birbaumer, N., Frey, D., Kuhl, J., Schneider, W. & Schwarzer, R. (Hrsg.): Enzyklopädie der Psychologie Band 4], S.293-333.

Neuberger, O. (1995a): Führungsdilemmata. In: Kieser, A., Reber, G. & Wunderer, R. (Hrsg.): Handwörterbuch der Führung, Zweite, neu gestaltete und ergänzte Auflage. Stuttgart, Sp. 533-540.

Neuberger, O. (1995b): Führungstheorien – Machttheorie. In: Kieser, A., Reber, G. & Wunderer, R. (Hrsg.): Handwörterbuch der Führung, Zweite, neu gestaltete und ergänzte Auflage. Stuttgart, Sp. 953-968.

Neuberger, O. (1995c): Führungstheorien – Rollentheorie. In: Kieser, A., Reber, G. & Wunderer, R. (Hrsg.): Handwörterbuch der Führung, Zweite, neu gestaltete und ergänzte Auflage. Stuttgart, Sp. 979-993.

Neuberger, O. (1995d): Moden und Mythen der Führung. In: Kieser, A., Reber, G. & Wunderer, R. (Hrsg.): Handwörterbuch der Führung, Zweite, neu gestaltete und ergänzte Auflage. Stuttgart, Sp. 1578-1590.

Neuberger, O. (2002): Führen und führen lassen. Ansätze, Ergebnisse und Kritik der Führungsforschung. 6., völlig neu bearbeitete und erweiterte Auflage. Stuttgart.

Neuberger, O. (2003): Mikropolitik. In: v. Rosenstiel, L. v., Regnet, E. & Domsch, M. E. (Hrsg.): Führung von Mitarbeitern. Handbuch für erfolgreiches Personalmanagement. 5., überarbeitete Auflage. Stuttgart, S. 41-49.

Nitsche, B. & Hilberath B. J. (2004): Einleitung. In: Hilberath, B. J. & Nitsche, B. (Hrsg.): Ist Kirche planbar? Organisationsentwicklung und Theologie in Interaktion. Mainz, S. 9-20.

Nutzinger, H. G. (2001): Wert. Ökonomisch. In: Kasper, W. (Hrsg.): Lexikon für Theologie und Kirche, 10. Band. Freiburg u. a., Sp. 1107-1108.

Orth, S. (2004): Profis für die Kirche. In: Herderkorrespondenz 58 (4/2004). Freiburg u. a., S. 163-165.

Orth, S. (2005): Kirche muss rechnen. In: Herderkorrespondenz 59 (10/2005). Freiburg u. a., S. 487-489.

Paarhammer, H. (2004): Pfarrei – kirchenrechtlich. In : Haering, S. & Schmitz, H. (Hrsg.): Lexikon des Kirchenrechts. Freiburg u. a., Sp. 746-748.

Paschen, K. (1995): Duale Führung. In: Kieser, A., Reber, G. & Wunderer, R. (Hrsg.): Handwörterbuch der Führung, Zweite, neu gestaltete und ergänzte Auflage. Stuttgart, Sp. 250-256.

Pieper, A. (2001): Wert. Philosophisch. In: Kasper, W. (Hrsg.): Lexikon für Theologie und Kirche, 10. Band. Freiburg u. a., Sp. 1105-1107.

Quinn, R. E. (1988): Beyond Rational Management. Mastering the Paradoxes and Competing Demands of High Performance. San Francisco/London.

Quinn, R. E. & Cameron, K. S. (Hrsg.) (1988a): Paradox and Transformation. Toward a Theory of Change in Organization and Management. Cambridge (Massachusetts).

Quinn, R. E. & Cameron, K. S. (1988b): Paradox and Transformation: A Dynamic Theory of Oraganization and Management. In: Quinn, R. E. & Cameron, K. S. (Hrsg.): Paradox and Transformation. Toward a Theory of Change in Organization and Management. Cambridge (Massachusetts), S. 289-308.

Plank, G. (2005): Was kommt nach Trient? Kirchliche Personalentwicklung nach dem II. Vatikanum. Münster u. a.

Pree, H. (2004): Kirchengemeinde. In: Haering, S. & Schmitz, H. (Hrsg.): Lexikon des Kirchenrechts. Freiburg u. a., Sp. 503-504.

Rahner, K. (1965): Über die Einheit von Nächstenliebe und Gottesliebe. In: Schriften zur Theologie. Bd. 6. Einsiedeln, S.277-298.

Rahner, K. & Vorgrimler, H. ([12]1978): Kleines Konzilskompendium. Sämtliche Texte des Zweiten Vatikanums. Freiburg u. a.

Reber, G. (1995): Motivation als Führungsaufgabe. In: Kieser, A., Reber, G. & Wunderer, R. (Hrsg.): Handwörterbuch der Führung, Zweite, neu gestaltete und ergänzte Auflage. Stuttgart, Sp. 1590-1608.

Reber, G. & Meyer, H. (1995): Führungsmotivation. In: Kieser, A., Reber, G. & Wunderer, R. (Hrsg.): Handwörterbuch der Führung, Zweite, neu gestaltete und ergänzte Auflage. Stuttgart, Sp. 773-785.

Regnet, E. (2003a): Der Weg in die Zukunft – Anforderungen an die Führungskraft. In: v. Rosenstiel, L. v., Regnet, E. & Domsch, M. E. (Hrsg.): Führung von Mitarbeitern. Handbuch für erfolgreiches Personalmanagement. 5., überarbeitete Auflage. Stuttgart, S. 51-66.

Regnet, E. (2003b): Stress und die Möglichkeiten der Stressbehandlung. In: v. Rosenstiel, L. v., Regnet, E. & Domsch, M. E. (Hrsg.): Führung von Mitarbeitern. Handbuch für erfolgreiches Personalmanagement. 5., überarbeitete Auflage. Stuttgart, S. 119-130.

Rheinberg, F. (2004): Motivation. 5., überarbeitete und erweiterte Auflage. Stuttgart.

Ricken, F. (1993): Aristoteles, Aristotelismus. In: Kasper, W. (Hrsg.): Lexikon für Theologie und Kirche, 1. Band. Freiburg u. a., Sp. 975–977.

Rosenstiel, L. v. (2003a): Grundlagen der Führung. In: v. Rosenstiel, L. v., Regnet, E. & Domsch, M. E. (Hrsg.): Führung von Mitarbeitern. Handbuch für erfolgreiches Personalmanagement. 5., überarbeitete Auflage. Stuttgart, S. 3-25.

Rosenstiel, L. v. (2003b): Tiefenpsychologische Grundlagen der Führung von Mitarbeitern. In: v. Rosenstiel, L. v., Regnet, E. & Domsch, M. E. (Hrsg.): Führung von Mitarbeitern. Handbuch für erfolgreiches Personalmanagement. 5., überarbeitete Auflage. Stuttgart, S. 27-40.

Rosenstiel, L. v. (2003c): Entwicklung und Training von Führungskräften. In: v. Rosenstiel, L. v., Regnet, E. & Domsch, M. E. (Hrsg.): Führung von Mitarbeitern. Handbuch für erfolgreiches Personalmanagement. 5., überarbeitete Auflage. Stuttgart, S. 67-83.

Rosenstiel, L. v. (2003d): Motivation von Mitarbeitern. In: v. Rosenstiel, L. v., Regnet, E. & Domsch, M. E. (Hrsg.): Führung von Mitarbeitern. Handbuch für erfolgreiches Personalmanagement. 5., überarbeitete Auflage. Stuttgart, S. 195-215.

Rosenstiel, L. v. (2003e): Arbeitszufriedenheit. In: v. Rosenstiel, L. v., Regnet, E. & Domsch, M. E. (Hrsg.): Führung von Mitarbeitern. Handbuch für erfolgreiches Personalmanagement. 5., überarbeitete Auflage. Stuttgart, S. 217-228.

Rosenstiel, L. v. (2003f): Die Arbeitsgruppe. In: v. Rosenstiel, L. v., Regnet, E. & Domsch, M. E. (Hrsg.): Führung von Mitarbeitern. Handbuch für erfolgreiches Personalmanagement. 5., überarbeitete Auflage. Stuttgart, S. 367-386.

Rosenstiel, L. v.(1995): Wertewandel. In: Kieser, A., Reber, G. & Wunderer, R. (Hrsg.): Handwörterbuch der Führung, Zweite, neu gestaltete und ergänzte Auflage. Stuttgart, Sp. 2175-2189.

Rosenstiel, L. v. & Gebert, D. (1995): Führungsforschung und Organisations-/Sozialpsychologie. In: Kieser, A., Reber, G. & Wunderer, R. (Hrsg.): Handwörterbuch der Führung, Zweite, neu gestaltete und ergänzte Auflage. Stuttgart, Sp. 679-698.

Rosenstiel, L. v. & Wegge, J. (2004): Führung. In: Schuler, H. (Hrsg.): Organisationspsychologie – Gruppe und Organisation. Göttingen u. a. [Birbaumer, N., Frey, D., Kuhl, J., Schneider, W. & Schwarzer, R. (Hrsg.): Enzyklopädie der Psychologie Band 4], S. 493-558.

Salzburger Äbtekonferenz (1990): Die Regel des Hl. Benedikt. Beuron.

Schanz, G. (1995): Wissenschaftstheoretische Grundfragen der Führungsforschung. In: Kieser, A., Reber, G. & Wunderer, R. (Hrsg.): Handwörterbuch der Führung, Zweite, neu gestaltete und ergänzte Auflage. Stuttgart, Sp. 2189–2197.

Schatz, K. (1996): Inkulturation – Missionsgeschichtlich. In: Kasper, W. (Hrsg.): Lexikon für Theologie und Kirche, 5. Band. Freiburg u. a., Sp. 506-508.

Schauenberg, B. & Föhr, S. (1995): Wissenschaftstheoretische Grundfragen der Führungsforschung – Phänomenologie und Konstruktivismus. In: Kieser, A., Reber, G. & Wunderer, R. (Hrsg.): Handwörterbuch der Führung, Zweite, neu gestaltete und ergänzte Auflage. Stuttgart, Sp. 2206–2214).

Seckler, M (1995): Glaube – Systematisch-theologisch und theologiegeschichtlich. In: Kasper, W. (Hrsg.): Lexikon für Theologie und Kirche, 4. Band. Freiburg u. a., Sp. 672-685.

Sellmann, M. (2004): Einführung. In: Sellmann, M. (Hrsg.): Deutschland – Missionsland. Zur Überwindung eines pastoralen Tabus. Freiburg u. a., S. 9-24.

Schienstock, G. (1995): Führungsforschung und Organisationssoziologie. In: Kieser, A., Reber, G. & Wunderer, R. (Hrsg.): Handwörterbuch der Führung, Zweite, neu gestaltete und ergänzte Auflage. Stuttgart, Sp. 698-706.

Schillebeeckx, E. (1981): Das kirchliche Amt. Aus dem Niederländischen übersetzt von H. Zulauf. Düsseldorf.

Schilson, A. (1994): Christologie im 20. Jahrhundert. In: Kasper, W. (Hrsg.): Lexikon für Theologie und Kirche, 2. Band. Freiburg u. a., Sp. 1170-1174.

Schmälzle, U. F. (1996): Inkarnation – Praktisch-theologisch. In: Kasper, W. (Hrsg.): Lexikon für Theologie und Kirche, 5. Band. Freiburg u. a., Sp. 500-501.

Schneider, A. (2005): Wege zur verantwortlichen Organisation. Die Bedeutung der ethischen und theologischen Perspektive für die Qualtiät der Organisations- und Personalentwicklung. Frankfurt/London.

Scholl, W. (1995): Philosophische Grundfragen der Führung. In: Kieser, A., Reber, G. & Wunderer, R. (Hrsg.): Handwörterbuch der Führung, Zweite, neu gestaltete und ergänzte Auflage. Stuttgart, Sp. 1749-1757.

Scholtissek, K. (1996): Kairos – Biblisch-theologisch. In: Kasper, W. (Hrsg.): Lexikon für Theologie und Kirche, 5. Band. Freiburg u. a., Sp. 1129-1130.

Schreiter, R. J. (1996): Inkulturation – Systematisch-theologisch. In: Kasper, W. (Hrsg.): Lexikon für Theologie und Kirche, 5. Band. Freiburg u. a., Sp. 508-509.

Schreyögg, G. (1995): Führungstheorien – Situationstheorie. In: Kieser, A., Reber, G. & Wunderer, R. (Hrsg.): Handwörterbuch der Führung, Zweite, neu gestaltete und ergänzte Auflage. Stuttgart, Sp. 993-1005.

Schuler, H. (Hrsg.) (2004a): Organisationspsychologie – Grundlagen und Personalpsychologie. Göttingen u. a. [Birbaumer, N., Frey, D., Kuhl, J., Schneider, W. & Schwarzer, R. (Hrsg.): Enzyklopädie der Psychologie Band 3].

Schuler, H. (Hrsg.) (2004b): Organisationspsychologie – Gruppe und Organisation. Göttingen u. a. [Birbaumer, N., Frey, D., Kuhl, J., Schneider, W. & Schwarzer, R. (Hrsg.): Enzyklopädie der Psychologie Band 4].

Schulze, G. (1993): Die Erlebnisgesellschaft. Kultursoziologie der Gegenwart. Studienausgabe. Frankfurt/NewYork.

Schwanfelder, W. (2005): Machen macht mächtig. Überzeugend führen mit Machiavelli. Heidelberg.

Siegrist, H. (1995): Geschichte der Führung – Industriealisierung. In: Kieser, A., Reber, G. & Wunderer, R. (Hrsg.): Handwörterbuch der Führung, Zweite, neu gestaltete und ergänzte Auflage. Stuttgart, Sp. 1102–1111.

Simon, H. (2000): Das große Handbuch der Strategiekonzepte. Ideen, die die Businesswelt verändert haben. 2. Auflage. Frankfurt/New York.

Six, B. & Felfe, J. (2004): Einstellungen und Werthaltungen im organisationalen Kontext. In: Schuler, H. (Hrsg.): Organisationspsychologie – Grundlagen und Arbeitspsychologie. Göttingen u. a. [Birbaumer, N., Frey, D., Kuhl, J., Schneider, W. & Schwarzer, R. (Hrsg.): Enzyklopädie der Psychologie Band 3], S. 597-672.

Spielberg, B. (2006): ... et nos mutamur in illis. Wenn die Analyse stimmt – was dann?. In: Lebendige Seelsorge 57 (4/2006). Kirche in (aus) Milieus. Würzburg, S. 252-257.

Statistisches Bundesamt (2005): Statistisches Jahrbuch 2005. Für die Bundesrepublik Deutschland. Wiesbaden.

Stecher, R. (1993): Integrieren und motivieren. Gedanken eines Bischofs zum Führungsstil in der Kirche. In: Herderkorrespondenz 47 (10/1993). Freiburg u. a., S. 511-514.

Stenger, H. (2000): Im Zeichen des Hirten und des Lammes. Innsbruck.

Steimer, B. (2000): Symbol – Begriff. In: Kasper, W. (Hrsg.): Lexikon für Theologie und Kirche, 9. Band. Freiburg u. a., Sp. 1154.

Steinle, C. (1995): Führungsdefinitionen. In: Kieser, A., Reber, G. & Wunderer, R. (Hrsg.): Handwörterbuch der Führung, Zweite, neu gestaltete und ergänzte Auflage. Stuttgart, Sp. 523-533.

Streich, R. K. (2003): Work-Life-Balance – Rollenprobleme von Führungskräften in der Berufs- und Privatsphäre. In: v. Rosenstiel, L. v., Regnet, E. & Domsch, M. E. (Hrsg.): Führung von Mitarbeitern. Handbuch für erfolgreiches Personalmanagement. 5., überarbeitete Auflage. Stuttgart, S. 111-118.

Stymne, B. (1995): Führungsforschung/Führung in Skandinavien. In: Kieser, A., Reber, G. & Wunderer, R. (Hrsg.): Handwörterbuch der Führung, Zweite, neu gestaltete und ergänzte Auflage. Stuttgart, Sp. 638-652.

Szafif, J. (1999): Platon, Platonismus. In: Kasper, W. (Hrsg.): Lexikon für Theologie und Kirche, 8. Band. Freiburg u. a., Sp. 349–353.

Türk, K. (1995): Entpersonalisierte Führung. In: Kieser, A., Reber, G. & Wunderer, R. (Hrsg.): Handwörterbuch der Führung, Zweite, neu gestaltete und ergänzte Auflage. Stuttgart, Sp. 328-340.

Ulrich, P. (1995): Wissenschaftstheoretische Grundfragen der Führungs-forschung – Kritische Theorie. In: Kieser, A., Reber, G. & Wunderer, R. (Hrsg.): Handwörterbuch der Führung, Zweite, neu gestaltete und ergänzte Auflage. Stuttgart, Sp. 2198 – 2206.

Verlautbarungen des Apostolischen Stuhls 113 (1994): Direktorium für Dienst und Leben der Priester. Hrsg.: Sekretariat der Deutschen Bischofskonferenz. Bonn.

Verlautbarungen des Apostolischen Stuhls 151 (2001): Der Bischof als Diener des Evangeliums Jesu Christi für die Hoffnung der Welt. Instrumentum laboris. Hrsg.: Sekretariat der Deutschen Bischofskonferenz. Bonn.

Verlautbarungen des Apostolischen Stuhls 157 (2002): „Der Priester, Hirte und Leiter der Pfarrgemeinde. Instruktion. Hrsg.: Sekretariat der Deutschen Bischofskonferenz. Bonn.

Verlautbarungen des Apostolischen Stuhls 173 (2004): Direktorium für den Hirtendienst der Bischöfe. Hrsg.: Sekretariat der Deutschen Bischofskonferenz. Bonn.

Vroom, V. H. (1964): Work and Motivation. New York u. a.

Vroom, V. H. & Yetton, P. W. (1973): Leadership and Decision-Making. Pittsburgh.

Vroom, V.H. & Jago, A. G. (1988): The new leadership. Managing participation in organizations. Englewood Cliffs.

Walter, P. (1995): Dogmatik. In: Kasper, W. (Hrsg.): Lexikon für Theologie und Kirche, 3. Band. Freiburg u. a., Sp. 288-291.

Weber, Max (1980): Wirtschaft und Gesellschaft. Grundriss der verstehenden Soziologie. 5. revidierte Auflage besorgt von Johannes Winckelmann. Studienausgabe. Tübingen.

Wegge, J. (2004): Emotionen in Organisationen. In: Schuler, H. (Hrsg.): Organisationspsychologie – Grundlagen und Personalpsychologie. Göttingen u. a. [Birbaumer, N., Frey, D., Kuhl, J., Schneider, W. & Schwarzer, R. (Hrsg.): Enzyklopädie der Psychologie Band 3], S. 673-749.

Weibler, J. (1995): Symbolische Führung. In: Kieser, A., Reber, G. & Wunderer, R. (Hrsg.): Handwörterbuch der Führung, Zweite, neu gestaltete und ergänzte Auflage. Stuttgart, Sp. 2015–2026.

Weick, K. E. (1998): Der Prozeß des Organisierens. Übersetzt von G. Hauck. 2. Auflage. Frankfurt.

Werbick, J. (1998): Offenbarung – Systematisch-theologisch. In: Kasper, W. (Hrsg.): Lexikon für Theologie und Kirche, 7. Band. Freiburg u. a., Sp. 993-995.

Werbick, J. (2001a): Trinität – Theologie- und dogmengeschichtlich. In: Kasper, W. (Hrsg.): Lexikon für Theologie und Kirche, 10. Band. Freiburg u. a., Sp. 242-246.

Werbick, J. (2001b): Trinität – Systematisch-theologisch. In: Kasper, W. (Hrsg.): Lexikon für Theologie und Kirche, 10. Band. Freiburg u. a., Sp. 247-251.

Wippermann, C. (2006): Lebensweltliche Perspektiven auf Kirche. In: Lebendige Seelsorge 57 (4/2006). Kirche in (aus) Milieus. Würzburg, S. 226-234.

Wiswede, G. (1995): Führungsrollen. In: Kieser, A., Reber, G. & Wunderer, R. (Hrsg.): Handwörterbuch der Führung, Zweite, neu gestaltete und ergänzte Auflage. Stuttgart, Sp. 826-839.

Witte, E. (1995): Effizienz der Führung. In: Kieser, A., Reber, G. & Wunderer, R. (Hrsg.): Handwörterbuch der Führung, Zweite, neu gestaltete und ergänzte Auflage. Stuttgart, Sp. 263-276.

Witsch, N. (2002): Diözesen. Hirtesorge und Management. In: Riedel-Spangenberger, I. (Hrsg.): Leitungsstrukturen der katholischen Kirche. Kirchenrechtliche Grundlagen und Reformbnedarf. Freiburg u. a., S. 179-208.

Witzer, B. (2005): Die Zeit der Helden ist vorbei. Persönlichkeit, Führungskunst und Karriere. Anleitung für ein postheroisches Management. Heidelberg.

Wunderer, R. (1995): Führungsforschung und Betriebswirtschaftslehre. In: Kieser, A., Reber, G. & Wunderer, R. (Hrsg.): Handwörterbuch der Führung, Zweite, neu gestaltete und ergänzte Auflage. Stuttgart, Sp. 666-679.

Wunderer, R. (2003): Führung des Chefs. In: v. Rosenstiel, L. v., Regnet, E. & Domsch, M. E. (Hrsg.): Führung von Mitarbeitern. Handbuch für erfolgreiches Personalmanagement. 5., überarbeitete Auflage. Stuttgart, S. 293–314.

Yukl, G. (1998): Leadership in Organizations. Fourth Edition. Upper Saddle River.

Zalesny, M. D. & Graen, G. B. (1995): Führungstheorien – Austauschtheorien. In: Kieser, A., Reber, G. & Wunderer, R. (Hrsg.): Handwörterbuch der Führung, Zweite, neu gestaltete und ergänzte Auflage. Stuttgart, Sp. 862–877.

Ziegler, A. (1995): Theologische Aspekte der Führung. In: Kieser, A., Reber, G. & Wunderer, R. (Hrsg.): Handwörterbuch der Führung, Zweite, neu gestaltete und ergänzte Auflage. Stuttgart, Sp. 2027-2038.

Zirker, H. (1999): Religion – Begriff. In: Kasper, W. (Hrsg.): Lexikon für Theologie und Kirche, 8. Band. Freiburg u. a., Sp. 1034-1036.

Zulehner, P. M. (2004a): Kirche im Umbau. Für eine Erneuerung im Geist des Evangeliums. In: Herderkorrespondenz 58 (3/2004). Freiburg u. a., S. 119-124.

Zulehner, P. M. (2004b): Kirche umbauen – nicht totsparen. Ostfildern.

Zulehner, P. M. (2006): Spirituelle Runderneuerung. Geht der religiöse Aufschwung an der Kirche vorbei. In: Herderkorrespondenz Spezial. Katholisches Deutschland heute (Mai/2006). Freiburg u. a., S. 6-10.

Zulehner, P. M. & Fuchs, O. (1996): Kairos – Praktisch-theologisch. In: Kasper, W. (Hrsg.): Lexikon für Theologie und Kirche, 5. Band. Freiburg u. a., Sp. 1131.

Abbildungsverzeichnis